JN451421

서울대학교 행정대학원 국가리더십연구센터
국가리더십연구총서 7

문화정책의 역사적 변동과 전망

박광무
김창규
심장섭
오양열
오형일
윤석민
이용식
장병권
정상철

문우사
MoonWoo

발간사

어떻게 하면,
국민들이 바라는 그런 나라를 만들 수 있을까?

어떻게 하면,
전 세계가 부러워하는 그런 국가를 만들 수 있을까?

어떻게 하면,
그런 모범적인 국가를 만들 수 있을까?

서울대학교 행정대학원 국가리더십센터는 우리나라가 '모범국가'로 발전하고 성숙하는 데 기여하기 위해서 2013년 3월 설립되었다. 어떤 조직, 어떤 사회, 어떤 국가의 흥망과 성쇠는 지도자에 달려있다고 해도 과언이 아니다. 한 나라가 모범국가로 발전하는 과정의 핵심도 국가의 지도자이다. 국가지도자의 비전과 역량에 따라 모범국가로 나아가기도 하고, 형편없는 국가로 머물러 있거나 또는 추락하기도 한다. 그들이 무엇을 시대적 과제로 인지하고 국가의 비전으로 설정하며, 이것을 달성하는 과정에서 어떻게 국민의 지지를 확보하면서 동시에 여러 가지 어려움과 저항을 극복하는지에 따라 모범국가로 나아갈 수도 있고 그렇지 않을 수도 있다. 그것도 한 세대가 아니라 세대를 이어가면서 국가지도자들이 각 시대의 국가적 과제를 어떻게 설정하고 이를 추진하는지가 중요하다. 다음, 그리고 그 다음 세대를 책임지는 국가의 지도자들이 계속해서 보다 나은 국가에 대한 비전을 설계하고 이를 잘 성취할 수 있는 지혜를 가진다면, 우리나라는 그야말로 전 세계가 부러워하는 모범국가로 발전할 수 있을 것이다.

국가리더십센터는 바로 그러한 지혜의 원천이 역사에 있다고 보고, 정부수립 이후 정부정책의 역사적 변동을 연구하게 되었다. 정부의 정책은 각 시대별 국정의 비전 및 목표와 이를 달성하기 위한 수단이 투영되어 있기 때문이다. 정치, 경제, 사회적 제약조건 속에서 무엇이 각 시대별 국가의 목표로 설정 및 변동되어 왔는지 그리고 이것을 달성하기 위한 전략과 수단은 각각 무엇이었는지를 잘 학습하여 이를 미래의 지도자들에게 전수하고자 한다. 그래서 지금부터 70년 뒤에는 우리가 광복 70년 동안 산업화, 민주화, 선진화 등의 단계를 거치면서 이룩해왔던 것보다 더 많은 발전을 이룩하고 그리고 그로부터 다시 70년 뒤에는 그야말로 전 세계가 부러워하는 모범국가로 우뚝 서는 데 기여하고자 한다.

이러한 정책변동 연구 사업의 하나로 문화정책을 연구하게 되었다. 그 이유는 첫째, 국민 한 사람 한 사람의 삶의 질을 결정하는 것이 문화이기 때문이다. 한 개인이 신앙과 사상, 학문과 예술을 믿고 즐기며 표현하는 모든 활동이 다 문화이기 때문이다. 둘째, 문화는 국가와 사회공동체를 소통시키기도 통합시키기도 하는 것이기 때문이다. 글과 말, 문자, 상징 등을 신문이나 방송 또는 인터넷 매체를 통하여 전달함으로써 사람과 사람이 소통하고 이웃과 이웃이 연결되며, 한글과 애국가 그리고 스포츠를 통해서 하나의 나라임을 깨닫게 되기 때문이다. 셋째, 나라의 격이 있다면 그것은 바로 문화에 의해서 결정되기 때문이다. 문화가 없이 국민의 자긍심이 생길 수 없고, 문화국가가 아니면서 세계가 부러워하는 모범국가가 될 수 없기 때문이다.

본서는, 이러한 문화정책의 역사적 변화를 백서와 같은 형태로 자세하게 기술하는 것을 피하고자 하였다. 오히려 거대한 시대적 변화에 따라 국정목표가 어떻게 바뀌는지 그리고 변화된 목표를 달성하기 위하여 어떤 정책수단을 선택하는지, 그 변화의 역동적 과정에서 국가지도자에게 필요한 지혜를 구하고자 하였다.

이를 위한 시대 구분은 정책에 따라서 크게 네 시기로 나누었다. 즉 광복 후 국가를 형성하여 가는 시기(1945~1961), 경제성장을 위하여 산업화에 매진하던 시기(1961~1987), 국민의 요구가 분출되는 민주화 시기(1987~1997), 그리고 국제적 표준과 개인적 가치를 고려해야 하는 개방화·정보화 시기(1998~)가 그것이다. 이러한 시대 구분은 정책결정 거버넌스, 즉 결정자의 범위에 따른 것이다. 정책에 따라서는 사회경제적 요인이나 사건 사고 등이 정책결정에 더 큰 영향을 미치는 경우도 없지 않으나 본서에서는 정책결정 거버넌스를 중심으로 네 시기로 나누고자 하였다. 광복 후부터 산업화 시기 동안에는 대통령과 행정공무원들이 문화정책을 주도하였다. 그런데 이 시기는 그 기간의 길이가 길기 때문에 박정희 대통령 집권 전과 후로 나누어, 전자를 국가형성기 그리고 후자를 산업화 시기로 세분하였다. 민주화 시기에는 정책결정 거버넌스에 이들 외에 시민들이 참여하는 시기이다. 개방화 시기는 다시 이들에 더하여 추가적으로 국제기구와 국제자본 등이 영향을 미치는 시기이다. 이처럼 결정자의 참여 범위가 확대되면서 추구해야할 가치가 다양해졌고 목표를 달성하는 데 사용하는 수단과 그 조합도 변하여 왔다. 그리고 그렇게 결정된 제도는 다시 참여자의 행태에 영향을 미치고 이것이 다시 결정과정에 영향을 미치는 등 정책결정 과정은 점점 더 복잡해졌다.

광복 후 정부의 가장 중요한 관심사는 국가형성이었다. 문화예술에 대한 관심은 낮았지만 국가정체성 확립을 위해서 조상이 물려준 문화유산을 우선적으로 보존·관리하는 문화재 중심의 문화정책이 추진되었다. 정부수립이 국제적으로 인증받기도 전에 대한올림픽위원회를 구성하여 1948년 런던올림픽에 출전하기도 하였다. 산업화 시기에는 국민국가의 정체성 제고를 위한 정책적 노력을 지속하면서 동시에 건강한 노동력 확보를 위한 수단, 가령 체력장 등이 실시되었다. 정권의 체지유지를 위한 문화 행위가 조장되고 이를 비판하는 미디어는 통제되었다. 정치적 민주화로 문화예술에 대한 각종 검열제도가 심의 또는 자율규제 형태로 전환되었고, 이에 따라 문화예술가들이 자유롭게 창작활동을 하게 되면서 문화산업이 꽃을 피우는 토양이 마련되었다. 개방화 시기에는 다른 나라의 문화가 유입되는 길이 열렸지만 동시에 문화산업의 경쟁력이 강화되어 K-pop, K-culture로 세계인의 관심을 끌게 되었다. 이러한 민주화, 개방화로 문화산업 시장이 독과점화되어 이로 인한 공정경쟁 문제가 부각되는 한편 언론 권력의 힘이 과도하게 커지면서 사이비언론, 공정보도, 권언유착 등의 문제가 과제로 등장하였다. 따라서 한편으로 자율과 개방을 확대 강화하면서 또 다른 한편으로는 이것이 개인의 삶의 질, 공동체의 소통과 통합 그리고 국가의 격을 저하시키지 않는 방향으로 추진되는 정책적인 묘수가 필요하다.

바로 그러한 묘수는 역사에서 배울 수 있기 때문에 본서를 출간하는 것이다. 본서의 집필진은 문화정책을 현장에서 직접 경험한 고위공무원과 이를 가까이에서 장기간 관찰한 학자들로 구성되었다. 이들이 자신의 경험과 관찰을 나누려고 하지 않았다면 이 책은 세상에 나오지 못하였을 것이다. 자신의 소중한 경험과 관찰을 책으로 출간해주신 집필자 여러분들께 깊은 감사를 표하는 바이다. 그리고 본서 출간을 위해서 수차례의 세미나와 원고 독려 및 검증 작업 등을 주관하여 주신 박광무 전 한국문화관광연구원장님께 특별한 감사의 말씀을 드리는 바이다.

서울대학교 행정대학원 국가리더십연구센터

소장 김 병 섭

머리말

문화정책의 변동에서 대한민국발전의 새로운 비전을 모색하다

문화정책이 일찍이 지금처럼 주목을 받던 때도 없었다. 그와 같이 단정하는 것은 지금 정부의 국정지표에 '문화융성'이 존재하기 때문이다. 현실적으로는 오늘날 모든 정책이 문화를 통하여 그 가치가 증가하고 상품의 유통이 활성화되며 경제적 이익이 높아지기 때문이다. 나아가 새로운 일자리가 만들어지고 국민 자존감이 크게 향상되고 있기 때문이다. 한류를 통하여 와지는 자신감은 이제 국가 경쟁력이 될 뿐 아니라 국민 개개인의 삶에도 깊은 영향을 주고 있다. 나아가 모든 대륙에 이르기까지 지구인들의 삶에도 행복감을 넘치게 하며 한국을 사랑하는 마음을 일구고 한국제품을 선호하게 만들고 있다. 가히 문화의 힘이다.

사무엘 헌팅턴은 이를 문화력이라고 갈파하고 있다. 문화적 전통과 저력이 작동하는 경우에 그 나라는 흥왕하고, 오랜 시간이 지났을 때 그러하지 못한 나라와 엄청난 격차를 만들어낸다는 점을 지적하고 있다. 한국의 문화적 기반과 전통과 지속적인 발전이 오늘날 이를 입증하고 있다. 우리나라가 문화적인 빈곤국가가 결코 아님을 우리 스스로 재발견하여나가고 있기도 하다.

이번 문화정책 변동의 역사를 정책 분야별로 정리하고 분석하며 미래에 대한 통찰로까지 이어지도록 집필에 함께 하여주신 전문 집필진의 오랜 노력이 마침내 결실을 맺게 되었다. 이와 같이 될 수 있었던 것은 서울대학교 행정대학원의 김병섭 교수님의 높은 인품과 종합 지휘하는 리더십에 힘입은 바 크다. 깊이 감사드린다.

이번 작업은 총론에서 문화정책의 전반을 거시적으로 조망하였으며 대한민국의 산업화, 민주화, 그리고 정보화와 세계화라는 시대적인 변천을 따라 문화정책은 과연 어떻게 변모 발전하여왔는지를 각 분야별로 오랜 경륜과 풍부한 전문식견을 바탕으로 집필진들이 각각 역할을 맡아서 원고를 써나갔다. 그 과정에서 네 차례의 세미나와 두 차례의 종합검토회의를 거쳤으며 그 과정에서 또 다른 각 분야 전문가 분들의 정밀한 코멘트를 통하여 내용을 객관화하고 다듬는 노력을 기울였다.

총론에서는 문화의 위상과 문화정책, 문명의 발상과 문화형성, 현대국가와 문화정책, 분석의 틀, 집필의 범위, 시대별 문화정책변동개관, 그리고 향후의 전망과 과제를 차례로 기술하였다. 이번 집필의 범위는 분야별로는 문화예술, 문화산업, 미디어, 관광, 체육, 종교, 문화재 등 7개 분야로 나누었고 시대로는 대한민국 정부수립에서부터 이명박 정부까지로 한정하였다. 왜냐하면 박근혜 정부는 아직 진행 중이며 또 역사적인 평가는 당대에 하는 것은 적절치 않다는 판단에서이다. 다만 미래전망과 과제에서 일부 현 정부의 정책비전이나 내용이 소개되거나 이를 감안한 전망과 과제 정리가 될 수는 있었음을 밝혀둔다. 전체적으로는 박근혜 정부의 정책을 구체적으로 언급하지 않더라도 이번 집필 작업의 큰 방향과 내용 정리에 차질은 없다는 점에 필자들이 공감하였다.

문화예술정책의 오양열 박사, 문화산업분야의 정상철 교수, 미디어 분야의 오형일 박사와 윤석민 교수, 체육정책분야의 이용식 교수, 관광정책분야의 장병권 교수, 종무행정분야의 심장섭 실장, 문화재정책분야의 김창규 교수의 헌신적인 수고가 없었다면 이 모든 작업은 불가능했을 것이다. 이 분들은 지난해 연말부터 10개월 가까이 자료수집과 정리와 집필과 내용검토와 토론 및 다듬기 작업을 통하여 여기까지 이르렀다. 필진들의 노고에 경의를 표하며 그럼에도 불구하고 부족한 부분이 있다면 이는 독자제위의 아낌 없는 질책으로 수용하겠다는 말씀을 드린다.

이번 작업의 종합실무를 맡아서 수고하여준 서울대학교 행정대학원의 최동훈 박사에 감사한다. 그리고 두 차례의 종합검토회의시 참여하여 각 분야별로 고견을 피력해 주시고 집필내용의 객관화에 큰 도움을 주신 정기영 위원, 오용수 원장, 박형준 교수, 한승준 교수, 권순용 교수, 정정숙·양건열·박영정·정헌일 박사와 홍종윤 선임연구원을 비롯한 각 분야 전문가분들에게 깊이 감사드린다. 또 세미나 준비를 위하여 바쁜 와중에도 협력하고 실무를 도와준 한국문화관광연구원의 김윤영 박사와 박종웅 연구원에게도 감사한다.

출판의 여건이 날로 어려워지며 또한 학술출판의 경우는 더욱 그러함에도 불구하고 이번 출판을 가능하도록 협조하여주신 문우사의 사장님과 편집부 여러분에게도 감사한다. 대한민국의 정책변동사에서 문화정책의 변동이 사상 최초로 종합 정리되어 학문적으로나 정책적으로 관심 있는 모든 분들에게 펼쳐 보일 수 있게 됨에 대하여 어쩌면 이것이 새로운 출발점이 될 수도 있다고 생각한다. 왜냐하면 한국의 정책의 역사와 변동의 중점을 시대흐름과 정책의 흐름을 비교분석하면서 그 행간의 의미를 찾고자 노력하고 또 이를 통하여 새로운 정책의 비전과 과제도 발굴하고자 천착하는 노력이 우리의 집필작업 내내 작지만 부단히 고려하는 과정을 거쳤다고 생각하기 때문이다. 앞으로 후속 연구와 집필도 이어지길 기대하여본다. 학문과 정책이 공존하면서 상호 비교검토와 정책대안의 모색, 그리고 모델 형성과 이론의 발전에도 교호적으로 작용할 수 있는 계기가 되리라 믿기 때문이다. 이러한 노력이 지속적으로 기울여질 때 정책과 학문의 융합적인 발전과 보다 현실 적합한 이론과 정책의 탄생도 더욱 활발해질 것으로 기대하여본다. 또 이와 같은 한국의 문화정책 변동의 역사와 사례가 다른 관심 있는 국가의 정책연구에도 기여하는 계기가 될 것으로 기대한다.

저자를 대표하여 東泉 박 광 무

차례

01

총 론

KMN한마당 대표, 전 한국문화관광연구원장

박 광 무

I. 개 관

대한민국의 역사는 격동과 변혁의 기록으로 이어져 왔다.[1] 조선(朝鮮)이 높고 아름다운 역사문화를 쌓아왔음에도 불구하고 변화와 세계의 흐름을 읽지 못하고 지도력을 잃게 되었을 때 열강의 각축장이 되었다가 일본제국주의의 침날과 오욕으로 점철된 시기를 보냈다. 그러나 민족의 독립 염원과 국권회복의 열망이 응축되면서 2차 세계 대전 종전과 함께 마침내 광복의 기쁨을 가져왔다. 이어서 6.25전쟁과 정치적 혼란기를 거치면서 재기의 의욕이 상실되는 것 같았으나 지도자와 국민적 힘의 응집으로 산업화와 민주화를 차례로 성공적으로 일구어냈다. 그리고 정보화와 세계화의 거대한 흐름에 능동대응하면서 세계 속에 고도산업화국가로 정립할 뿐 아니라 한류(韓流)를 통하여 문화적으로도 세계에 주목받는 상황이 펼쳐지고 있다.

1960년대 이래 경제개발 일변도의 불균형적 국가발전전략에 따라 강력한 정책이 추진되는 가운데 문화부문의 정책도 꾸준히 이어져 왔다. 그 이후 다양한 국가발전 단계를 거치면서 문화정책은 어느 순간부터 국정의 중요 부문으로 자리매김하여 왔다. 그 시기는 박정희 정부의 70년대 민족문화의 중흥, 80년대 전두환 정부의 88서울올림픽을 대비한 문화기반시설의 대대적인 확충, 그리고 노태우 정부의 민주화 시대의 열림과 문화부 창설, 김영삼 정부의 민족정기회복, 김대중 정부의 문화대통령선언과 문화예산 1% 달성, 노무현 정부의 창의 한국, 이명박 정부의

1. 대한민국의 역사를 광복 이후 정부수립으로부터 시작하는 것으로 보는 시각과 임시정부수립 이후로 보는 시각이 존재한다. 그러나 대한민국 헌법은 전문에서 "3·1운동으로 건립된 대한민국임시정부의 법통과 불의에 항거한 4·19민주이념을 계승하고 있다"고 명시하고 있다. 따라서 대한민국 임시정부의 법통을 계승한다는 점에서 대한민국의 정통성은 일본 제국주의의 침략을 거부하고 조선에 이어 민족의 정통성을 민족자존으로 지켜내고자 한 3·1정신과 4·19정신을 계승함이 타당할 것으로 보며 본 고(稿)에서도 국제연합이 승인한 정치체제로서의 대한민국정부수립(1948.8.15)과 별개로 이러한 정신에 입각하고자 한다.

한류와 문화국가, 그리고 박근혜 정부의 문화융성 국정지표와 문화재정 2% 공약 등으로 면면히 시대적 문화요구와 트렌드를 반영하며 이어져 왔다. 흔히 우리나라가 경제성장 일변도의 국가발전전략으로만 일관해 온 것으로 알려져 있다면 이와 같은 인식은 문화정책의 역사적 변개를 이해함을 통하여 달라져야 할 것이다.

국정의 모든 영역에서 차지하는 문화정책의 위치는 어느 정도인가? 경제정책, 산업정책, 국토교통정책, 교육정책, 복지정책, 통일외교안보정책 등 다양한 정책이 전개되어 왔다. 이와 비견하여 한국문화정책의 변동과정을 진단하여 본다.

광복 이후 국민국가형성기(nation building)를 거치면서 극도의 혼란과 전쟁, 그리고 지도력의 위기를 넘어 60년대를 시작으로 근대화의 기치를 세웠다. 그 최우선의 과제는 경제성장을 통한 산업화를 이루는 일이었고 모든 국정의 우선순위는 이에 맞추어져 있었다. 이른바 불균형적 성장이론에 따라 수출 드라이브 정책을 통하여 제조업에서 생산한 상품을 국외에 내다 팔고 외화를 벌어들여 나라를 부강케 한다는 전략이었다. 그 가운데 우리는 열심히 일하면서 소득을 증대시켰다. 시골의 부모는 농사로, 도시로 나온 형님 누나는 공장에서 밤낮으로 일하면서, 허리띠를 졸라매고서라도 자녀와 동생들은 대학을 보내고 공부를 시켜야 한다는 집념으로 줄기차게 달려왔다. 그리하여 마침내 우리 국민은 국권상실기의 침탈을 극복하고 전쟁의 폐허를 딛고 이제는 3050클럽 가입을 바라볼 만큼[2] 세계 속에 주목받는 나라로 서게 되었다. 그 바탕에 무엇이 있었을까? 이를 사무엘 헌팅턴(2001)은 바로 "문화의 힘"이라고 갈

2. 3050클럽이란 일인당 국민소득 3만 달러, 인구 5천만 명 이상 되는 나라를 일컫는다. 한국이 2050클럽에 가입한 것이 2012년 6월 23일자였다. 일인당 국민소득 2만 달러를 넘은 국가로서 인구 5천만 명이 넘은 것이다. 우리나라는 2015~2016년이면 일인당 국민소득 3만 달러를 넘어서 미·일·영·독·프·이탈리아에 이어 7번째로 3050클럽에 진입하게 될 것으로 전망한다. 아울러 수출입의 무역총규모도 1조 달러를 넘어서는 경제대국으로 성장하였다. 물론 이는 지속성장과 인구규모가 유지된다는 전제이다.

파했다.[3]

이하에서는 대한민국의 문화정책의 변동과정을 분야별로 살펴보기로 한다. 우리 대한민국은 근대화 과정에서 산업화와 민주화 그리고 정보화와 세계화의 과정을 차례로 겪으면서 문화 분야에 있어서도 각 단계별로 적절한 문화정책을 추진하여 왔다. 그 수립과 전개 발전되어온 내력을 분석하고 역사적 변동과 전망을 정리하여 보기로 한다. 시대의 변동과정에 문화정책이 어떠한 요인에 따라 어떠한 내용으로 변동하여 왔고 그것이 정책에 반영되어 왔는지를 파악해보기로 한다. 문화예술, 문화산업, 미디어, 문화재, 종교, 체육, 관광의 7개 분야별로 정리한다. 이를 요약하여 총론에서 전개과정과 방향을 제시하고 7개 분야에 대하여는 자세히 전문분야별 필진들이 집필하게 될 것이다.

시대별 단계별 정책의 추동력은 무엇이었는지를 찾아내고 그에 따른 정책 전개내력을 파악해 보기로 한다. 아울러 매 시기별로 추구하는 목표와 가치가 달라지는 면을 탐색하기로 한다. 정책결정자와 관심분야와 목표 등의 변동내역을 기술하기로 한다. 각 시기의 상위문화정책과 수단 또는 하위 정책, 목표에 따라 각각의 강조분야와 소홀히 된 분야 등을 정리해 보기로 한다.

문화정책은 흔히 비과학적 비경제적 영역으로 알려져 있다. 이러한 문화정책이 시간이 가면서 과학화 혹은 합리적인 방향으로 진화하는 측면은 없는지도 탐색해본다. 이는 순수문화예술은 물론이요, 문화산업과 관광 및 스포츠, 미디어 등 각 분야별 통계와 데이터의 체계적인 축적과 관리 및 분석의 정도에 달려있는 부분이기도 하다. 이는 계량적 및 질적 분석이 병행되면서 문화현상의 보다 합리적인 예측능력을 제고하게 해주는

3. 1960년대 초반 대한민국과 가나는 1인당 국민소득이 비슷하였다. 그러나 30년 후 한국은 세계 14위의 경제강국이 되었고 소득수준은 그리스 수준에 육박했다. 한국은 민주제도도 다져가며 성공시켰다. 이는 한국인들의 검약·투자·근면·교육·조직·기강·극기정신 등의 가치를 중시하는 문화적인 전통에 기인하였다. 한마디로 "문화가 결정적으로 중요하다"고 보았다. 이상은 사뮤엘 헌팅턴의 분석이다.

효과가 있다. 문화가 지니는 영향력이 어떠한지 그것이 사회와 정책의 다른 부분에 어떠한 영향을 미치게 되었는지 등도 살펴볼 수 있을 것이다.

1. 문명의 발상과 문화의 형성

하나의 민족이 국가를 형성하고 오랜 시간을 지나오면서 문화가 축적되어왔다. 국가발전은 민족문화발전과 맥을 같이하는 것이 정통적인 형태라 할 것이다. 역사 속에서 자취를 남긴 모든 나라들은 위대한 문화국가로 불린다. 제국이든 강소국가이든, 혹은 아무리 전쟁과 상업으로 영토와 부를 축적하였다 하더라도 문화가 있는 나라는 역사를 남겼고 문화가 없는 나라는 인류사에서 사라져 갔다.

인류는 많은 경우 강과 바다를 끼고 역사와 문명과 문화를 일구어왔다.[4] 문명은 도시를 형성하면서 발전하였고 그 도시는 역사와 문화를 남겼다. 기원전 3,300년에서부터 기원전 332년까지의 이집트문명이 나일강을 중심으로 발전하였고 중국의 문명이 황하 양쯔 강을 끼고 신석기시대로부터 이어졌다. 인더스 강과 티그리스 유프라테스 강이 역시 인도문명과 메소포타미아문명을 이끌었다. 그 이후 로마의 문명은 바다를 끼고 이어졌다. 중상주의와 제국주의로 이어지는 서구의 역사도 바다를 지배하는 자가 제국의 영역을 넓혀왔다.

---

4. 문화란 인류가 생활하면서 이루어 놓은 모든 것을 뜻한다. 원시 인류나 현존하는 아마존이나 아프리카 오지의 원주민들도 나름대로의 문화를 가지고 있다고 볼 수 있다. 한편 문명은 보다 발전된 문화의 단계를 뜻한다. 문명 단계의 징표로는 문자와 청동기의 사용, 도시의 출현 등이 거론된다. 또 문화가 경작(culture)에서, 문명이 도시(civitas → city)에서 유래하였다는 점에서 많은 시사를 받을 수 있다. [네이버 지식백과] 문화와 문명 참조. 여기서는 문화를 보다 인류적 사회적인 생성을 이룬 내용으로서 자연의 반대개념으로서의 문화개념으로 이해하고자 한다. 즉 인간의 노력과 창의적인 생각이 합쳐져서 일구어낸 인류적 가치재의 모든 것을 의미하며 재화와 서비스와 제도와 삶의 양식 일체를 의미하는 것으로 사용하고자 한다. 따라서 문화라고 할 때 그 범주에는 문명을 포함하는 것으로 봄이 타당할 것이다. 문화의 개념에 관한 좀 더 자세한 전개는 필자의 한국문화정책론(증보판, 2013), pp.38~41. 참조.

이와 같은 강과 바다와 문명의 관계는 한반도에서도 예외가 아니었다. 고조선과 원삼국시대가 대동강과 한강을 끼고 발전하여 왔고 신라와 가야, 백제의 경우는 한반도의 남쪽에 위치한 관계로 강과 더불어 해양을 따라 아랍, 인도문명과의 교류를 이어가기도 하였다. 삼국시대의 찬란한 문화는 이웃 왜(倭)에도 전파되었다. 통일신라와 고려, 조선을 이어오면서 한반도는 한강을 중심으로 주류 지배계층이 형성되고 문화를 더욱 발전시키고 축적하여 왔다. 오늘의 대한민국의 경제와 민주와 문화적인 성공도 "한강의 기적"이라고 칭한다.

역사의 발전에 있어서 문화가 형성되어온 것은 인간의 삶의 양식과 그 과정과 결과물의 총체로 표현되어왔다. 그러나 기술문명이 인간의 정복의지와 결합하면서 각국의 다양한 문화적인 축적이 또 다른 국가 민족의 기술기반 무기체계를 발전시킨 문화와 상호 충돌을 야기하였다. 그리고 한 지배체제가 통치와 영토 확장의 욕심과 내부적인 문제해결의 목적 등으로 이민족 국가에 대한 침략과 새로운 지배 복종의 관계를 만들어내기도 하였다. 그러한 역사의 반복에 대하여 아놀드 토인비는 역사가 부단한 "도전과 응전"으로 이어져 왔다고 간파하고 있다.

문명사(文明史)가 도시를 형성하면서 기술기반이 포함된 얘기라고 한다면 문화(文化)는 인간의 삶의 일체의 형태와 과정과 결과의 모든 것이라고 할 때 더욱 포괄적인 것으로 받아들이게 된다. 문화현상으로 표현된 인류사의 흐름, 혹은 한 나라와 국민의 삶과 그 축적물을 역사 혹은 문화사로 다루게 된다.

2. 현대국가와 문화, 문화정책

역사적으로 모든 국가에는 문화가 존재하고 각국의 정부는 이를 형성

축적하여 왔다. 하지만 현대 정부에서 문화를 정책으로 표현하기 시작한 것은 나라마다 약간의 차이가 있다. 우리나라가 현대국가로 진입한 역사는 짧지만 오랜 역사와 전통문화에 대한 민족적 긍지는 강했다. 그러나 1960년대 이래 경제성장제일주의가 행정을 지배해왔고 이에 따라 초기의 문화행정은 상대적으로 소외될 수밖에 없었다. 한편 문화행정과 정책은 경제분야와 달리 실증분석이나 과학적 평가가 잘 진행되지 못한 점도 문화정책이 효과적으로 주목받지 못하게 한 요인이 되기도 하였다. 문화정책 자체가 오랫동안 정부의 중요정책으로 자리매김하지 못하고 국정홍보의 수단 혹은 부수적인 분야로 취급되어온 면이 있었다. 또 통치권자의 시정목표로서 민족문화창달, 정신문화계발 등이 주창되었기 때문에 문화 분야는 경제 분야와는 다른 차원에서 다루어졌다. 이러한 상황은 정책추진과 분야별 비중의 우선순위로 볼 때 문화정책분야에 대한 사회과학적 연구 성과가 충분히 축적되지 못해온 요인이 되었다.[5]

세계문화의 다양성을 주창하는 프랑스는 드골 대통령 당시 1959년 문화부를 설립하면서 문화국가를 표방하였다. 우리나라의 경우에는 20세기 근대화 혹은 산업화를 추진하면서 박정희 정부에서 1972년 문화예술진흥법의 제정과 문화예술진흥원을 설립하고 1974년 문예중흥5개년계획을 수립하는 등의 노력에서부터라고 볼 수 있다. 그 이후 국가 차원의 문화기반시설 구축단계를 넘어, 88서울올림픽의 성공개최로 대한민국과 한국문화가 세계에 주목을 받게 되었다. 그러나 이때까지의 국정기조를 "문화국가 표방"으로 보기는 어렵다고 하겠다. 왜냐하면 1980년대까지의 문화정책은 국가 통치이념을 보완하거나 통치의 수단으로 문화시책을 펴거나 이용한 측면이 있었고, 국민의 최소한의 문화적인 기본적 수요를 충족하는 시책을 펴기에는 충분치 못하였다는 것이 솔직한 과정이

5. 박광무(2009: 91); 정홍익(1992), 문화행정연구 개념틀과 분석, 한국행정학보 25(4), p.229

었기 때문이다. 문화 자체의 발전과 문화예술창작활동의 진흥과 국민 문화향유의 확산을 본격적인 정책의 대상으로 삼은 것은 그 이후 1990년에 정부에 문화부가 설립되면서부터였다고 보아야 할 것이다. 현대적 개념의 본격적인 문화정책의 출범인 셈이다. 이것은 문화다양성 존중과 국가주도의 문화중시정책을 취하였던 프랑스형 문화국가주의를 채택한 것이 이때로부터라고 보기 때문이다.

세계적으로 문화국가의 개념을 최초로 설정한 사람은 피히테(Fichte)이다. 그는 통일독일을 이상국가로 건설하기 위하여 교육을 중시하고 이를 통하여 문화국가, 민족국가를 건설하고자 하였다.[6] 프랑스의 경우 문화국가 원리는 인권선언 제11조 등이 보장한 기본권과 1946년 제5공화국 헌법이 확인한 기본권 보장에 기초하고 있다. 그 내용은 신앙과 사상의 자유, 학문과 예술의 자유를 포괄하는 선언이었다. 이에 앞서 프랑스는 1913년부터 역사적기념물에관한법을 제정하여 적극적인 문화유산의 보호를 규정하였다. 프랑스의 문화정책은 국가의 적극적인 개입과 국민에 대한 급부를 국가의 의무로 규정하는 사회국가적 과제의 하나로 인식한 것이다(박광무, 2009). 그 이후 프랑스는 1959년 드골 정부에서 문화부가 창설되고 앙드레 말로가 초대 문화부 장관으로 취임하여 10년 동안을 이끌었다. 그는 문화의 지방자치, 고급문화의 창달, 문화민주주의를 표방하면서 '문화의 집'을 건립하기 시작하였다.[7] 물론 그 이전에도 프랑스 혁명 이후 1791년 '문화재위원회'를 개설하였고 공연권과 저작권을 극작가의 권리로 규정하는 포고령을 선포한 바 있다. 또 1799년 루브르 박물관을 개관하였다. 프랑스 정부는 이후 말로 정신을 이어서 '앙드레 말로 포럼'을 개최하며 프랑스의 문화적 자존심을 이어나갔다. 프랑스는

6. Fichte, J.G. (1806), Die Grundjuge des Gegenwartigen Zeitalters in J.H. Fichte; "한국문화정책의 변동에 관한 연구", 박광무(2009), p.57 재인용.
7. "프랑스 문화정책의 도전적 흐름." 이복남, 너울(2001.12.) 한국문화관광연구원

문화적 집권성을 유지하려는 힘이 중앙정부중심의 문화정책지형을 만들어가고 있다.

미국은 연방정부에 문화부가 존재하지 않으며 국립예술기금(NEA; National Endowment for Arts)이 문화예술활동에 대한 포괄적인 지원업무를 맡고 있다. 미국의 문화정책은 본질상 민간의 자율과 시장영역에 맡기고 있다. 영국은 예술위원회의 영향력 감소와 문화미디어체육부의 등장으로 문화콘텐츠산업을 창조산업의 이름으로 국가차원에서 육성하고 있으며 중앙정부의 적극적인 정책개입으로 나아가고 있다. 한편 유럽연합은 문화적 협동을 규정한 1992년 마스트리히트 조약에 기반을 두고 문화의 달, 문화수도 지정사업, 올해의 유럽문화도시 등을 통하여 문화적인 리모델링, 전통축제의 개발과 관광진흥과의 연계를 추진하고 있다.

현대의 중국은 2008년 북경올림픽을 일대 전기(轉機)로 하여 북경(北京), 상해(上海), 소주(蘇州) 등의 대대적인 도시 리모델링과 문화기반시설의 신축을 도모하였다. 지금은 사회주의 정치체제와 별개로 개방과 자본주의적인 경제구도와 연결하여 광범위한 문화콘텐츠 산업에 진출을 도모하고 있다(박광무, 2009). 문화업무는 문화부와 신문출판국, 광파전시전영총국(방송통신), 국가여유국(관광) 등 분야별로 그 관장부서가 다르다. 사회주의 체제의 속성상 문화영역을 매우 중시하고 있으며 신문출판과 방송을 구별하여 중앙부서를 두고 있다. 아울러 관광정책의 주무부서도 중앙단위에서 일관되게 관장하고 있다.[8]

8. 사회주의 체제의 강점으로 중국공산당의 일사불란함에서 강력한 지도력을 행사할 수 있다는 특징을 지닌다. 이는 중국이 막대한 외환보유고와 중앙집권적인 정책방침으로 문화적 경제적 전략을 추진할 경우 주변국으로서 한국의 문화와 경제활동이 상당한 영향을 받을 수 있음을 유념해야 한다는 점을 내포한다.

3. 문화정책 변동 분석의 틀

문화정책의 변동을 분석함에 있어서 박광무(2009)의 분석모형이 유용하다. 이 모형은 Sabatier(1993)의 정책지지연합모형(Advocacy Coalition Framework)과 Kingdon(1984)의 정책의 흐름모형에 나오는 '정책의 창(policy window)'의 개념을 바탕으로 하고 유민봉(2006)의 행정제제모형을 종합하여 구성하였다. 즉 문화정책의 주체가 외부환경의 영향과 문화정책의 내재적 여건의 투입 즉 요구와 지지를 통하여 문화정책의 공급자와 수요자 간에 상호 작용을 하면서 문화 권력의 배분과 문화권익의 증진을 조정하게 된다.

외부환경과 문화정책의 내재적 여건은 문화정책의 주체에 일정한 영향과 투입으로 작용하되 각각 독자적으로 움직이다가 정치적 사건이나 극적인 상황 등 환경의 급변을 계기로 하여 '정책의 창'이 열리는 효과를 나타낸다. 정책의 창이 열리는 것은 문화정책의 기조가 변경되는 것을 의미한다. 문화정책기조의 변경은 정책변동을 의미하고 새로운 문화핵심정책을 형성하며 정책 우선순위를 조정하게 만든다.

참여정부 이후에는 문화 거버넌스의 작동이 포함된다. 즉 정부로서의 문화정책 종사자와 문화기업으로서의 문화사업 종사자, 그리고 문화시민단체의 활동이 상호작용을 하면서 문화 거버넌스가 작용하는 내용이다. 이상의 문화정책 주체들 간의 활동과 영향력이 문화핵심정책의 변동에 미치는 영향을 파악할 수 있다.

문화정책의 외부환경과 문화정책의 내재적 여건, 그리고 문화정책의 주체들은 각기 독자적으로 움직이면서 체제적인 활동으로는 상호 영향을 미치고, 요구와 지지를 통하여 문화정책의 변동 및 흐름에 작용하게 된다. 이를 정책의 흐름모형과 정책지지연합모형을 활용하여 종합 분석할 수 있다.

문화정책의 거시적인 역사적 변동과 전망을 다룸에 있어 이번 집필에서는 대상과 범위를 다음과 같이 설정하였다. 즉 문화예술, 문화산업, 미디어, 종무행정, 문화재, 관광, 체육 등의 일곱 가지 영역이다. 이를 종합한 분석의 틀은 다음 그림과 같다.

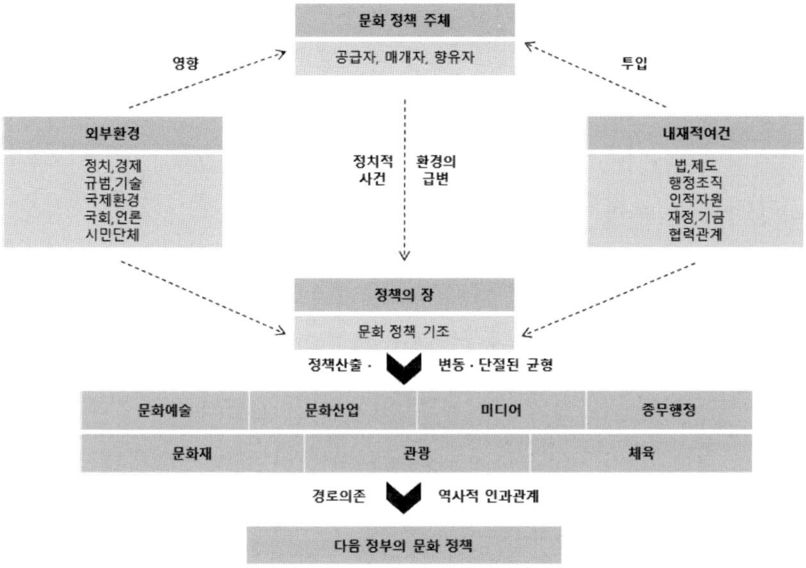

〈그림 1〉 거시적 문화정책의 역사적 변동과 전개의 틀

4. 집필 대상과 범위

문화정책이라고 말할 때 문화공보부로부터 공보처와 문화부의 분리발족을 중요한 전환점으로 삼는다. 이는 과거에 문화를 국정의 홍보수단으로 삼거나 정권의 정통성과 정치적 목적의 부수적인 수단으로 이용하던 상태에서 민주화 이후에 문화 자체를 중시하고 문화예술의 본질적인 가

치를 추구하는 단계로 정책의 전개가 이루어진 것을 이때로부터라고 보기 때문일 것이다.

문화의 산업적 접근은 김영삼 정부에서부터 본격화되었다. 오늘날은 문화산업과 관광산업이 고품격 서비스산업을 견인하는 핵심성장동력으로 인식되면서 전통적인 문화예술 진흥정책에 더하여 미래 성장지향적인 정책대상으로 자리매김하고 있다. 나아가 체육정책도 문화정책의 큰 틀 안에 포함하여 다루고자 한다. 관광정책의 역사로 볼 때 과거 교통행정의 일환으로 다루어왔으나 1994년 말에 관광 업무를 문화체육부로 이관하였고 이는 관광정책이 문화적인 접근으로 전환하였음을 의미하는 조치였다. 체육도 88서울올림픽 이후 1993년부터 체육부가 문화부로 통합되면서 문화체육부로 확대 개편되기에 이르렀다.

미디어정책은 과거에는 공보 혹은 정책홍보적인 차원에서 다루어지다가 미디어국의 형성과 방송통신위원회의 분리 등으로 신문출판의 영역과 방송통신의 영역이 나뉘게 되었다. 이번 집필에서는 신문 방송을 중심으로 하되 미디어 전반에 대하여 정책적인 차원에서 언론정책과 미디어의 산업적 측면 그리고 여론다양화의 측면을 포함하여 다루게 될 것이다. 따라서 공보 혹은 국정홍보 분야는 제외하기로 한다.

종무행정은 전통적인 문화공보부의 업무범주로 다루어져 왔다. 그러나 국민의 정신문화 영역의 일부인 동시에 종교의 자유를 중시하는 점에서 종교정책이 아니라 종무행정이라는 최소한의 행정적인 사항을 중심으로 전개되어 왔다. 이번 집필에서도 이를 중심으로 다루게 될 것이다.

문화재정책은 문화예술정책에 비하여 더 일찍부터 정책적인 관심의 대상이었다. 민족자존과 민족정기의 회복 및 일제잔재의 청산 등은 문화재 보호와 복원의 중요한 이유이었다. 개발행정의 도도한 추진이 모든 정책을 압도하던 산업화시대에도 문화재보호정책은 매우 강력한 법적 보장을 담보로 위력을 발휘하였다. 이로써 정부가 바뀌어오는 과정에서도 민족문화유산의 보존은 물론, 전국적인 문화재 보존과 최근에는 이의 활용의 단계로까지 발전할 수 있게 되었다.

일본 제국주의로부터 광복 70주년과 대한민국정부수립 이후 67년을 지나오면서 문화정책의 범주와 영역은 국가발전과 더불어 일정한 틀을 형성하게 되었다. 또 어느 정도 정책의 예측가능성이 높아지게 되었다고 진단할 수 있다. 이는 문화정책 전반에 걸쳐서 역사를 관통하는 연구 성과를 집대성할 만큼 시간이 경과되었다는 점이며, 또 그동안 한국문화정책의 장족의 발전이 일정한 점검과 정리를 요한다는 시대적인 요구를 반영한다는 의미를 포함한다.

기술(記述)에 있어서는 크게 시대구분을 ① 산업화시대, ② 민주화시대, ③ 정보화 및 세계화시대로 나눈다. 산업화시대는 대한민국정부수립(1948.8.15) 이후 1987년 6.29선언 때까지, 민주화시대는 1987년 말 노태우 대통령 집권 이후 1997년 말 IMF 외환위기 발발 시까지, 정보화 및 세계화시대는 그 이후 현재까지로 나누기로 한다. 다만 필자는 총론을 써나감에 있어서 산업화시대 이전의 '민족정통성의 회복기'를 언급하기로 하겠다. 왜냐하면 이승만 초대 대통령 시기에 대한 일정한 정책적, 역사적 평가가 포함되어야 한다고 보며 이는 헌법전문에서 명시하고 있는 3.1운동정신과 임시정부의 법통을 계승한 대한민국정부의 수립과 그 이후 6.25를 거쳐 4.19민주이념의 정립에 이르기까지 민족적, 민주적인 정통성을 확립하여온 역사를 문화정책 차원에서도 짚어보아야 할 것이기 때문이다.

한편 이번 문화정책 변동을 기술함에 있어서 시간적 범위의 하한으로는 이명박 정부시기까지를 다루기로 한다. 그 이유는 첫째로, 문화정책의 역사적 변동을 다룸에 있어서 당대의 정부정책을 당대에 평가하고 논한다는 것은 적절치 않다는 역사기술과 평가의 일반적 논리를 따라야 한다는 신념이며 둘째로, 당대의 정책은 아직도 현재 진행 중이기 때문에 이를 역사적 변동이라는 주제로 저술하는 작업에서는 다음 단계의 과제로 남겨둠이 적절할 것이라고 판단하기 때문이다. 다만 그럼에도 불구하고 본 장의 말미에 있는 향후의 전망과 과제를 기술함에 있어서는, 당대의 정부정책의 내용과 흐름을 감안하고 미래 문화정책의 기대와 예측 차원에서 포괄적으로 언급하되 앞으로 정책적으로나 문화계가 성사시켜나가야 할 부분에 주안점을 두고 미래적 전망과 과제를 사안별로 기술하였음을 밝힌다.

이상을 종합한 문화정책의 역사적 변동과 전망의 검토 요소들과 집필의 범위는 다음과 같이 정리할 수 있다. 문화정책의 주체인 공급자, 매개자, 수요자가 외부환경의 영향과 내재적 여건의 요구 지지 등 투입을 받아서 정치적 사건 혹은 환경의 급변을 겪으면서 정책의 창이 열리고 이것이 정책의 기조를 형성하거나 변동시키게 된다. 그리고 이에 따라 새로운 정책의 형성 집행이 이루어지게 된다. 이 과정에서 정책은 변동 혹은 단절된 균형을 이루면서 다음 단계로 이어지거나 새롭게 변동하게 되고 경로의존성을 띠거나 역사적 인과관계를 형성하면서 다음 정부의 정책으로 이어지게 된다.

정책이나 사회현상을 이해하고 분석함에 있어서 신제도주의 방법이 있다.[9] 이는 1960~1970년대를 풍미했던 행태주의, 다원주의, 합리적 선택이론 등에 대한 비판과 반성에서 시작되었다. 1990년대에 들어오면서 사회현상을 설명함에 있어서 공식, 비공식 제도의 영향과 맥락을 중시하며 경로의존성을 강조한다. 현재의 제도적 구조를 과거의 산물로 파악하고 과거의 선택이 역사발전의 경로를 제약한다는 것이다.

9. 이하 제도주의에 관한 보다 자세한 내용은 박광무(2009) pp.25~43. 참조

Ⅱ. 시대별 문화정책의 역사적인 변동 개관[10]

1. 민족정통성의 회복기

민족정통성의 회복은 국권회복과 함께 정신적, 문화적인 회복을 의미하며 그 주체는 이승만을 비롯한 정부수립의 지도자들이 중심이 되었다. 이승만 대통령의 "뭉치면 살고 흩어지면 죽는다." 라는 구호에서 웅변하듯이 일제의 압제에서는 벗어났으나 공산주의 세력과의 대결에서 민족의 대단결을 강조하였다. 신탁통치를 극복하였으나 남북한이 다시 분단된 가운데 남한에서만의 총선거를 통하여 대한민국 정부가 수립되었다. 외부환경은 유엔을 비롯한 자유진영의 대한민국정부수립지지를 바탕으로 자유민주주의 체제가 열린 것이다.

민족정신과 역사와 문화 차원에서 정부가 당면한 최대의 현안은 식민지 시대의 상실한 민족정신과 자존적 가치를 회복하고 민족의 정통성을 바로 세우는 일, 정치사회 질서를 회복하는 일이었다. 국민국가 형성(nation building)이 신생 독립국가 정부의 최우선 책무였다. 이승만 초대 대통령은 취임사에서 "새로운 정신과 새로운 행동으로 구습(舊習)을 버리고 새 길을 찾아 분발 전진하여야 할 것이며 일제치하의 잃어버린 세월을 회복하고 세계문명국에 경쟁할 것"임을 밝혔다. 또한 전쟁 이후에는 공산 제국주의로부터 승리하고 통일 독립민주국가로 완전 회복할 것을 목적으로 하며 자유의 회복과 보유의 중요성을 강조하고, 승전(勝戰)과 계공(戒共)을 당면과제로 강조했다.[11]

---

10. 이하의 각 분야별 정책변동 요지 중 일부는 문맥의 흐름을 감안하고 내용의 통일성을 기하기 위하여 필자의 저서와 다음 장 이하의 각 분야별 내용에서 일부 요약 발췌하였음을 밝힌다. 그러나 이 경우에도 정책의 변동에 관한 분석과 관점은 필자의 견해를 주로 피력하였다.
11. 박광무(2009), p.92.

광복과 동시에 정부수립 전 단계에서부터 문화계에서는 최소한의 국가 문화기반 및 제도 형성을 위한 노력을 기울였다. 그로 말미암아 국립중앙도서관은 1945년 10월 15일 서울 소공동에서 개관하였다. 국립중앙박물관도 같은 해에 개관하였고(1945.12.3) 1949년에는 국전(國展)을 창시하였다. 1950년에 국립극장과 국악원을 설립하였고 전란 중에도 학술원, 예술원의 설치운영을 규정한 문화보호법이 제정되었다. 저작권법도 1957년 제정되었다. 정부수립 초창기에 1948년 7월 17일 제정된 정부조직법에서는 국무총리 직속의 공보처에 인쇄 출판과 저작권 사무가 포함되었다. 그리고 공보국 내에 영화과가 속해있었다. 출판국, 방송국이 있었다. 당시에는 국가형성기이었으므로 문화부문의 대부분의 과업은 공보 위주의 시책이 우선시되었음을 알 수 있다. 그러나 문화기반과 제도에 대한 문화계의 열망은 매우 큰 것이었고 문화계의 자발적인 열정과 의지가 박물관, 도서관 등의 문화기반과 문화보호법을 비롯한 입법을 가능케 하였다. 이것은 그 후 박정희 정부의 경제개발 일변도의 산업화시기에도 꾸준히 문화기반과 법제도의 형성을 도모할 수 있는 바탕이 되었다고 평가된다. 즉 국가형성 초기단계의 문화시책은 산업화시기에도 일정하게 '경로의존적'으로 진행되었다고 평가되는 부분이다.

역사적 제도주의 관점에서 논하면 다음과 같다. 이 당시 문화분야의 최우선 과제는 정부의 출범에 따른 시급한 최소한의 문화기반이 되는 기관의 일제로부터의 인수와 개관이었다. 그리고 제도와 법규를 형성하는 일이었다. 이것은 독립된 정부수립에 따른 새로운 '정책의 창'의 열림이었다. 외부의 환경은 공산주의 세력의 이념적인 방해, 그리고 내부적인 혼란이 있었으나 국제사회의 지지와 민족적인 열망에 힘입어 이들을 해낼 수 있었다. 그리고 다음 단계인 산업화시대로 연결되면서 역사적 인과관계를 가지고 발전적으로 정책의 연속성을 가지게 되었다. 한편 일제로부터의 대한민국정부 수립과 문화법제의 마련과 기관의 설립은 '단절된 균형'에 해당할 것이다. 이는 국권회복에 따른 당연한 과정으로서 식민체제의 단절과 민주 대한민국 체제의 시작에 따라서 새로운 균형을 형성한 것이라는 의미이다.

이것이 가능하였던 것은 우리 민족에게 면면히 이어져 온 문화적 자존감과 민족문화의 저력이 있었기 때문이라고 본다. 예를 들면 1950년 6.25동란[12] 이후 중공군의 개입으로 미군 10군단과 국군 제1군단이 수행한 1950년 12월의 흥남 철수작전에서 볼 수 있다.[13] 정원 40명에 불과한 미군 화물선 메러디스 빅토리 호에 1만4천 명의 북한 피난민을 태우고 거제도까지 이동하면서 극한의 고난 속에서도 우리 민족은 기적 같은 질서와 협동과 배려로 성공적으로 부산항까지 도달함으로써 문화민족의 역량을 떨쳤다. 이 당시 미군 장교들도 한민족의 질서의식과 문화시민의식에 깊은 감동을 하였으며 한국인의 재기를 예측하였다고 기록은 증언하고 있다. 또 다른 일은 팔만대장경에 관한 이야기이다. 해인사 창건 이래 일곱 번의 큰 화재가 있었다고 하는데 팔만대장경은 한 번도 불에 소실된 적이 없다고 한다. 6.25전쟁 당시 북한군이 가야산에 숨어들었다는 소식에 해인사 일대를 잿더미로 만들어 버리라는 군(軍)의 명령이 떨어졌다. 한국 사람에게 셰익스피어와 인도를 모두 준다고 해도 바꿀 수 없는 팔만대장경이라는 보물이기에 당시 김영호 공군 편대장은 상부의 폭격명령을 거부하고 해인사를 지켰다는 일화가 전해지고 있다.[14] 한 군인이 갖고 있던 유물에 대한 가치 인식과 치열한 역사의식이 없었다면 우리는 지금 세계문화 유산을 가질 수 없었을 것이다. 6.25전쟁을 겪으면서 자유민주주의에 입각한 대한민국을 수호하는 일이 얼마나 고귀한 일인지를 다시금 일깨워주었고 그 후 3년여 기간 동안 전쟁과

12. 6.25전쟁이 북한의 남침으로 발발한 것은 역사적 증거와 기록들이 증명하고 있다. 이 전쟁을 사변, 동란, 전쟁 등으로 표기하는데 이 저술에서는 동란(動亂)과 전쟁(戰爭)을 병기하기로 한다.
13. 흥남철수와 메러디스 빅토리 호, 알버트 이야기, 2014.12.22. waygo.kr/220217597688
14. 죽기 전에 꼭 가봐야 할 가야산 해인사 팔만대장경, blog.naver.com/icoopkorea

협상을 반복하면서 휴전에 이르렀다. 이 모든 과정을 겪으면서 민족정통성의 주체가 대한민국임을 재삼 확인하였다.

2. 산업화 시대

대한민국은 광복 이후 유엔이 승인한 합법적인 민주정부로 설립되었으나 민주주의에 대한 훈련과 준비가 충분치 못한 관계로 정치사회적인 혼란이 적지 않았고 이에 4.19혁명과 연이은 5.16군사정변이 일어났다. 이후 제3공화국으로부터 제5공화국에 이르기까지 개발 행정시대의 전개와 권위주의 정부가 이어졌다. 박정희 시대의 한국근대화를 바라보는 상반된 두 가지 시각이 있다. 즉 독재권력으로 규정하지만 경제개발 곧 산업화를 최우선과제로 삼고 시민사회와 민주주의 발전이 억압된 구도였다고 보는 인식이 그것이다(이병천, 2003). 정부는 경제개발 중심의 산업화에 매진하기 시작하였다. 강력한 리더십으로 등장한 국가재건최고회의에서 '혁명공약'을 내세우고 권력을 장악한 군부는 사회악의 철폐와 경제건설을 최고의 우선가치로 삼았다. 군부집권의 주체세력들은 1961~1963년간의 국가재건최고회의 시기를 거쳐 1963년 12월 17일 제3공화국을 출범시켰다. 취임사에서 제5대 박정희 대통령은 "3.1정신을 받들고 4.19와 5.16의 혁명이념을 계승하고 당위적으로 민족적 제 과제를 수행할 목표로 일대 혁신운동을 제창하며 범국민적 혁명대열에의 적극적인 호응과 열성적인 참여를 호소"하였다.[15]

정치적 자주와 경제적 자립, 사회적 융화 인정을 목표로 대 혁신운동을 추진하며 개개인의 정신혁명을 전개, 정치적 정화운동, 자제와 책임

15. 역대 대통령기록관 박정희 편. 박광무(2009) p.92. 재인용

을 수반하는 민주적 정치질서 확립, 보다 높은 윤리규범의 정립 등으로 선린(善隣)과 융화의 새사회건설을 다짐하였다. 경제개발5개년계획의 합리적 추진을 국가적 중대과제로 강조하였다.

문화분야는 1960년대에는 기초문화입법과 조직화에 치중하였다.[16] 공연 및 문화재보호, 불교재산관리법(1961~1962), 그리고 영화 및 음반법도 제정하였다(1956~1967). 1968년 7월 24일 공보부는 문화공보부로 확대개편되었다. 정부수립 초기부터 지방문화원이 설립되어 대 민간홍보의 일선기관으로 활용되었다.[17] 1960년대에는 문화입법이 두드러졌다. 1962년의 문화재보호법을 비롯한 문화예술행정의 일정한 법체계가 확립되었다.[18] 1960년대에는 방송법, 유선방송수신관리법, 신문통신등의등록에관한법률, 출판사인쇄소등록에관한법률을 제정하여 문화진흥과 조장 및 질서유지와 정화를 위한 제도적인 장치를 마련했다(박광무 2013:140).

1972년 10월 유신헌법이 제정되고 민주화는 상당한 제약을 받았다. 효율성 중심의 유신체제가 시작되었다. 주목할 점은 문화예술진흥법이 유신 이전에 제정되었다는 사실이다. 1974년 최초로 제1차 문예진흥계획을 수립하였고[19] 1979년에는 제2차 문예진흥계획을 보고하였다. 이

---

16. 문화재보수 5개년계획 수립(1964)과 출판금고 설치(1969), 1961년 6월 22일 정부조직법 개정으로 공보부가 발족하고 국립영화제작소의 신설, 그리고 문교부로부터 국립극장과 국립국악원이 이관되었다(1961.10.2).
17. 1951년 진주와 밀양문화원을 필두로 지방문화원이 설립되기 시작하였다. 박광무(2009), p.110. 1960년까지 20개 문화원, 그리고 1970년에 124개로 증가하였고 전국의 지역문화활동의 중심기관으로 자리매김하였다.
18. 향교재산법, 불교재산관리법(이상 1962), 도서관법(1963), 지방문화사업조성법(1965), 영화법(1962), 음반법(1967), 문화예술진흥법(1972.8.14) 등이 차례로 제정되었다.
19. 제1차 문예진흥계획의 핵심 내용은 올바른 민족사관 정립과 예술의 생활화· 대중화로 국민 문화수준 향상, 문화예술의 국제 교류 활성화와 문화한국의 국위 선양 등이었다. 경남도민일보 2014.5.2 고동우 기자 기사; 중앙대 오창은 교수 '박근혜 정부 인문정신문화 정책 평가와 대안' 발제문 참조; 제1차 문예진흥계획 수립에는 문화융성위원회의 김동호 초대 위원장의 증언에 의하면 당시 문화공보부 문화과장으로서 실무기획을 맡았었다.

계획의 기조는 민족문화창달의 기반이 되는 문화전통을 계발해 정신적 기반을 계속 조성하는 것이었다.[20] 1974년 이후 문예중흥, 민족문화의 중흥을 표방하며 문화재 보수 5개년계획을 시행하면서 문화재의 대대적인 복원과 보수를 추진하여나갔다. 이는 정권의 정통성을 '민족문화의 중흥'에서 찾고자 하는 통치권자의 의지가 표현된 것이 아닌가 한다. 당시 이순신 장군을 현창하는 현충사 묘역정비를 함에 있어 현충사 관리소장을 1급 관리관의 직위로 보하였고 충무공 탄신일 기념식을 국가적인 행사로 거행하였다. 또 세종대왕릉인 여주 영릉도 정비하고 그 탄신일을 중시하였다. 칠백의총 관리소도 민중의 호국유적으로 정비 관리하였다.[21] 이는 신(臣), 군(君), 민(民)의 상징으로서 1977년에 최초로 정신문화계발이 자립경제, 자주국방, 사회개발과 함께 4대 시정목표에 포함된 것과 궤를 같이한다고 하겠다. 이때의 민족문화의 중흥사업은 바로 국가의식, 국민의식, 공복(公僕)의식을 강조한 통치자의 의도가 내재되었다고 보아야 할 것이다.

당시 전국의 문화원 조직이나 마을단위의 확성기 보급과 라디오 보급사업, 텔레비전 보급 등은 모두 정부 정책의 효과적인 전파와 홍보, 그리고 이를 통한 전 국민의 역량을 산업화와 조국근대화라는 역사적인 과업에 일사불란하게 매진하게 하는 가장 중요한 수단으로 활용되었다. 그것은 유신시대의 '총력안보, 국민총화, 경제개발, 민족중흥'과 같은 시정방침에서 잘 나타나고 있다. 박정희 정부 통치철학의 중심은 경제성장이었다. 다른 모든 가치는 경제성장에 부속되었다. 문화도 경제성장의 부가적 요소로 인식된 면이 있었다. 문화재 보존에 대한 집중적인 지원은 각

---

20. 이후 10.26 대통령 시해사건의 발생으로 정국은 급격한 소용돌이에 빠지고 이것은 계획으로 그치고 말았다. 그리고 제5공화국(1980~1987)에서 개정된 헌법 제8조에서 국가의 문화진흥의무를 최초로 명기하였다.
21. 현충사관리소(1968.12.31), 칠백의총관리소(1976.12.31), 세종대왕유적관리소(1977.9.14)를 차례로 설립했다.

별하였으나 그 이외의 문화부문은 정책적 주목의 대상이 못된 것이 사실이다.[22] 정부의 문화시책은 국정 홍보의 수단으로 활용되는 실정이었다.

1955년 2월 7일 정부조직법 개정으로 대통령 직속의 공보실로 개편되면서 언론보도, 선전영화제작, 정기간행물 및 방송에 관한 사무가 추가되었다. 이와 같은 현상은 정부의 공보(미디어)기능이 정부시책과 대통령의 발표사항을 국민에게 효과적으로 알리는 데 치중해있었음을 알 수 있다.[23] 1960년대는 홍보수단으로서 방송의 기능이 크게 강화 확장되었던 시기이다. 전 국민이 방송을 청취할 수 있도록 송신소와 중계소를 늘려나갔다. 산간벽지에까지 국지(局地)이동방송을 실시하고 농어촌 라디오 및 스피커 보내기 운동을 벌였다. 그리고 텔레비전시대가 이어졌다.[24] 1960년대는 민방의 대부분이 설립되고 지방방송망의 전국적 보급이 급격히 이루어졌다. 당시 언론의 기능은 정부의 정책홍보를 크게 벗어날 수 없었으며 민방의 개국 등 근대적 언론의 싹이 트는 시기였다.

동서양을 막론하고 전제군주시대에는 거대한 토목사업이나 문화기반 시설사업이 역사적인 치적으로 남아있다. 이집트시대의 피라미드, 로마제국의 각종 신전과 도로, 중세기의 유럽 각지의 성채, 프랑스 루이14세의 베르사이유 궁전 건립, 그리고 루브르 박물관[25] 등이 그러하다. 그와 같은

---

22. 박정희 시대에 민족문화와 정신문화의 중요성을 강조하면서 민족중흥을 위한 문화재 보존과 복원에 심혈을 기울였다. 문화재부문을 제외하고 문화예술예산은 매우 미미했다. 1969년의 문화재 예산을 전년대비 2배로 증액하였고 1972, 1976, 1977, 1978년에 각각 큰 폭으로 문화재 예산을 증액시켰다. 1968년 8.3억/1969년 15.6억/1972년 27.2억/1976년 41.9억/1977년 51억/1978년 102.2억 원 등이다.
23. 언론 미디어기능의 자세한 내용은 박광무(2009) p.100; 문화공보 30년, 문화공보부, 1979. 참조.
24. 1961년 9월에 10만 7,749대이던 스피커가 1967년 7월에 81만 4천대로 늘어났다. 그 이후에는 라디오의 급격한 보급으로 스피커의 수는 감소되기 시작하였다. 1961년 12월 24일에 서울텔레비전 방송국이 설립되어 최초로 TV방송을 실시하였다. 상업방송은 본격 민간 상업방송으로 1961년 MBC라디오, 1963년에 DBS 라디오, 1964년에 TBC라디오가 개국하였다.
25. 루브르 박물관은 영국의 대영 박물관, 바티칸시티의 바티칸 박물관과 함께 세계 3대 박물관으로 꼽힌다. 1190년 지어졌을 당시에는 요새에 불과했지만 16세기 중반 왕궁으로 재건축되면서 그 규모가 커졌다. 1793년 궁전 일부가 중앙 미술관으로 사용되면서 루브르는 박물관으로 탈바꿈하기 시작했다. 이후 5세기 동안 유럽 외 다양한 지역에서 수집한 회화, 조각 등 수많은 예술품은 오늘날 30만 점 가량에 이른다. [네이버 지식백과] 루브르 박물관[Louvre Museum] (저스트고(Just go) 관광지, 시공사).

문화유산은 후일 다시 문화발전의 중요한 기반으로 작용하고 나아가 문화유적 관광지로서 후손의 경제적 이득의 원천이 되며 세계인의 사랑을 받게 된다. 이는 동서고금 역사의 교훈이요 역사와 정책의 부단한 환류(還流)로서의 가치를 가지는 현상이라 하겠다. 우리의 경우에는 통치권자의 정치적 정통성 확립의도와 강력한 지도력이 우리 민족의 문화적 자부심과 역사문화의 저변에 깔린 문화민족의식과 적절히 융합하여 문화유산의 복원, 문화기반의 구축과 보존 발전이 가능하지 않았나 생각된다.

10.26 이후 정권을 잡은 제5공화국 전두환 정부에서도 전통문화의 계승발전과 민족문화 창달을 표방하였다. 이 시기에 88서울올림픽을 대비한 예술의 전당, 국립현대미술관, 독립기념관을 비롯한 대대적인 문화기반 시설의 확충이 이루어졌다. 아울러 지방문화 육성, 한강의 준설과 도시의 정비, 전통문화유산 개발과 창작여건 개선, 민족문화의 국제적 선양 등을 구현하고자 노력하였다.

산업화시대의 문화분야 시책은 기본적으로 경로의존적이라고 보아야 할 것이다. 왜냐하면 당시의 여건상 권력 이동이 민주적인 절차와 방식보다는 급격한 정치적 격변과 내부적인 상황으로 이루어졌고 그 후 장기집권이 이어졌으며 정치지도자는 권력의 정통성을 공고히 하기 위하여 문화적인 요소들을 국민 통합과 통치이념의 확산에 중요한 역할요소로 판단하지 않았을까 라고 진단하여 본다. 박정희 정부와 과도기적인 최규하 정부, 그리고 전두환 정부로 이어지는 과정에서 문화 시책은 특별히 달라질 여건이 없었다고 보는 것이다. 다만 전두환 정부의 제5공화국에서는 헌법에서 처음으로 국가의 문화진흥의무를 명기하였다. 즉 "국가는 전통문화의 계승발전과 민족문화의 창달에 노력하여야 한다."는 조항이 그것이다. 또 4대 국정지표의 하나로 교육혁신과 문화 창달을 제시했다. 제5공화국의 문화정책은 1983년 발표된 제5차 경제사회발전5개년 수정계획에서 처음으로 문화부문 계획이 포함되는 의미를 지닌다. 문화시설 확충과 지방문화 육성, 전통문화유산 개발과 창작여건 개선, 88서울올림픽 계기 민족문화선양 등이다. 1981년에 88서울올림픽의 유치성공은 이후 대대적인 문화기반을 확충함에 있어서 중대한 전환점으로 작용하였다. 올림픽을 통하여 세계 속에 대한민국을 선보임에 있어서 문화는 중요한 변수로 작용하기 시작하였다. 박정희 정부에서는 전통문화의 보존과 법제도 기반조성에, 제5공화국에서는 문화기반 확충과 국민의 문화향수에 좀 더 중점을 둔 차이점이 발견된다(박광무 2013: 142~3).

관광에 있어서도 서울올림픽은 중대한 전환점으로 작용하였다. 즉 야간 통행금지의 해제, 관광호텔의 등급제 간소화, 여행업 허가제를 신고제로 변경하는 등 관광산업의 규제를 대폭 완화해나갔다. 또 도시주변의 관광지 개발 등으로 지방관광의 활성화를 도모하였다. 1987년을 기점으로 중앙 관광행정의 지자체 및 민간으로의 위임 위탁 이관이 시행되었다. 1989년에는 마침내 해외여행의 전면 자유화 조치가 단행되었다. 이는 88서울올림픽의 성공으로 인한 자신감이기도 하였다.

체육의 경우 일제시대의 조선체육회가 1948년 대한체육회라는 이름으로 다시 활동을 시작했고 대한올림픽위원회가 1947년 발족되면서 런던올림픽 출전으로 독립국가 위상 정립, 국가재건의 역할을 시작하였다. 대학에서는 1946년 미국의 교육제도를 수용하면서부터 교양체육을 도입하였다.[26] 박정희 정부는 엘리트체육진흥정책을 펼쳤다. 경기력을 올리기 위한 획기적인 제도로 올림픽 등에서 메달을 획득하였을 경우 평생연금을 지급하는 경기력향상연구연금제도와 국민의 4대 의무 중 하나인 병역에 특례를 인정하는 제도였다. 병역특례제도는 1973년 '병역의무의 특례규제에 관한 법률'의 제정으로 시작되었다. 이 두 가지는 엘리트선수로서 경기력을 제고하는 강력한 유인수단으로 작용하였다. 중간에 지

26. 대학교양체육은 1952년에 문교부지침으로 필수로 지정되었고 1989년부터 학과별 필수 또는 선택으로 조정되었다.

속적으로 대상자를 축소하여 왔지만 경로의존적으로 유지된 정책이었다. 한편 전두환 정부에서 88서울올림픽 유치 이후 1982년 체육부의 발족이 있었다.[27] 이는 대한체육회 중심의 올림픽 등 국내외 스포츠 관리방침이 정부차원의 체육진흥시책으로 전환됨을 의미하였다. 이것은 새로운 체육정책의 창이 열림이었다. 나아가 프로 스포츠의 출범이 이루어졌다. 1982년 프로야구, 1983년 프로축구의 출범이 있었다. 이는 당시 정책적 필요에 따른 것이기도 하였으나 결과적으로 국민 여가 욕구충족, 전문 체육인의 성장, 스포츠 대중화와 체육산업의 성장의 계기로 긍정적으로 작용하였다. 이와 같은 프로스포츠의 등장도[28] 새로운 정책의 창의 열림이다. 이후 프로스포츠는 급속한 발전을 이루면서 국민의 여가욕구를 충족하고 지속적으로 경로의존적인 현상을 보여주었다.

3. 민주화 시대

이 시기는 편의상 노태우, 김영삼 정부 전반기로 규정하고자 한다.[29] 1987년 6.29선언으로 민주화의 서막이 올랐다. 민주화에 대한 강렬한

27. 스포츠분야는 이미 규칙이나 올림픽과 같이 대회가 세계화, 글로벌화 되어 있기 때문에 세계화라는 관점이 애매하다는 것이 이용식 교수의 주장이다. 태권도의 세계화 정도가 눈에 띄는데 1980년에 서울올림픽을 성공적으로 유치하고 1988년에 서울올림픽의 성공개최와 한국문화와 스포츠의 세계적인 소개에 성공하였지만 이것이 곧 21세기의 세계화라는 기준에 따라 이야기하기는 곤란하다는 입장이다. 다만 스포츠의 경우 이와 같은 국제 경기대회를 통하여 세계적인 수준의 스포츠 기량 경쟁을 꾸준히 진행하여왔고 스포츠외교도 적극 추진하여온바 국제 체육계에서 한국의 위상은 그만큼 높았고 이를 바탕으로 타 문화 분야에 비하여 국제화의 진전이 빠르게 진행되어온 면을 인정하여야 할 것이다.
28. 프로스포츠는 1974년부터 준비해온 프로야구가 1982년에, 1983년에 프로축구의 순으로 출범하였다. 이로써 국민의 건전한 여가선용 기회를 제공하고 우수 선수들은 전문 직업인으로 진출할 기회를 부여하는 계기가 되었고 스포츠의 대중화에도 기여했다. 또 길게는 스포츠산업 태동의 계기가 되었다(이학래, 2000).
29. 김대중 정부는 당연히 민주화정부라고 평가하지만 민주화의 정체(政體)가 확립된 것은 사실상 김영삼 정부에서라고 볼 때 김대중 정부는 이를 기반으로 민주화가 더욱 정착되면서 오히려 정보화 단계로 진입하는 점이 더 중시되어야 할 것이다.

국민적인 요구에 부응하여 노태우 후보는 민주화의 핵심적이고도 상징적인 제도인 대통령 직선제를 수용하였다. 제5공화국을 기반으로 한 권력핵심세력이었으되 전두환 정부를 부정하고 제13대 대통령에 당선되어 새롭게 제6공화국을 출범시켰다. 그는 취임사에서 당시의 대한민국을 '신흥공업국가'로 규정하였고 '평화적 정부이양의 전통을 이룩한 민주국가로 컸다.'고 자평하였다. 그리고 "민족자존의 새 시대가 열린 것이며 인권과 책임이 따르는 자율이 확보되어야 경제발전과 안보 및 성숙한 민주주의 시대가 열릴 것"이라고 하였다. 그리고 88서울올림픽의 성공을 기원하였다.

노태우 정부에서 88서울올림픽의 성공은 대한민국 문화사에 있어서 매우 중요한 의미를 지닌다. 개·폐회식을 통하여 전 세계에 한국문화의 우수성과 위대성을 일거에 알린 계기가 되었다. 우리의 문화적 자존감을 확인하게 하였다. 또 민주화 시대의 전개에 발맞추어 새로이 본격적인 문화정책을 형성·발전시키는 시점(始點)이 되었다. 스포츠를 통한 고품격 문화의 발현도 세계 올림픽의 역사에 대한민국과 한국인의 역량을 깊이 각인시킨 계기가 되었다. 그동안의 문화시책이 정부홍보와 통치권적인 목적에 더 비중이 있었다면 노태우 정부 이후의 문화시책은 좀 더 문화의 본질에 접근하게 되었다고 할 것이다.

노태우 정부는 물에 비유되기도 하였다. 물은 특색이 없다는 의미로 쓰이기도 하지만 물과 같이 자연스럽게 흐르는, 문화의 강물이 흘러넘치는 사회로 나아가기를 소망하였다고 평가할 수도 있다. 물은 자기를 주장하지 않으며 상대방을 거부하지 않으며 그릇에 따라 순응한다. 그리고 물은 창조와 생명의 근원이다. 따라서 문화부의 출범 태동이 물의 정부에서 이루어진 것이 무관하지 않다고 할 것이다. 순수문화예술의 진흥과 국민 문화향수권의 증진에 그 목적을 두고 한국문화의 역사적 역량을 발굴해내고 이를 당대에 창조적으로 구현하고자 노력했다. 노태우 정부는 북방정책을 통하여 중국 및 러시아와의 수교를 성사시켰고 이러한 성과는 남북한 간의 교류의 물꼬를 튼 역사적인 실적을 쌓기도 하였다.[30]

노태우 대통령은 문화부 출범을 계기로 발표한 「문화정책 메시지」에서 ① 문화향수권과 참여권에 대한 선언, ② 다양성과 자율성을 토대로 한 창작력의 조성, ③ 한국인의 문화적 동질성 회복에 대한 선언, ④ 한국문화권의 확산선언, 그리고 ⑤ 문명의 대 전환기와 세계 공동체로 향하는 문화주의 선언을 천명하였다.[31]

이어령 초대 문화부장관은 문화의 새바람을 일으켜 나갔다. 대한민국 문화부 발족은 새로운 문화정책 전개의 분수령이 되었다. 즉 문화를 국가홍보 혹은 통치의 수단으로 인식하던 것에서 나아가, 문화 자체를 중시하게 되었다는 점에서 그 상징성이 크다고 하겠다. 우리나라의 문화부는 프랑스 문화부를 모델로 삼은 면이 있으며 이를 통하여 국가주도의 문화정책을 취하되 문화국가를 표방한 점에서 매우 닮아있다. 문화예산 1% 주장도 프랑스형 문화재정 방식을 그대로 이어갔다. 순수 문화예술의 진흥과 국민 문화향유권의 확산이라는 문화의 본질적인 가치를 중시했다.

후기산업사회에 동기부여의 다양성을 지적하고 정보의 중요성, 손으로 만드는 정성의 중요함, 관료제 보다는 임시조직(adhocracy)의 활성화 등 엘빈 토플러의 강조점을 인용하고 있다. 그리고 민족의 전통문화에 내재된 가치와 아름다움과 힘을 찾아내고 이를 바탕으로 '우리'라는 2인칭 문화운동의 전개, 문화가족 확산운동, 까치소리 민원전화, 문화학교 운영, 작은 것을 중시하는 문화환경 조성 등을 주창하였다.[32] 그리고 이

30. 한중 수교는 1992년에, 한러 수교는 1990년에 이루었다. 이를 기반으로 남북문화교류 5원칙을 발표하였다. 즉 전통문화우선교류, 경쟁적 분야배제, 전통문화원형보존, 쉽고 작은 일부터 시작, 공동실행노력 등이 그것이었다. 이러한 원칙에 따라 남북문화교류사업을 추진하였다.
31. 노태우 대통령의 문화정책 메시지(1990.1.15. 발표), 문화가족1, 문화부, 1990. pp.14~16.
32. "후기산업사회와 문화정책" 이어령, 문화가족1, 문화부, 1990. pp.18~21

끼 입히기(메마른 바위에 생명의 이끼를), 두레박 놓기(문화의 우물터에 하나의 두레박을), 부지깽이 되기(문화의 불을 일으키는 부지깽이를)의 3대 운동을 펼쳤다. 종래의 전통적인 관료중심 문화시책에 일대 전환을 가져왔다. 백서형태의 정부보고서에서 탈피한 「문화가족」잡지를 통하여 문화정책 소식지로서의 신선함을 표출하였다. 또 3대 기반을 완성하였는데 국립중앙도서관을 문교부로부터 이관받고, 국립국어연구원을 설립하며, 한국예술종합학교를 새로이 설립한 것이 그것이었다. 즉 국어의 교육수단으로부터 문화의 핵심으로의 전환, 도서관을 독서실로부터 문화기능으로의 전환, 그리고 예술영재 양성을 위한 컨서버토리로서의 예술종합학교를 설치한 것이었다. 또 남북문화교류 5대원칙을 선언하고 민족동질성회복을 주창하였다. 문화부출범 당시 문화예산은 1990년 509억원(정부총예산 대비 0.19%)에서 1992년에 1,657억원(0.49%)으로 증가하였다. 이는 일부국가기관 이관에 따른 증액이 있었다고 하더라도 사실상 2년 동안에 3배 이상으로 사업과 예산이 증액된 것이었다.

이와 같은 정책의지는 종전의 문화시책과는 전혀 다른 개념과 접근방법이었다. 즉 정책의 주체를 국민으로 상정하고 이를 효과적으로 펼쳐나가도록 정부가 이끄는 방식이었다. 강력한 문화정책의 리더십을 요구하되 그 문화의 향수자는 국민이라는 전제에서 추진된 새로운 정책방향과 구호와 추진의지의 실천이었다. 따라서 이때의 문화정책을 평가한다면 산업화시대의 문화시책과는 다른 새로운 '정책의 창'이 열린 것이라고 하겠다. 정책의 기조가 달라졌다. 올림픽으로 형성된 한국문화에 대한 관심을 바탕으로 문화정책의 새로운 전개를 시도한 것이다. 이는 단절된 균형을 이루면서 그 이후 지속적인 경로의존성과 역사적인 인과관계를 형성하였다고 평가된다.

이어령 문화주의(文化主義)는 그 이후 한국 문화정책의 저변에 흐르면서 단계적으로 계속 발전하는 중요한 단초를 형성하였다. 한편 대통령 메시지에서 밝힌 대로 문화발전 10개년 계획을 1990년 가을에 발표하였다. 창조, 매개, 향수, 교류를 동 계획을 떠받치는 네 개의 기둥으로 삼았다. 그리고 복지, 화합, 민족문화, 개방, 통일문화의 틀 등 다섯 가지 기본방향을 설정하였다. 예산의 문제와 문화를 계획한다는 일부의 비판 등 거부반응을 극복하고 문화정책의 독자성, 국민 문화향수권 증진, 문화예술 자체의 가치 중시 및 창의의 중요성을 부각하여나갔다(박광무 2009: 152~4).

한편 문화산업에 대한 태동은 이수정 장관 시기에 일어났다. 당시에 문화부에서는 '21세기를 향한 문화산업, 문화산업의 이해' 특집을 부정기 간행물 「문화가족」지에 수록하면서 문화산업의 중요성과 전망, 분야별 문화산업 진흥정책에 대한 구상을 추진하였다.[33] 이러한 정책적 지지가 있었기에 이를 기반으로 김영삼 정부의 1994년5월에 문화산업국이 문화부 직제에 최초로 반영되었다.[34] 이와 같은 문화산업도 새로운 정책의 창이 열린 것으로 평가된다.

또한 1990년대의 관광은 외화낭비의 주범으로 인식되는 등[35] 부정적 여론이 증가하였다. 그러나 관광업무도 1994년 12월에 교통부로부터 문화부로 이관이 되면서 교통정책 차원의 접근 방법이 문화정책과 관광의 만남으로 전환되는 새로운 정책의 변개가 일어났다. 1993년 유홍준의 나의문화유산 답사기는 문화유산 답사형태의 자발적 문화관광의 열풍을 일으켰다. 1993년에는 관광특구제를 도입하면서 야간영업제한 해제 등 지역관광역량제고를 위한 노력을 기울였다. 1995년부터 지자체장의 선거제가 시행되면서 지역문화관광축제가 대거 증가하였다. 이는 지역 주민들의 문화관광욕구의 증대와 지자체 장의 선거제가 맞물리면

---

33. "21세기를 향한 문화산업." 문화가족6, 문화부, 1992.
34. 이에 앞서 1994년 1월 25일 문화부의 대통령 업무보고 시 "부가가치가 높은 문화산업을 육성하고 일반 공산품에 문화의 옷을 입혀 국제경쟁력을 제고하라."는 대통령 지시가 있었다.
35. 1989년 1월부터 국외여행전면자유화조치이래 여행객의 급증으로 1991년 관광지출은 40억 달러로 관광수입 34억달러를 초과하며 관광수지 적자를 기록하였다.

서 상승작용을 한 결과이기도 하였다.

체육정책도 1993년부터 문화부 명칭이 문화체육부로 변경되고 체육업무가 문화부로 이관되는 과정이 있었다. 일반적으로 국민의 체육활동 확산 시기는 국민소득이 5,000달러 이상이 되는 시기라고 한다. 국민의 일상적인 체육활동 참여를 생활체육이라고 불렀으며 이러한 생활체육은 선수체육과는 별개이되 양자가 상호발전하여야 선진국형 체육이 된다고 판단하였다. 정부는 1990년 국민생활체육진흥종합계획을 수립하였으며 그 추진 주체로 1991년 국민생활체육협의회를 설치하였다. 그러나 생활체육협의회 출범은 그 이후 대한체육회와 갈등관계를 낳게 되었다. 생활체육 활성화는 1989년 체육시설설치이용에관한법률의 제정으로 전국에 공공 및 민간 체육시설을 대폭 확충할 수 있게 됨으로써 탄력을 받게 되었다. 1993년 김영삼 정부에서 국민체육진흥 5개년계획을 수립하면서 체육은 국민의 삶의 질 제고와 건강한 국민통합 사회통합의 고리로 작용하게 되었다. 국민체육진흥 5개년계획은 그 후 김대중 정부에서도 이어지게 된다. 88서울올림픽 성공개최 이후 국가체육정책은 국민체육으로 그 중심을 옮기면서 활성화를 위한 재원마련이 필요하게 되었다. 이에 정부는 국민체육진흥공단을 설립하고 88서울올림픽 잉여금과 국민체육진흥재단 기금 등을 합쳐서 3,521억 원의 국민체육진흥기금을 조성하게 되었다.[36] 이후 동 기금은 국민체육진흥의 중요한 재정적 기반으로 작동하게 되었다.

이상을 종합하여보면 문화산업, 관광, 체육의 중요한 영역이 민주화의 진전과 더불어 문화부의 새로운 정책영역으로 자리 잡게 되었음을 알 수 있다. 특히 관광과 체육업무의 문화부 이관은 강력한 제도변화로서 정책의 중대한 전환점을 맞이하면서 종전의 정책추진체계로부터 단절된 균

36. 88서울올림픽 잉여금 3,110억 원, 국민체육진흥재단 기금 411억 원 등 3,521억 원이 기금의 1차 재원이 되었다.

형의 출발점이 되었다고 할 것이다. 노태우 정부에서 문화부 출범을 이루고 문화산업의 태동이 있었으며 김영삼 정부 출범과 동시에 1993년 3월 체육정책의 문화부이관, 이어서 문화산업의 정책조직화, 그리고 이듬해말에 관광정책의 문화부이관은 체육과 관광을 문화적 관점에서 다루어야 한다는 확고한 정책의지의 결과로 평가할 일이다.

이와 같은 정책 추진체계의 변동은 결과적으로 경제성장과 민주화 성취의 다음 단계로 이어졌으며, 자연스럽게 국민의 관심이 삶의 질로 전이(轉移)되고 있다는 점과 그에 부응한 정부정책의 올바른 선택이었다고 평가된다. 인간의 욕구 단계이론으로 보더라도 생리적 경제적 욕구에 이어서 사회관계 형성과 자기실현의 욕구, 예술과 창조적 행위와 이를 즐기려는 욕구로 옮겨가는 과정에서 국가 정책추진의 구조가 자연스럽게 바뀌어가게 된 것으로 볼 수 있다.

김영삼 정부에서 민족정기 회복을 내세우면서 재임 3년차 광복 50주년에 조선총독부 청사의 철거를 실현한 것은 역사적인 의미를 지닌다.[37] 이는 경복궁 조선 정궁의 원형을 회복함이며, 일제의 잔재를 청산함이며, 민족의 문화적 자존감을 되살린 일이었다. 이때 조선총독부 이건(移建)에 관한 일부논의도 있었으나 결국 총독부 청사 원형 돔의 독립기념관 이전 보존으로 마무리 지었다. 민족의 정신문화와 민족자존의 정립과 회복이라는 가치가 제국주의 침탈의 역사적 증거물의 파행적인 위치 고수논리를 뛰어넘은 경우로 기록된다.

김영삼 정부의 문화정책은 이어령 문화주의에서 크게 벗어나지 않았

37. 김영삼 정부에서는 반일 민족주의적인 문화회복을 추진하였다. 그 상징적인 조치가 조선총독부 건물 철거였다. 총독부 청사의 원형돔은 독립기념관에 땅을 파고 반 매장상태로 보존하여 일본 제국주의의 종언을 상징하는 구조로 전시하고 있다. 총독부청사의 철거는 많은 논란도 야기하였다. 즉 대한민국 정부수립의 장소이며 6.25 발발 이후 서울 수복 태극기를 게양한 장소인 점에서 보존의 주장도 컸지만 경복궁의 원형복원으로 상징되는 통치이념인 민족정기회복이라는 명분에 묻혔고 경복궁도 제 모습을 회복할 수 있었다.

다. '올해의 문화분야' 사업이나 문화의 집 건립, 문화예산 1%를 향한 지속적인 예산 증액과 한국예술종합학교 장르별 원(院)의 지속 개원, 국립지방박물관 순차적 건립[38] 등은 '경로의존성'을 나타낸 경우라 하겠다. 한편 조선총독부건물철거와 경복궁의 원형복원 등 역사 바로 세우기와 문화산업국 신설이 지난 정부에서 없었던 정책을 추진한 것으로 '단절된 균형'과 '중대한 전환점'에 해당한다고 하겠다.

문화부의 정책영역이 순수문화예술분야에서부터 문화산업, 관광, 체육의 영역을 포함하는 대부(大部)로 확장되었다. 이와 더불어 인적 구성은 전통적인 문화부 공무원과 체육 관광분야 공무원이 합쳐지면서 한 지붕 세 가족이라는 말을 듣게 되기도 하였다. 이로 인하여 분야별 공무원들의 화학적 결합이 중시됨에도 불구하고 상당한 시간이 걸렸다. 속성상 문화 분야는 각 장르별로 종사자, 관련단체 및 운영 메커니즘이 전혀 다르기 때문에 문화 예술분야라고 하여도 장르마다 각기 독립적이거나 연관성이 적을 수밖에 없다. 따라서 이를 관장하는 공무원들도 독립적이거나 개성이 표출되는 경향이 많았다. 그러나 체육의 경우에는 상대적으로 팀워크를 중시하고 스포츠 특유의 집단주의적인 경향이 체육정책과 종사자들의 성향에도 영향을 미치는 것으로 비쳤다. 체육분야 공무원의 수가 상대적으로 적어서 그런지 업무처리와 인사에서도 그러한 경향이 보였다. 즉 문화 분야 종사자들은 체육 쪽의 근무를 기피하였으나 체육 출신 공무원은 문화 분야 부서에 전보되어 근무하는 경향이 많아졌다. 결과적으로 승진과 정무직 진출 등에 체육 분야 출신들이 적지 않게 발탁

38. 한국예술종합학교는 1993년 3월 음악원 개원을 시작으로 매년 연극원, 미술원, 영상원, 무용원, 전통예술원의 순으로 1998년까지 순차로 개원하여 현재와 같은 종합학교체제를 완성하였다. 국립중앙박물관의 지방박물관 개원은 1987년 청주박물관을 개관하면서 계속하여 전주(1990), 부여(1993 이전개관), 대구(1994), 진주(재개관 1998), 김해(1998), 제주(2001), 춘천(2002), 공주(2004)의 순으로 이어졌다. 이는 지방의 국립역사박물관 개관으로서 지역균형 국립문화기반시설 확충의 의미는 가졌으나 전국적으로 유사한 고고역사박물관의 반복 분할건립이라는 비판도 받게 되었다.

되기도 하였다. 이는 시간이 흐르면서 조직구성원의 구조도 물리적 결합에서 점차 융합적 현상을 보여주게 되었음을 의미한다.

4. 정보화 및 세계화 시대

김영삼 대통령은 집권 3년차인 1995년 신년사에서 '세계화의 원년'을 선언하였다. 제2의 건국, 역사 바로 세우기, 세계일류국가구현을 위한 도전을 주장하였다. 그러나 역설적으로 1997년 말 IMF관리체제라는 금융위기를 초래하였고 이후 정권이 교체되고 김대중 정부로 이어졌다.

세계화의 선언은 김영삼 정부에서 주창하였으나 이를 구현한 것은 IMF관리체제 이후 모든 경제적 기반을 지구차원의 표준(Global Standard)으로 변개시켜야 하였으며 이 과정에서 철저한 구조조정과 새로운 국제표준을 적용하는 진통을 겪어야 했다. 김영삼 정부에서 자율로 천명한 세계화가, IMF사태로 인하여 타율에 의하여 실현단계로 들어가는 결과가 되었다. 국제금융위기를 수습하는 과정에서 김대중 정부는 한국경제의 체질을 세계적인 기준에 부합되도록 이끄는 계기가 되었고 그 이후의 경제, 사회, 문화의 제반 영역의 발전에 글로벌 수준을 고려하게끔 만들었다. IMF 국제금융위기상황에서 박세리 선수가 1998년 7월 전미(全美) 오픈 여자골프선수권대회(LPGA)에서 극적으로 우승함으로써 우리 국민에게 다시 한 번 재기할 수 있다는 희망을 불러일으켰다. 대구에서는 1907~1908년 사이의 국채보상운동의 역사를 되새기며 시작한 전 국민 금모으기 운동이 IMF 위기를 극복함에 있어서 전 국민의 단합을 이끌어냈다.

김영삼 정부가 보수정당 안에서의 민주화 세력의 집권이라면 김대중 정부는 진보적인 민주화 세력의 집권으로 차별화할 수 있을 것이다. 또한 김영삼 정부 후반기에는 국민소득 1만 달러 시대에 부응하여 복지정책이 강조되었고 문화정책차원에서는 1996년 1월 문화복지의 기본구상이 마련되었다. 그러나 이를 구체화할 여건은 성숙되지 못하였고 김대중 정부에서 승계하여 발전, 정착되었다.

김대중 정부는 '산업화는 뒤졌지만 정보화에는 앞서가자.'라는 표어를 내걸고 출범하였다. 또 문화대통령을 표방하면서 문화진흥에 대한 의지를 피력하였다. 일본 대중문화의 개방을 통하여 우리 문화예술의 질적 우수성과 우리 국민의 일본대중문화에 대한 면역을 증강하였고 오히려 이후 일본을 시작으로 한류의 형태로 한국 대중문화가 진출하는 중요한 기반을 제공하게 되었다. 2001년에는 최초로 한국영화의 국내 영화시장 점유율이 50.1%를 넘어섰다. 김대중 정부 집권 3년차에 문화예산에서는 마침내 정부총예산의 1% 수준을 달성하였고 이는 이후 각 정부의 문화재정의 바로미터로 역할을 하였다. 2002년에는 지방문화원진흥법이 제정되어 지방문화의 새로운 시대를 열었다. 또 문화재 정책을 강화하여 1999년 5월 24일 문화재관리국을 문화재청(廳)으로 승격하였다. 당시 정부조직의 전반적인 축소분위기 속에서 국가 문화재 정책의 중요성과 특수성을 인정하였다는 의미를 지닌다. 김대중 정부에서는 또 문화와 관광연구원의 통합출범을 이루었다. 과거의 한국문화정책개발원과 한국관광연구원을 2002.12.4. 한국문화관광정책연구원으로 통합하였다. 문화와 관광의 정책연구를 연계하고 통합운영토록 함으로써 정책연구의 시너지 효과를 도모하고 날로 융복합화하는 문화와 관광, 문화를 통한 관광 등의 새로운 경향에 능동 대처하도록 하였다. 국가연구기관으로서의 한국문화관광연구원은 문화관광부의 싱크탱크로 자리매김하여 국가정책의 선도연구기관으로 그 역할을 확장하여나갔다.

김대중 정부의 대북정책이 가지는 문화관광적인 의미는 특별하였다. 현대그룹 정주영 회장이 1998년 6월 500마리씩 소떼를 두 차례에 걸쳐

합계 1001마리를 휴전선을 통하여 북한으로 성공적으로 수송한 것은 세기적인 문화이벤트로 기록될 사건이었다. 그리고 1998년 11월 18일 금강산 관광을 시작함으로써 남북한 간의 인적교류를 통한 보다 적극적인 상호이해의 길이 열렸다.

또한 2002월드컵 축구대회의 성공은 대한민국의 역동성(Dynamic Korea)을 세계에 떨친 쾌거로 기록되었다. 서울시청 앞 광장을 비롯한 전국의 월드컵 응원 열기는 붉은 티셔츠가 상징하는 '붉은 악마'로 세계인의 이목을 집중시켰다. 월드컵축구 4강의 신화는 88서울올림픽 금메달 4위의 기록에 이어 대한민국의 자존심을 다시 일깨워주었다.

김대중 정부의 최대의 정치적 업적은 남북정상회담이라 하겠다. 이를 통하여 김대중 대통령은 노벨평화상을 수상하기도 하였지만 남북한 간의 정치, 경제, 종교, 민족, 문화적인 본격 교류와 협력의 길이 열렸다. 대북햇볕정책의 성과였다. 햇볕정책의 공과에 대하여는 긍정적, 부정적인 두 가지 견해가 나뉜다. 그러나 문화관광적 차원에서 볼 때에는 대북 문화관광교류협력의 중요한 전기가 된 측면이 있다. 경제교류의 상징이 되고 있는 개성공단은 군사적, 정치외교적인 이유 등으로 대북교류가 전면 중단된 경우에도 현재 정상 가동하고 있음은 남북한 당국의 의지만 있으면 언제든지 남북한의 문화관광교류도 가능하다는 반증이기도 하다.

문화정책에 있어서는 이 시기에 공공도서관 업무관장을 둘러싸고 교육부 산하의 도서관을 평생학습관으로 변경시키는 문제로 도서관 사서직과 행정직 간의 갈등이 발생하였다.[39] 결국 일정한 수의 평생학습관 개설로 중단되기는 하였으나 행정직과 사서지 공무원 간의 경쟁이 도서관의 운영과 관리주체에 대한 경쟁으로 비추어지면서 전형적인 공급자

39. 1997.6.2. 교육개혁위원회의 평생학습법안에 의하여 평생학습관이 개설되었다. 이후 1997년 6월부터 1998년 말까지 약 1년 반 동안 사서직과 행정직 간 갈등이 지속되었다.

중심 문화시설 운영의 파행을 보여준 사례로 기록되었다.

유사한 현상은 지역 문화기반 시설의 건립 이후 많은 지방 박물관, 문예회관, 문화의 집의 운영에서도 나타났다. 즉 누가 시설 관리주체가 되는가에 따라 그 운영 성과는 매우 달라졌다. 행정직이 맡게 되는 대부분의 문화시설들은 이름 그대로 시설관리 중심이거나 현상유지에 그치는 경우가 많았고 학예연구직이나 문화기획가가 투입되는 시설의 경우에는 프로그램이 활성화되는 경우로 나타났다. 이러한 현상은 지역문화기반 시설의 열악한 운영여건과 지자체 단위에서 문화예술 전문인력의 충원이 직제정원의 반영 단계에서 쉽지 않은 점, 행정직 공무원의 문화시설 근무 기피 현상 등이 맞물리면서 개선의 성과가 쉽지 않은 부분으로 지속되었다. 이와 같은 논란은 생활권 내에서 주민들의 문화향유 요구가 증대하는 반면, 정부와 지자체의 행정적인 뒷받침이 효과적으로 이루어지지 못한 데서 오는 지체현상으로 분석되는 부분이다.

IMF체제를 겪으면서 김대중 정부에서는 관광산업을 통하여 경제위기를 극복하겠다는 의지를 강화하였으며 노무현 정부 시기 2004년에는 주5일제를 전면 시행하였다. 나아가 국가균형발전차원의 관광레저개발과 광역관광개발사업을 추진하는 등 분산, 분권형 관광정책을 추진하였다. 2000년대를 통괄하는 특색은 융복합관광이라 하겠다. 이명박 정부 이후 한류의 흐름을 이어가면서 관광은 문화의 영향을 선순환구조로 승계하여 국내외 관광이 동시에 증가하는 현상을 보여주었다. 아울러 드라마와 영화에 등장하는 지역이 유명관광지로 부각되는 사례가 증가하였다. 나아가 한류의 영향은 의료관광, 농촌관광, '강남스타일'을 만들어내면서 외래 관광객의 한국행 러시를 촉진하였다. 아울러 한국 상품의 구매증가와 수출증가를 유발하며 문화관광을 통한 산업적 고부가가치를 일구어냈다. 융·복합 창조관광의 비밀은 관광구절판론으로 설명할 수 있다.[40] 전통적 관광의 영역에 부가가치가 만들어지는 각 분야별 현장에서의 관광을 통하여 경제적 이익이 창출되며 모든 산업과 이종(移種) 업종이 관광을 통하여 융 복합적인 가치와 이익을 만들어낸다는 이치이다. 창조경제와 문화관광의 융합효과의 비밀이 이곳에 있다할 것이다.

체육분야는 1996년 한일월드컵축구대회의 유치, 지속된 올림픽 경기대회에서의 우수한 성적 등 정부와 대한체육회 및 국민체육진흥공단의 협력으로 시너지효과를 내면서 계속 발전하였다. 노무현 정부에서 국민체육진흥법외에 분법화가 추진되었다.[41] 2012 런던 올림픽을 마친 이후 승리지상주의로부터 스포츠의 선진화에 대한 욕구가 일어났다. 학교체육과 가맹경기단체의 정화(淨化)로 이어졌고 체육계의 관행화된 비리와 비정상을 바로잡는 조치들이 취해졌다. 이에는 2002월드컵축구의 히딩크 감독과 2014아시안컵 축구의 슈틸리케 감독의 리더십에서 시사하는 바가 크다. 철저한 경쟁과 실력 위주의 선수선발 그리고 정확한 정보와 전략의 구사 등 과학적, 합리적이고 전문화된 체육지도와 운영을 통하여 세계를 놀라게 한 점과, 그 결과 승리를 이끌어 낸 점에서 선진화된 체육환경 조성과 지도자의 철저한 스포츠정신에 입각한 본질적인 행동이 필요하다는 공감대가 확산되었다. 이는 체육에서도 정보화와 세계화의 성과가 경기현장에서 철저히 적용됨을 보여주는 사례라고 하겠다.

대한민국의 산업화와 민주화가 단순히 경제성장과 정치가치 일변도로만 나아갔다면 오늘날 세계의 문화트렌드를 주도하는 한류현상과 외래관광객의 급증은 결코 기대하기 어려웠을 것이다. 산업화과정에서 꾸준히

---

40. 관광구절판론은 농업·산업·의료·환경생태·역사문화·음식·교육·치유영성·과학기술·해양 등 모든 분야가 관광의 대상이 된다는 논리이다. 이들 각각의 이종(異種)분야와 산업들이 관광과 접목되면서 경제적인 이익을 크게 증대시키게 된다. 전통적인 관광정책의 요소들은 구절판의 기본둘레를 구성한다. 숙박시설·여행사·안내체계·비사·관광상품·관광복지지·기념품·교통수단 등이 그러하다. 이들을 통한 경제적 이익은 일차적인 수준에 머문다. 이는 구절판 안의 낱개의 음식들을 하나씩 맛보는 효과에 그친다. 따라서 다른 업종과의 결합을 통해 관광의 높은 부가가치 효과를 만들어내야 한다는 것이다. 서울경제[로터리] 2014.1.14. 박광무, "관광구절판" 칼럼
41. 2007년 스포츠산업진흥법, 2008년 전통무예진흥법, 2012년 학교체육진흥법이 순차로 만들어졌다.

교육과 문화력에 의하여 한민족 특유의 신명과 열정을 가미한 각 분야의 숨은 인내와 노력, 그리고 경쟁력의 제고가 빛을 발한 것이라 하겠다.

드라마와 대중음악과 문화전반에 걸친 한류현상의 근원을 이어령(2014)은 창조와 생명에서 찾고 있다. 창조적 발견으로서의 유레카에 해당하는 우리말이 '아이고! 우와!' 에 해당한다는 것이며 이는 곧 창조적 발견, 발명의 외침이라고 하였다. 세계적인 예술적 창조는 통찰과 발견에서 출발한다. 나아가 생명이 곧 자본이며 창조의 원천이다. 죽임에서가 아닌, 살림에서 창조와 더 큰 경제적 이익을 만들어내는 것이 생명자본주의이다. 이것이 창조경제, 곧 문화를 기반으로 하는 새로운 삶의 활력과 돈벌이의 비법도 되는 것이라고 갈파하고 있다.

한국사회의 변동의 흐름과 정부정책의 변동이 더 이상 국내적 구도에서 머무를 수 없게끔 국제관계와 국내상황은 밀접하게 연결되기 시작하였다. 가령 노무현 정부는 참여민주주의를 발전시켰고 이것은 거버넌스의 도입과 확산을 이루었다. 참여정부로 명명한 것에 드러나듯이 수요자 관점을 중시하였다. 개혁과 세대교체, 남북한 및 국제관계에 전방위적인 개혁정책 추진으로 안정 희구세력과의 갈등이 심화되었다. 헌정사상 초유의 탄핵결의안이 국회를 통과하여 시민의 탄핵반대 촛불시위를 촉발하고 신행정수도특별법이 위헌판결을 받는 등 정치적 격동을 유발하였다.

노무현 참여정부의 주목할 사회규범의 변화는 호주제 폐지를 골자로 하는 민법개정안의 통과였다. 이로 인하여 2008년부터 호주제 폐지와 가족관계등록법이 발효되었다. 황우석의 줄기세포연구가 신성장동력을 견인하는 성과로 될 뻔하였으나 논문조작의혹으로 인하여 참여정부의 윤리의식까지 비판받게 되었다. 이러한 변화는 가족구조의 다양화와 가정문화의 변동, 연구윤리의 망각이나 경쟁적인 성과 위주의 행동이 더 이상 통용될 수 없다는 시대적 의식변화를 반영하고 있다. 특히 정보화와 정보기술의 급격한 고도화로 정보의 공개와 공유가 유비쿼터스 시대를 구현하고 있는 오늘날 가속적으로 투명화, 합리화, 평등화가 진전되고 있다. 이는 문화정책의 전반에도 큰 영향을 미치는 것이며 정책형성과 집행의 윤리성을 더욱 강조하게 된다.

대미관계를 수평적 한·미 관계로 설정하고 대북정책은 김대중 정부의 정책을 계승하였다. 이로 인하여 대미 관계가 민감한 상황으로 전개되었다. 2004년에는 중국의 동북공정이 쟁점화하고 2005년부터 일본의 독도 영유권 주장이 노골화되었다. 2006년 바다이야기[42] 파문으로 정치권에 파장을 일으켰다. 그러나 사행성 게임의 문제점을 해결한 이후 게임산업은 시간이 가면서 문화산업의 가장 비중이 높은 부가가치 창출 분야로 자리매김하였다.[43] 2007년 제2차 남북정상회담이 성공리에 이루어졌고 한미 FTA타결, 태안 기름유출 사건이 발생하였다. 그러나 한미 FTA는 그 이후 이명박 정부에까지 이어지면서 지루한 공방을 이어갔다. 정권의 교체가 외교와 국제경제분야의 정책을 변개시킨 경우였다.

노무현 정부의 중요한 정책변화 중의 하나로 지역분산정책이 있다. 세종시의 행정중심복합도시 조성과 전국의 혁신도시 지정 육성을 통하여 공공기관 지방이전과 이를 통한 지역균형발전을 도모하였다.[44] 2007년

---

42. 2006년 8월 '바다이야기'라는 사행성오락게임 사업에 당시 여당의 권력 실세가 개입되어있다고 하여 대검 중수부가 수사지휘를 맡은 사건으로서 노무현 정부에서 급속히 늘어난 바다이야기 게임기는 많은 사업자들을 패가망신케하고 권력형 비리사건의 의혹을 받았으나 채동욱 검사의 지휘 하에 미완의 종결로 막을 내린 사건이다. 매경 2006.8.19; 큐키뉴스 2006.8.22; 문화일보 2006.8.22; 뉴데일리 2013.9.29 기사.
43. 대한민국의 콘텐츠 산업시장규모는 2013년 90조원이며 이 중 게임시장은 9조원을 기록하고 있다. 수출은 전체 51억 달러 중에서 게임 수출이 28억 달러를 차지한다. 즉 국내 시장규모는 10분의 1을 차지하지만 수출은 56%를 차지할 만큼 비중이 높은 문화산업 영역이다. 2017년까지는 국내시장규모가 콘텐츠 전체 120조원, 이 중 게임시장은 15조원으로 증가할 것으로 전망한다. 수출도 2017년에는 전체 100억 달러, 이 중 게임은 40억 달러로 증가가 예상된다. 대통령소속 문화융성위원회 콘텐츠전략기획단 2014.2. 자료 참조
44. 혁신도시란 공공기관 지방이전을 계기로 성장 거점지역에 조성되는 미래형 도시이다. 이전된 공공기관과 지역의 대학·연구소·산업체·지방자치단체가 협력하여 새로운 성장동력을 창출하는 기반이 된다. 혁신도시는 모두 4가지 유형으로 건설되며 각각 시도별 지역산업과 연계된 도시별 테마를 설정하여 특색 있는 도시로 개발되는데 산학연관을 통한 혁신거점도시, 지역별 개성있는 특성화도시, 친환경 녹색도시, 창의형 교육 문화도시 등이 그것이다. 국토교통부, 이노시티. innocity.mltm.go.kr/submain.jsp?sidx=13&stype=1

부터 2030년까지 3단계로 전국의 11개 권역별로 추진되었다. 민주화 핵심세력이 정권교체를 이룩한 김대중 정부를 지나서 노무현 정부에서 중요한 제도의 변동이 일어난 것을 주목할 수 있다. 이는 정책기조의 변화와 더불어 시민사회의 역량이 성장하고 기술 발전으로 인한 정보민주주의의 증진 등이 복합적으로 작용한 것으로 분석된다. 개인의 참여, 지역균형발전 등이 핵심어로 작동한 것이다.

사회변동과 정치변동이 연결되면서 정신문화와 가치관의 충돌로 이어지고 이것은 사회전체의 갈등구조를 크게 증폭시켰다. 이러한 충돌은 문화정책에도 이어져서 보수와 진보 간의 극명한 갈등구조가 심화되었다. 이른바 '문화권력'의 충돌현상이 그러하다.

노무현 정부는 문화산업에 있어서 한미 FTA 협상의 가장 큰 현안이었던 영화 스크린 쿼터의 축소조정으로 사실상의 한국영화의 전면 경쟁을 선언하였다. 이를 통하여 영화계의 집단 반발을 불러일으켰지만 결과적으로는 영화아카데미 운영과 입장권 통합전산망의 제도화 성공과 더불어 한국영화의 투명성과 질적 제고 및 세계적 경쟁력을 확보하는 전환점이 되었다. 문화접대비 제도를 처음 도입하였고 광주 아시아문화중심도시 조성과 국립아시아문화전당의 건립을 시작하였다. 경주, 전주, 공주, 부여 등을 역사문화도시로 지정하고 부산을 영상문화도시로 하는 등 문화도시 사업들이 착수되었다. 이는 광주 아시아문화중심도시로 시작된 시책이 지역별 문화도시의 지정으로 확산된 효과와 의미를 지닌다. 도시 변개의 결론은 문화도시라는 일정한 흐름을 형성하였다. 그 이후 많은 도시들이 다양한 문화도시를 표방하였다.

참여정부 중장기 문화예술발전계획으로서 2004년 6월에 발표한 '창의 한국' 및 '새 예술정책'이라는 장기계획을 새롭게 수립하였다. 이는 이어령 초대 문화부장관의 문화발전10개년계획 이래 본격적으로 시도된 문화 분야의 새로운 차원의 문화정책 방향을 제시하는 이창동 장관의 회

심의 역작이었다. 그러나 이후 개각이 되면서 동 장기계획은 취지와 내용의 충실성과는 별개로 정책으로 지속되지 못한 아쉬움을 남겼다. 이는 창의문화의 방향성과 취지는 좋았으나 국민적인 수용여건이 성숙되지 못하였고 또한 권력 핵심부의 수용의지가 의문시된 면이 있다. 또한 2004년 말에는 문화산업국에서 미디어국을 분리 신설하여 미디어정책의 중요성을 새롭게 평가하고 직제화 하였다.

노무현 정부에서 '문화권력'이라는 용어가 최초로 등장하였다. 문화를 권력으로 인식한 것은 일대 변혁이었다. 이는 국제적인 연대를 형성한 문화 NGO들의 역할에서 찾을 수 있다. 이들의 활동이 예술의 구체적인 장르별로 집단의사를 표출하고 정책에 영향력을 행사하기 시작한 것이다. 문화예술진흥원의 문화예술위원회로의 전환은 가장 상징적인 지원체계의 변동이었다. 이는 시민사회단체와 문화예술단체의 성장과 그들의 참여가 적극화되었다는 증거이기도 하였다.

앞선 김대중 정부에서는 '지원은 하되 간섭하지 않는다.'는 '팔 길이 원칙'[45]의 기조에 따랐지만 노무현 정부에서는 문화예술 NGO들의 전면적인 참여에 의하여 문화정책에 영향력을 행사하였고 이들이 실제 정책에 관여하기에 이르렀다. 아시아문화중심도시 조성 추진주체들이라든지 영화, 연극 등 중요 예술장르별로 문화정책의 중심에 그들의 의견이 반영되기 시작하였다. 그러나 그들의 의욕과는 별개로 실제 운영과정에서 합리적 기준의 미비, 일부참여자들의 심의 등에서 주관적 판단의 작용,

---

45. 팔 길이 원칙(arm's length principle)은 공공지원 정책에서 하나의 준거기준으로서 '지원은 하되 간섭은 하지 않는다.'는 뜻을 내포하고 있다. 공공에서 지원을 하지만 민간의 자율성을 최대한 보장한다는 취지를 담고 있다. 이 원칙은 영국이 1945년 예술평의회(Arts Council)를 창설하면서 예술을 정치와 관료행정으로부터 거리를 두도록 하기 위해 채택하였다. 이 원칙의 도입은 영국 정부와 사회가 예술의 가치 즉, 사회발전에 있어서 예술이 차지하는 비중을 인식하고 있었기 때문에 가능한 일이었다. 현실적으로는 예술가 집단이 국가의 일방주도로 이루어지는 예술지원에 대해 뿌리깊은 불신이 있음을 정책적으로 반영한 결과이기도 했다. 영국은 공적지원을 빌미로 정부가 의도하는 예술을 강요하는 관료적 간섭에서 벗어나서 예술의 독립성과 자율성이 존중되어야 한다는 확고한 신념이 있었던 것이다. 배승철의 블로그 blog.naver.com/bsc8376/203886135

지원배제 단체 등에서의 반발 등 논란을 야기했다. 이와 같은 논란은 이후 정부의 교체에 따라 일부 반복되는 특성을 나타냈다.

이명박 정부에서 정책의 변동은 다시 크게 일어났다. 지난 10년간의 진보정책의 흐름에서 보수정당으로의 정권교체가 일어난 것이다. 예술지원방식의 직접지원으로부터 간접지원방식으로의 전환이 가장 큰 변화였다. 즉 경쟁을 통하여 선택과 집중 방침을 취하였고 노무현 정부에서의 수평적 문화, 권위주의 타파, 그리고 소외계층 시민단체 여성 청소년 등 다원적 문화정책을 중시했다면, 이명박 정부는 대한민국의 정통성에 대한 가치의 재인식을 전면에 내세웠다. 임시정부의 정신을 계승하고 역사적 정통성회복을 중시하였다. 대한민국역사박물관과 한글박물관 건립, 세종학당의 확충, 국립현대미술관 서울관의 신축 등 역사적 정통성에 기반한 문화기반시설을 새롭게 확충하였다. 또 문화예술교육의 대대적인 확산 정책을 추진하여 창의적인 문화예술진흥의 저변을 확산하고자 노력하였다. 문화정책의 주체를 지역으로 분산하고 문화예술창작지원시책도 '간접지원, 사후지원, 선택과 집중지원' 방침을 시행했다. 근대산업유산의 문화공간화 시책을 적극 추진하였다. 10년간의 진보로부터 보수로의 회귀에 따라 문화권력의 재이동이 현실화되었고 그 과정에서 문화기관장의 교체로 갈등이 유발되기도 하였다. 보수정권의 문화기반 확충은 결과적으로 시민의 문화복지와 향유기회를 확대하는 계기로 작용하였다. 이를 가능케 한 중요이유 중 하나가 공공기관의 지방이전 등으로 나타난 점과 또 한 가지는 산업화의 단계를 넘어선 과거 시설물들을 문화창조 공간으로 전용할 필요성이 제기된 바와 같은 시대적인 변화 욕구에 힘입은 바도 크다.

이명박 정부는 세계적인 경제위기 상황에서 경제성장과 선진일류국가 구현을 내세우고 출범하였다. 건국과 산업화와 민주화를 넘어 21세기 새로운 국가발전 모델을 요구받는 가운데 지구적인 과제의 해결과 인간중심의 보편적 가치가 확산되면서 신성장동력의 발굴과 민생경제 회복, 지

〈표 1〉 각 시대별 주요 시사점

구분	산업화	민주화	정보화 세계화	과제와 전망
정책 추동력	·통치권적 리더십	·민주적 리더십	·세계화 정보화 선언	·창조성과 자율성
목표가치	·경제개발 산업화	·북방정책, 문화주의	·국민적 지지와 협조	·국민행복, 글로벌표준
관심분야	·국가기반조성	·국민의 뜻, 삶의 질	·지구적 표준에 부응	·지속가능발전
강조분야	·정신문화, 민족문화	·순수문화예술, 문화향수권	·문화복지, 남북관계	·문화향유, 여가, 행복
소홀했던 부분	·시민사회, 민주주의	·정책의 법제화	·가치균형, 문화기반운영역량	·지역균형, 수요자부담원칙의 보편화
정책의 과학화	·경제개발 5개년계획	·문화발전 10개년 계획	·문화관광연구원 출범	·문화영향평가
문화예술 / 문화산업	·기초문화입법과 조직화 ·민족문화의 중흥 ·국정홍보의 강조(수단화) ·문화유산의 복원 ·문화기반시설의 구축/국내영화산업의 진흥	·문화부 신설출범 ·생활문화, 문화주의 선언 ·민족정기의 회복과 일제잔재 청산 조선총독부 철거/ 문화산업의 태동과 발전 ·문화산업국 설립(1994) ·대기업의 영상산업진출	·문화예산1% 달성 ·정책연구기능 강화 ·창의한국 문화장기계획 ·문화권력 이동, 문화도시/한류태동 확산, 일본대중 문화개방, 스크린 쿼터 축소와 게임산업의 발전 ·신명과 열정, 철저한 경쟁과 기획기반 스타탄생 ·지역문화산업 육성시책	·문화 거버넌스 ·문화창조역량의 고도화 기반구조 형성 ·수요자 지향정책 ·정보공개와 정책 미세조정기능 역량강화/콘텐츠 공정거래기반과 글로벌플랫폼구축 ·K-Culture 구현 ·정부와 시장 역할구분
미디어	·반공이데올로기 강화와 좌익언론 축출(이승만 정부) ·최고회의 언론정책(1961) ·방송 전파의 정부관리 ·유신시대 언론자율 제약과 시장기능 존중시책 공존	·언론 다양성과 경쟁치열화 ·서울올림픽 특수로 고성장 ·방송의 국가통제와 상업주의 상화 ·신문 ABC제도 도입 ·다매체 다채널시대 도래	·언론권력의 강화 ·언론의 보수진보양분 ·인터넷신문 본격화 ·통합방송법과 방송위 설립 ·권·언 유착의 단절조치들 ·여론독과점 논쟁/ 종편/IPTV	·저널리즘의 위기 ·대안언론의 확산 ·포털과 주도권 다툼 ·TV저널리즘과 품질 ·정치권력과 미디어 간 건강성 정립의 과제

구분	산업화	민주화	정보화 세계화	과제와 전망
관광	· 사업참여형/ 기반구축형 · 관광호텔 여행업 공영화 · 서울올림픽 중대전환점 · 통금해제 등 규제완화	· 간소개방형/ 분산분권형 · 관광업무의 문화부이관 · 문화유산 답사/ 지역관광역량제고/ 관광사업등록제/ 국외여행자유화	· 융복합형 관광정책 · 금강산 관광 · 주5일제전면시행 (2004) · 융복합관광/ 한류관광 · 외래관광객 증가	· 국제협력형관광 정책 · 관광ODA · 남북관광협력 본격화 · 유라시아와 글로벌
체육	· 교양체육, 엘리트체육 중시 · 태릉선수촌 등 체육기반 · 1980년대 말 프로체육 등장 · 서울올림픽유치 (1980) · 체육부 신설 (1982)	· 서울올림픽성공 4위 · 체육정책의 문화부 이관 · 국민생활체육진흥 · 체육진흥 5개년 계획	· 삶의 질 제고와 사회통합 · 월드컵4강(2002), 길거리응원 · 학교체육과 경기단체정화 · 정부 시장 민간 거버넌스 · 스포츠산업진흥법 (2007)	· 스포츠선진국 지향 · 관행의 제도 전환 · 건강수명과 역량극대화 스포츠
종교	· 복원정비기/성장기 (1960~) · 무인가 신학교 정비, 법난(1980) · 전통사찰/ 향교지원법 · 군종장교제와 신앙전력화	· 종교간 경쟁과 화합 · 정부와의 협력과 지원 · 종교별 신념의 다양화	· 종교차별 금지 · 종립학교종교 교육차별 논쟁 · 종교간 화합 연합사업 지원 · 국외 선포교사 문화소개 · 템플스테이 종교문화 체험	· 종교인 과세제도 · 종교인구 감소시대 · 정교간 자율성 확보 · 종교문화활동 증대 · 양심적 병역거부 · 종교문화정책
문화재	· 자주적 문화재정책 기반 조성과 문화재원형보존 · 문화재보호법제정 (1950) · 문화재관리국 출범 (1961) · 문화재관리특별 회계(1963) · 문화재 수리 기술자 제도(1970) · 무형문화재 전수 교육제도(1982)	· 문화권 유적정비 사업(1988) · 경복궁복원정비 10개년(1990) · 무형문화재 관리개선(1993)	· 문화재청 승격 (2000) · 등록문화재 제도 (2001) · 고도보존특별법 (2004) · 숭례문방화사건 (2008) · 문화재5개년 기본계획(2012) · 문화재수리/ 매장문화재법 · 문화유산국민신탁, 문화재보호 기금	· 세계문화유산 협력 · 문화재 ODA 관심 · 문화재활용과 고품격 관광 자원화 · 문화재 환수의 국제적 대응

주) 각 장별로 분야별 집필자들의 글에서 핵심 이슈를 발췌 편집하고 필자의 종합적 견해를 더하여 정리하였다.

역과 이념의 갈등치유 등 당면과제의 해결을 요구받았다. 창조적 실용주의와 국가선진화를 새로운 가치로 내세웠다.

그러나 취임직후 미국산 쇠고기 수입으로 촉발된 촛불집회와 금강산 관광객 여성의 피격 사망사건, 2008년 말의 미국발 국제금융위기와 4대강 살리기의 대운하논쟁, 저출산 고령화의 빠른 진전 등 정치사회경제적인 여건은 매우 좋지 못하였다. 그 가운데에도 2009년 한-EU FTA 타결과 정보기술의 세계적 수준 도달 및 경제교역의 증대에 힘입어 한국경제는 2012년 6월 23일자로 일인당 국민소득 2만 달러를 넘고 인구 5천만명을 넘어서게 되어 이른바 2050 클럽에 일곱번째 나라로 가입하였다.

이명박 정부에서 특기할 또 하나의 사건은 우주시대를 연 것이다. 2008년 4월 8일 대한민국 우주인 1호 이소연 박사의 우주선 탑승과 10일간의 우주공간 체류 및 성공귀환을 이루었다. 또한 2013년 1월 30일 최초의 대한민국 우주선 나로호가 성공적으로 발사되었다. 이와 같은 우주과학의 성취는 창조시대를 이끌었다. 즉 미지의 세계에 대한 탐험과 도전이 창조적 열정과 의지를 발전시키고 이것이 창조시대의 전개로 이어지게 하는 데 중요한 단초가 된 것으로 분석된다(박광무, 2010: 435).

Ⅲ. 문화정책의 전망과 과제

문화정책의 역사적 변동에서 모든 정부의 정책은 각각의 시대적 여건 속에서 그 사명과 필요성을 반영하고 있음을 알 수 있다. 건국과 민족 정체성의 회복기, 산업화시대, 민주화시대, 그리고 정보화와 세계화시대는 각각 역사발전과정과 국가정책의 전개에 따라 문화정책도 이에 부응하여 왔다. 이는 정부가 그만큼 치열하게 정책의 형성과 추진에 주력하여 왔음을 반증하는 것이며, 국민들과 문화계에서도 시대변화와 정책의 변동에 적응하고 협력하고 참여하며 적극 대안을 제시하는 단계로까지 꾸준히 발전하여왔음을 알 수 있다.

2000년대에 들어와서는 거버넌스 구조가 본격화하면서 시민참여, 각계 전문가와 이해관계집단 그리고 기업에 이르기까지 자신들의 요구와 지지를 명확히 표출하면서 정책은 더욱 전문화, 고도화하여갔다. 문화정책의 경우에도 그 전문성과 확장성은 마찬가지이다. 특히 정보화와 세계화가 보편화함에 따라 정보의 흐름은 문화향유와 문화창조 역량을 고도화하였다. 문화행정의 주체로서의 문화창조자, 매개자, 문화향유자의 요구와 지지가 정책수립주체에게 반영되어 정책을 미세하게 조율하게 되었다. 각종 전문가 위원회와 토론회, 포럼의 운영이 그러하다. 거버넌스 구조의 범정책 분야별 작동은 문화 분야에서 더욱 활성화하였다. 앞으로 이와 같은 정책수요자의 정책참여는 형태별 사안별로 더 증가할 것으로 전망된다.

오늘날 수요자의 반응은 매우 정밀하고 즉각적이다. 이는 SNS의 보편화에 따라서 전체 수요자의 여론이 순식간에 수렴되고 있음을 의미한다. 가령 공연예술 분야에서 인기 프로그램을 좋아하는 사람들의 길거리 즉석 동호 모임인 플래시 몹(flash mob) 이상으로 특정 정책에 대한 반응이 신속하고도 효과적으로 나타남을 의미한다. 문화와 관광과 스포츠와 미디어 프로그램의 누림은 수요자의 반응이 직접적이고도 즉각적이며 민감성이 매우 높은 영역이다. 따라서 수요자의 반응이 정책에 가장 크게 영향을 미치게 된다. 이들 영역은 구전효과와 SNS의 여론 집적효과가 가장 높은 분야가 아닌가 한다.

문화정책은 앞으로 무엇을 새롭게 이끌어나갈 것인가 보다는 정책수요자의 부단히 변화하는 요구와 반응을 어떻게 정확히 알고 이에 최적의 정책으로 반응하며 방향지향성을 지닌 정책을 공급할 것인가에 주력하여야할 것으로 보인다. 과거에는 정부가 정보의 독점적 보유 및 활용 주체로서의 지위를 가졌었다. 그러나 정부 3.0시대를 선언한 이후[46] 지금까지의 정부가 지닌 모든 정보는 국민의 것이라는 인식전환과 함께 정부의 중요정책정보는 국민공유재산으로 변형되었다. 문화정책은 비권력적인 정책 영역이기에 그와 같은 흐름은 더욱 빠르게 확산되고 있다. 이에 따른 정부 정책의 조율(tuning) 기능은 더욱 세련되게 이루어져야 하는 시대가 되었다. 이는 더욱 고도화한 정책조율을 요구한다는 의미이며 공직자의 역할이 더욱 정밀화, 고도화, 전문화할 필요가 있음을 시사한다.

문화예술 중장기 메가트렌드를 보면 여가를 잘 즐기는 방법의 중요성, SNS가 온 오프라인을 넘나들며 삶의 양식을 주도하게 됨, 융합과

---

46. 과거에 정부(공급자) 중심의 일방향 제공인 '정부 1.0'에서 양방향 제공으로 발전한 국민 중심의 '정부 2.0'을 한층 더 업그레이드해 국민 개개인을 위한 양방향 맞춤형 서비스를 제공하는 상태를 '정부 3.0'이라한다. 정부가 1997년부터 국가 정보화 계획을 추진하고 전자정부 서비스를 추진하였다. 민원서류의 온라인 발급이나 구비 서류 축소, 행정 생산성 향상 등과 같은 성과를 이루었다. 웹 2.0 발달과 함께 정부도 2.0 수준으로 도약하였다. 개방과 공유를 기반으로 하여 정부 자료를 개방하고 민간이 다양한 서비스로 발전시키는 것을 말한다. 정부 중심의 의사 결정 과정에 시민들의 참여를 확산하고, 정부의 공공정보와 애플리케이션 인터페이스를 개방하여 새로운 시장 형성의 기회를 발전시키는 것이다. 2011년 정부는 '국가공공데이터포털'이란 국가 공공 정보 사이트를 구축하고 공공 정보 31만 건을 공개하였다. 여기서 한 단계 더 나아가는 방향을 추구하는 것이 정부 3.0이다. 정부 3.0은 혁신의 플랫폼 정부를 지향한다. 공공 정보를 개방·공유하고, 부처 간 칸막이를 없애고 소통·협력함으로써 국정 과제에 대한 추진동력을 확보하고, 국민 맞춤형 서비스를 제공하며, 동시에 일자리 창출과 창조경제를 지원하는 새로운 정부 운영 패러다임을 의미한다.

    정부 3.0을 추진하는 것은 지식정보사회로 전환함에 따라 정부와 국민의 관계가 일방향에서 협력 관계로 변화하고 모바일·SNS 등의 확산에 따라 정책에 대한 참여, 투명성 요구가 늘어나고 있다. 또한 지식과 기술의 융·복합 혁명이 다양한 정책 문제를 해결하고 맞춤형 서비스를 가능하게 했기 때문이다. 따라서 공공정보에 대한 접근 제약으로 정책의 투명성이 떨어진 상황을 변화시킬 필요가 제기되었다. 우리나라의 국제투명성기구의 부패인식지수 순위는 2008년 40위에서 2012년 45위로 하락하였다. 따라서 기존의 정부 2.0보다 한 단계 진전된 추진 전략이 필요하게 된 것이다. 정부는 정부 3.0의 방향으로 다섯가지를 꼽았다. 첫째, 공공 정보의 개방과 공유, 정부-국민의 소통과 협력을 확대한다. 둘째, 국가보다 국민 개개인의 행복에 초점을 두어 맞춤형 서비스를 제공한다. 셋째, 민간의 창의와 활력이 증진되는 혁신 생태계를 조성한다. 넷째, 부처 간 칸막이를 뛰어넘는 통합형 정부 운영을 지향한다. 다섯째, 정부가 직접 개입하지 않고, 민간의 능동적 참여를 유도하는 플랫폼 정부를 지향한다(정부 관계부처 합동, 2013). [네이버 지식백과] 정부 3.0 (창조경제정책의 이해, 2014.4.15, 커뮤니케이션북스)

협업의 보편화, 집단지성의 영향력 증대, 현재의 문화지형도를 바꿀 만큼 문화다양성의 급격한 확산 등을 시사하고 있다.[47] 관광의 경우에도 지역(국가)를 넘어서 문화의 영향이 관광을 이끄는 현상이 더욱 급속하게 나타나고 있다. 중국의 소비자들이 한국의 문화, 관광, 미디어시장의 지형을 바꾸고 있고, 정보통신 기술이 다양한 가치와 산업 간의 창조적인 결합을 통하여 새로운 부가가치를 창출하는 융합의 시대로 급속히 전환되고 있다. 사회적 환경적 문제 등 관광의 기본가치를 존중하는 여행의 확산, 모바일이 주도하는 새로운 관광생태계의 확장과 보편화, 일부러 찾아가서 불편함을 즐기는 형태의 관광, 지역관광, 숨겨진 매력탐방 등 관광상품과 대상의 주체적인 결정은 물론이요, 관광내용의 창조적인 확산이 나타나고 있다.[48] 스포츠의 경우에도 즐기는 스포츠의 단계로 진입하면서 고도화하는 기량과 고급 정밀 스포츠에 대한 욕구가 증대함을 본다. 골프, 스키, 항공레저 스포츠관광 카레이서 등은 종래의 분야별 구분을 무너뜨리고 있다. 나아가 융복합의 필수화 및 다이나믹스와 창조적인 융합을 요구하고 있다. 이러한 경향은 정부 부처별 영역을 기존의 아날로그 방식, 과거의 규제행정형태로 나뉘던 것을 무의미하게 만들게 될 것이다. 빠르게 새로이 융복합하는 정책수요자의 경향을 어떻게 수용하고 이를 정책에 반영해 나갈 것인가가 정책당국과 참여자 모두에게 새로운 문화정책의 흐름을 주도하는가 여부를 결정하게 만들 것이다.

세계화와 정보화의 흐름이 앞으로는 국가간, 산업간, 기업간의 격차를 더욱 좁혀나갈 것이다. 이는 문화정책에서도 예외가 아니다. 선 후진국간의 격차가 갈수록 좁아지고 정책효과의 시차가 더욱 짧아지고 있다. 이와 같은 상황에서 중요한 것은 새로운 창조의 능력이다. 유사한 현상과 정책은 누구나 모방할 수 있다. 글로벌 시장에서의 소비자의 새로운

47. 문화예술트렌드 중장기 경향분석 및 전망, 한국문화관광연구원, 김혜인, 2014.
48. 최근 관광트렌드 분석 및 전망, 한국문화관광연구원, 최경은·안희자, 2014.

요구를 선제적으로 파악하고 이에 부응하는 정책과 현상과 상품과 서비스를 만들어내는 일이야말로 세계의 문화 관광 체육의 트렌드를 주도하고 정책의 효과와 경제적 이익까지를 창출해내는 지름길이다.

정보화와 세계화는 이미 정책의 중심부에 와 있다. 이를 바탕으로 한 창조적 정책과 창조적인 문화예술, 관광, 체육, 미디어가 지구촌의 흐름을 지배하는 시대이다. 이것은 경제정책이든 문화정책이든 막론하고 구호로 구현하는 것이 아니다. 창조적인 마인드는 오랜 독서와 인문학적 상상력과 역사 문화의 전통의 깊이와 넓이에서 나올 수 있다. 또한 기술 혁신의 속도와 예술적 창조의 숙성함이 교차하면서 열정이 뒷받침된 절묘한 타이밍을 통하여 지구촌의 문화애호가들에게 빛나게 보여줄 수 있을 것이다. 우리는 역사의 모든 증거들에서 창조적인 천재가 세기의 흐름을 바꾸어왔음을 발견할 수 있다.[49] 이제 그 몫은 한국과 한국인에게서 나타날 수 있는 시대가 되었다. 왜냐하면 우리는 문화의 힘과 열정과 신명이 끼와 전문성과 민감성으로 융합하면서 특유의 경쟁력을 가지고 있기 때문이다. 한류로 표방되는 일연의 흐름이 지속될 수 있을 것인가가 국제적인 관심사가 되고 있는 것도 그만큼 우리 국민에 대한 세계인의 기대를 반증하는 일이기도 하다.

오늘날 문화정책의 주체들이[50] 스스로에게 질문할 것은 이와 같은 창조적인 주류에 포함될 수 있는가이다. 그리하여 세계사의 흐름을 따라가는 존재가 아니라 이제는 주도하는 존재가 되어야 한다는 점을 인식하는

---

49. 아르키메데스의 유레카 외침 이래 인류역사는 부단한 창조적인 발견의 연속이었다. 그러한 천재적인 통찰과 무수한 실험 끝에 와진 우연적인 발견 발명이 역사의 흐름을 바꾸어왔다. 증기기관의 발명이 산업혁명을 가져왔고 비행기의 발명이 인류의 우주공간을 향한 이카루스의 꿈을 마침내 실현시켰다. 정보화의 기술은 지금 그 한계를 초월하고 있다. 가상현실의 세계와 유기체와 무기체의 합성에 이르는 인공지능의 단계 등이 그러하다.
50. 여기서 문화정책의 주체란 첫째로, 정부 정책당국이요, 둘째로, 문화창조자로서의 예술가 문화생산자들과 문화기획가들이요, 셋째로, 문화를 적극적으로 소비하는 문화소비주체로서의 국민을 포함한다. 지금은 문화에 관한한 특히 소비자가 곧 생산자와 통하는 시대가 되었기 때문이다. prosumer의 시대가 도래하였다는 말이다.

것이 미래 문화정책 전망의 출발이요 종착점이 되어야 할 것이라고 강조한다. 이 과정에서 '남이 만들어놓은 규범의 추종자'가 아니라 '규범창조자(norm creator)'가 되어야 할 것이다. 이는 우리의 경제규모와 실질 가처분 소득이 인접 비교국을 앞지르고 있는 상황에서 더 지체할 수 없는 사안이기도 하다. 그럼에도 불구하고 우리의 정치, 경제, 사회, 문화적인 여건은 결코 안주하고 있을 상황이 아니다. 다른 모든 분야와 주요 인접 국가의 문화분야의 발전과 진보가 지속적으로 이루어지는 상황에서 우리의 창의성과 성실성이 멈추어있는 상황이 된다면 이는 재앙이다.

우리 민족은 기본적으로 가무를 즐기는 민족으로서 신명과 열정과 탁월한 창의성을 지니고 있다. 이는 한국강토의 지정학적 여건에서나 민족구성의 포용성과 환경 적응능력에서 더욱 그러하다. 따라서 한류 등을 통하여 21세기의 세계문화의 흐름을 일정하게 주도하는 현상은 당분간 지속될 것으로 전망함이 무리가 아니라고 본다. 이에 수반하는 문화정책은 민간의 창의성과 끼를 맘껏 펼칠 수 있도록 여건을 만들어주고 법과 제도로 자칫 불합리해질 수 있는 유통구조와 저작권, 그리고 세계시장에서의 우리의 상품과 서비스와 문화여가 활동이 제값을 받을 수 있도록 보호 보장하는 역량을 발휘하여주는 일이 중시되어야 할 것이다. 아울러 그와 같은 역량은 국제경제 및 외교정책과의 긴밀한 협력 연계체계로 안정화 고도화할 수 있을 것이다. 이것은 하드파워의 기반 위에서 소프트파워의 제값받기가 안정적으로 이루어질 수 있다는 헌팅톤의 관점에 기초를 두고 있다.

한류(韓流)의 지속가능성을 진단하고자 한다. 기본적으로 한류는 일정하게 지속될 것이다. 한국의 자유시장경제의 강점과 우리의 예능을 중심으로 하는 아티스트들의 치열한 경쟁구도, 그리고 신명과 끼로 무장된 본능적인 예술성이 보편적 국민정서로 자리잡고 있는 점 등이 그러하다. 그 기반이 되는 것은 우리 국민의 경쟁적인 교육열에 의하여 예술분야 전공자들의 저변이 넓다는 점이다. 이를 통하여 치열한 경쟁과 선발과정을 거치면서 군계일학이 아니라 '군계다학(群鷄多鶴)'[51]이 나오는 구조로 우리의 문화 창조 환경을 만들어나가야 할 것이다. 또한 한국인의 탁월한 전자기기 사용능력이 가능성을 높이고 있다. 이는 일찍이 우리 민족의 손재주와 젓가락질, 바느질 등으로 이어온 감각과 도전의식과 예술성과 창의성에 바탕을 두고 있다.[52] 이러한 강점은 정보기술의 시대에 이를 효과적으로 다루고 활용하는 능력이 뛰어나다는 평가로 이어진다. 한류의 다음단계는 또 다른 변신을 하면서 세계 문화예술계를 일정하게 주도할 것으로 전망하며 그래야만 한다.[53] 그 전제조건은 역동성과 이를 바탕으로 하는 열정이 창조성과 결합하여 새로운 작품과 신명을 주도할 수 있어야 한다. 경쟁력 있는 작품을 만들고 이를 철저하게 시장에서 관리할 수 있게 되면 작품의 탁월성과 스토리와 영상 음향 구성에 감동하게 되고, 관객은 마음 놓고 지갑을 연다. 이는 단순히 대중음악이나 드라마나 영화에 한정된 일이 아니다. 한국문화 전반의 탄탄한 기반 위에서 그 지평을 확대해나갈 수 있다는 자신감이다. 경쟁, 인재양성, 시장의 투명성 확보 이 세 가지는 미래 문화, 관광, 스포츠산업의 성공의 3요소로

---

51. 과거에 우리의 사자성어에서 군계일학(群鷄一鶴)을 이야기하였다. 필자는 군계다학(群鷄多鶴)을 주장하고자 한다. 그 이유는 대한민국의 치열한 경쟁구도가 존재하는 가운데 발랄함과 끼가 넘치는 젊은이들에게서 우리는 왜 군계일학만 나와야 하는가? 라는 근본적인 물음을 하게 되기 때문이다. 우리 국민의 열정과 창의성 그리고 경쟁 심리와 과단성과 거침없는 적극성이 이를 가능케 할 것이다. 또한 개방적이며 속도와 타이밍에 민감한 속성도 이를 뒷받침한다. 이제는 세계를 향하여 여러 빛나는 학들이 마음껏 그들의 날개를 펴고 훨훨 날도록 정책적 지원은 물론 사회적 환경과 여건을 만들어나감이 필요하다. 나아가 개개인의 역량도 그와 같은 자신감과 도전정신으로 더욱 높게 발휘하여나가도록 사회적 국가적인 분위기를 만들어나감이 필요하다고 보는 것이다.
52. 이어령 초대 문화부장관은 11월 11일을 젓가락의 날로 정하고 2015년 11월 11일 청주 동아시아문화도시에서 한중일 젓가락 기술 경연대회를 개최할 계획을 수립하였다. 젓가락의 작동능력은 한중일 삼국이 특징적으로 공유하고 있으며 그중에서도 한국인의 젓가락문화는 그 변용성과 활용성에 있어서 창조성과 기능성이 더욱 우월하다고 평가하는 부분이다.
53. 한류1.0은 드라마로, 한류2.0은 대중음악(K-pop)으로, 그리고 한류3.0은 한국문화전반(K-culture)으로 확산되는 것으로 규정하고 있다. 이와 같은 자신감은 한국의 문화적인 저력과 기반에서 기인한다고 할 것이다.

정립하여나가야 할 것이다. 이와 더불어 인류 보편적 감성에 적합하여야 한다. 즉 예의, 친절, 감동적인 서비스, 일관됨, 성실함, 긍정적인 메시지, 배려와 관용 등은 영원한 클래식의 요소이기도 하다.[54] 이를 망각하지 않고 세계시장에 지속적으로 성실하게 나아간다면 우리의 문화, 관광, 스포츠, 미디어가 세계인의 감동과 지속가능한 수요를 창출할 수 있을 것이다.

문화는 다양성과 상호주의를 전제로 발전하고 공감대를 확산하게 된다. 경제영토가 확장되면서 문화적인 상호교류도 증가하게 된다. 이에 따라 일방적인 한류의 진출에서 나아가 상대방국가의 문화다양성을 존중하면서 함께 창의적인 문화를 일구어나가는 노력이 요구된다. 이를 위한 문화교류정책이 긴요하다. 미디어와 관광, 스포츠가 이를 구현하는 중요한 방책이 될 것이다. 우리는 근대 제국주의를 경험하지 않았고 제국주의의 폐해를 다른 나라에 끼치지 않은 나라이기에 국제문화교류에 있어서 그와 같은 문화상대주의와 다양성의 존중에서 강점을 가지고 있다. 앞으로의 문화정책은 글로벌 기준의 문화주의, 문화다양성의 존중과 공존, 그리고 지구적인 문화향유권의 확산에 한국의 문화가 기여하고 주도하며 우리의 경험을 나누어주는 노력이 중점적으로 연구되고 정책화 되어야 할 것이다.

문화의 산업화에 대한 경계의 시각이 있다.[55] 즉 문화가 상품화과정을 거치면서 디자인과 형상만 남게 되었을 때 그 문화상품이나 문화상징은 또 다른 불평등과 차별의 관습을 남길 위험성을 안고 있다. 우리가 한류를 통하여 한국문화의 세계화를 성취하여가면서 우리가 그러한 문화의 대중적인 수출 혹은 확산이 문화라는 이름으로 문화상품의 물화(物化:

54. "신명과 끼로써 지구를 가무로 가득히." 한국음악산업학회 창립기조연설, 박광무, 2015.1.26.
55. '21세기 코리안 노마드와 아마존 안데스의 꿈, 고려대 학문융합연구소 중남미 라틴아메리카연구소 주최, 중남미 한류와 한국관광 활성화 방안 학술회의 기조강연문, 박광무, 2015.6.5.에서 재인용.

reification)로[56] 흐르는 것을 경계하여야 한다는 점이다.

대중소비를 위한 글로벌적인 취향을 반영한 한류와 같은 문화상품들이 타 문화권에 전파되는 것이 오래되고 지속된 문제로서의 세계적 병폐(maladies)에 기여할지도 모른다는 지적이 있다. 즉 문화상품의 물화(物化)가 하나의 사회체제를 해산하게 될지 모른다는 우려이다.[57] 이것은 국가사회주의가 가지는 반대의 현상과 함께 상품의 유통 없이 문화의 흐름을 상상할 수 없다는 딜레마가 있지만, 삶의 현상으로서의 문화가 박제된 상품으로만 존재하는 형태로 전락될 때 그것은 상징에 그치는 것이며 현실 속에서는 또 하나의 사라진 문명으로 남게 될지도 모른다는 지적이 그러하다. 이것은 우리가 세계와 문화교류를 지향하되 부단히 우리 자신의 문화적 가치재를 객관화하고 인류보편의 가치의 유지 발전에 기여하는가를 물어야만 한다는 것이다.

미래문화정책의 방향성은 문화적 접근방법과 문화인식이 정책 각 분야뿐 아니라 사회 전 분야에 확산되어야 한다는 점이다. 문화는 문화자체로 창조적인 능력과 확산의 본성을 지닌다. 이러한 문화력은 과거 정치 경제의 종속변수에서부터 독립변수로 이행하고 있다. 문화력이 외교와 정치와 국방과 경제를 지배할 수 있다는 점이다. 한류의 흐름에서 그 힘을 실감하고 있다. 관광효과와 미디어의 지배주체가 한류의 예술인들임을 본다. 정치적 군사적 영웅이 사라진 자리에 세계적인 기량을 입증

---

56. 물화(物化 ; reification)란 인간에 의해 만들어진 산물이 인간이 만든 것이 아닌 마치 다른 어떤 존재로 이해되고, 이로써 인간 자체나 인간의 활동·능력 등이 주체의식과 의지가 없는 물(物)처럼 되어가는 현상을 말한다. 여기서 '물'(物)이란 철학용어로서 인간의 감각으로 느껴 알 수 있는 사물이나, 느낄 수는 없어도 그 존재를 사유할 수 있는 일체의 것을 말한다. 현상학적 접근법에서는 관료제 조직의 물상화 과정에 관심을 갖고 탈물상화(脫物象化)를 강조하고 있다. 이러한 태도는 오늘날 조직이 그 규모가 커지고 전문화·복잡화됨에 따라 물상화되어 버려 인간의 주관적인 의지와 가치·목적성 등은 어느덧 사라지고 객관화됨으로써 인간상실을 유도하고 있기 때문이다. [네이버 지식백과] 물상화 [物象化, reification, Versachlichung] (이해하기 쉽게 쓴 행정학용어사전, 2010.3.25, 새정보미디어).
57. "When culture meets mass consumption: From Ottoman fashion to the American Indian", Harrison Kim, 한미국제학술회의 자료집, 한국문화관광연구원, 2015.5.27.

한 예술인과 대중을 선도하는 예술의 시대적 이단아들이 들어서고 있다. 과거에는 서구로부터 우리에게 다가왔으나 이제는 우리에게서 세계로 발신하고 있다.

문화는 모든 분야의 융합을 이끄는 주체이며 매체가 되고 있다. 아울러 문화의 영향은 모든 하위체제를 변개시켜나갈 것이다. 이것은 앞으로 문화영향평가가 중요시되는 이유이다.[58] 국민 소득 3만 달러를 넘어 4만 달러를 지향하면서 문화정책은 달라져야 한다. 국민과 문화수요자와 문화창조자의 요구와 지지를 파악하고 이를 제도화하며 자발적, 자율적 문화창조활동이 보편화되도록 정책의 기획과 형성과 평가를 해나가는 일이 우선되어야 할 것이다.

전반적으로 제조업의 저성장구조가 고착화되는 듯이 보이고 한국경제의 전망이 크게 달라지지 않는다는 진단에서 문화콘텐츠와 관광산업, 그리고 스포츠산업 등은 새롭게 주목받는 업종으로 자리매김하고 있다. 이에 대한 접근은 종전의 제조업과는 전혀 다른 틀이 필요하다. 문화체육관광부의 정책적 대응과 기획재정부의 시각도 달라져야 한다고 본다. 즉 문화산업, 관광산업, 스포츠산업 그리고 미디어분야의 산업적, 경제적 측면의 경우 전통적인 제조업의 생산 유통 소비의 구조와 경제분석 기법을 그대로 적용하는 것은 무리가 따른다는 지적이다. 제조업의 대량생산 구조를 기반으로 하는 생산 및 소비 유통구조와, 고도의 정보기술과 창조적인 행위로서의 서비스를 기반으로 하는 소규모의 다양한 고부가가치 상품과 서비스의 융합형 산출물을 생산, 소비, 유통하는 구조는 전혀 다른 플랫폼과 유통구조를 가지고 있기 때문이다. 이 점에 관하여는 앞으로 정책당국인 문화체육관광부와 연관 연구기관 및 관련 기관 단체에서

58. 문화기본법(2014.3.31 시행)에서는 문화영향평가를 명시하고 있다. 정부의 타 분야 정책의 기획과 추진에 있어서 문화영향을 사전에 평가하여 그 적합성과 타당성을 검증한다는 것이다. 국가와 지방자치단체는 각종 계획과 정책을 수립할 때에 문화적 관점에서 국민의 삶의 질에 미치는 영향을 평가(이하 이 조에서 '문화영향평가'라 한다)하여 문화적 가치가 사회적으로 확산될 수 있도록 하여야 한다(동법 제5조 제4항).

적극적으로 관련 분석지표의 창출과 분석기법의 도출에 주력하여야 할 것이다. 정부통계의 대상과 지표에 있어서도 마찬가지로 전면적인 점검과 재구축을 검토하여 나가야 할 것이다. 그렇지 않으면 산업구조와 직종 자체가 다른 이 분야의 경제적인 분석 및 효과의 예측과 정책대응에도 차질을 빚을 수 있기 때문이다.

통일에 대한 구체적이고도 진지한 대비가 필요하다. 전쟁의 위협을 넘어 SNS와 문화를 통한 통일의 가능성을 고려할 때가 되었다. 통일 여건의 성숙은 민족적인 과제의 해결 뿐 아니라 아시아와 지구차원의 경제와 정치적인 안정을 보장하는 일대 사건으로 이어질 수 있다. 문화, 체육, 관광, 미디어, 종교 등은 바로 통일에 있어서도 매우 직접적이고도 효과적인 수단이 된다. 이를 위한 준비가 필요하다고 본다. 향후 한국 문화분야 정책의 돌파구도 남북한 간의 협력과 소통과 네트워크를 통하여 통일의 실질적인 기반을 다져나가고 이것이 궁극적인 평화적 통일의 단계로 발전하게끔 이끌어야 할 것이다.

평화통일정책은 당대의 포기할 수 없는 민족적 과제로 전개될 운명에 있다. 이는 30-50클럽에 가입한 대한민국이 연이어 빠르게 고령화 저출산화가 진행되는 현상을 타개하면서 지속가능한 국가발전을 이루기 위하여 반드시 넘어야 할 산이기 때문이다. 자원부족, 노동력 부족, 저 출산율의 극복 등 모든 면에서 통일된 한민족 국가를 구현하는 일은 문화, 관광, 체육 정책의 과정과 결과에서 모두 중요한 부분이 되고 있다. 광복 70주년의 역사적인 성과와 2018년 정부수립 60주년을 조망하면서 향후의 문화분야 정책의 비전과 과제를 새롭게 정립해 나가야 할 것이다.

참고 문헌

김혜인(2014), 문화예술트렌드 중장기 경향분석 및 전망, 한국문화관광연구원.

네이버 지식백과.

대통령소속문화융성위원회 콘텐츠전략기획단(2014), "대한민국 콘텐츠, 문화융성과 창조경제의 주역으로."

문화부(1990), 문화가족1.

문화부(1992), "21세기를 향한 문화산업." 문화가족6.

박광무(2009), 한국문화정책의 변동에 관한 연구, 성균관대학교 박사학위논문.

박광무(2010), 한국문화정책론, 김영사.

박광무(2013), 한국문화정책론 증보판, 김영사.

박광무(2014), "관광구절판"서울경제 [로터리] 2014.1.14. 칼럼.

박광무(2015), "신명과 끼로써 지구를 가무로 가득히. "한국음악산업학회 창립기조연설, 2015.1.26.

박광무(2015), "21세기 코리안 노마드와 아마존 안데스의 꿈," 고려대 학문융합연구소 중남미 라틴아메리카연구소 주최, 중남미 한류와 한국관광활성화방안 학술회의 기조강연문, 2015.6.5.

배승철의 블로그 blog.naver.com/bsc8376/203886135.

유민봉(2006), 한국행정학 보정판, 박영사.

이병천(2003), 개발독재와 박정희 시대 : 우리 시대의 정치경제적 기원, 창비.

이어령(2014), 생명이 자본이다, 마로니에북스.

이복남(2001), "프랑스 문화정책의 도전적 흐름." 너울(2001.12) 한국문화 관광연구원.

이학래(2000), 한국체육 100년사.

정홍익(1992), 문화행정연구 개념틀과 분석, 한국행정학보 25(4).

최경은·안희자(2014), 최근 관광트렌드 분석 및 전망, 한국문화관광연구원.

Fichte, J.G.(1806), Die Grundjuge des Gegenwartigen Zeitalters in J.H. Fichte

Huntington, Samuel P.(2001), 문화가 중요하다, 김영사.

Huntington, Samuel P.(2010), 문명의 충돌, 김영사.

Kim, Harrison(2015), "When culture meets mass consumption: From Ottoman fashion to the American Indian" 한미국제학술회의 자료집, 한국문화관광연구원, 2015.5.27.

Kingdon, John. W.(1984), Agendas, Alternatives, and Public Policies, Harper Collins.

Sabatier, Paul A.(1993), Policy Change over a Dacade or More. in Paul A. Sabatier and Hank C. Jenkins-Smith(eds.), Policy Change and Learning: An Advocacy Coalition Approach, 13-39. Colorado: Westview Press.

02

문화예술 정책

한국문화관광연구원 초빙연구위원

오 양 열

우리나라 문화예술정책의 주무부처가 미군정 하의 학무국으로부터 정부수립 후의 문교부와 공보처, 그리고 문화공보부를 거쳐 오늘날의 문화체육관광부로 이어져 내려오는 동안 70년이라는 세월이 흘렀다. 길다면 긴 기간이 경과하였음에도 우리나라 문화예술정책사에 관한 본격적인 연구는 많지 않다. 먼저 정부가 발간한 정책사 연구의 기초자료부터 살펴보면 「문화공보 30년」(1979)과 5공화국 이래 발간해 온 각 정부 문화예술분야 백서(국민의정부 제외), 그리고 2002년(2001년도 실적)부터 매년 발간해 오고 있는 연도별 「문화예술정책백서(문화정책백서)」가 있다. 특히 각 정부 문화예술분야 백서에는 개괄적인 수준에서나마 문화예술정책사가 서술되고 있다. 이밖에 개괄적인 수준의 문화예술정책사는 「문화정책론」, 「문화행정론」 등의 단행본들에서도 찾아볼 수 있다.

논문 작성 시점을 기준으로 정부수립 이후 전(全) 기간을 대상으로 한 문화예술정책사 연구논문으로는, 이종인(1985), 정홍익(1989, 1991a, 1991b, 1992, 1995), 정갑영(1993), 김순규(1995), 오양열(1995), 김문조·박수호(1998), 이병량(2004), 박광국(2008), 이대희(2010), 박광무(2013)가 있고, 특정 기간을 대상으로 한 경우는 오명석(1998, 1960~1970년대), 전재호(1998, 박정희 체제), 배관표·이민아(2013, 1988~2012년), 정창호·박치성 외(2013, 1993~2005년), 이병량·황설화(2012, 2003~2012년), 임학순·채경진(2013, 박근혜 정부) 등이 있다. 2010년과 2013년(증보판)에는 정부수립 이후 박근혜 정부까지 문화정책이 변동되어온 과정을 역사적 제도주의 접근과 정책변동이론에 입각하여 분석하고, 정책 델파이 조사를 통해 우리나라 문화정책이 어떻게 변동할 것인가를 예측한 단행본이 발간되었다. 「한국문화정책론」(박광무, 2010 및 2013)은 저자의 박사학위 논문(2009)을 보완한 것으로, 한국의 문화정책사를 주제로 정부수립 이후 전 기간을 일정한 분석틀에 따라 정밀하게 분석한 박사학위 논문, 그리고 단행본으로는 유일하다.

문화와 예술 분야를 영역으로 하는 정책 내지 행정에 대해 우리 문화계가 사용하는 용어는 매우 다양하다(오양열, 1997: 18 참조). 이와 같은 사용 용어의 다양성은 문화, 예술 개념 자체의 복잡성과 상승작용을 일으켜 개념상에 큰 혼란을 보이고 있다. 즉 대상 범주를 나타내는 문화, 예술, 문예, 문화예술, 문학예술이라는 용어에 기능을 의미하는 정책, 행정, 경제, 경영, 사업, 계획, 기획 등의 용어를 연결 사용함으로서 상당히 많은 조합의 유사 복합어가 혼용되고 있다는 것이다.[1] 이와 같은 혼란을 조금이라도 줄이기 위해서는, 범주 상 문화라는 용어는 반드시 예술의 상위어로만 사용하고, 행정이라는 용어는 정책집행만을 의미하는 것으로 사용을 제한해야 할 것이다.[2] 특히 범주가 더 넓은 '문화' 뒤에 '예술'을 붙여 쓰는 '문화예술'이라는 용어는 어법상으로도 잘못된 것이다. 그럼에도 이 용어는 실정법(「문화예술진흥법」 제2조)에 근거를 갖고, 어문, 출판, 만화 등 인접 문화분야를 포함하되 문학과 예술을 주 대상으로 하는 의미로 널리 통용되고 있다.

우리 문화예술정책의 시기 구분 방법에는 대체적으로 세 가지 방식이 병존하고 있다. 즉 단일변수에 의한 공화국별 구분방식과 연대별 구분방식, 그리고 이 두 가지 구분변수와 함께 정책주체의 변천, 정치적인 사건의 발생, 집중적인 투자·사업계획의 실시 등 복합적인 변수를 혼용하여 생성기, 개발기, 도약기, 성숙기 등 발전단계론식 명칭을 붙이는 방식이다. 세 가지 방식 모두 시기마다 문화정책의 기본방향이 변하였다는 것을 전제로 하고 있다. 이 장에서는 총론에서 정한 기본 틀에 따르되, 문

---

1. 몇몇 광범위하게 통용되고 있는 용어에 있어서도 명확한 구분 없이 서로 같은 뜻으로 사용되거나, 구분하여 사용하는 경우에도 같은 용어가 의미하는 바가 사용자마다 서로 다르다.
2. 그럼에도 불구하고 정책목적의 연쇄적인 성격상 수단적 차원의 정책결정도 존재하므로 행정과 정책 간의 개념적 위계는 상대적임을 인정해야 한다. 또한 행정을 하나의 기능이라는 측면에서 보는 입장이라면 정책과정의 전(全) 단계에 행정행위가 존재한다고 말할 수 있다.

화예술정책 상 새로운 흐름이 나타날 경우 이를 하나의 하위 항목으로 서술하여 우리나라 문화예술정책의 흐름을 파악할 수 있도록 하고, 각 공화국 시기별 정책의 특징도 살펴보기로 한다. 따라서 앞서 언급되었던 새로운 문화예술정책의 방향이 그 이후 언급되지 않는다 하여 그러한 정책 방향이 단절되었다든가 약화되었다는 것을 의미하는 것은 아니라는 사실을 밝혀 둔다.

어느 분야가 되었던 정책과학에서 우리가 과거의 발자취를 되돌아보는 데는 몇 가지 목적이 있다(오양열, 1995: 30). 과거에 추진했던 정책에 대한 회고를 통해 과거에 잘못되었던 점이나 시행착오의 사례를 발견함으로써 앞으로의 일 추진에 있어 나쁜 선례를 따르지 않도록 경각심을 불러일으키고자 하는 것이 첫째이다. 다음으로, 계량화할 수 있는 실적이나 추이를 동일한 차원으로 치환하여 수치화함으로써 어떤 일정한 추세를 도출해 보거나 이를 통해 앞날을 예측해 보는 것이 둘째이다. 셋째는 과거에 발생한 여러 가지 사상(事象)들을 체계적으로 정리하여 이를 미리 설정해 놓은 분석모형이나 유형화된 틀에 대입시켜 봄으로써 과거와 현재, 나아가 다가올 미래를 보다 명확하게 이해하는 것이다. 마지막으로 위의 어떠한 목적에도 해당되지 않는 경우라 할지라도 과거사의 정리는 과거사 정리 그 자체로서 일정한 가치를 지닌다. 시간이 흐를수록 과거사를 정리할 수 있는 기초자료는 점차 소실될 뿐 그 가역적(可逆的)인 일은 일어나기 어렵기 때문이다.

Ⅰ. 산업화 시대의 문화예술정책

앞서 총론에서는 국가 문화정책의 흐름이라는 큰 틀 속에서 산업화 시대 이전에 '민족정통성의 회복기'를 언급하고 있다. 1948년 8월 15일 대한민국정부 수립 후 제3공화국에 의해 본격적인 산업화 정책이 추진되기 전까지의 시기에도 물론 정부의 산업화를 위한 노력이 있었다. 그럼에도 불구하고 제1공화국에서부터 제2공화국 시기까지는 우리 사회가 상당부분 전통적인 농경사회의 틀을 그대로 유지하고 있어 산업화 시대라는 틀로 묶기에는 어려움이 있다고 할 수 있다. 따라서 총론에서 일본제국주의와의 항쟁인 3.1운동 정신과 임시정부의 법통 계승, 공산주의로부터 자본주의 체제를 옹호하기 위한 이념 전쟁인 한국전쟁, 그리고 자유민주주의를 심각하게 훼손한 독재에 과감히 항거한 4.19 민주이념의 정립에 이르기까지 민족적, 민주적인 정통성을 확립하여온 역사를 '민족정통성의 회복기'라는 틀로 되짚어 본 것은 상당히 의미 있는 일이다. 그러나 분야별 정책의 틀에 대한 논의 결과에 따라 본 문화예술정책에서는 '민족정통성의 회복기'를 별도로 두지 않고, 이를 산업화 시대에 포함시켜 논의하기로 한다.

대한민국정부 수립 후 1987년 6.29선언 때까지 산업화 시대의 문화예술정책은, 시기별로 크게 ① 유형문화재 보존과 관리 중심의 정책, ② 규제 중심의 법체계와 추진 조직체계 확립, 그리고 민족문화 창달지원 중심의 정책, ③ 전국적인 문화시설 확충과 문화향수 기회 확대 정책의 세 단계를 거쳐 왔다. 이 세 단계를 산업화 시대로 묶을 수 있는 것은 문화예술정책의 이러한 변화가 우리나라의 산업화 과정과 밀접한 상관관계를 이루고 있기 때문이다. 본격적인 산업화가 이루어지기 이전인 제1, 2공화국 시기는 국가 재정의 규모가 빈약했을 뿐 아니라 국민 대다수가 먹고 살기에 바쁜 나머지 정책적으로나 사회적으로 문화와 예술에 대한 관심이 낮은 시기였다. 그러나 조상들이 물려준 문화유산, 특히 눈에 직접 보이는 문화재만큼은 우선적으로 보존·관리해야 한다는 암묵적인 사회적 합의가 형성되어 있었기 때문에 유형문화재 중심의 문화정책이 이루어졌고, 이는 신생국 문화행정의 특징 중 하나이기도 하다.

제3공화국이 출범하면서 군대식 성과 제일주의 정신 아래 경제개발계획이 지속적으로 순조롭게 추진되었고, 이에 따라 국가 재정 규모가 급속도로 커지면서 점차 문화예술분야에 대한 투자 여력이 생기게 되었다. 또한 단축적인 산업화 과정에서 우리 사회에 갖가지 병폐들이 나타나면서 이를 치유하는 근원적인 힘으로 문화예술에 정책적인 관심을 갖게 되었고, 더불어 1980년대 중반 이후 국민의 소득 수준이 높아져 여가문화와 삶의 질 문제에 관심을 갖게 되면서 문화 수요가 급증한 것도 문화투자 확대의 중요한 요인이 되었다. 그러나 제5공화국 시기에 전국적으로 문화시설을 건립하고 국민의 문화수요 증가에 대응하여 문화향수 기회의 확대를 위한 정책을 시행하기 전까지는 문화예술에 대한 투자가 그리 만족할 만한 수준에 이르지는 못하였다.[3] 제3공화국의 경우 법체계와 조직체계의 정립에 큰 성과를 보였지만 문화예술 부문에 대해서는 투자 규모가 크게 증가하지 않았고, 제4공화국 당시 가장 큰 규모의 문화분야 투자였던 〈문예중흥 5개년계획〉(1974~1978)에 대해서마저 투자 규모에 대해 비판적인 시각이 존재한다.[4]

한편 1960~1970년대의 문화정책에 대해서는 많은 비판적인 시각이 존재한다. 정부의 문화정책에 비판적인 지식인들의 문화운동단체에서는 이 시기를 박제화된 관제문화와 퇴폐적인 사업적 대중문화가 확산되는 시기(정이담, 1985: 19; 채희완·임진택, 1985: 104)로 인식하고 있다. 오

3. 정홍익·이종열 등(2008: 146~147)은 1960~1970년대의 문화정책은 경제 우선 정책으로 인해 주변부가 되었다는 의미에서 경제성장을 위한 하나의 보조적이고 도구적인 수단에 머물렀으며, 결국 경제성장 제일주의 국가 어젠다에서 문화예술에 대한 관심과 인식이 부족하여 국가의 투자 우선순위에서도 후순위로 밀려남으로서 거의 투자가 이루어지지 못했다고 결론짓고 있다.

4. "실제에 있어서 〈문예중흥 5개년 계획〉에 투입된 자금 중 문화재 보수·정화를 위해 대통령 특별지시에 의해 확보된 100억 원과 기간 중 모금된 문예진흥기금 80억 원 중 일부, 연도별 예산증가율에 의한 추가 투입분 외에는 신규투자가 거의 없었다는 것이다. 이는 이 계획이 범정부적 합의를 받지 못한 문화공보부 단독의 자체 계획의 차원에 머물러 있었음을 의미한다는 것이다."(박종국 외, 1989: 20~21).

명석(1998: 121~122)은 더 나아가 '박제화된 관제문화'라는 평가도 크게 미흡하며, 그것만으로는 이 시기의 문화정책이 갖는 의미와 성격을 재대로 파악할 수 없다고 보았다. 1960~1970년대의 문화정책은 단순히 전시 행정의 표본 수준에 머무르는 것이 아니라, 정권의 체제 유지와 긴밀한 연관을 갖는 정치적 이데올로기의 표현 방식의 중요한 부분을 차지하고, 국민들의 의식과 정서에 의식적, 무의식적으로 상당한 영향을 끼쳤던 것으로 인식할 필요가 있다는 것이다.[5] 결국 1960~1970년대 문화정책의 이념과 표상물들은 교육기관, 매스컴을 통해서 지속적으로 전파되었을 뿐 아니라, 그 이후의 문화정책의 성격에도 지대한 영향을 미쳐 관주도의 민족문화 담론은 상당 기간 문화정책의 기조로 이념적으로나 실천적으로나 그 중심에 남아 있었다고 지적하고 있다.

1. 문화재 보존과 관리 중심의 문화예술정책

해방 후 미(美) 군정 3년과 제1공화국 13년, 그리고 제2공화국 1년에 이르는 17년 동안은 보통 문화정책의 생성기 내지 혼란기라고 표현되고 있다. 이 시기의 문화정책에 대해서 「문화공보 30년」(1979: 221~222)은 '무위방임시기(無爲放任時期)'라는 표현을 쓰고 있다. 한마디로 이 시기에는 정치적인 혼란과 경제적인 피폐, 사회적인 불안이 지속적으로 반복되었으며, 문화예술정책은 유형문화재의 현상 유지와 관리에 중점이 두어졌다. 문화예술정책에 투입할 자원은 고사하고 법·제도가 정비되어 있지 않았으며, 문화예술에 대한 정책적 관심 자체가 매우 낮았던 시기이다. 그 결과 정부소속 문화기관을 관리·운영하고 관변단체 활동비와

5. 특히 유신체제가 들어선 1970년대 초엽 이후의 시기는 국가주의 이데올로기가 극성을 부렸던 시기로, 민족적 감정과 정서를 동원하기 위하여 '역사의 활용'이 적극적으로 시도되었음을 지적하고 있다.

계몽작품 창작비 일부를 지원하는 정도에 머물렀다. 국민들 대다수도 극심한 생활고로 먹고살기도 바쁜 시대상황 속에서 취미·여가활동이라든가, 문화예술 향수, 관광여행은 일부 부유층 내지는 유한계층이나 누리는 과시적이고 사치스런 낭비행위로 인식되어 사회적으로 질시의 대상이 될 정도였다.

1) 해방정국 시기(1945.8~1948.8)

1945년 해방 후 3년간은 좌·우익의 대립에 따른 혼란과 미 군정의 우리의 고유문화에 대한 인식 부족으로 문화 육성·진흥방안에 대한 체계적이고 일관된 정책이 없었던 시기이다. 미 군정 하에서 문화행정은 학무국(1946.3 문화부로 승격)을 중심으로 이루어졌는데, 박물관 등 일제 치하의 문화기관을 개편하였고, 이 기간에 시행된 문화관련 법령이라고 해봐야 「출판등록제」(1945)와 1962년 「영화법」 제정 시까지 지탱된 「영화의 검열」이라는 제호의 미 군정청 법령이 있었을 뿐이다. 당시 문화예술계는 해방을 맞아 문화예술 각 분야 기관·단체의 창립이 활발하게 이루어졌는데, 1945년 9월에는 이후 한 동안 우리 문화예술계를 이끌어 간 중앙문화협회가 해외문학파와 민족주의 계열의 문인들을 중심으로 결성되었다. 창립단체들을 중심으로 해방과 독립을 경축하는 기념문집 발간, 미술 전시, 영화 상영, 발레 등의 무대예술 공연이 있었다.

2) 제1, 2공화국 시기(1948.8~1960.6, 1960.6~1961.5)

1948년 8월 정부수립 당시의 상황을 보면, 영화검열과 단행본 출판 업무를 공보처가 담당하는 것 외에는 문화행정 업무 대부분을 문교부가 담당하고 있었다. 1952년 7월에 국무총리제가 대통령중심제로 헌법 개정됨에 따라 1955년 2월에는 공보처가 대통령 직속 공보실로 축소 개편되면서 선전영화 제작을 제외한 모든 문화행정 업무가 문교부로 일원화되었다. 1950년을 전후하여 정부는 조선미술전람회를 대한민국미술전람회로, 이왕직 아악부를 국립국악원으로, 경성부민관을 국립극장으로 개편하는 등 일제 치하의 기관이나 제도를 격상하거나 개선했으며, 전쟁 중임에도 불구하고 학·예술원의 설치·운영을 규정한 「문화보호법」(1952.8)과 「문화인등록령」(1953.4)을 제정하여 1954년 7월에는 학술원과 예술원이 개원하게 된다.

문화행정이 문교부로 일원화된 후에도, 영화분야의 예를 들면 여전히 검열 위주의 업무가 계속되다가 국산영화 육성책이 나온 것은 1958년 이후이다. 즉 1954년에 「입장세법」 개정을 통해 국산영화의 입장세 전액 면세조치가 유일한 방화 진흥책이었으나, 1958년 4월 '국산영화 제작 장려 및 영화오락 순화를 위한 보상특혜조치'에 이어 1959년부터는 이른바 '외화수입 쿼터제'를 실시하게 된 것이다. 이 기간에 정부가 할 수 있었던 일이란 고작 정부소속 문화기관을 관리·운영하고 검열·통제 위주의 업무와 함께 관변 문화단체의 활동비와 계몽작품 저술을 위한 창작비 일부를 지원하는 정도였다. 이 시기는 특히 전후(戰後)에 있어서 '자유민주'보다는 '반공'이라는 이념이 더 강조되어 이것이 교육기관과 사회단체 및 정부기관을 통하여 전 국민을 체계적으로 의식화시키고 있었다(정갑영, 1993: 93~94). 정치가 절대적 우위를 지키고 있었던 이 당시에 문화분야가 국시(國是)로서의 '반공'이라는 이데올로기적 틀로부터 벗어날 수 없었던 것은 오히려 당연하다고 하겠다.

2. 법·조직 체계 확립과 문화예술 진흥의 시동

1) 문화관련 법체계의 확립

1961년 군사정변 이후 움트기 시작한 민족적 자각기운과 주체의식은 과업 지향적인 정치지도 노선 하에 민족문화예술의 재건을 촉구하는 가운데 서서히 정부의 문화정책이 적극화하기 시작하였다. 이 기간을 지배했던 국가이념은 '조국 근대화', '민족주의적 경향', '반공주의'였으며(정갑영, 1993: 94~97), 문화분야에서의 두드러진 실적으로는 문화입법, 즉 문화행정의 기본적인 법체계 확립이라고 할 수 있다. 「공연법」(1961.12), 「문화재보호법」(1962.1), 「향교재산법」(1962.1), 「불교재산관리법」(1962.5), 「지방문화사업조성법」(1965.7), 「영화법」(1966.8), 「음반에관한법률」(1967.3), 「문화예술진흥법」(1972.8) 등이 모두 3공화국 시기에 제정되었다. 한편으로는 국민정신의 재창조를 위하여 '국민교육헌장'이 제정되고 건전가요와 국민 표준오락이 보급되기도 하였다.

이 당시의 문화입법은 상당 부분 일제 치하의 법들을 그대로 답습하였고 문화와 예술을 진흥·장려하기보다는 행정절차법 위주로 규제·통제하는데 치중해 있었다는 등의 문제점이 있었으나, 일단 문화행정의 법체계가 확립되었다는 점에 그 의의가 있다. 그러나 조직체제와 함께 법체계까지 확립하여 기본적인 문화정책체제를 갖추었다는 점이 긍정적 측면이라면, 통제 위주의 법체계 확립에 따라 정부의 규제가 강화되어 창작의 자유가 위축되고 자유로운 문화예술활동이 제약을 받는 등 부정적 측면도 간과할 수 없다. 예술인들의 창작활동에 대한 정부 규제의 대표적인 사례는, 비록 출발은 자율규제의 형식을 취하기는 했으나, 1966년 설립된 한국예술문화윤리위원회(1975년 「공연법」개정으로 공연윤리위원회로 전환)에서 그 효시를 찾아 볼 수 있다. 이 위원회는 영화대본, 가사·악보를 포함하여 예술문화 전반에 대해 사전에 심사할 수 있었다.

2) 문화공보부의 출범

1961년 5·16혁명 직후 혁명의 정당성에 대한 대국민 홍보가 절실했던 혁명정부는 국가재건최고회의령(제3호)을 통해 잠시 공보부(부장)를 신설('61.5)했다가 한 달 만에 「정부조직법」 개정을 통해 공보부(장관)를 정식 발족('61.6)시켰다. 공보부 발족과 함께 이른바 동적(動的) 예술문화 부문이 문교부로부터 공보부로 이관(1961.10)되면서 문화행정이 다시 이원화하게 되었다. 즉 영화·연극·무용·음악·연예·정기간행물 업무와 국립극장(국립중앙극장)·국립국악원·국립영화제작소 등은 공보부가 관장하고, 문학·미술·문화재·도서(단행본)·박물관·종무행정 등은 문교부가 관장하게 된 것이다. 이때 문교부가 직접 수행하고 있던 문화보존과 업무와 구황실재산사무총국 업무를 문교부 내 외국(外局)으로 개편·신설(1961.10)한 문화재관리국(현 문화재청)으로 이관하였다. 이어 「문화재보호법」이 제정·공포(1962.1)되고, 문화재관리국은 1964년부터 〈문화재보수 5개년계획〉 실시와 병행하여 민속문화재 육성사업을 추진해 나갔다.

이와 같이 문화행정이 문교부와 공보부로 이원화된 상태가 7년 간 지속되다가 1968년 7월 24일 문화공보부가 발족하여 문화행정의 재통합이 이루어졌다. 이후 문화공보부는 1990년 1월 3일 문화부가 신설될 때까지 21년여 동안 중심적인 문화정책기관으로 자리매김 된다. 문화행정이 문화공보부로 일원화된 이후 제4공화국이 탄생하기 이전까지 4년여 동안 십 수 차례의 직제 개편이 이루어졌는데, 이는 과거의 단순한 문화행정이 점차 전문화되는 추세에 따라 취해진 조치이다. 이러한 전문화 추세에 대응한 직제 개편은, 담당부서의 신설 또는 세분화, 담당관제도와 전문직제도의 도입,[6] 일반직의 별정직화 등으로 나타났고, 정원도 크게 증가하였다. 특히 1962년 1월에는 문교부와 공보부의 후원으로 10개 단위협회로 구성된 사단법인 한국예술문화단체총연합회(예총)가 발

6. 참모(막료)제도인 담당관제는 경직화되기 쉬운 행정조직의 계층제적 구조에 인간적인 요소를 부여하여 조직의 융통성, 즉 행정환경에의 적응성을 높이는 한편, 전문성과 창의성이 풍부한 인재를 활용하여 행정의 전문화와 정책수립의 질적 향상에 이바지하려는데 목적을 두고 있다.

족하여 공보부의 지도감독 하에 놓이게 된다. 이 단체는 1988년 12월 한국민족예술인총연합(민예총)이 발족할 때까지 문화예술계의 이익을 대변하는 대표적인 단체로 활동한다.

3) 제3공화국 시기(1961.5~1972.10)

제3공화국 시기는 민족적 자각기운과 주체의식, 그리고 과업 지향적인 정치 지도노선 하에 경제개발 계획이 성공하면서 민족문화예술의 재건에 관심을 기울이기 시작한 시기이다. 민족주의적 경향의 문화정책이 시행되면서 문화공보부는 1966년 이후 추진되어 오던 국학·고전 등 전통문화 전승사업을 본격화하였고, 각종 전국규모 및 지역 문화행사와 함께 문화재애호운동, 독서운동 등 계몽사업을 전개하는 한편, 국제 문화교류 사업도 추진하였다. 민족문화 재건이라는 기치 아래 1965~1966년 사이에 웅대한 규모의 종합민족문화센터 건립을 추진했으나 기획단계에서 끝나고, 그 후 국악사양성소(1967), 현충사관리사무소(1968), 국립현대미술관(1969년 경복궁 내 현 국립민속박물관 건물, 1973년 덕수궁 이전, 1986년 과천 이전), 세종대왕기념관(1970), 국립중앙박물관(1972), 중앙국립극장(1973, 국립중앙극장) 등을 건립했다.

이러한 노력에도 불구하고 빈약한 국가재정 형편, 문화행정에 대한 경험과 전문지식의 미흡, 경제 제일주의 발전전략에 따른 사회 전반의 문화에 대한 인식 부족 등으로 문예진흥에 필요한 대규모 투자는 이루어지지 않았다. 이는 문화공보예산의 구조적 측면에서도 그 양상을 살펴 볼 수 있다. 3공화국 기간 동안 공보분야가 문화분야 국고예산의 1.5배(특별회계 포함)를 차지하고 있었고, 문화분야 안에서도 문화재부문(전액 특별회계) 예산이 문화예술부문의 3.5배에 달하였다. 더구나 문화예술부문 예산이라는 것도 민족문화 창달이라는 명목 하에 정권 유지 내지는 홍보 차원에 많은 부분이 할애된 결과, 순수예술 진흥이나 국민의 문화예술

향수권을 신장하기 위해 투입되는 몫은 극히 미약한 수준이었다. 이는 기본적으로 문화를 홍보의 목적가치가 아니라 수단가치로 간주했던 당시의 정책기조와 사회적 분위기, 또 문화행정이 국내외 홍보와 방송관리 및 국영방송 경영을 주 임무로 했던 공보부, 그리고 이 공보부를 모태로 발족한 문화공보부에서 수행되고 있었다는 역학적(力學的) 원인에서 비롯된 것으로 판단된다. 또한 오늘날에는 문화재행정 예산이 일반 문화예술행정 예산의 1/3에도 미치지 못하고 있으나 1960년대에 있어서는 오히려 문화재행정 예산이 전체적으로 3.5배에 달하고 있음은 전형적인 신생국 문화행정 예산의 형태를 보여준다고 하겠다.

4) 〈문예중흥5개년계획〉의 시행

제3공화국 말과 제4공화국 초에 걸쳐 우리나라 문예진흥의 모법(母法)인 「문화예술진흥법」(법률 제2337호, 1972.8.14) 제정, 한국문화예술진흥원(현 한국문화예술위원회) 설립, 문화예술진흥기금 모금 등 문예진흥의 기틀이 된 각종 제도가 전격 실시된다. 이 기간에는 문화예술분야에 광범위한 투자가 이루어졌으나, 정책의 기조는 국가 시정목표인 자립경제, 자주국방을 뒷받침하는 자주적 민족문화의 창달에 두었고, 민족주체성의 확립에 정책의 초점이 맞춰졌다. 1972년 11월 국민투표에 의한 유신헌법안의 확정과 함께 출범한 유신체제, 즉 제4공화국의 문화예술정책은 '10월 유신'(1972.10.17 비상조치) 1주년이 되는 날에 대국민 공표한 〈제1차 문예중흥5개년계획〉(1974~1978)으로 구체화되었다.[7] 이 계획은 문예중흥을 위한 정책 기조로 '전통문화의 계승과 이를 바탕으로 한 새로운 민족문화의 창조'를 내세우고 있다. 이를 위해 주체적 민족사관

7. 〈제2차 문예중흥 5개년계획〉(1979~1983)은 '문화전통의 계발 및 그 정신적 기반 조성과 이를 통한 민족문화의 창달'을 정책기조로 하여 1,351억 2,300만 원의 투자계획과 함께 1977년 대통령 연두순시 때 보고까지 했으나 10.26사태(1979)가 발생하면서 무산되었다.

정립과 민족예술 창조, 예술의 생활화·대중화로 국민의 문화수준 향상, 국제문화교류 적극화로 문화한국의 국위 선양을 중점 목표로 삼았다.

계획기간 5년 동안 문예진흥을 위한 제도적 기틀 마련과 함께 485억 4,240만 원의 자금(정부예산 78.3%, 민간자본 21.7%)을 투자하였고, 이 중에는 문예진흥기금 42억2,083만 8천 원이 포함되어 있다. 이때 시행된 각종 사업은 크게 법제·시설 등 문예진흥 기반 조성사업, 문화유산 전승·계발사업, 예술창작 지원사업, 국제문화교류사업의 네 가지 유형으로 나누어 볼 수 있다. 부문별 집행내역을 보면, 문화재·전통예능·국학 등 민족사관 정립에 70.2%를 차지하여 당시 문화예술정책의 경향을 보여주고 있다. 나머지 순수예술 진흥에 12.2%, 영화·출판 등 대중문화 창달에 8.9%, 기반조성에 6.0%, 기타 2.7%의 순이다. 정작 '예술의 생활화·대중화로 국민의 문화수준 향상'을 중점 목표의 하나로 제시했으면서도 이에 해당하는 사업은 거의 찾아볼 수 없다. 다만 몇몇 지역 순회공연과 영화 및 출판 진흥을 통해 대중문화를 창달하고자 한 정도에 그쳤다.

5) 제4공화국 시기(1972.10~1981.3)

해방 이후 1960년대까지는 방어적이고 수동적인 차원의 문화·관광행정이 수행되었을 뿐, 문화·관광분야에서 국가의 역할이라는 것은 필요한 최소한의 상태에 놓여 있었다. 소극적인 재산관리에 한정된 문화재 관리 업무에서 벗어나 문화예술과 관광의 중요성을 인식하고 그 진흥에 관심을 갖게 된 것은 경제개발의 연속적인 성공으로 국가재정이 어느 정도 여유를 갖게 된 이후의 일이다. 이는 1960년대 후반부터 경이적인 경제성장을 거듭한 결과, 근대화의 물결 속에 문화적 수요와 욕구가 증대되는 가운데, 경제발전과 병행하는 문화발전이 바로 생명력 있는 국가발전의 길이라는 인식이 싹트기 시작하였다는 것을 의미한다. 즉 산업화의 진행과 더불어 전통 사회질서의 균열과 가치관 파괴현상이 두드러짐에 따라 사회통합과 가치관 순화를 위한 문화의 역할이 부각되기 시작한 것이다. 이즈음부터 국민의 기본적인 문화적 욕구가 증대하여 문화수요가 서서히 높아가는 가운데, 유형문화재 관리 중심의 문화행정을 벗어나 정신문화의 영역을 정책의 주요대상으로 중시하게 되었다.

이에 따라 1970년대는 문화예술 기반조성, 전통문화 보존관리, 예술진흥, 대중문화 창달 등에 적극적으로 투자하기 시작하였다. 당시의 문화예술정책은 자주적인 민족문화의 창달이라고 하는 내셔널리즘에 기반을 두고 있었다. 따라서 정책의 목표 또한 문화유산의 보존·계승과 전통문화의 계발을 통한 민족주체성의 확립에 초점을 두었다. 즉 식민사관과 외국문화에 대한 종속관념을 불식(拂拭)하고 민족문화의 재발견을 통해 국민적 자각과 긍지를 선양하는 기운을 조성하려 하였다. 특히 이 시기에 우리나라 최초로 문예중흥계획이 수립·추진되고, 문예진흥기금의 조성과 기금사업이 시작된 사실은 문예정책사에서 중요한 의미를 갖는다.

이 기간은 이른바 유신시대로서, 강권적인 정부의 감독과 통제가 심하여 문화예술의 자율적 신장을 기대할 수 없는 상황에서 문예중흥계획이 추진되었다는 점에서 계획 자체가 이율배반적이라 아니할 수 없다. 특히 문예진흥기금에 대해서는 정치성 문화사업과 대국민 홍보용 문화사업 등 정부사업에 대한 돈 창구의 역할을 충실히 수행하였다는 비판이 존재한다. 결국 적지 않은 부작용과 시행착오, 그리고 문화정책 자체에 대한 불신과 공공성의 퇴조를 수반하게 되었다. 제4공화국 말에는 정부주관 문화예술행사의 민간이관 방침(1979)에 따라 영화검열이 문화공보부에서 반관반민단체인 공연윤리위원회에 위탁되고, 1980년부터는 국전(國展)의 운영이 문화공보부 산하단체인 한국문화예술진흥원으로 이관되었다.

한편 4공화국 기간 동안 문화공보부의 직제는 크게 두 차례 개편되었는데, 1973년 3월 개편은 KBS의 공사화와 한국문화예술진흥원, 영화진흥공사의 발족 등 민간문화단체로의 전환 및 신설에 수반된 것이고,

1979년 4월 개편은 종무기능과 국제교류기능의 확대에 따른 것이다. 4공화국 전 기간 동안 문화공보부의 일반회계 예산 중 문화분야(문화예술, 문화재) 예산비율은 45.5%로, 공보분야(홍보, 방송관리)보다는 적지만 3공화국의 18.5%보다는 비율 상 거의 2.5배 증가했다. 이는 문화예술예산(일반회계)의 절대액 증가, 1977년 이후 문화재관리예산을 일반회계로 편성, 국영방송인 KBS를 한국방송공사로 공영화('73.3)함으로서 공보부문에 투입되는 일반회계예산이 줄어든 데 따른 것이다. 특별회계를 포함시킬 경우에는 문화부문(53.6%, 문화예술 16.9%, 문화재관리 36.7%)의 비중은 공보부문(46.4%)을 상회하게 되었다.

3. 전국적인 문화시설 확충과 문화향수 기회의 확대

1) 문화재정의 확충과 대규모 문화시설 조성

제5공화국이 출범한 1981년 대통령 시정연설에서 '올바른 민족문화의 기틀을 정립하기 위한 새로운 문화정책'이 언급된 후 같은 해에 〈1980년대 새 문화정책〉이라는 중기정책이 마련되었다. 당시 문화정책에 대해 높아진 정책적 관심은 1983년에 발표한 〈제5차 경제사회발전 5개년수정계획〉에 문화부문이 포함됨으로써 문화정책도 국가사회 발전전략의 하나로 인정받기에 이른다. 또 1985년에 수립한 〈문화발전장기정책구상〉(1986~2000)의 기조를 이어받고 〈1980년대 새 문화정책〉을 일괄 조정하여 〈제6차 경제사회발전 5개년계획〉(1987~1991)의 문화부문계획으로 삼았다. 이 계획들은 창조역량 제고와 향수기회 확대 외에 민족문화의 주체성과 문화시설의 확충을 유난히 강조하고 있다. 민족문화의 주체성 강조는 3, 4공화국 문화정책의 기조를 이어받은 것이지만, 문화투자의 대폭적인 확대와 전국적인 대규모 문화시설의 조성은 오늘날 5공화국 문화예술정책의 가장 두드러진 특징이자 업적으로 평가되고 있다.

이는 국민 생활수준의 향상에 따라 문화에 대한 수요가 증가하여 사회발전의 관점에서 문화의 효용성이 새롭게 인식되기 시작하고 문화향수권을 국민의 기본권으로 이해할 필요성이 대두되는 때와 맥을 같이 하고 있다. 그 결과 5공화국 7년 동안 문화부문 예산이 3.3배로 증가하고 문화공보부 전체 예산 중 문화분야가 차지하는 비율이 63.5%로 공보분야 예산의 1.7배에 이르게 되었다. 0.2%를 넘지 못하던 대(對) 정부세출예산 비율도 0.3%를 상회하게 되어 절대적으로나 상대적으로 문화예산 상에 괄목할 만한 증가를 보였다. 정부예산뿐 아니라 문예진흥기금, 공익자금(현 방송발전기금), 기업의 지원금에 이르기까지 문화재원이 크게 확충되었고 지역문예진흥기금이 적립되기 시작했다. 문화재정 확충의 큰 몫은 대규모 문화시설 건립을 위한 집중적인 투자와 지원에 투입되었다. 문화향수에 대한 국민적 수요가 크게 늘어난 데 대한 정책적 대응이라는 측면과 함께, 정권의 정당성 결여를 대규모의 과시적인 성과물을 통해 만회해 보려는 정치적 측면 또한 무시할 수 없을 것이다.

전국적으로 전개된 문화시설 조성의 내용을 보면, 먼저 국립현대미술관, 예술의전당, 독립기념관, 국립국악당 등의 대규모 문화시설이 건립되었고, 경복궁, 경희궁, 덕수궁, 창덕궁, 창경궁 등 5대 궁(宮)이 개·보수되었다. 또한 각 시·도에도 종합문예회관, 특장문화시설, 중요무형문화재 전수회관 등 문화시설이 경쟁적으로 확충되었다. 그러나 한편으로는 이러한 대규모 문화시설 조성공사가 단기간에 걸쳐 실적 위주로 무리하게 진행된 결과 독립기념관 본관 화재, 경기도 문화예술회관 붕괴 등 크고 작은 사고가 잇따랐고 부실공사 시비가 그치지 않았다. 또한 지방문화시설 조성에 뒤따라야 할 운영인력과 예산, 프로그램의 지원이 결핍되어 문화예술계 내외로부터 '빈 깡통 문화행정'이라는 비판이 제기되기도 하였다.

5공화국 당시 우리나라 문화계에 처음 등장한 '문화 민주화(democratization of culture)'의 개념을 5공 정권은 특히 지방문화의 육성·진흥을 통해 달성하려 했다.[8] 이에 따라 지방의 문화활동과 행사에 대해 집중적인 지원이 이루어졌다. 시·도 종합예술제, 지방미술대전, 연극경연대회, 향토축제, 지방문화제 등이 중점 지원되고 지방자치단체 소속의 예술단 창단과 서울공연이 적극 권장되었으며, 대한민국 미술대전·국악제·연극제·무용제 등 전국규모 행사의 지방개최 내지 지방순회와 국립예술단체의 지방공연이 활발하게 진행되었다. 5공화국 정권의 정당성과 문화예술정책에 대한 비판적인 시각에도 불구하고, 1980년대 제5공화국이 성취한 문화투자의 확대와 대규모 문화시설의 조성, 지방문화의 육성과 진흥은 이후 국민의 문화향수권 신장을 위한 정책을 펴 나갈 수 있는 밑바탕이 되었다.

2) 제5공화국 시기(1981.3~1988.2)

제5공화국 헌법은 제8조(현행 제9조)에서 "국가는 전통문화의 계승·발전과 민족문화의 창달에 노력하여야 한다."고 규정하여 국가의 문화창달 의무를 새롭게 명기하고, 4대 국정지표의 하나로 '교육혁신과 문화창달'을 제시하였다. 이러한 제5공화국의 문화창달 의지는, 민족문화의 주체성 확립, 전통·현대·외래문화의 조화와 융합, 문화권의 신장 및 문화의 균형적 발전이라는 몇 가지 방향에서 추진되었다. 행정적으로는 1979년 4월부터 1987년 12월까지 8년 8개월 동안 문화예술정책의 주무부서가 네 번이나 분리(문화국, 예술국)와 통합(문화예술국)을 반복할 정도로

8. '문화 민주화(문화의 민주화)'는 전문예술가에 의해 창조된 순수예술의 향유(감상, 참여)에 대한 접근성이 모든 이에게 확대되어야 한다는 개념이다. 고급문화의 대중적 보급 내지 대중의 접근성 강화를 통해 '모두를 위한 문화(culture for everybody)'를 지향하며, '모든 사람에게 고급문화를(the best for the most)' 제공해야 한다는 취지이다. 예술을 생산하는 과정보다는 예술 생산 활동의 결과인 작품에 중심을 두고 이를 원형 그대로 후대에 보존·전수하는 것을 목표로 삼는다.

조직 변동이 심했고, 주요 직위가 복수직화 되었다. 5공화국 시기는 정권 출범 자체의 정당성 결여로 인한 부정적 평가에도 불구하고, 문화적으로는 국가정책에서 문화정책이 차지하는 비중이 높아져 문화발전 계획이 총체적인 국가사회 발전을 지향하는 전략적 계획의 한 부문으로 동태화되기 시작한 시기이기도 하다.

당시의 문화정책계획을 보면 '문화의 국가발전 동력화', '문화매체산업의 육성', '문화의 국제화' 등의 용어가 등장하고 있으나, 실제로 이러한 용어에 걸 맞는 문화정책이 시행된 것은 문민정부와 국민의정부 이후의 일이다. 4공화국과 뿌리를 같이 하는 5공화국 역시 민족문화의 주체성을 유난히 강조했다. 이러한 정책지향에 따라 주요문화재의 보수정비사업과 무형문화재의 보존 및 고전국역사업 등 국학의 진흥에 상당한 성과를 거두었다. 한편 폭압적인 정치와 관주도의 경제정책을 이끌어 갔던 5공정권이 문화분야에 있어서만큼은 자율성 제고를 내세우면서 이에 상응한 조치를 몇 가지 취했다. 정부가 주관하던 대한민국 연극제·무용제·국악제 등 이른바 전국 규모의 문화예술행사를 민간으로 이관하기 전(前) 단계로 반관 반민단체인 한국문화예술진흥원(현 한국문화예술위원회)에 이관했고, 국가와 지방 문화기관의 장(長)을 상당부분 문화예술계 인사로 대체 임명했다.

다시 말하지만 5공 기간은 정치·경제·사회분야와는 달리 문화분야에서는 과거의 규제와 통제 지향에서 지원과 조장 위주로의 정책적 변화가 점차 가시화되기 시작한 시기이다. 이에 따라 문화의 자율적 기능이 높아지고 반체제적이거나 용공적인 내용이 아닌 한 다양한 형태와 내용의 예술활동이 어느 정도 보장되었다. 그러나 5공 정권 자체의 정당성 결여는 대항문화(對抗文化)로서의 민중민주주의와 민중문화운동의 확산을 가져와 여러 분야에서 제도권과의 마찰과 충돌을 가져 온 시기이기도 하다. 민족민중예술계는 5공 때 다져진 역량을 바탕으로 6공 때 민예총(한국민족예술인총연합)을 탄생(1988.12.23)시켰고, 문민정부에 들어와 사단법인화(1993.8.9) 하였으며, 오늘날에는 예총(한국예술문화단체총연합회)과 함께 문화예술계의 양대 산맥으로 자리매김하고 있다.

Ⅱ. 민주화 시대의 문화예술정책

앞서 총론에서 규정한 민주화 시대는 1987년 6.29선언이 이루어진 후 제6공화국 시기를 거쳐 문민정부가 끝날 무렵인 1997년 말 우리나라에 외환 위기가 발발하여 IMF 구제 금융으로 이어진 시기까지를 의미한다. 다시 말해 제6공화국이 출범한 1988년부터 문민정부 종료가 임박한 1997년까지 10년 간의 시기를 민주화 시대로 본 것이다. 물론 이 시기를 민주화 시대로 규정했다 하여 그 이후에 우리나라의 민주화가 쇠퇴했다는 의미가 아니라 지속가능한 민주화 시대로의 전환기였다는 뜻이다. 그러나 정치적 민주화 시대는 6.29선언과 함께 열렸지만, 문화분야에서는 제5공화국 시기 후반기부터 이미 민주화의 조짐이 나타나고 있었다. 물론 3공과 4공을 잇는 강압적인 군사정부로서의 광복 이후의 본질적 면모가 결코 사라진 것은 아니었다. 예컨대 문화 운동을 통한 정권의 정당성에 대한 도전은 절대 용납하지 않았고, 예술작품에 조금이라도 친북의 기미가 보이면 작품의 예술적 성과와는 상관없이 이를 용공으로 몰아 법적인 처벌을 가했다.

그럼에도 불구하고 앞서 살펴 본대로 5공화국 정부는 일부 문화의 자율성 신장을 위한 조치들을 취했고, 문화예술 법체계나 정책이 규제와 통제 위주에서 지원과 조장, 진흥 위주로 점차 전환하는 지향성을 보였다. 특히 고급문화의 대중적 보급 내지 대중의 접근성 강화를 의미하는 '문화

민주화' 개념에 입각한 정책의 시행, 비록 각 지방 고유의 문화가 분출되는 상황에까지 이르지는 못했지만 대규모 지방문화시설 건립을 통한 지방문화의 육성, 그리고 이러한 정책 수단을 통한 국민의 문화향수권 신장을 지향한 사실 등은 민주화 개념과 상당히 근접해 있다고 할 수 있다. 어찌되었던 1980년대 후반부터의 정치적 민주화와 더불어 문화정책이 기존의 사회 통합적 성격의 한계에 머물러 있을 수 없게 되었다(박혜자, 1996: 9). 정부는 국민의 문화적 욕구를 충족시키는 정책을 펴면서 기존의 엘리트 위주의 문화정책에서 일반 대중문화를 포괄하는 정책적 전환을 가져오게 된 것이다. 우리나라에서 민주화 시대에 걸 맞는 본격적인 문화정책의 시행은 6공화국이 출범 3년째에 문화부를 신설하고 〈문화발전 10개년 계획〉을 통해 '문화주의'를 표방하면서 시작되었다.

5공화국 시기에 대규모 문화시설이 전국 각지에 건립되면서 상대적으로 '문화소외지역'이라는 개념이 부각되었고, 6공화국은 문화 소외지역을 직접 찾아가는 '움직이는 문화사업'을 통해 문화적 소외를 해소하고자 하였다. 6공화국 문화당국이 직접 시행하거나 지원한 수많은 문화예술 프로그램들 중에는 문민정부가 들어서면서 잠시 맥이 끊겼다가 문민정부 후반기나 그 이후의 정권에 의해 유사한 프로그램으로 다시 부활한 경우가 많았다. 특히 6공화국의 문화정책 프로그램들 중에서도 아마추어 문화애호가인 일반 대중이 문화 생산의 주체적이고 능동적인 참여자가 되도록 육성하는 것을 목표로 하는 프로그램들은 상당히 시대를 앞서 간 정책이라고 할 수 있다. 말하자면 오늘날 문화정책에서 대세를 이루고 있는 '문화 민주주의' 개념에 입각한 프로그램들인 것이다. 한편 대외 개방성을 자유민주주의의 중요한 측면의 하나라고 본다면, 비록 올림픽 개최에 따른 불가피한 측면이 있기는 하지만, 6공화국의 공산권 문화 개방은 민주화 시대 문화의 또 다른 측면이라고 할 수 있을 것이다.

문민정부는 국민들의 삶의 질을 향상시켜 선진 문화복지 국가로 진입하는 것을 문화정책의 최고 목표로 삼았다. 정책 목표 설정에서부터 이미 민주화 이데올로기를 강렬하게 발산하고 있는 것이다. 비록 3당 합당을 통해 창출한 정권이긴 했지만, 문민정부는 3공화국과 유신정권을 이어온 군부 세력들에 의한 국가 통치를 단절시킨 온전한 의미에서의 민주화 정권이었다. 문민정부는 이러한 정권의 정통성에 대한 자신감을 바탕으로 정권 출범 초기에, 군사정권에 저항해 왔던 민예총의 사단법인화를 허용했을 뿐만 아니라, 문화계획 수립 과정에서 민중·민족예술계열 인사들을 대거 참여시켰다. 문민정부는 5공화국에서 싹이 튼 문화향수 기회의 확대, 6공화국에서 활발히 추진한 생활문화의 진작 등 문화분야에서의 민주화 개념을 '문화복지'라는 개념으로 형상화하여 이를 국민의 문화적 권리로 인식하였다. 6공화국 시기에 우리 문화계에 처음 대두되었던 문화복지 개념을 문민정부는 보다 구체적인 프로그램으로 입안, 추진해 나감으로써 정치적 민주화의 결실을 문화분야에서도 체감할 수 있도록 하였다. 문화향수 측면에서 민주화의 개념은 국민의정부에서는 사회·문화적 양극화의 해소, 참여정부에서는 예술의 사회적 역할과 책임, 그리고 이명박 정부에서는 사회적 약자의 문화향유 기회 확대라는 관점에서 지속적으로 강조되었다.

1. 생활문화 진흥을 통한 문화향수 기회의 확대

제6공화국은 '문화주의'를 내걸고 문화 향수권과 참여권의 신장을 기본적인 문화정책 이념으로 추구하였다. 5공화국 기간이 전국적인 대규모 문화시설의 조성과 지방문화의 육성을 통해 문화향수의 기반을 마련한 기간이었다면, 6공화국 기간은 이러한 기반을 바탕으로 국민생활 속에 문화의 뿌리가 내릴 수 있도록 문화의 내용에 접근하는 전략프로그램을 개발하여 문화의 생활화에 정책 초점을 둔 시기이다. 문화 향수권과 참여권의 신장은 이미 되돌이킬 수 없는 시대사적인 추세로서, 5공화국에 이어 6공화국은 '문화 민주화'를 기본적인 문화정책 이념으로 추구하였다. 특히 6공화국은 실천적 측면에서는 '문화 민주주의(cultural democracy)' 정신에 입각하여 생활문화의 진작을 통해 일반대중이 직접 문화예술의 창작에 다가가도록 하는, 시대를 앞선 문화정책을 펴나갔다.[9] 이의 실현을 위해 도농간·계층간·세대간의 문화적 격차와 불균형의 해소, 인간다운 삶을 누릴 수 있는 문화적 환경과 기본적인 문화권 확보 등의 문제에 집중했다. 6공화국은 '움직이는 문화사업' 외에도 주민대상 문화예술교육을 위한 문화학교의 운영, 각 분야 전문가와 동호인이 함께하는 '문화가족운동', 순수공연예술 입장료를 보조하는 '사랑티켓제도', 도심의 짜투리 땅을 활용하는 '쌈지공원 조성', '문화의 거리' 조성 등 다양한 문화접근 전략과 구체적인 프로그램을 개발, 시행하여 많은 프로그램들이 오늘날까지 이어져 오고 있다.

1) 공산권 문화 개방과 통일문화 형성을 위한 노력

6공화국의 문화정책 중 가장 괄목할만한 성과 중 하나는 북방문화정책에서 찾아볼 수 있다. 그동안 우리 정부의 공산권 문화예술에 대한 적대적이고 소극적인 태도를 과감히 탈피한 것이다. 이는 '화합과 전진'을 기본이념으로 16년 만에 동서 양 진영이 대거(160개국) 참가한 88 서울올림픽 개최에 따른 우리 문화 세계화의 한 모습이기도 했다. 6공화국은 민족통일을 위한 문화적 동질성 회복을 문화정책의 기본방향의 하나로

9. '문화 민주주의(문화적 민주주의)'는 문화적 생산에 대한 진입장벽을 해소하여 일반 대중이 인간이 선천적으로 갖고 있는 창조적 소양(creative mind)을 통해 일상적 삶의 과정에서 이루어 가는 창조적 활동을 폭넓게 장려해야 한다는 개념이다. '모두에 의한 문화(culture by everybody)'를 지향하여 자발적인 참여와 문화 창출의 과정을 중시하며, 개방적으로 다양한 문화를 인정하여 아마추어 문화애호가인 일반 대중이 문화 생산의 주체적이고 능동적인 참여자가 되도록 육성하는 것을 목표로 삼는다.

설정하고 통일문화 기반조성 사업을 적극 추진하였다. 우선 통일문화 기반자료 조사연구 및 개방조치를 단행했다. 예를 들면, 미(未)수교국 예술작품 국내개방지침 발표(1988.6), 납·월북작가 해방 전 문학작품 출판허용(1988.7), 북한 및 공산권자료 공개 확대(1988.9), 납·월북예술가의 음악·미술작품 해제(1988.10), 북한 미술품 및 서적 수입(1989.1) 등이 이루어 진 것이다. 이에 따라 통일을 기원하는 각종 문화행사가 개최되었으며, 주로 미국, 일본, 중국, 유럽, 소련(당시) 등지에서 민간 주도의 남북 문화교류사업이 활발히 추진되었다.

2) 제6공화국 시기(1988.2~1993.2)

제6공화국 출범 3년째를 맞이하면서 1990년 1월 문화분야 전담 독립 행정부처인 문화부가 새롭게 출범했다. 문화부 창설은 〈문화발전 10개년계획〉 수립과 함께 1987년 대선 공약사항의 하나로, 창설과 함께 정부 내 장관의 서열도 7위로 격상되었다. 신설 문화부는 '문화주의'를 표방하고 문화정책국, 예술진흥국 외에 생활문화국을 독립부서로 편제하여 문교부('90.12 교육부로 명칭 변경)에서 이관 받은 어문·도서관분야와 함께 생활문화를 새로운 문화정책 영역으로 설정하였다. 정부예산을 보면 6공화국 문화예술부문 5년 간 총액이 2,899억 9,000만 원으로, 1988년에 비해 1992년 예산의 절대액은 3.1배(문화재부문 포함 시 2.7배)로 증가했다. 문화분야(문화재부문 포함) 정부세출예산 대비율도 5년 만에 0.29%에서 0.43%로 0.14%가 상승했다. 그러나 안정적인 문화재정을 확보하기 위한 노력에도 불구하고 당초의 야심 찬 목표나 문화부 발족 당시 문화예술계가 걸었던 기대에는 미치지 못하였다.[10]

6공화국은 문화부 신설과 함께 〈문화발전 10개년계획〉(1990~1999)

10. 우선 4개년 계획(1989~1992)으로 문예진흥기금 3,000억 원 조성계획이 추진됐으나 목표 대비 46.8% 조성에 그쳤고, 지역문예진흥기금도 목표를 겨우 달성하는 데 그쳤다.

을 수립하는데, 이 계획은 국민의 문화 향수권과 참여권을 신장하고 삶의 질을 추구하는 문화복지의 실현에 중점을 두고 있었다. 우리나라 문화정책이 문화예술 진흥과 창조역량 제고를 위한 지원과 기반조성으로부터 수용자인 모든 국민을 대상으로 하는 정책으로 전환하는 계기가 된 계획이다. 이 계획은 '모든 국민에게 문화를'이라는 정책모토를 설정하고 새로운 문화전략으로 '문화주의'를 표방하면서 관리·통제·규제보다는 참여·진흥·조장에 초점을 두고 있었다. 〈문화발전 10개년계획〉은 기존의 다른 계획에서 간과되었던 문화매개(문화촉매)기능의 확충을 정책과제의 하나로 설정하고 있다는 점이 특징이다. 그러나 장기적 전망을 갖고 수많은 인력과 막대한 자금을 투입하여 의욕적으로 수립한 이 계획도, 계획 4차 연도에 문민정부가 출범하면서 문화부의 문화체육부로의 개편과 함께 상당 부분은 말의 성찬으로 끝나고 말았다.[11]

6공화국은 문화 창조력을 신장시키기 위해 간접 지원방식을 도입하는 한편, 국제 문화 교류의 양적인 확대와 다변화에 힘을 쏟았다. 예술가의 창조력을 높이기 위한 정책이 지난 시기에는 직접적인 창작지원 중심으로 이루어져 왔다면, 6공 시기부터는 문화 공급의 수요 기반 확대에도 신경을 쓰게 된 것이다. 또 자율성과 다양성을 신장하기 위한 창작 환경과 제도의 개선을 중시하였다. 예술창작 지원사업의 규모 확대, 오늘날 수많은 예술인재를 배출하고 있는 한국예술종합학교 설립계획 입안(1993년 음악원 개원 이후, 매년 1개원씩 6개원 개원), 창작 공간의 확충, '예술의 해'의 제정과 해당 장르 집중 육성 등이 추진되었다. 한편 미(未)수교국까지 참가한 88올림픽 문화예술행사(73개국 참여)를 계기로 세계 각국의 문화를 경험하고, 한국문화의 소개를 통해 문화적 자긍심이 고조되어 우

11. 〈제7차 경제사회발전 5개년계획〉(1992~1996) 중 문화부문 계획 역시 문민정부 출범과 함께 상당 부분이 무명무실해졌다. 정권이나 부처의 장(長)이 바뀌고 나면 기존에 시행 중인 계획이 중단되고 새로운 계획을 수립하는, 고질적인 병폐는 오늘날에도 계속되고 있다.

리 문화의 세계화를 실현할 수 있는 토대가 마련되었다.[12] 특히 미수교국이었던 동구권 국가와의 문화교류는 이념의 벽을 넘어 신선한 문화적 충격으로 우리 문화에 새로운 바람을 불어넣었다.

2. 우리 문화의 세계화 시동과 문화의 국가발전 동력화

1) 우리 문화의 해외 선양과 세계화 추진

'세계화를 향한 작지만 강한 정부'를 지향한 문민정부가 세계화를 국정의 지표로 삼으면서 우리 문화의 세계화는 문화예술정책의 가장 중요한 정책 목표 중 하나가 되었다. 외형적으로는 '민족정기의 확립'을 위한 문화사업에 집중적으로 노력과 예산을 투입했지만, 1995년부터는 우리 문화예술의 세계화가 중요한 정책가치로 부각되었다. 즉 1995년도 문화체육부 주요업무계획은 '우리 문화관광체육의 세계화'와 '신 르네상스운동의 전개'를 정책 목표로 설정하고 있으며, 1995년 4월에는 〈세계화 시대에 부응하는 문화와 관광의 연계 방안〉을 발표하기도 했다. 이와 같이 1990년대 중반부터는 문화예술이 관광 및 산업과의 연관 속에서 고부가 가치를 창출하는 자원으로 인식하는 경향이 확대되기 시작하였다. 이러한 시각은 '우리 문화예술의 세계화', '문화의 산업화와 정보화' 등을 내건 〈21세기를 향한 한국문화의 비전과 전략〉(1996)에도 반영되었다.

이와 같은 문민정부의 방향 설정은 문화야말로 나라와 겨레의 힘의 원천이며 '문화의 힘' 없이 경쟁력 있는 나라를 기대할 수 없고, 문화적 기반이 없이는 새로운 세기의 세계적 경쟁에서 살아남을 수 없다는 자각에서 비롯된 것이다. 당시 정부는 우리 문화의 해외선양을 위해 한국문화

12. 이에 따라 1988년 이후 폭증하기 시작한 국제문화교류는 4년 간의 교류량이 정부수립 이후 40여 년간의 교류량을 능가할 정도였으며, 그 내용이나 규모 등 질적인 면에 있어서도 큰 발전이 있었다.

이미지의 통합관리를 추진했고, 해외 현지 전파 거점으로 재외문화원을 설치했다. 또 단발성 소규모 공연·전시를 벗어나 '한국문화주간' 설정 등을 통해 우리 전통예술의 공연과 한국미술의 전시를 병행함으로써 우리 문화의 해외 소개활동을 심화, 강화했다. 더불어 세계 각지에서 한국문화 종합 소개 행사를 개최하고, 해외의 주요 국제 문화예술 행사에 적극 참가하도록 지원했으며, 국제 문화예술 행사를 창설하거나 국내 개최를 적극 지원했다.

2) 문민정부 시기(1993.2~1998.2)

문민정부는 정권 발족 직후인 1993년 3월 문화부와 체육청소년부를 통합하여 문화체육부를 출범시켰다. 1994년 5월에는 문화산업국을 신설하고 12월에는 생활문화국을 문화정책국에 통폐합시켰다. 또한 교통부로부터 관광업무가 문화체육부로 이관되어 옴에 따라 관광과 문화와의 접목이 가능하게 되었다. 문화부문(문화재 포함) 세출예산의 정부의 총 세출예산에 대한 비율은 5공 기간 중 매년 0.020%, 6공 기간 중 0.035%씩 증가한 데 비해 문민정부 기간 중에는 매년 0.058%씩 증가했다. 시간이 흐를수록 증가 비율에 가속도가 붙었다는 사실은 국가발전에 있어 문화의 중요성에 대한 인식이 깊어지고 문화 수요의 폭증에 대한 정책적 대응이 보다 신속해진 것을 의미한다.[13] 한편 1980년대 후반 이후 민간 대기업을 중심으로 이익의 사회적 환원에 대한 도덕적 의무감(Noblesse Oblige)이 싹트고 이것이 새로운 홍보 전략으로서의 기업이미지 제고의 필요성과 맞물리면서 문화예술에 대한 민간기업의 지원이 크게 증가했다. 이러한 추세는 1994년 4월 '한국기업메세나협의회'의 창립을 통해 그 활동이 보다 조직화되고 현재화(顯在化)되었다.

---

13. 일반회계를 기준으로 1993년도와 1997년도를 비교하면 정부 세출예산은 68.1%p 증가한 데 비해 문화예술(문화산업 포함) 예산은 178.4%p, 문화재 예산은 130.2%p 증가했다.

문민정부 문화정책의 기본방향과 실천내용은 1993년 7월에 발표한 〈새 문화·체육·청소년진흥 5개년계획〉 중 문화부문 계획인 〈문화창달 5개년계획〉(1993~1997)에서 찾아볼 수 있다. 이 계획은 문화체육의 창달을 신경제건설과 함께 '국가발전의 두 수레바퀴 중의 하나'라고 표현하면서, '문화 창달을 통해 국민들의 삶의 질을 향상시켜 선진 문화복지 국가로 진입하는 것'을 정책 목표로 설정하고 있다. 계획 수립을 위한 여론수렴 과정에서 민예총 중심의 민중·민족예술계열 인사들을 참여시켜 그 의견을 상당부분 정책에 반영하였다는 점이 특징이다. 동 계획은 5년 동안의 소요예산을 총 2조 5,414억 3,800만 원(국고 65.1%, 지방비 22.4%, 진흥기금 5.3%, 민자 7.2%)으로 잡고 있는데, 민족정기의 확립(24.1%), 지역문화의 활성화와 문화복지의 균점화(36.2%), 문화창조력 제고와 문화환경 개선(33.0%), 문화산업 개발과 기업문화 활성화 지원(3.2%), 한겨레문화의 조성과 우리 문화의 세계화(3.5%) 등 크게 5개 부류의 정책과제군으로 묶어볼 수 있다.

문민정부는 우리 문화의 세계화와 고부가가치산업으로서의 문화산업을 강조하는 동시에, 6공에 이어 창조와 향수의 두 측면에서 문화 수요와 공급의 균형 있는 조화를 통해 궁극적으로 창조력의 상승을 가져오고자 하였다. 이에 따라 자율성과 다양성을 토대로 한 창작풍토의 조성과 창작에 도움을 주는 환경과 제도 개선에 주력했고, 창조층과 향수층 사이에 문화적 유통이 원활하게 이루어지도록 하는 방향으로 역점이 옮겨졌다. 모든 계층이 문화예술을 향유할 수 있는 문화 창출에 역점을 두어 국민의 문화향수 욕구에 부응하기 위한 문화의 다양성 제고와 문화수준의 향상을 적극적으로 강구함으로써, 국민 스스로가 문화를 창조하고 향유하는 능동적 참여 환경을 만들어 가자는 것이었다. 1996년부터는 6공 시기에 처음 대두되었던 개념인 '문화복지'를 문화정책의 핵심가치로 부각시켜 문화복지를 문화권(文化權, cultural right)으로 인식하기 시작했다. 문화권의 신장을 위해 '문화복지기획단'을 설립·운영하여 관련계획을 발표하는 한편,[14] 생활권 단위의 소규모 복합문화공간인 '문화의 집'을 조성하기 시작했다.

3) 문화산업의 발흥과 문화의 국가발전 동력화

문민정부는 냉전체제가 무너지면서 새로운 세계질서가 모색되고 시장개방의 압력이 어느 때보다 높아지는 국제환경 속에서 출범했다. 또한 지식정보화 사회가 도래하여 세계가 지구촌화되고 경제발전의 핵심요소로 문화의 창조력이 새롭게 조명을 받게 되었으며, 문화가 곧 경제인 시대로 접어들게 되었다. 이러한 때에 문민정부는 '문화산업의 개발'을 주요 정책과제로 제시하여 문화예술을 고부가가치를 창출하는 자원으로 인식하는 동시에 문화체육부 직제에 문화산업국을 신설함으로써, 국민의정부 이후 문화산업이 꽃피울 수 있는 기틀을 제공하였다. 이미 5공 시기 문화정책계획에 '문화의 국가발전 동력화'라는 용어가 등장하기는 했으나, 문민정부에서 문화가 경제사회정책의 부수적인 차원에서 벗어나 서서히 국가발전을 견인하는 원동력으로서의 역할을 수행하게 된 것이다. 문민정부가 가장 중점을 두었던 영상산업의 경우 영화진흥금고 설치, 서울종합촬영소 신설, 「영상진흥기본법」제정 등이 이루어졌고, 저작권, 만화, 출판, 음반·비디오·게임 산업의 자생력 확보와 육성기반 조성을 위한 사업도 더불어 추진해 나갔다.

국민의정부의 문화산업 육성 의지는 출범 첫 해 12월에 발표한 〈문화산업발전 5개년계획〉(1999~2003)에서 찾아볼 수 있다. 부제를 "「제2의 건국」 실천을 위한 문화산업발전전략"으로 단 이 계획은 대통령이 취

14. 1996년에 〈문화복지 중장기 실천계획〉, 〈삶의 질 세계화를 위한 문화복지 기본구상〉, 〈문화정보화 추진기본계획〉(1997~2010)을 발표한 데 이어, 1997년에는 〈문화비전 2000〉을 발표했다. 〈문화비전 2000〉은 '다양성과 통합성의 문화' 등 새로운 문화의 패러다임을 제시하고, 과제 중 하나로 '창조적 인간을 위한 문화교육'을 강조했다.

임사에서 밝힌 '문화산업의 21세기 국가 기간산업화'를 기치로 내걸었다. 추진방향으로 '적극적이고 공세적인' 육성대책을 추진할 것임과 '전략분야에 대한 집중 지원체제 마련', '민간부문의 경쟁력 강화와 투자환경 조성'을 내세웠다. 이는 21세기 경제·사회의 변화 전망에 기초하여 선진국 대열에 뛰어들기 위한 방책으로 IT산업과 함께 문화산업을 지식기반 경제의 핵심 선도산업으로 육성해 나가겠다는 의지를 밝힌 것이다. 국민의정부는 전자출판물에 대한 부가세 면제, 벤처기업 개념에 영상·게임관련 기업 포함, 게임기 및 방송기자재의 특별소비세(현 개별소비세) 폐지, 문화콘텐츠기술(CT)을 6대 국가전략기술 중 하나로 선정, 「출판및인쇄진흥법」 등 제정, 문화산업진흥기금 조성(2003년 말까지 2,620억 원 조성), 한국게임산업개발원과 한국문화콘텐츠진흥원 설립 등 문화산업을 본격적으로 육성하기 위한 조치들을 취했고, 집중 육성 대상을 영화, 출판산업 위주에서 음악, 애니메이션, 캐릭터, 만화, 게임, 디지털콘텐츠 등으로 크게 확대했다.

Ⅲ. 정보화·세계화 시대의 문화예술정책

김정수(2006: 159~166)는 우리 사회의 디지털 혁명이 문화예술의 생산, 유통, 소비에 미친 영향을 다음과 같이 분석하고 있다. 먼저 생산 측면에서는 문화예술 창작인들에게 자신의 감성을 표현할 수 있는 새로운 방법과 기회를 제공해 주었을 뿐 아니라, '홈메이드', '셀프메이드' 문화예술의 시대, 1인 제작 시스템의 구축 가능성을 열어 잠재적인 창작계층을 무한히 확대시키고 있다는 것이다. 유통 측면에서는 초고속 인터넷의 발달과 확산으로 방송국, 극장 등 전통적인 매체산업이 독점하던 문화예술 콘텐츠의 유통 기회가 확대되고 다양화됨으로서 생산자와 소비자의 선택의 폭이 넓어졌다고 분석한다. 또 소비 측면에서는 정보기술의 발달과 우리 사회의 정보화로 시간과 공간의 제약에 구애받지 않고 문화콘텐츠의 소비가 가능해 짐에 따라 선택의 폭이 늘어나 잠재적인 소비계층이 대폭 증가하게 되었다는 것이다. 이와 더불어 정보 혁명이 문화의 생비자(Cultural Prosumer)들을 탄생시켰다는 점을 강조하고 있다. 과거에는 문화예술의 생산과 소비가 엄격히 분리된 영역이었으나, 정보기술의 발달과 보급으로 인해 프로 예술가가 아니어도 아이디어만 있으면 프로급 수준의 문화생산자가 될 수 있고, 1인 미디어인 블로그(Blog)나 무료 동영상 공유 사이트인 유튜브(Youtube)를 통해 이를 대량으로 유통시킬 수 있게 되었다는 것이다.

오늘날 우리 사회는 정보와 커뮤니케이션 기술, 인터넷의 발달과 함께 사회시스템 전반에 걸친 변화가 가속화되고 있다. 이미 1990년대 중반부터 우리나라 경제·산업 구조도 점차 창조력과 상상력이 중심이 되는 지식기반 정보화 시대, 디지털 콘텐츠 시대에 따른 구조로 변환되면서, 문화적 자원의 경제적 가치가 중시되고 국민의 창의력 증진이 문화정책의 중요한 과제로 등장하게 되었다. 특히 '문화의 세기'로 불리고 있는 21세기에 접어들면서 디지털 문화 콘텐츠가 다양한 가치와 영역의 융합을 통해 혼성적 형태로 존재하면서, 문화적 삶을 위한 활동에 필수불가결한 자원으로 작용하는 동시에 미래 산업을 이끌어 갈 핵심적인 위치를 차지하게 되었다. 예술 내적으로는 20세기 후반 포스트모더니즘이 본격화된 이래 기초예술의 탈장르화, 경계 허물기 등을 통해 기존 예술 장르가 해체되고 장르 간 혼합, 순수·대중예술 간 경계에 놓여 있는 퓨전형식의 예술 출현, 새로운 장르와 함께 새로운 감상방법이 출현하는 등 예술실험과 새로운 예술현상이 가속화되었다. 또한 디지털 기술의 발달로 뉴미디어아트, 컴퓨터가 예술 창조의 수단으로 활용되고 인터넷의 발달로 예술작품 감상방법이 다양화되면서 더욱 복잡한 양상을 띠게 되었다(오양열, 2007: 116~118 참조).

이와 같은 지식기반 정보화 사회의 도래에 적응하고 이를 문화적인 이니시어티브를 통해 정보화 사회를 이끌어 나기기 위해 문민정부는 1996년 〈문화정보화 추진기본계획〉(1997~2010)을 입안하고 시행해 나갔다. 정권 말기에 시행되기 시작한 것이 아쉽기는 하지만, 국민의정부와 이후의 정부 또한 이러한 흐름을 이어받아 충분히 발전시켜 나갔다. 국민의정부가 1998년 10월에 발표한 〈새 문화관광 정책〉은 '창의적 문화복지국가의 건설'을 위한 10대 중점과제로, '21세기 문화국가 실현을 위한 정책기반 구축', '지식정보사회에 대비한 기반 조성', '문화정체성을 바탕으로 한 보편적 세계주의 지향' 등을 설정하고 있다. 역대 정부 문화정책계획에서는 찾아 볼 수 없었던 '21세기 문화국가 실현을 위한 정책기반 구축'과 '지식정보사회에 대비한 기반 조성'을 과제로 설정한 것은 전 세계적으로 빠르게 진행되고 있는 지식기반 정보화 사회에서 도태되지 않고 살아남기 위한 필수적인 과제라고 할 수 있다.

특히 중점과제 중 '문화정체성을 바탕으로 한 보편적 세계주의 지향' 과제는 우리 문화의 세계화 지향이 "편협한 민족주의를 탈피하면서도 우리의 정체성을 지키는"(김정수, 2006: 179) 문화의 창달에 있음을 보여주고 있다. 김정수(2006: 184)의 설명을 빌리면, 과거 우리나라 정부 차원의 문화교류는 엄밀히 말해서 외국 언론에 우리의 전통문화를 일방적으로 소개하는 수준으로서, 문화교류라기보다는 해외공보 차원에서 이루어져 왔다. 이는 세계화를 유난히 강조했던 문민정부의 우리 문화 세계화정책에 있어서도 마찬가지로, 앞서 이미 언급했지만 당시의 세계화 정책 과제를 보면, 우리 문화의 해외 선양을 위한 한국문화 이미지의 통합 관리, 해외 현지 전파 거점으로서의 재외문화원 설치, 단발성 소규모 공연·전시를 벗어난 우리 문화의 해외 소개활동 심화·강화, 세계 각지에서 한국문화 종합소개 행사 개최 등이다. 우리 문화의 세계화가 국내의 편협한 기준에서 벗어나 글로벌 스탠더드에 맞춰야 한다는 인식이 확산된 계기는 1996년 10월 우리나라의 OECD 회원국 가입과 가입 1년 후 발생한 외환 위기와 IMF 구제금융 사태라고 할 수 있다.

단순히 전통문화를 중심으로 한 우리 문화의 소극적인 소개와 해외 선양에서 벗어나, OECD 회원국으로서 세계적 기준과 수준에 맞는 예술을 적극 육성하여 이를 전 세계에 진출시킴으로서 한국의 예술이 더 이상 변방이 아니라 주역이 되어야 한다는 인식이 우리 사회에 형성되고 퍼져나가게 된 것이다. 그 가시적인 성과는 정부나 공공단체의 지원 여부와 상관없이 다양한 예술 장르에서 이미 나타나고 있다. 국내 작가 문학작품의 해외 유명 출판사에서의 출간, 세계 3대 비엔날레 등 유수한 미술전에서의 수상, 우리 음악가들의 각종 국제 음악콩쿠르에서의 석권, 베를린·칸·베니스 등 세계 3대 영화제에서의 수상 소식들이 끊임없이 전해지고 있다. 특히 이러한 성과들이 2000년대 이후에는 해외유학 경험이 없는 순수 국내파 예술가들에 의해 성취되는 경우가 크게 늘어나고 있다는 사실에 주목해야 한다. 이는 국내의 예술인재 육성 시스템을 비롯한 문화예술 인프라가 세계화 기준에 근접해 있다는 사실을 의미하는 것이기 때문이다. 그러나 무엇보다도 우리 문화의 세계화는 K-pop 등 가요, 그리고 드라마, 영화 등 대중문화에서 나타났다. 이른바 '한류'라고 부르는 현상으로, 1980년대부터 성장하기 시작한 한국의 대중문화가 1990년대 말에 이르러 아시아지역에서 시작하여 전 세계로 퍼져나갔다. 오늘날 북한 당국이 '남조선 날라리풍'으로 부르는 한류는 오늘날 비공식적인 루트를 통해 북한 전역으로 퍼져나가 체제를 위협하는 요소로 작용하는 한편, 통일한국 사회에서 남·북한 주민 간 문화적 통합 기간을 단축시킬 수 있는 촉매제로 주목받고 있다.

1. 예술의 창의력 중시와 사회적 책임의 강조

1) 지식기반 정보화 사회의 도래와 예술의 창의력 중시

종래의 공급 중심의 문화예술정책은 정책의 비중 확대와 재정의 증대에도 불구하고 정작 국민의 문화향수는 정체되고 문화시설의 이용률은 계속 하락하는 문제점을 낳게 되었다. 이러한 현상이 기초예술분야에서 심각하게 나타남에 따라 국민의정부와 참여정부는 문화향유능력 계발과 함께 예술의 자생력을 높이고자 문화예술에 대한 학교와 사회 교육을 강화하게 되었다. 특히 우리나라의 경제·산업 구조가 1990년대 중반 이후 창조력과 상상력이 중시되는 지식기반 정보화 시대로 진입하면서 국민의 창의력 증진을 위한 문화예술교육의 중요성은 더욱 부각되었다.[15] '문화 민주화' 개념에 대한 반성, 인터넷과 각종 모바일 기기의 보급, 주 5일 근무에 따른 여가시간의 증대, 문화예술교육의 강화 등은 직접적인 예술 체험을 중시하는 '문화 민주주의' 개념의 정책 비중이 크게 강화되는 계기가 되었다.

문화예술을 통해 개인과 사회 전반의 창의력을 높이고 활성화시키려는 정책은, 문민정부에서 국민의정부로, 그리고 참여정부로 넘어 오면서 전문예술가에서 일반대중으로 그 대상 범위가 확대되었고, 핵심과제로서 차지하는 위치 또한 강화되었다. 이는 '문화 창조력 제고와 문화 환경 개선(문민정부)', '창조적 예술 활동을 위한 여건 조성(국민의정부)', '문화 참여를 통한 창의성 제고', '지식기반사회에 필요한 창의성 배양', '생활 속의 예술참여 활성화(참여정부)' 등 각 정부의 문화계획에서 설정한 목표나 과제를 통해서도 확인된다. 한편 문민정부에 이어 국민의정부가 등장하여 정치적 민주화의 결실이 문화예술정책에 속속 반영되면서 문

15. 특히 참여정부는 예술국에 문화예술교육과를 신설(2004.11)하고 「문화예술교육지원법」을 제정(2005.12)한 데 이어 한국문화예술교육진흥원을 설립(2006.8)하여 문화예술교육을 본격적으로 시행해 나갔다.

화예술에 대한 각종 검열제도 및 기구 등이 선진국형으로 전환되었다. 이로써 우리나라 문화예술정책은 수십 년 간의 검열·통제적 성향의 그늘을 벗고 진흥 중심의 정책이 정착하게 된다. 예술가들이 마음껏 상상하고 자유로운 예술혼으로 창작할 수 있는 여건을 지원, 조장함으로써 문화예술뿐 아니라 문화산업이 꽃피어 나갈 토양이 마련된 것이다.

2) 국민의 정부 시기(1998.2~2003.2)

IMF 구제금융 한파와 더불어 1998년 2월에 출범한 국민의정부는 출범 당시 문화체육부 직제를 문화관광부로 개편하였다. 1999년 5월에는 외국(外局)이었던 문화재관리국을 차관급 외청인 문화재청으로 승격·독립시키고 국정홍보처에 해외홍보 관련 업무를 이관하였다. IMF 구제금융 이후 한국사회 전반에 구조조정과 아웃소싱이 유행처럼 번지면서 2000년 1월부터 국립중앙극장을 책임운영기관으로 개편하여 극장장에게 자율경영의 권한과 이에 따른 책임을 부여함으로서 경영 효율화를 꾀했다. 한편으로는 특정 직위를 지정하여 민간인과 공무원, 혹은 공무원들 중에서 최적임자를 등용하는 개방형 직위제와 직위공모제(Job Posting)를 도입함으로써, 공직사회에 긴장감과 활기를 불어 넣고자 했다. 2001년 3월에는 한국문학번역금고(1996.5 설립)와 문예진흥원의 업무를 이관 받아 한국문학번역원을 설립했다. 국민의정부에서는 사상 최초로 2000년에 문화부문 세출예산이 정부전체 세출예산의 1.0%를 넘어섰을 뿐 아니라 2000년에는 문화관광부와 문화재청 전체 예산이, 2001년에는 문화부문 예산이 1조 원을 넘어서게 되었다. 이러한 예산 증가는 신자유주의를 기반으로 했던 국민의정부가 중점을 두었던 문화산업부문과 관광부문 예산의 급격한 증가에 의한 것이었다.

국민의정부 문화정책 계획인 〈새 문화관광 정책〉은 출범 첫 해 10월에 발표했는데 "문화의 힘으로 「제2의 건국」"이라는 부제를 달고 있다.

동 계획은 문화를 고부가가치 창출, 사회통합, 남북통일 등을 위한 적극적인 국가발전 자원으로 인식하고, 문화가 가진 이 같은 힘을 통해 '창의적 문화복지국가의 건설'을 추구하고자 하였다. 같은 해 발표한 〈문화산업발전 5개년계획〉(1999~2003)은 '문화산업의 21세기 국가 기간산업화'의 기치를 내걸고 강력하게 문화산업 육성대책을 추진할 것임을 선언하였다. 1999년 하반기 이후 IMF 사태로 위축되었던 관광산업이 서서히 회복 국면에 들어감에 따라, 관광산업의 경쟁력 강화를 위해 1999년 12월에 「관광진흥법」의 전면 개정을 단행했고, 이른바 '햇볕정책'의 기조 아래 금강산관광을 추진함으로써 관광이 남북 간 화해와 평화의 수단으로 활용되었다. 한편 범정부적인 차원에서 〈열린 세상, 유연한 사회를 위한 Vision 2011 Project〉가 추진됨에 따라 문화관광부도 2001년 12월에 〈문화비전 2011〉이라는 장기비전을 내놓았고, 2002년 10월에는 〈순수예술진흥 종합계획〉을 발표했다. 그러나 정권 말기에 수립된 이 두 계획은 체계적으로 실천되지 못하고 참여정부가 수립한 예술정책 계획과 문화비전 계획에 일부 내용이 흡수되는 정도에 그치고 말았다.

1990년대 이래 문화생활과 예술활동은 단순히 유한계급의 비생산적 활동이 아니라 고도의 창조적 역량을 축적, 재산출하는 생산적인 활동이며, 고부가가치를 창출하는 새로운 산업의 한 영역으로 인정받게 되었다. 아울러 국민의 문화복지 자체가 정부의 중요한 대국민 서비스의 하나로 인식되면서 국민 문화생활의 질적·양적 확대를 위한 다양한 공공지원책이 마련되었다. 1990년대 이후의 문예정책은 이와 같이 문화의 자율성과 다양성을 강조하는 한편, 문화예술을 사회 취약계층과 중산층 서민들의 삶의 질을 고양하는 복지 수단의 차원에서 바라보는 이념적 지향을 보여 왔다고 할 수 있다. 국민의정부는 이와 같은 1990년대 문화예술정책의 기조를 유지하면서, 검열제도·기구의 선진국화와 더불어 문화산업의 중흥, 관광산업의 진흥, 남북문화교류의 활성화에 중점을 두었고, 차기 참여정부에서 핵심과제로 대두된 문화를 통한 지역 간 균형 발전과 사회통합에 대해서도 관심을 기울이기 시작했다. 한편으로 국민의정부의 문화정책은 신자유주의 경제정책 속에서 문화산업과 관광산업에 대한 과도한 집착과 편향으로 인해, 순수하고 비영리적인 문화예술 활동에 대한 정책적 관심이 미흡했다는 비판이 제기되고 있다(정홍익·이종열, 2008: 155).

3) 남북 문화교류 활성화와 우리 문화의 세계화

1998년 2월부터 2008년 2월까지 10년에 걸쳐 진보 성향의 국민의정부와 참여정부는 대북 포용정책(일명 '햇볕정책')과 '평화번영정책'이라고 불린 대북 유화정책을 펼쳤다. 그 결과 두 차례에 걸쳐 남북정상회담(2000.6, 2007.10)이 성사되는 등 대북정책에서 많은 진전이 이루어졌고, 남북 간 문화예술교류는 급격히 증가하였다. 국민의정부 이전에 남북 문화예술교류는 1985년 9월 제1차 남북이산가족 고향 방문 당시 서울예술단과 평양예술단(각 50명)이 교환 방문하고, 1990년 10월 서울전통음악연주단(17명)이 평양에서 개최된 범민족통일음악회에 참가한 후 이에 대한 답방 형식으로 같은 해 12월 평양민족음악단(33명)이 90송년통일전통음악회에 참가한 것 등 5건이 전부였다. 이에 비해 국민의정부와 참여정부 하에서 성사된 문화예술분야 남북교류행사는, 직접적인 인사교류 없이 치러진 미술·사진·유물 전시나 영화 상영, 그리고 별도의 행사가 없었던 영화인 방북과 문화관광부장관 방북을 제외하고서도 각각 21건과 70건에 달한다.

국민의정부와 참여정부 당시 북한과의 문화예술교류는 사업자 간 과당경쟁으로 인한 퍼주기 논란과 한건주의식 단발성 이벤트 위주의 교류, 그리고 남북 간 심각한 교류 량의 불균형과 정치·군사적 상황에의 종속성 등이 문제점으로 지적되어 왔다. 다만 교류를 통해 북한 문화예술의 실체를 접하게 됨에 따라 그동안 남한 문화예술계와 일반 국민들이 갖고 있었던 막연한 호기심이 사라지게 되었다는 점은 성과로 거론된다. 또 방북 행사를 통해 남한문화에 대한 거부감을 다소 완화시킴으로서 오늘날 북한 전역의 '한류' 열풍의 심리적 바탕이 되고, 북한 문학예술계의 개방적 변화를 향한 잠재역량 축적에 기여한 것으로 평가되고 있다. 그러나 문화교류가 장기적 관점이 아닌 분절적이고 이벤트성 행사로 흐름에 따라 서로의 차이를 인식하는 기회가 되었을 뿐, 교류를 통해 남북 주민 간 민족문화공동체로의 통합을 촉진하는 역할에까지는 이르지 못했다.

참여정부는 2004년 〈개방과 소통의 국제문화교류 - 국제문화교류 중기계획〉을 발표했다. 이 중기계획은 "세계 12위 경제국임에도 불구하고 문화부문에서는 자신감의 결여나 심리적 위축현상이 나타나 이로 인해 민족문화와 세계문화와의 관계를 수세적인 차원에서 접근해 왔었다"는 자기반성에서 출발한다. 그리고 문화부문에서 세계화의 부정적 영향에 대해서는 적절하게 대처하되, "세계 각국의 문화를 받아들여 민족문화의 자양분으로 삼고, 이를 세계인들과 함께 나누는 열린 문화를 지향"할 것임을 천명하였다. 즉, 상호이해에 바탕을 둔 쌍방향적인 문화교류를 추구하겠다는 것이다(김정수, 2006: 185). 이 계획이 설정한 국제문화교류의 비전은 "개방과 소통의 국제문화교류를 통해 수세적 민족문화를 넘어 다양한 문화가 공존하는 '열린 문화 선진국가' 구현이었다. 또 목표로는 한국문화의 다양성 및 창의성 증진, 한국문화의 국제적 위상 제고의 두 가지를 내세웠는데, 쌍방향 문화교류를 증진하여 이(異)문화와의 접촉을 확대함으로써 우리 문화의 창의성을 증진하고, 상호협력을 이끌어 내는 문화적 리더십을 구축하는 것으로 되어 있다.

4) 참여정부 시기(2003.2~2007.2)

인터넷 문화라는 새로운 문화현상과 새로운 삶의 방식을 희구하는 신세대의 열망 속에 2003년 2월 말에 출범한 참여정부는 '자율', '참여', '분권'의 3대 가치를 내세웠다. 문화분야에서도 3대 가치를 문화예술 현장에 정착시키기 위한 노력이 계속되었고, 집권기간 내내 모든 분야에서 우선시되었던 실천적인 가치는 '혁신'이었다. 문화산업국과 관광국의 확대 강화, 기획관리실의 정책홍보관리실로의 개편, 과(課) 체제를 성과 중심의 팀제로 전환, 일부 국(局)의 본부제 전환 등 조직 개편, 그리고 장관 정책보좌관제의 신설과 고위공무원단제도 등 새로운 인사제도의 도입, 국민의정부에서 도입한 성과관리제의 강화와 개방형 직위제와 직위공모제의 확대 등 개혁을 추진했다. 참여정부가 예산을 편성한 2004년도(최초 편성분 기준)의 경우 전년도 대비 전체 정부 세출예산이 6.2% 증가한 데 비해 관광부문(△19.1%)과 문화산업부문(△11.4%)이 처음으로 삭감되었고, 문화예술부문은 22.9%나 증가(문화재부문은 3.5% 증가)했다. 이는 기초예술이 위기상황이라는 예술계 전반의 인식을 반영하는 것이기도 하지만, 역대 어느 정부보다도 정권 창출과정에서 문화예술계의 역할이 커 정부에 대한 목소리가 높았기 때문이기도 하다.[16]

참여정부가 존속한 5년 동안 수립 집행된 분야별 계획은 문화산업분야가 17개, 문화예술분야가 9개, 관광분야가 5개, 체육분야가 4개에 이를 정도로 많은 계획을 수립했다. 〈창의한국, 21세기 새로운 문화의 비전〉(2004.6)은 참여정부 문화정책의 비전을 제시하면서, '창의적인 문화시민(Creativity)', '다원적인 문화사회(Diversity)', '역동적인 문화국가(Vitality)'를 목표로 내세웠다. 예술정책 기본계획인 〈새로운 한국의 예술정책〉(2004.6)은 지식기반사회에 필요한 창의성의 배양에 정책의 핵심을 두고, 비전인 "예술의 힘, 미래를 창조합니다."를 실현하기 위해 향유자 중심의 예술활동 강화, 예술의 창조성 증진, 예술의 자생력 신장,

16. 그러나 참여정부의 문화재정은 정권 말기로 갈수록 정책적으로나 재정적으로나 그 중심축은 다시 문화산업과 관광산업으로 기울어져 갔다.

열린 예술행정체계 구축을 기본방향으로 설정했다. 「참여정부 문화관광 정책백서(총괄편)」(2008: 10~12)는 참여정부 문화정책의 특징을, 민간 자율성을 강화하는 문화행정 시스템 구축, 수요자 중심의 문화정책 지향, 문화정책의 영역과 대상 확대, 지역 특성에 맞는 문화 분권정책 실시, 문화콘텐츠 육성정책의 지속 등 다섯 가지로 정리하고 있다.

참여정부는 중장기 정책비전을 수립한 후 이의 구체적 실현을 위해 적정 재원을 확보하여 체계적이고 일관되게 정책을 추진해 나갔다. 먼저, 주5일 근무제의 확산과 국민소득수준의 향상으로 우리 사회가 여가와 소비가 중심이 되는 사회로 변함에 따라, 문화 향유자가 중심이 되는 문화정책의 강화를 통해 창작·매개·향유의 균형적인 발전을 추구하였다. 이는 지난 시기 공공 지원의 확대에만 초점을 둔 문화예술정책이 오히려 예술단체들의 자생력 강화에 장애가 되고 시장구조를 왜곡시키는 등의 문제가 있다는 인식에 바탕을 두고 있다. 이의 개선을 위해 참여정부는 학교와 사회에서 문화예술교육을 강화하여 문화향유 능력과 문화향수 기회를 높임으로써 문화예술 활성화 기반을 공고히 하고자 했으며, 한편으로는 취약계층에 대한 문화적 지원을 강화했다. 또한 한국문화예술진흥원(원장 독임제)의 한국문화예술위원회(민간 합의제)로의 전환(2005.8) 등 현장 중심의 열린 예술행정체계를 구축하고, 민간기부 및 기업의 문화예술 지출 확대 등 민간부문의 문화예술 수요 창출도 동시에 고려하는 정책을 지향했다.

참여정부가 방대한 문화정책 계획을 수립하고 의욕적으로 추진함에 따라 정책의 성패 여부를 떠나 문화정책 영역과 대상이 확대되면서 문화관광부의 다른 부처와의 업무 상 연계·협조관계가 확대되었다. 지방분권화 시대에 부응하여 지역적 특성을 반영한 문화도시의 조성과 지역 문화인프라의 확대, 도시공간의 문화적 개선, 그리고 장애인, 여성, 외국인 노동자 등 문화소외계층을 위한 문화서비스 확대 등이 문화정책의 영역

확대의 예이다. 그러나 의욕에 비해 성과가 미치지 못한 경우도 많았다. 예를 들어 법·제도 형성 측면만 봐도 「문화헌장」, 「문화기본법」, 「지역문화진흥법」 등의 제정이 무산되고,[17] 참여정부 문화예술계 핵심세력들이 가장 의욕을 보였던 '문화영향평가제'도 관련 용역보고서가 발간되는 정도에 머무르고 말았다. 한편으로는 고령화·저출산, 사회 양극화 등 21세기 도래 이후 우리사회가 당면한 장기적·구조적 도전요인에 대한 문화정책적 대응이 적절했던 것인가에 대해서도 반성이 필요하다.

5) 예술의 사회적 역할과 책임 강조

문화정책에서 예술의 사회적 역할과 책임의 강조는 참여정부 하인 2005년 8월 한국문화예술위원회의 출범과 함께 시작되었다. 1기 문화예술위원회(2005.8~2008.9)가 수립한 〈아르코 비전 2010〉에서 전략목표 중 하나로 '예술의 사회적 역할 확대'를 제시하였고, 이후 문화예술정책에서 '예술의 사회적 책임'이 강조되기 시작한 것이다. 물론 이전 정부에서도 문화 소외지역, 소외계층을 대상으로 한 순회사업의 형태로 예술에 의한 사회적인 역할이 수행되어 오고 있었다. 특히 5공화국 출범 이후 전국 각지에 문화시설이 경쟁적으로 조성되기 시작하면서 문화 소외지역이라는 개념이 한층 선명해지고, IMF 구제금융과 함께 출범한 국민의정부 이후 사회 양극화가 심화되면서 문화정책의 대상으로 문화 소외계층이라는 개념이 더욱 부각되었다. 그 결과 5공, 6공, 문민정부 시기에는 주로 문화향수, 문화복지 차원에서 소외지역·소외계층 순회가 이루어졌던 사업들이 국민의정부에 들어와서는 사회 양극화 해소의 문화적 수단으로서의 의미가 부여되었다.

이후 예술의 사회적 책임이 강조되기 시작한 것은 2003년 말로, 문예

---

17. 「문화기본법」(2013.12.30 제정, 2014.3.31 시행)과 「지역문화진흥법」(2014.1.28 제정, 2014.7.29 시행)은 관계당국의 지속적인 노력에 힘입어 박근혜 정부에 들어와서 제정, 시행되었다.

진흥기금의 모금이 폐지되고 2004년부터 연평균 410억 원대의 복권기금이 문화예술사업에 투입된 것이 계기가 되었다. 복권기금 조성의 역진적 성격 때문에 기금의 투입 대상이 저소득 계층으로 제한되었던 것이다. 이들 기초생활 수급자와 법정 차상위 계층을 위한 가장 대표적인 문화복지 사업이 바로 문화바우처(문화이용권) 사업으로, 저소득층에게 공연·전시·영화 등 다양한 문화예술프로그램의 관람료와 CD·도서 구입비를 지원하는 사업이다. 예술의 사회적 책임 수행이라는 차원에서 참여정부에 이어 이명박 정부와 박근혜 정부도 저소득층에 대한 문화적 혜택의 규모는 날로 커지고 범위 또한 넓어지고 있다. 특히 문화융성을 내세운 박근혜 정부에 들어와서는 사회적 약자에 대한 문화적 배려와 함께 모든 이들의 문화향수를 강조하는 방향으로 문화정책의 큰 틀이 짜여 있다.

2. 예술의 가치에 대한 사회적 인식의 확산

1) 예술 자체의 완성도 중시와 가치의 제고

2008년 12월 이명박 정부의 공식 문화정책계획이 〈문화비전 2008~2012〉(부제 : 문화국가 100년을 내다보는 정책을 펴겠습니다)라는 이름으로 발표되었다. '품격 있는 문화국가, 대한민국'을 문화비전으로 설정했는데, 이는 대내적으로 국민 모두가 생활 속에서 문화적 삶과 그 풍요로움을 누릴 수 있도록 하는 것이며, 대외적으로는 문화를 통해 국가 브랜드의 가치를 높여가고, 개방되고 포용적인 대한민국이 되는 것을 의미한다고 밝히고 있다. 동 계획은 문화정책의 기본 원칙과 방향으로 10개 항목을 제시했는데, 그중 5개가 문화예술분야와 직접 관련된다. 또 10개 항목 중 "전통문화의 현대적 가치를 찾아 산업에 적용한다."는 항목과 "인문학을 바탕으로 소프트파워를 강화한다."는 문화산업부문 항목은 기초예술(순수예술) 부문과도 관련이 된다. 문화예술분야와 직접 관련되는 5개 원칙과 방향은 예술의 수월성 제고, 문화향수권의 신장, 국가정책에서의 문화적 관점 확산, 문화정책의 역할 분담(즉, Cultural Governance의 구축), 선택과 집중의 지원정책 등이다.

이 중 첫 번째로 꼽은 '문화, 예술 그 자체의 완성도와 가치 제고'는 문화, 예술이 도구가 아닌 그 자체로서 가치가 존중되고 인정받는, 그 자체의 완성도와 가치를 높이고 확대하는 방향으로 정책을 추진한다는 의미이다. 이는 진보 성향의 이전 정부가 예술 자체의 완성도나 본래적 기능보다는 예술의 사회적 기능과 역할을 중시하는 정책을 펼쳐온 데 대한 보수 성향 정부의 반작용에서 비롯된 것이라고 볼 수 있다. 말하자면 순수예술론을 옹호하는 문화예술정책을 펴나간 것인데, 이러한 사실은 〈문화비전 2008~2012〉가 공식으로 발표되기 전인 2008년 9월 초 새 정부의 주요 예술정책을 발표하면서, 그 첫 번째로 "문화가 더 이상 도구가 되지 않고 순수한 가치로 존중받는 정책을 추진한다."고 선언한 것만 봐도 알 수 있다. 이명박 정부는 우리나라 예술을 세계적 수준으로 끌어올리기 위해 창작팩토리 사업,[18] 국가브랜드 창작품의 레퍼토리화, '선택과 집중' 제도 등 각종 사업을 추진하게 된다.

2) 예술 가치에 대한 인식의 확산과 문화기부의 활성화

이명박 정부는 후반기에 들어와 문화예술을 진흥시키기 위한 기반적 요소임에도 그동안 간과되어 왔던 예술의 가치와 중요성에 대한 사회적 인식의 개선에 주목하게 된다. 사실 우리 사회의 문화와 예술의 가치에 대한 몰이해는 잠재적으로 문화예술 진흥의 가장 큰 장애요인 중 하나라고 할 수 있다. 사회적 인식의 개선을 통해 문화예술이 단순 소비재가 아

18. '창작팩토리 사업'은 대본 공모 선정작이 시범 공연(쇼케이스)의 대상이 되고, 제작 지원을 받은 작품이 재 공연되는 등 단계별로 발전할 수 있도록 중기적으로 지속 지원하는 공연예술 인큐베이팅 제도이다.

닌 생산재라는 사실을 깨닫게 하고 문화예술정책에 대한 국민의 순응(compliance) 정도를 높일 수 있으며, 기업의 도덕적 의무에 따른 사회적 기부의 상당 부분을 문화예술분야로 유도할 수 있을 것이다. 이후 문화체육관광부와 문화예술위원회를 중심으로 창의성의 발원지로서의 문화예술의 가치에 대한 각종 기획 홍보가 잇달았고, 기업 CEO 문화경영 아카데미 운영, 기업 예술교육 사업, 문화접대비 홍보 및 캠페인, 기업과의 문화예술 매칭펀드 확대, 후원 활성화 활동 지원, 한국예술인복지재단의 설립(2012.11) 등이 이어졌다. 이러한 노력과 함께 우리 사회가 더욱 문명화된 지식기반사회로 진전되고 국민의 의식수준이 높아지면서 문화예술에 대한 인식도 개선되기 시작했다. 우리 사회에서 문화기부, 재능나눔이 점차 확산되는 추세를 보이기 시작한 것이다.

이명박 정부는 이러한 기운을 타고 문화기부, 재능나눔의 활성화를 적극 지원하여 상생의 문화예술 생태계를 조성하고자 했다. 먼저 문화자원봉사자 육성과 봉사활동 활성화, 저명 예술인들의 명예교사 위촉 등을 통해 재능 나눔이 전국적으로 확산되도록 했다. 또 '문화복지사 양성 시범사업'을 추진하여 양성된 인력들이 문화기반시설에 배치되어 문화 나눔 사업을 보다 효과적으로 수행하도록 했다. 예술위원회도 예술의 가치에 대한 인식의 확산을 바탕으로 모금상품 개발, 온·오프라인 모금활동, 재능 나눔, 크라우드 펀딩 등 '예술나무운동'을 전개하여 문화예술에 대한 기부의 활성화를 꾀하였다. 한편 기업의 건전한 접대문화 유도와 문화예술 소비 증대를 통한 기초예술 발전을 목표로 하는 '기업의 문화접대비제도'가 확산되어 기업의 문화접대비 규모가 2008년 122억 원에서 2010년 540억 원으로 확대되었다. 더불어 기업과 예술단체 간 지속적 교류를 통해 창작 지원과 수요를 활성화하기 위한 기업·예술단체 결연 지원건수는 2008년 63건(지원액 33억3천만 원)에서 2011년 83건(44억8천만 원)으로 증가했으며, 기업·예술단체 간 자율적인 결연 현상도 늘어나는 추세이다.

3) 이명박 정부 시기(2008.2~2013.2)

이명박 정부는 출범과 함께 부 명칭을 문화관광부에서 문화체육관광부로 변경하고, 국정홍보처의 국정홍보와 정부발표 기능, 그리고 정보통신부의 디지털콘텐츠산업 기능을 문화체육관광부에 이관했다. 이어서 본부 기능의 확대에 따라 제2차관실을 신설하고, 참여정부에서 도입했던 '팀'제를 '과' 편제로 환원시켰다. 효율성과 실용성을 중시한 정부의 성격에 따라 대국대과제를 도입하여 본부의 10개 과(팀)를 축소했으며, 산하 콘텐츠 관련 5개 단체를 한국콘텐츠진흥원으로 통합하고, 저작권 관련 2개 위원회도 한국저작권위원회로 통합했다. 2010년 6월 말에는 개방형 직위를 확대(국장급 6→8개, 과장급 19개)하여 행정조직의 유연성과 창의성의 향상을 도모했다. 이명박 정부 시기의 정부 재정 대비 문화부 소관 재정의 점유율을 보면 출범 첫해인 2008년에 1.00%(2조 6,354억 원, 2007년은 0.97%)에서 마지막 해인 2012년에는 1.14%인 3조 7,194억 원(예산 56.3%, 기금 43.7%)으로 증가했다. 2012년을 기준으로 문화예술 부문 재정은 전체 문화 재정의 43.6%(1조 6,225억 원, 문화·관광 일반 부문 6.7% 2,506억 원 별도)를 차지하고 있다.

〈문화비전 2008~2012〉에서 제시한 기본 원칙과 방향 10개 항목가운데 문화예술분야와 직접 관련되는 5개 중 가장 첫 번째로 꼽은 것은 앞서 말한 대로 '문화, 예술 그 자체의 완성도와 가치 제고'이다. 두 번째는 '사회적 약자의 문화향유 기회 확대'로 국민 모두가 문화를 향유할 수 있고, 문화를 통해 함께 소통하는 사회를 만들도록 정책을 추진한다는 것이다. 세 번째 '문화가 모세혈관이 되는 정책'은 사회의 모든 영역의 국가정책에 품격 높은 문화적 관점이 적용될 수 있도록 정책을 추진한다는 것으로, 참여정부에서 추진했던 문화영향평가제도를 다른 차원에서 접근한 것이다. 네 번째는 '정부와 민간, 자치단체 간 실용적 역할 분담'으로, 문화체육관광부 업무 중 경쟁력 있는 부분은 민간에게 넘겨주고, 공공성이 강한 부분은 정부와 지방자치단체가 역할 분담과 협력을 통해 분명하게 책임지는 방향으로 정책을 추진한다는 것이다. 마지막으로 '선택과 집중을 통해 최고의 경쟁력을 갖도록 지원'한다는 것은 작품의 질과 완성도를 높이고 경쟁력을 향상시키기 위해 '선택과 집중' 원칙을 지켜 나간다는 정책 방향이다.

이상의 문화정책 기본 원칙과 방향은 이명박 정부 5년간 구체적인 사업으로 조직되어 체계적으로 추진되었다. 먼저 국립공연장의 분야별 특화, 창작·발표공간의 확충, 인큐베이팅(창작팩토리) 사업 등을 통해 창작역량을 강화했고, 국립예술단체의 신설·법인화와 함께 각 단체의 특성에 맞는 국가브랜드급 창작작품을 레퍼토리화하도록 했다. 또한 소액다건(나눠먹기)식 지원에서 벗어나기 위한 '선택와 집중' 제도의 도입과 「예술인 복지법」제정을 통해 '문화, 예술 그 자체의 완성도와 가치 제고'를 위해 노력했다. 또한 '사회적 약자의 문화향유 기회 확대'를 위해 소외계층에 대한 '복권기금 문화나눔사업'을 추진했는데, 문화바우처 사업의 경우 카드 발급방식으로 개편하고 독거노인·중증장애인에 대해서는 수요자 맞춤형 기획사업을 추진했다. 한편으로는 국민이 문화로 행복하고 화합할 수 있도록 전국적으로 157개에 달하는 '국민과 함께하는 희망 프로젝트'를 전개하여 소외계층과 서민에게 문화예술 향유의 기회를 주었다. '문화가 모세혈관이 되는 정책'은 '문화로 지붕 씌우기'라고 하여 5년간 49개 각급 정부 기관들과 26회의 업무협력협약(MOU)을 체결하여 각 부처의 정책에 문화적 가치를 도입함으로써 국민들의 일상생활 속에 문화적 삶이 스며들도록 했다.

'정부와 민간, 자치단체 간 실용적 역할 분담' 정책의 일환으로 예술위원회는 문예진흥기금 지원사업 중 지역 이관이 가능한 사업과 지역과 공동추진이 가능한, 이른바 지역협력형사업을 발굴하여 시·도(또는 지역문화재단)와 매칭 펀드로 추진하게 되었다. 정부는 또한 지역거점 문화도시 조성사업을 추진하는 동시에 지역의 자생력 강화와 생활 속의 지역문화 프로그램 정착을 위해 노력했다. 그 대표적인 사례가 전통시장을 문화공간화하여 관광지로 조성하는 '문전성시 프로그램'과 '생활문화공동체 만들기', '마을미술 프로젝트' 등이다. 한편 예술지원 4대 원칙이라 하여 '선택과 집중', '간접 지원', '사후 지원', '생활 속의 예술 확대' 등 예술 지원체계를 개선했고, 2010년 10월에는 경륜·경정 수익금(24.5%)을 문예진흥기금으로 출연하도록 하여 복권기금 외에 매년 평균 260억원 대(당시 기준)의 추가재원을 마련했다. 이밖에 이명박 정부의 문화정책 성과로는 문화예술교육의 활성화와 창의적 인재 육성, 고유한 전통문화의 가치 재창조, 국가상징 문화공간 조성 등이 있다.

Ⅳ. 전망과 과제

2013년 2월에 출범한 박근혜 정부는 '문화융성'을 4대 국정기조의 하나로 제시하여 역대 어느 정부보다 국가 발전에 있어 문화의 중요성을 강조하고 있다. 역대 정부의 국정과제에서 문화예술에 대한 언급은 항상 있어 왔지만, '문화융성'을 국정과제의 핵심으로 설정하고 대통령 직속으로 문화융성위원회를 설치한 것은 박근혜 정부가 처음이다. 그간 정부의 정책 우선순위에서 항상 밀려있던 문화예술의 가치와 역할에 대한 인식의 반전이 이루어진 것이다. '문화융성'에 대한 이와 같은 강조는 21세기에 있어 문화 자체의 가치 생산적 기능에 대한 관점의 전환과 함께 새 정부가 강조하고 있는 창조경제의 원천은 국민의 창의성이고, 이는 문화

〈표 1〉 대한민국 역대(歷代) 정부 문화정책의 이념과 특징 요약

공화국 명	존속 기간	주요 이념	문화정책의 특징
제1·2공화국	1948.8~1960.6 1960.6~1961.5	반공주의	·문화에 대한 정책적 관심과 지원 미약 ·'무위방임시기'(無爲放任時期)*
제3공화국	1961.5~1972.10	민족문화의 창달	·문화정책 추진을 위한 법제 및 행정체제 확립 ·공보행정 우위의 문화정책 ·규제·통제 중심의 문화정책
제4공화국	1972.10~1981.3	민족주체성 확립	·전통문화 계승과 새로운 민족문화 창조 ·올바른 민족사관의 정립 ·대국민 홍보용 문화사업
제5공화국	1981.3~1988.2	문화의 민주화	·민족문화의 주체성 확립 ·문화시설 확충 및 재정 확대 ·지역문화의 균형적 발전
제6공화국	1988.2~1993.2	문화주의	·생활문화 및 문화 균점화 ·문화복지 및 문화향수권 강조 ·통일문화 기반 조성 노력
문민정부	1993.2~1998.2	세계화와 민주화	·민족정기의 확립 강조 ·우리 문화의 세계화 강조 ·문화산업 육성 시작
국민의정부	1998.2~2003.2	창의적 문화국가	·진흥 위주 문화정책으로 전환 ·문화산업의 본격적인 육성 ·문화예산 1% 및 1조 원 달성
참여정부	2003.2~2008.2	자율·참여·분권	·새로운 문화행정시스템과 민간 자율성 강화 ·수요자 중심의 문화정책 ·문화정책의 영역과 대상 확대 ·문화 분권 정책 실시
이명박 정부	2008.2~2013.2	품격 있는 문화국가	·예술 자체의 완성도와 가치 제고 ·사회적 약자의 문화향유 기회 확대 ·정부·지자체·민간 간 역할 분담 ·선택과 집중 등 지원방식의 개편

* 아무 것도 하지 않고 방치한 기간

자료: 「참여정부 문화관광정책백서(총괄편)」(문화관광부, 2008)의 〔표 1-1-1〕을 수정, 보완하여 작성함.

예술의 진흥을 통해 가장 빠르게 계발해 나갈 수 있다는 인식의 결과라고 하겠다.

박근혜 정부는 5개년 실천 전략을 단계적으로 추진하여 정권 마지막 해인 2017년에 문화융성을 실현한다는 계획이다. 즉 2013년은 '문화융성 원년'의 해로서, 문화융성의 개념을 정립하고 문화융성위원회를 설립하며, 추진을 위한 법·제도 정비, 문화복지의 확대 도입 등을 추진한다. 2014년은 '문화융성 체감' 단계로서, 국민의 문화체감을 확대하고 인문과 전통을 재발견하며, 문화기반산업을 육성하고 문화적 가치를 확산시킨다는 것이다. 2015년과 2016년은 '문화의 일상화' 단계로서, 창의세대의 성장 육성, 문화와 타 부문의 선순환 구조 구축, 문화 융·복합 확산 등을 추진한다. 마지막 2017년은 '문화융성 실현' 단계로서, 삶의 질 개선과 국민행복, 문화한국 위상 제고, 창조경제의 확산으로 되어 있다.

2013년 문체부 업무계획에 따르면 '문화융성'은 크게 두 가지 의미를 지니고 있다. 먼저 문화융성은 인문, 예술, 콘텐츠, 체육, 관광 등 문화 분야의 역량이 전반적으로 향상되고, 예술가의 창작과 표현의 자유가 보장되며, 시민들의 문화향유권과 사회 내의 문화다양성이 확대되는 것을 의미한다. 다음은 문화의 융성이 다른 사회 분야의 발전에 기여하는 것으로, 문화적 자원과 그 속성인 창조성과 다양성이 정치, 경제, 사회, 기술, 공동체, 역사, 국제교류 등 21세기 창조국가 성장의 중요한 동력으로 활용되는 것을 의미한다. 앞의 개념은 '문화의 융성', 뒤의 개념은 '문화를 통한 융성'으로 요약 정리되고 있다. 이러한 두 가지 개념의 내용을 찬찬히 들여다보면, 우리나라 문화정책사의 흐름에서 시기별로 핵심을 차지하고 있던 가치들이 거의 모두 포함되어 있다는 사실을 알 수 있다. 결국 박근혜 정부에 들어와서 과거 정권들이 강조해 오던 문화정책의 핵심 가치들을 '문화융성'이라는 보다 장대한 개념 틀로 종합한 것이라고 하겠다.

이와 같이 지나간 정권들이 강조해 오던 문화정책 상의 핵심적인 가치들을 모두 포괄하고 있는 장대한 개념이 단 5년 간의 노력으로 실현되고 완성될 수 있는 것은 아닐 것이다. 과거의 문화정책 목표들과는 달리 문화융성은 정치, 경제, 사회, 문화 등 모든 영역을 대상으로 하고 있을 뿐만 아니라, 사회적 배제계층과 비배제계층, 저소득층과 중산층, 고소득층 등 모든 계층의 국민을 대상으로 하고 있기 때문이다. 따라서 우리 사회에 문화융성이 실현되기 위해서는 장기간에 걸쳐 문화투자가 계속되어야 하는 것은 물론이고 치밀한 추진방책이 수립·시행되어야 하며, 기본적으로 문화예술에 대한 우리 사회와 국민의 의식이 근본적으로 바뀌어야 할 것이다. 특히 우리 민족의 문화융성은 언젠가 출범하게 될 미래의 통일한국 정부와 국민만이 완성할 수 있을 것이다. 남과 북이 통일되지 않은 상황에서 이룩한 문화융성은 반쪽만의 문화융성이기 때문이다. 남과 북의 정치·경제가 통일되고 민족문화의 완전한 통합이 이루어질 때 진정한 의미의 문화융성도 실현되고 완성될 것이다.

참고 문헌

김문조·박수호(1998), 한국의 문화정책: 회고와 전망, 「아세아연구」, 297~323면.

김문조(1998), 문민정부의 문화정책 평가와 새로운 문화정책 방향의 모색, 「문화정책학회 춘계학술대회 발표논문집」, 53~65면.

김순규(1995), 예술문화진흥정책의 전개과정과 앞으로의 과제, 「문화정책논총」, 제7집, 75~102면.

김여수(1988), 문화정책의 이념과 방향, 「문화예술논총」, 제1집, 한국문화예술진흥원 문화발전연구소.

김영평(2000), 문화국가를 위한 문화행정의 방향, 「21세기 문화국가 실현을 위한 대토론회 발표논문집」, 8~23면.

김정수(2007), 「21세기를 위한 문화와 문화정책」, 한국학술정보(주).

김정수(2010), 「문화행정론: 이론적 기반과 정책적 과제」, 집문당.

경향신문사(1987), 「요록 제5공화국」, 「실록 제5공화국」(교육·문화·사회·체육편).

공보처(1992), 「제6공화국 실록」(교육·사회·문화·체육·청소년·여성편).

공보처(1997), 「변화와 개혁: 김영삼 정부 국정5년」(자료편 3 교육·사회·환경·문화).

문교부(1988), 「문교 40년사」.

문화공보부·한국문화예술진흥원(1989), 문화발전 10개년계획의 방향」(토론회 자료).

문화공보부(1979), 「문화공보 30년」.

문화공보부(1985), 「문화발전장기정책구상(1986~2000)」.

문화공보부(1986), 「제6차 경제사회발전 5개년계획: 문화부문계획(1987~1991)」.

문화관광부·한국문화관광연구원(2007), 「2006 문화정책백서」.

문화관광부·한국문화관광정책연구원(2004, 2005, 2006), 「2003~2005 문화정책백서」.

문화관광부(1998), 「국민의정부 새문화관광정책」, 국정자료 98-5.

문화관광부(2002, 2003), 「2001~2002 문화정책백서」.

문화관광부(2004), 「새로운 한국의 예술정책: 예술의 힘, 미래를 창조합니다」.

문화관광부(2004), 「창의한국: 21세기 새로운 문화의 비전」.

문화관광부(2008), 「문화비전 2008~2012: 문화국가 100년을 내다보는 정책을 펴겠습니다」.

문화관광부(2008), 「참여정부 문화관광정책백서」(총괄편, 문화예술편).

문화부(1990), 한국문화예술진흥원(1989), 「문화발전10개년계획」.
문화부(1992), 「우리나라의 문화행정」.
문화부(1992), 「제7차 경제사회발전 5개년계획: 문화부문계획(1992~1996)」.
문화예술진흥위원회(1973), 「제1차 문예중흥 5개년계획(1974~1978)」.
문화예술진흥위원회(1979), 「제1차 문예중흥 5개년계획 사업실적(1974~1978)」.
문화체육관광부·한국문화관광연구원(2008, 2009, 2010), 「2007~2009 문화정책 백서」.
문화체육관광부·한국문화관광연구원(2011, 2012, 2013, 2014, 2015), 「2010~2014 문화예술정책백서」.
문화체육관광부(2012), 「품격 있는 문화국가 대한민국」(정책자료집 1 총괄, 정책자료집 2 문화예술).
문화체육부(1993), 「문화창달 5개년계획: 사업별 설명자료」.
문화체육부(1993), 「새 문화·체육·청소년진흥 5개년계획」.
문화개혁을 위한 시민연대(2002), 「문화사회를 위한 정책 과제: 국민의정부 문화적 평가와 정책 대안」.
박광국·채경진(2008), 문화행정 60년의 연구동향 분석, 「행정논총」, 46권 2호, 53~76면.
박광국(2008), 문화행정 60년의 분석과 과제, 「한국사회와 행정연구」, 19권 3호, 77~101면.
박광무(2013), 「한국문화정책론: 21세기 최강대국의 가장 강력한 아이콘」, 김영사.
박이준(1990), 「한국 문화행정에 관한 연구: 지역문화를 중심으로」, 한양대학교 대학원 박사학위 논문.
박종국 외(1989), 「문화발전 중장기계획 연구」, 한국문화예술진흥원.
박종국(1987), 문화정책, 「한·불문화시설 건축세미나 발표자료집」.
박혜자(1996), 지방문화정책의 의의와 그 평가: 광주비엔날레를 중심으로, 「시정연구」, 3~34면.
박혜자(2011), 「문화정책과 행정」, 대영문화사.
배관표·이민아(2013), 한국 문화정책의 대상과 전략의 변화(1988~2012), 「한국정책학회보」, 22권 1호, 137~169면.
서순복(2013), 한국문화정책 연구쟁점의 분석과 전망: 「한국사회와 행정연구」30년 기고 논문을 중심으로, 「한국사회와 행정연구」, 24권 2호, 257~273면.
오명석(1998), 1960~70년대의 문화정책과 민족문화담론, 「비교문화연구」, 제4호, 121~152면.

오양열(1995), 한국의 문화행정체계 50년: 구조 및 기능의 변천과정과 그 과제, 「문화정책논총」, 제7집, 29~74면.

오양열(1997), 「남·북한 문예정책의 비교연구」, 성균관대학교 대학원 박사학위 논문.

오양열(2007), 문화예술 환경의 변화와 문예정책의 새로운 방향, 「문화정책논총」, 제19집, 109~132면.

이대희(2010), 우리나라 문화예술정책의 전개와 쟁점, 「한국문화관광연구원 2010 개원기념 심포지엄 자료집」, 21~30면.

이병량·황설화(2012), 문화정책은 변화하였는가? 노무현 정부와 이명박 정부에서의 문화정책, 「2012 한국정책학회 춘계학술대회 발표논문집」, 177~192면.

이병량(2004), 한국 문화정책의 변화 추이와 내용에 관한 분석: 문화예산을 중심으로, 「한국정책과학학회보」, 8권 1호, 1~27면.

이병량(2006), 한국 문화정책의 논리에 관한 비판적 연구: 평가준거의 구성과 시론적 평가, 「행정논총」, 44권 2호, 25~50면.

이병량(2011), 문화정책과 공공성, 「한국거버넌스학회보」, 18권 3호, 119~146면.

이종인(1985), 「한국의 문화정책에 관한 연구: 문화발전과 문화정책론」, 단국대학교 행정대학원 석사학위논문.

이진배(2002), 한국 문화예술정책의 현황과 전망, 「문화예술 경영: 이론과 실제」, 경희대학교 문화예술경영연구소, 340~354면.

이흥재(2014), 「문화정책론」, 박영사.

임학순·채경진(2013), 새 정부의 문화정책 이념과 발전방안, 「한국행정학회 춘계학술대회 발표논문」, 1~29면.

임학순(1996), 문화정책의 연구영역과 연구경향 분석, 「문화정책논총」, 제8집, 1~27면.

임학순(2003), 「창의적 문화사회와 문화정책」, 진한도서.

임학순(2009), 우리나라 문화정책 연구 경향 분석(1998~2007), 「문화정책논총」, 제21집, 25~48면.

전재호(1998), 민족주의와 역사의 이용: 박정희 체제의 전통문화정책, 「사회과학연구」, 제7집, 83~106면.

정갑영(1993), 우리나라 문화정책의 이념에 관한 연구, 「문화예술논총」, 제5집, 79~123면.

정갑영(2002), 문화복지정책의 의미와 형성 과정, 「문화예술 경영: 이론과 실제」, 경희대학교 문화예술경영연구소, 356~372면.

정이담(1985), 문화운동시론, 정이담·채광석 외, 「문화운동론 1」, 14~30면, 공동체.

정재완(1986), 한국의 문화정책, 김정환 외, 「문화운동론 2」, 288~309면, 공동체.
정창호·박치성 외(2013), 문화예술지원정책 정책변동과정 분석: 정책신념체계의 변화를 중심으로, 「한국정책학회보」, 22권 4호, 35~60면.
정철현(2004), 「문화정책론」, 서울경제경영.
정홍익·이종열 외(2008), 「문화행정론」, 대영문화사.
정홍익(1989), 문화행정연구, 「행정논총」, 27권 1호, 235~251면.
정홍익(1991a), 문화정책의 역사적 분석, 「한국행정학회 연례학술대회 발표논문집」, 1~23면.
정홍익(1991b), 우리나라 문화정책의 회고와 전망, 「학술대회 발표논문집」, 서울대 예술문화연구소.
정홍익(1992), 문화행정연구: 개념틀과 분석, 한국행정학보」, 25권 4호, 229~245면.
정홍익(1995), 문화정책의 회고와 발전방안, 「광복50주년 기념논문집」, 421~463면.
채경진(2013), 우리나라 문화행정연구의 경향 분석, 「한국행정학보」, 47권 4호, 313~344면.
채희완·임진택(1985), 마당극에서 마당굿으로, 정이담·채광석 외, 「문화운동론 1」, 102~150면, 공동체.
총무처(1987), 「정부조직 변천사」.
한국문화예술위원회(2008), 「문예진흥원 32년사」.
한국문화예술위원회(2013), 「예술로 아름다운 세상: 한국문화예술위원회 40년사」.
한국문화예술진흥원(1976), 「한국의 문화정책」.
한국문화예술진흥원(1979), 「한국문화예술진흥원 1979년」(제1차 문예중흥 5개년 계획 사업실적).
한국문화예술진흥원(1985), 「문화예술진흥백서」.
한국문화예술진흥원(1988), 「문예진흥원 15년사」.
한국문화예술진흥원(1992), 「한국의 문화정책」.
한국문화예술진흥원(1993), 「문예진흥원 20년사」.
한국문화예술진흥원(1993), 「문화창달 5개년계획 연구」.

03

문화산업 정책

한국전통문화대학교 교수

정 상 철

한국 현대사를 관통하는 산업화, 민주화, 정보화, 세계화라는 전환점(turning points)은 한국 문화산업의 환경적 변화 측면에서도 중요한 의미를 내포하고 있다. 토인비의 표현을 빌리면, 이러한 전환점들은 문화산업 정책당국 입장에서는 외부적 환경변화라는 거대한 도전과제이면서 동시에 이에 대해 정책방안으로 응전하게 된다. 따라서 문화산업과 관련한 이와 같은 외부적 도전과 내부적 응전의 반복적인 과정이 문화산업정책이라고 할 수 있다.

프랑크푸르트학파의 창시자인 호르크하이머(Max Horkheimer)와 아도르노(Theodor Adorno)가 대중적으로 상품화된 문화상품을 비판하는 의미에서 문화산업이라는 용어를 사용했다는 것은 주지의 사실이다. 노동을 자본과 기술로 대체하는 과정으로서의 산업화를 문화산업에 적용하면 복제품의 대량생산과 아우라(aura) 없는 문화의 생산이 문화의 산업화이다. 이 지점이 바로 프랑크푸르트학파의 문화산업 비판의 핵심이다. 이러한 비판으로부터 자유로워지는 시점이 정보통신인프라가 구축되는 정보화와 거의 겹친다. 진정한 의미에서의 문화산업의 산업화는 정보화라고 말할 수 있다. 사회가 정보화됨에 따라 문화산업이라는 용어는 콘텐츠산업으로 대체되는 경향을 띠는데 이는 산업적 탈바꿈의 변화를 단적으로 보여주고 있다. 국내에서 정보화의 시점은 모든 가정에 개인용 PC와 인터넷을 보급한다는 취지로 출발한 '국민 PC 보급 사업'을 실시한 1999년으로 볼 수 있다. 당시 국내 인터넷 사용자 수는 세계 10위 수준이었으며 이후 이를 기반으로 인터넷 사용 가구수가 폭발적으로 증가하게 되고, 결과적으로 한국 문화산업 성장의 물석 노대가 마련되었다.

인터넷이라는 새로운 매체의 등장과 다양한 미디어의 출현으로 축약할 수 있는 정보화는 문화산업의 외연을 엄청나게 확장시켰다. 1990년대 후반의 IT와 벤처 붐은 콘텐츠(문화상품)가 유통되고 소비될 수 있는 기반을 마련해 주었다. 종전에 영화, 음악, 방송산업으로 구분해서 불리던 개별 문화산업은 인터넷과 IT 발달로 인해 콘텐츠산업으로 일체화되었다(신타쿠 준지로 외 편, 2004).[1] 종전의 개별 콘텐츠는 물리적 매체나 플랫폼과 일체화되어 공급되어 왔다. 예를 들어 영화는 영화관에 가야만 볼 수 있었으며, 음악은 테이프나 CD를 구입해야 감상할 수 있었다. 하지만 지금은 스마트폰 하나로 게임, 영화, 음악을 다 이용할 수 있어서 굳이 영화관이나 CD라는 물리적 장소나 매체에 얽매이지 않고 소비할 수 있게 되었다. 결과적으로 정보통신기술의 급격한 발전에 따라 문화산업의 외연은 확장되고, 인터넷이나 SNS으로 대표되는 네트워크를 타고 흐르는 내용물(content)이 중요해지는 '콘텐츠의 시대'를 맞이하게 된다(오자와 마코트 외, 2010). 위의 관점에서 보면 개별 문화상품인 영화, 음악, 드라마 등이 콘텐츠로 일원화되고 통합화되는 것은 정보통신 인프라의 구축으로 가능하였으며 이때부터 문화산업보다는 콘텐츠산업이라는 용어를 더 빈번하게 사용하였다. 사실상 정보화를 통해 문화산업은 콘텐츠산업으로 전환되고 본격적인 산업적 발전을 이루게 된다.

1987년 민주화 항쟁은 국내 문화산업 발전에 있어서 창작 소재와 표현 자유의 확대라는 측면에서 중요한 전환점이 되었다. 민족과 국민국가의 정체성과 긍지를 고취시키는 방안으로 정부가 문화산업을 적극적으로 보호하고 육성하는 한편, 이에 맞지 않는 문화상품은 사회적 통념이나 풍속의 틀로 검열하거나 국가 보안법을 내세워 통제하였다. 당시 국

---

1. 이러한 이유에서 본 장에서는 문화콘텐츠산업, 디지털콘텐츠산업, 콘텐츠산업을 문화산업과 동일한 것으로 취급할 것이다. 이하의 글에서 문화산업이라는 용어를 주로 사용하겠지만 법령이나 문건에 콘텐츠산업이라고 명시되어 있으면 콘텐츠산업으로 그대로 사용하도록 한다. 그 외 문맥상 당시의 동향을 잘 드러내는 등 제한된 의미에서 콘텐츠산업이라는 용어를 사용하겠지만 기본적으로 동일한 것으로 봐도 무방하다 하겠다. 참고로 문화산업진흥기본법(2조)에서 '문화산업'이란 문화상품의 기획·개발·제작·생산·유통·소비 등과 이에 관련된 서비스를 하는 산업으로 정의하면서 해당되는 산업들을 각각 열거하고 있다. 반면 콘텐츠산업진흥법(2조)에서 '콘텐츠산업'이란 경제적 부가가치를 창출하는 콘텐츠 또는 이를 제공하는 서비스(이들의 복합체를 포함한다)의 제작·유통·이용 등과 관련한 산업을 말한다고 정의하고 있다.

내 상황은 출판, 영화, 가요에서 반공적이고 계몽적인 내용만이 검열이나 심의를 통과할 수 있었고 행정지도 위주의 규제가 만연하여 콘텐츠 창작 측면에서 매우 제약적이었다. 민주항쟁이 있었던 1987년에 사회 전반의 민주화와 자율화 확대 조치의 일환으로 판금도서의 해제, 대중가요 금지곡 해제, 연극 및 영화 등 무대예술의 사전심의제도 등이 대폭 완화되었다. 이후 헌법에 명시된 표현의 자유를 보장하고 확대하는 방향으로 나아갔으며 사회적 민주화의 진전은 한국 문화산업 발전의 사회적 요소로서 중요한 기능을 하였다고 볼 수 있다.

사회의 정보화는 문화산업에 대한 개별 국가들의 인식 차이로 인해 곧바로 문화산업의 세계화로 연결되지 못하였다. 문화산업에 대한 내재적 성격에 대한 상이한 인식은 높은 국제통상 장벽으로 작용하여 각종 국제조약이나 규범 제정에서 상당한 논쟁이 일어났다. 국제통상측면에서 보면, 문화산업은 내재하고 있는 문화적 성격과 산업적 성격으로 인해 WTO나 GATS와 같은 국제적 규범을 만드는 국제기구에서 문화상품 시장개방을 어떤 식으로 처리할 것인지를 둘러싸고 긴 논쟁이 있었다.[2] 문화상품은 기업차원에서는 영리를 추구하기 위해 거래되는 여러 상품 중 하나에 불과하지만 국가차원에서는 해당 국가의 문화적 정체성을 내포하는 특수한 상품으로 보고, 타국의 문화상품 수입에 대해서 많은 제한을 두어야 한다는 문화적 예외론이 있다. 이러한 입장에서 문화상품 교역의 차별성 관점에서 만든 협약이 UNESCO 문화다양성 협약이며 이는 2007년에 국제조약으로서 발효되었다. 국내에서도 우루과이라운드와 이후 각종 FTA 협정에서 문화산업분야의 개방 수위가 이슈가 되었다. 2005년 스크린쿼터 일수 축소를 단행하면서 한미 FTA 협상을 진행한 것은 특기할 만하다. 한국 문화산업에서 영화계는 문화권력을 대표하는

2. 문화산업의 대외통상측면에 관한 자세한 논의는 Guerrieri, Iapadre & Koopmann(2005)를 참조할 수 있다.

분야이며, 스크린쿼터는 그런 문화권력의 상징이었다. 그럼에도 불구하고 스크린쿼터 일수를 축소하면서 한미 FTA 협상을 진행한 것은 그만큼 한국 문화산업의 경쟁력이 세계화에 적극 나서도 될 정도의 수준에 이른 것으로 정부가 판단하고 문화산업의 세계화에 적극 대응한 것이라 볼 수 있다.

Ⅰ. 문화산업정책의 거시적 전개

문화산업의 환경적 변화를 정리하면, 한국 문화산업의 전개는 1987년 정치적 민주화에 따른 창작표현 자유의 확대- 1999년 정보통신 인프라 구축에 따른 콘텐츠산업으로의 전환 및 발전- 이후 DDA 협상 및 한미 FTA 협정 계기에 따른 세계화라고 할 수 있다. 이러한 환경변화에 대한 적극적인 대응이 정책적 형태로 전개되었다. 또한 정권별로 국정기조에 부응하는 차원에서 국정과제형태로 문화산업정책이 전개되었다.

문화산업측면에서의 환경적 변화와 정부의 변동 등을 고려하여 문화산업정책의 전개를 태동기(해방 이후 문민정부까지), 구조화기(국민의정부), 심화기(참여정부와 이명박 정부)로 구분할 수 있다. 이는 서술의 편의상 구분한 측면도 있지만 정책추진상의 전환점들이 존재한다. 문화산업정책의 태동기는 문민정부 이전과 이후로 구분하였다. 문민정부에서 문화산업국이 별도의 정부조직체계로 설정되었으며, 문화산업 중 영상산업 진흥에 편중되어 추진되었다. 구조화기인 국민의정부에서는 앞에서 언급한 바와 같이 정보화가 이루어지면서 실질적인 의미에서 콘텐츠산업으로서의 전환이 이루어지고 문화산업진흥기본법의 제정으로 이후 문화산업정책의 전체 구조가 만들어졌다고 평가할 수 있다. 이후 참여정부와 이명박 정부는 국민의정부에서 설정된 정책영역과 정책 지원수단이 보다 세분화되고 전문화되는 과정을 밟았기 때문에 심화기로 설정하였다.

〈표 1〉 문화산업관련 법률 현황(2015년 6월 기준)

법률 이름	제정 연도	구법(제정 연도)	소관부서
저작권법	1957	-	저작권정책과
공연법	1961	-	공연전통예술과
영상진흥기본법	1995	-	영상콘텐츠산업과
문화산업진흥기본법	1999	-	문화산업정책과
뉴스통신진흥에관한법률	2003	-	미디어정책과
영화및비디오물의진흥에관한법률	2006	영화법(1962), 영화진흥법(1995), 음반및비디오물에관한법률(1991)	영상콘텐츠산업과
게임산업진흥에관한법률	2006	음반·비디오물및게임물에관한법률(1999)	게임콘텐츠산업과
음악산업진흥에관한법률	2006	음반에관한법률(1967), 음반및비디오물에관한법률(1991)	대중문화산업과
독서문화진흥법	2006	도서관및독서진흥법(1994)	출판인쇄산업과
인쇄문화산업진흥법	2007	출판사및인쇄소의등록에관한법률(1961), 출판및인쇄진흥법(2002)	출판인쇄산업과
출판문화산업진흥법	2007	출판사및인쇄소의등록에관한법률(1961), 출판및인쇄진흥법(2002)	출판인쇄산업과
잡지등정기간행물진흥에관한법률	2008	정기간행물등록등에관한법률(1987)	미디어정책과
신문등의진흥에관한법률	2009	정기간행물등록등에관한법률(1987), 신문등의자유와기능보장에관한법률(2005)	미디어정책과
콘텐츠산업진흥법	2010	온라인디지털콘텐츠산업발전법(2002)	문화산업정책과
이스포츠진흥에관한법률	2012	-	게임콘텐츠산업과
만화진흥에관한법률	2012	-	인문정신문화과
대중문화예술산업발전법	2014	-	대중문화산업과
공예문화산업진흥법	2015	-	시각예술디자인과

자료 : 법제처 자료를 통해 작성

위의 문화산업정책의 거시적 시기구분은 문화산업정책 추진의 기초가 되는 법률의 제정에서 확인할 수 있다. 정부는 개별 문화산업 시장의 성장, 수요와 공급상의 기술적 변화에 의해 기존 법률을 전면 개정하거나 분법하고 유사한 법들을 통합화하는 형태로 대응하였다. 전통적인 문화산업인 출판(인쇄포함), 영화와 공연산업은 1960년대에 근대적 법률이 제정되었다. 출판산업의 경우처럼 법률의 이름에서 알 수 있듯이 규제적 성격에서 진흥성격으로, 그리고 분법을 통한 전문화의 과정으로 발전하였다. 『출판사및인쇄소의등록에관한법률』(1961)이 『출판및인쇄진흥법』으로 전면 개정되었으며, 2007년에는 『인쇄문화산업진흥법』과 『출판문화산업진흥법』으로 각각 분법되었다. 『음악산업진흥에관한법률』과 『게임산업진흥에관한법률』도 이와 동일한 과정을 밟는다. 분법과 함께 음악산업과 게임산업시장이 어느 정도 성장함에 따라 이를 관장하는 별도의 조직(과단위)이 만들어졌다.

위의 문화산업정책의 시기 구분과 별개로, 문민정부에서 이명박 정부까지 문화산업은 표현을 달리할 뿐 국민경제 및 경제성장에 핵심적인 산업으로 인식되었다는 공통점이 있다. 문민정부에서는 문화콘텐츠산업을 '21세기 주력산업', 국민의정부에서는 '21세기 기간산업', 참여정부에서는 '차세대 성장동력산업', 이명박 정부에서는 콘텐츠산업을 국민소득 3만 불 시대를 열어갈 먹거리산업으로 각각 명명하면서 일관되게 문화산업을 집중적으로 육성해야 할 전략산업으로 보았다. 문화산업은 경제적 효과뿐만 아니라 한 국가의 명성을 높여주는 외부효과로 인해 국내적으로 문화산업을 전략적으로 육성하고자 한 것이다.

본 장에서는 문화산업정책의 구체적인 변화 과정을 기술하기보다는 문화산업정책이 지향한 가치와, 그 가치를 실현시키기 위해 어떠한 의사결정을 하였는지를 거시적으로 살펴보는 데 초점을 두고 있다. 이러한 측면에서 선별적으로 취사선택한 의미 있는 문화산업정책 이슈는 국내외적 환경변화에 의해 제기되고 고위 정치지도자와 관료에 의해 만들어지는 과정을 거친다. 이를 종합적으로 이해하는 선에서 정책기조 및 정책목표, 정책을 집행하는 방법 및 정책 수단, 정책의 실제 수혜집단 및 정책 효과, 대내외적 환경변화라는 총체적 구조 속에서 해당 문화산업정책의 의미를 살펴보고자 한다.

Ⅱ. 문화산업정책의 태동기(문민정부 이전)

1. 노태우 정부까지의 문화산업정책

1) 정부의 직접적인 규제와 수출진흥

이 시기에는 전통적인 문화산업인 영화산업, 출판산업, 공연산업이 개별 산업으로 존재하였고, 문화정책의 일환으로 정책적 산업 지원과 규제가 이루어졌었다. 이 시기 문화산업정책은 민족문화 또는 국민국가의 정체성을 선명하게 하는 방편으로 이들 산업을 집중 육성하면서 동시에 규제 및 보호 위주에서 이루어졌다. 산업적 실체가 존재하였지만 별도의 법이 만들어진 것은 1960년대에 접어들어서 가능하였다. 공연법(1961), 영화법(1962), 음반에 관한 법률(1967) 등을 제정하여 문화산업을 사회적 미풍양속의 틀 속에서 단속하고 통제하는 수단으로 주로 사용하였다. 구체적으로 영화법의 경우 영화제작 및 수출입 통제와 검열에 관한 규정을 담고 있다. 이들 산업에 대한 구체적 정책은 다르지만 산업정책적 측면에서의 지원 방향은 대동소이하므로 영화정책을 예를 들어 이 시기의 문화산업정책 특징을 살펴보도록 한다.

다른 일반적인 산업과 마찬가지로 한국전쟁은 그나마 존재하였던 영화산업의 기반을 송두리째 붕괴시키고 만다. 한국전쟁 이후 한국 영화산업 지원정책은 제작기반 조성 및 지원이라는 방향에서 이루어지게 된다. 구체적인 지원정책은 외국 영화 수입권을 국산 영화 제작을 장려하고 지원하는 방편으로 사용한 점을 들 수 있다. 1958년 4월 문교부는 국산영화의 제작을 유도하기 위하여 우수한 국산영화 제작자와 국산영화를 해외 수출한 자에게 보상으로 각각 외국영화 수입권을 배정하는 특례 조치를 고시한다.[3] 우수영화와 수출 영화에 대해서는 외국영화 수입권을 부여하는 특례를 부여한 것이다. 먼저 우수 영화는 1년에 1회에 걸쳐 5편을 선정하였다. 수출영화는 수출지역에서 10일 이상 상영했다는 사실과 수출지역에서 미화 2,500달러 이상의 외화 수익을 거뒀다는 사실을 해외공관을 통해 사실 확인 증명서를 첨부하면 이에 대해 외화수입권을 배당하였다.

당시 영화 시장점유율은 외국영화가 절대적 우위를 차지하고 있는 상황이었고 외국영화 수입 그 자체는 경제적 이익을 보장해 주었다. 특히 외국영화 수입 쿼터제 하에서 정부로부터 수입 허가를 받아야 하고 그 절차가 간단치 않은 상황에서 외화 수입권을 받는다는 것은 상당한 경제적 이익을 보장하는 특혜였던 것이다. 국내 영화 제작기반을 조성한다는 정책 방향 하에서 한편으로는 영화제작사의 등록 기준을 대폭 강화한다. 1961년에 부실 영화제작을 도태시키고 일정 규모 이상의 소수 제작사 중심으로 영화제작을 유도하기 위하여 등록 기준을 대폭 높여[4] 당시 72개 영화제작사가 16개사로 축소된다. 1963년 개정 영화법에서는 영화제작사의 등록기준을 300만 원 이상의 설비를 갖출 것을 요구하였는데 결과적으로 이를 충족시키는 영화제작사는 기존 등록 영화제작사 16개사에서

3. 문교부 고시 제 5호 '국산영화 제작 장려 및 영화 오락 순화를 위한 보상특례조치의 내용으로서 1958년 4월 6일자에 고시되었다.

4. 1955년 4월 1일부터 1961년 8월 31일까지 제작한 영화편수를 일정 기준에 따라 점수를 부여하여 총점 15점 이상인 영화사에 한하여 재등록하도록 하였다(1961년 9월 1일자 문교부 고시 148호).

6개사로 대폭 감소되어 국내 영화제작시장의 독점화를 더욱 부추겼다.

국내 영화제작 기반을 마련하기 위해서 위와 같이 영화제작사의 등록 기준을 높이는 동시에 의무 제작편수 제도를 도입하였다. 1963년 개정 영화법에는 국산 영화제작자에 한 해 연간 15편 이상의 영화를 제작해야만 외국 영화수입권을 부여하도록 영화법을 개정하였다. 이후 1966년 영화법 개정에서는 2편으로 축소하고 이후 3차 개정(1970년)에서는 5편으로 늘리는 등 변화가 있었지만 의무제작편수 제도는 1985년 영화법 개정까지 존속된다. 특히 1966년 2차 영화법 개정에서는 국내 제작 영화의 시장 확보를 위해 스크린을 소유하고 있는 극장주에 대해 스크린쿼터제를 적용하는 제도를 도입[5]하고 외국영화의 수입편수는 당해 연도의 국산 영화 상영편수의 1/3을 초과할 수 없도록 규정하였다.

위와 같이 해방 이후 산업화시대의 영화산업정책은 철저히 국내 영화제작을 진흥시키는 데 초점이 맞춰져 있었다. 국내영화 의무제작 편수정책과 허가제(강화된 등록기준)에 의한 일부 소수 영화제작자를 중심으로 한 독과점적 구조 하에서 국내 영화제작과 외화수입권의 일원화 정책으로 국내 영화제작을 유도하고 수출을 독려하였다. 하지만 본래의 정책지원 취지와는 정반대로 외국영화 수입권을 따기 위해 국산 영화를 의무적으로 양산하는 비정상적인 구조로 변형되어 외국영화 수입을 확보하기 위한 수단으로 한국 영화제작이 이루어지게 되었다.

2) 외화수입의 자유화와 직배 허용

1980년대 미국의 레이건 정부와 영국의 대처 정부로 대표되는 신자유주의 불결에 의해 한국에도 규제완화와 자유화, 자본시장 개방화의 요구가 쇄도하게 된다. 1985년에 미국영화수출협회(MPEA : Motion Picture

5. 1966년 개정 영화법 시행령 25조에 스크린쿼터제를 '연간 6편 이상으로 하되 2개월마다 1편 이상으로 하고 총 상영 일수는 90일 이상으로 한다'라고 규정하고 있다.

Export Association of America)가 미국 영화에 대한 한국의 불공정한 수입규제를 들어 미통상대표부(USTR)에 제소하는 것은 이러한 흐름의 단적인 예이다. 국민의정부와 참여정부에서 각각 한미투자협정과 한미 FTA 협정에서 제기된 스크린쿼터제 폐지 및 완화 요구는 사실 이때부터 시작되었다. 1985년에 미국은 미 통상법 301조에 기초한 미국의 한국시장에 대한 본격적인 개방압력이 이루어지며, 같은 해 9월 10일 MPEA가 미국무역대표부(USTR)에 한국영화시장 개방을 요구하게 된다. 한국의 미국영화에 대한 불공정한 무역규제와 과도한 검열 등 엄격한 수입규제가 그 이유였다. 301조 청원서에는 스크린쿼터제를 완화해줄 것을 포함한 외화에 대한 과도한 검열과 엄격한 수입규제의 완화를 요구하였다. 1986년 7월 한미통상협상 일괄타결이 이루어졌는데 그 결과는 다음과 같다. 외화수입업자의 등록 예탁금을 7억 원에서 5천만 원으로 대폭 줄이고, 극영화제작업자의 등록예치금은 1억5천만 원에서 5천만 원으로 인하, 영화법 개정을 통한 과도한 검열 완화, 외국영화배급업자 사무실 개설 금지법 폐지와 투자 및 배급 허가를 1987년부터 점진적으로 허용하는 것을 수용한 반면 미국의 스크린쿼터제 폐지 요구에 대해서는 현행 유지키로 합의하였다.

〈그림 1〉 국산영화 제작 및 외국영화 수입 현황 및 시장점유율 추이

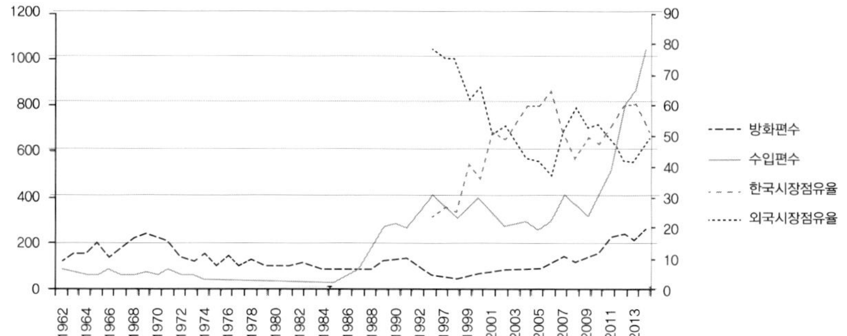

자료 : 각 연도『한국영화연감』참조

한편 위와 같은 규제완화의 세계적 흐름에 조응하여, 5차 영화법 개정에서 영화제작과 외화수입을 분리하고 기존의 허가제에서 등록제(신고제)로 바뀌면서 제작사 간 경쟁체제로 바뀌게 된다. 1987년 외국 영화사의 직배가 허용되면서 제작시장뿐만 아니라 배급시장으로도 경쟁시스템이 도입된다. 외국영화수입편수가 1987년에 국내 영화편수를 넘어서면서 급격히 증가하는 것을 위의 그림에서 확인할 수 있다. 1987년 6월 민주화 항쟁을 거치면서 창작소재의 다변화와 표현의 자유에 있어서 확대가 이루어지면서 1990년대 국내 문화산업 시대를 본격적으로 열게 된다. 특히 1987년 6월 민주화 항쟁 직후에 공연물 심의기준 재조정 및 완화, 출판물 심의 기준 완화, 체제 및 현실비판 도서 금지 대상 해제, 출판사 신규 등록 및 변경 등록 전면 개방, 출판물 사후 심의제 적용, 음반제작사 등록 전면 개방 등 문화산업에서의 자율화조치가 단행된다.

2. 문민정부의 문화산업정책

1) 문화산업국의 설치

문화산업은 기본적으로 문화와 산업이 결합된 분야로서 문화적 관점과 산업(경제)적 관점이 서로 교차 충돌하는 양면성 및 이중성을 가지고 있다. 문화적 관점은 문화상품 및 산업화 이전의 미학적 가치와 문화적 가치 생산을 중시하는 반면 산업적 관점은 문화의 산업화를 통한 부가가치 창출을 우선시하는 입장이다. 이러한 양면성은 문화산업정책의 효과측면에서 전자는 문화 정체성(identity) 형태로, 후자는 미래 먹거리 산업으로 서로 대칭된다. 따라서 문화산업은 위의 양면적 구조 속에서 줄다리기를 하면서 성장할 수밖에 없는 태생적 운명을 가졌다고 볼 수 있다.

국내에 본격적인 문화산업정책의 시작은 1994년 문화체육부 내에 문화산업국의 출범 시점으로 보는 것에 대체로 동의하고 있다. 그 이유는 위의 두 관점 중 산업적 관점이 이전에 강조하였던 문화적 관점만큼 중요하게 부상하고, 경제적 관점으로 문화산업을 독자적으로 육성하고자 하는 정책의지가 문화산업국 설치로 읽히기 때문이다. 그 이전에도 영화나 출판 등 개별 산업차원에서 산업 진흥정책으로 이루어졌을 뿐 문화산업이라는 제반분야에 대한 총괄적이고, 전략적인 접근은 문화산업국이 출범한 이후에 비로소 시작되었다고 볼 수 있다.

위와 같은 인식 전환에도 불구하고 기존에 있는 문화산업관련 과들을 단순히 모아서 문화산업국이라는 조직을 만들었을 뿐 구체적인 지원체계를 수반하지 못한 한계가 있다.[6] 다음 절에서 서술하겠지만 『국민의정부』에서 본격적인 정보화가 이루어지면서 개별 문화산업이 인터넷으로 대표되는 플랫폼을 통해 콘텐츠산업으로 통합화되는 데 반해, 문민정부 시기에는 그러한 물적 기초가 형성되지만 기본적으로 영화를 중심으로 한 영상산업에 정책적 지원이 집중되었다. 1995년에 영상진흥기본법을 만들었지만 이 또한 실질적인 지원 내용을 담지 못한다. 다만 영화진흥법을 제정하여 기존의 영화법을 대체하면서 규제 중심에서 산업 진흥 중심으로 전환을 꾀하게 된다. 1994년에 영화산업의 안정적인 발전기반을 구축하기 위해 영화진흥금고를 설치한다.

문민정부에서는 1993년에 수립된 '문화창달 5개년계획'에서 문화예술을 고부가가치 창출의 자원으로 적극적으로 인식했다. 구체적으로는 고유문화의 세계화 및 상품화, 문화 복지 개념의 구체화 등을 문민정부의 문화산업 정책방향으로 제시하였다(박조원 외, 2007). 또한 문민정부에

---

6. 1994년 1월 경제적 부가가치 창출에 문화를 효율적으로 활용하는 방안을 모색해보라는 대통령의 지시에 의해 문화산업국이 생겨났다. 이전에 어문출판국에 있었던 도서관정책과(도서출판과), 저작권과, 출판자료과와 예술진흥국에 있던 영화진흥과를 합쳐 문화산업국으로 만들었다. 1994년도의 문화산업국 내 부서는 문화산업기획과, 출판진흥과, 영화진흥과 영상음반과로 구성되었다(김상욱, 2013).

서 특기할 만한 사항은 대외적 시장개방 요구에 대하여 상당히 개방적으로 접근한 점을 들 수 있다. 문민정부가 OECD 가입(1996년) 등 세계화 기치를 내걸고 대외개방에 적극적인 입장을 취했는데 문화산업부문에도 이러한 방향이 반영된다. 영화, 비디오 제작 및 배급서비스 분야와 음반 제작 및 배급서비스, 출판분야의 서적 도소매업을 1995년 1월 1일에, 유선방송업은 1997년에 각각 시장개방을 하게 된다(문화체육관광부, 1997).

2) 대기업의 영상산업 진출

문민정부시기에 정부가 문화산업국을 설치하였으며 민간 산업부문에서도 문화산업에 발 빠르게 진입하는 모습을 보인다. 1990년대 중반에 접어들면, 삼성, LG, 선경, 대우, 해태그룹 등이 케이블TV, 영화 및 비디오 유통·배급·제작 등에 진출한다.[7] 실제 1995년 3월 1일에 24개 PP와 48개 SO로 케이블 텔레비전 방송이 시작되면서 영상산업에 대한 성장 기대감이 고조된다. 예를 들어 삼성그룹은 삼성물산·삼성전자·제일기획·스타맥스 등 계열사별로 진행해오던 영화·비디오·음반 사업을 모아 1995년에 600여 명 규모의 삼성영상사업단을 출범시킨다. 하지만 2007년 IMF 외환위기에 직면하여 대기업들은 구조조정 1순위로 영상산업을 정리하게 된다. 1998년 1월엔 SK가 영상사업을 포기하고, 1999년엔 대우가 영상음반사업부를 각각 해체한다. 대기업 중에서는 제일제당만이 1995년에 CJ로 사명을 개명하고 현재 CJ E&M이라는 종합 콘텐츠기업으로 비즈니스를 계속하고 있다. 위의 대기업들이 영상산업을 중심으로 한 문화사업들을 정리하였지만 이후 한국 문화사업 발전에 미친 영향은 크다고 할 수 있다. 대기업에서 문화사업을 담당하였

7. 경향신문 1995.5.8.자 기사 <재벌 영상전쟁 돌입 21세기 유망산업 부상... 앞다투어 진출>를 참조하였다.

던 인력들이 문화산업현장으로 투입되어 대기업 시스템을 도입하면서 그 이후 국내 문화산업 기반을 다지는 데 상당한 기여를 했다고 볼 수 있다.[8]

문화산업정책을 추진하는 중앙정부차원의 조직편제나 정책 성격변화는 문화산업이 딛고 있는 물적 토대의 성숙이 뒷받침되었기 때문에 가능한 것이었다. 당시 천리안, 하이텔로 대표되는 pc통신에 이어 인터넷이 상용화되면서 정보고속도로 구축에 따른 지식정보경제로의 경제적 패러다임 전환이 서서히 진행되었다. ICT로 대변되는 통신 인프라의 구축은 이를 기반으로 하는 다양한 형태의 비즈니스를 창출할 수 있는 환경을 만들어 냈는데 그중 주된 산업으로 문화산업이 거론되기 시작한다. 문화산업을 황금알을 낳는 거위에 비견하면서 차세대 먹거리산업으로 각종 미디어에 회자되는 것에서 이를 확인할 수 있다.

Ⅲ. 문화산업정책의 구조화기(국민의정부)

1. IMF 외환위기 극복과 문화산업 육성

국민의정부(1998년 2월~2003년 2월)는 IMF 외환위기 극복이라는 국가적 과제를 떠안고 이를 위한 해결의 방향으로 '창조적 지식기반국가 건설'을 내걸었다. 산업적으로는 OECD의 지식기반경제개념에 입각해 신지식인 육성을 통해 한국경제를 IMF 경제위기 이전으로 되돌리는 것을 목표로 삼았으므로, 당시 새롭게 고부가가치산업으로 부상하고 있던

8. 단적인 예로 뽀로로로 한국 애니메이션 산업을 일으킨 최종일 대표를 들 수 있다. 그는 현대그룹계열 광고기획사인 금강기획의 영상산업팀에 근무하던 중 IMF 경제 위기로 회사가 영상사업을 접자 퇴사하고 애니메이션 회사를 설립하여 뽀로로를 개발하게 된다.

문화산업을 육성하는 것은 부합되는 방향이었다.[9] 또한 IMF 경제위기로 1인당 국민소득은 절반으로 감소하고 실업대란으로 인한 우울한 사회적 분위기를 반전시키는 데 있어서 문화산업 육성은 사회적으로도 좋은 정책적 소재로 인식되었다. 1998년에 중국 CCTV에 '사랑이 뭐길래'가 방영되어 중국 내 붐을 형성했는데 이는 국내 경제상황에 대비되면서 국민의 문화적 자부심을 높였다. 2000년 정부 전체 예산 중 문화예산 1% 책정은 지식기반경제로의 진입과 IMF 위기 극복이라는 과제에 문화와 문화산업을 전략적으로 활용하겠다는 관점의 반영이라고 볼 수 있다(전원경, 2014).

특히 국민의정부는 영국 대처 정부의 문화산업육성정책을 참조하여 자신감 있게 문화산업 육성정책을 펼치게 된다(김민주 외, 2005). 이의 구체적 형태로는 1999년 '문화산업진흥기본법'을 제정하여 문화산업에 대한 실질적이고 체계적인 지원이 가능하도록 제도적 틀을 만든 것이다. 사실 정부정책은 법률에 그 지원 근거를 두고 있기 때문에 문화산업진흥기본법 제정은 문화산업에 대한 종합적 지원이 가능한 제도적 장치를 만들었다고 평가할 수 있다.[10] 국민의정부가 문화산업정책의 체계를 세웠다고 평가하는 부분으로 문화산업진흥기본법 제정과 함께, 타 부처에서 관장하던 컴퓨터 게임장과 노래연습장 관련 업무를 문화관광부로 이관한 것을 들 수 있다. 1998년 8월에 보건복지부가 공중위생법을 통해 관장하던 컴퓨터 게임장에 관한 업무와 경찰청에서 관장하던 노래연습장 관련업무가 문화관광부로 이관하게 된다(김상욱, 2013). 이는 국민의정부가 문화산업에 대한 관점의 일단을 보여주는 것으로 부처의 업무영역

9 이러한 방향에서 벤처 지원정책이 이루어졌다. 국민의정부는 1998년에 게임, 애니메이션, 음반, 영화, 방송영상산업을 5대 전략분야로 선정하고 이들 업종을 벤처기업 대상 업종에 포함시켰다.

10. 정부지원정책의 법적 근거가 만들어지면서 문화산업예산이 증가한 것에서 직접적으로 확인할 수 있다. 문화산업예산이 1998년 168억 원으로서 2.2%에서 1999년 1,000억 원, 11.7%에 이르게 된다. 이후 계속적인 콘텐츠산업 관련 예산이 증가하여 2010년 2,561억 원으로 문화부 내 약 14%를 차지하게 된다(5절의 〈표 3〉 참조).

을 구체적으로 조정하여 문화산업 정책영역을 만들었다는 점에서 적극적 의미를 부여할 수 있다.

2. 문화산업진흥기본법의 내용

문화산업진흥기본법의 주요 핵심 내용을 살펴보면 다음과 같다. 먼저 '문화산업진흥기본법'에 문화산업진흥기금 설치 근거를 만들었으며, 정부는 실제 500억 원을 출연하여 문화산업진흥기금을 같은 해에 설치하고 문화상품개발 융자사업, 유통구조 및 시설현대화 융자사업, 문화산업 전문 투자조합 출자사업을 추진하였다. 둘째, 문화산업단지 조성, 문화산업진흥지구 조성 등 일련의 지역문화산업 지원 정책이 가능한 조항을 만들었다. 셋째, 콘텐츠 진흥을 위한 기관으로 게임종합지원센터(1999년)와 한국문화콘텐츠진흥원(2001년)을 설립할 수 있는 법적 근거를 마련하였다. 넷째, 문화기술(CT) 사업을 할 수 있도록 근거를 만들었다. 2001년 CT R&D 정책이 IT, BT, NT 등과 함께 6대 미래유망기술로 선정되면서 이후 사업이 지속적으로 확대되게 된다.[11] 마지막으로, 5년 단위의 중장기 문화산업 발전계획을 수립하고 매년 문화산업정책에 대한 연차보고서를 작성하도록 의무화하였다.

이 중 문화산업진흥기금(1999~2006)은 영세한 문화콘텐츠기업과 유치산업수준에 머물러 있던 문화산업에 상품개발, 문화산업 관련 업체의 시설현대화, 유통구조개선 등의 사업에 저리 융자 및 투자지원에 사용되었다. 기금규모는 1999년 500억 원 규모로 시작하여 기금 폐지가 결정된 2006년에 1,905억 원 규모로 확대되었으며, 기금을 통해 대부분의

11. 이러한 범주의 사업으로 2002년 콘텐츠산업 창작저변 확대차원에서 전통문화유산을 체계적으로 보존 관리하여 콘텐츠산업에 창조적으로 활용하기 위한 '문화원형 디지털 콘텐츠 사업'이 추진된다.

문화산업지원 사업들이 실행되었다는 점에서 문화산업정책사에서 중요한 획을 그었다고 평가할 수 있다. 하지만 2006년에 정부의 기금 개혁 기조 하에 별도의 재원이 없고 운영성과가 미흡하다는 등 예산의 효율성 확대를 요구한 기획예산처의 권고에 따라 문화산업진흥기금은 2006년 폐지되었다. 보통 사업성 기금의 경우, 수익자부담원칙에 따라 정부 재정 외에 별도의 재원을 확보하는 데 반해 문화산업진흥기금은 설치 당시 문화산업이 유치산업이었고 동시에 국가차원의 기간산업으로서 전략적으로 육성하는 산업이었기 때문에 이에 대한 구체적 고민 없이 기금이 만들어졌다는 것을 반증하는 셈이 된다. 또한 당시에 별도의 기금 재원을 확보할 수 있는 산업적 기반이 없었기 때문이기도 하다.

3. 한미 양자 투자협정 협상과 일본대중문화 개방정책

대외적으로 IMF 경제위기 극복을 위해 외자유치가 절실한 국민의정부는 한미투자협정 체결을 추진하였다. 하지만 미국은 한미 양자투자협정 체결을 위한 협상에서 한국의 스크린쿼터 폐지를 줄기차게 요구하였다. 미국의 양자투자협정(BIT)의 표준모델 6조에는 체약국들이 협정적용 대상 투자의 조건으로서 일정 수준 또는 비율 이상의 국내부품사용, 국내산 재화 또는 용역의 구매, 사용 또는 선호를 부여할 수 없도록 규정하고 있다. 스크린쿼터제는 위 규정에 위반되는 것으로 만약 한국이 미국과 위 조건으로 BIT를 체결하게 되면, 미국 투자가가 우리나라에서 극장업을 하면서 스크린쿼터를 시킬 필요가 없어지게 된다. 1998년 4월 미국영화협회(MPAA)측은 한국정부에 한국영화 의무상영 기준을 정하고 있는 스크린쿼터 규정을 축소할 경우 5억 달러 규모의 투자 용의가 있다는 의사를 구체적으로 밝히게 된다(김상욱, 2013). 이러한 상황에서 정부는 한미투자협정 체결을 위해 스크린쿼터 일수를 줄이는 것이 필요하고 이를 위해 영화계의 양보를 얻기 위해 영화진흥금고를 통해 파격적인 지원을 하게 된다. 이러한 결정에 따라 1999년부터 2003년까지 연간 100억 원씩 500억 원을 국고에서 영화진흥금고에 지원하였다. 1999년 5월에 경제장관회의에서 위의 500억 원 조성과는 별도로 영화산업 재원 확충, 영상산업 인프라 구축 등을 위하여 1,000억 원을 추가로 조성키로 결정하였다. 이는 한미투자협정 체결을 위한 영화계의 양보를 구하기 위한 정치적 고려를 하였지만 결과적으로는 2000년 12월 '스크린쿼터 현행유지 결의안[12]이 국회 본회의를 통과함에 따라 한미투자협정 체결은 무산되었다.

1998년 김대중 대통령과 일본 오부치 게이조 총리 간에 '21세기를 향한 새로운 한일관계'라는 공동선언문을 채택하여 발표하게 된다. 그 후속조치로 1998년 10월 20일 일본 대중문화 1차 개방이 이루어졌으며 이후 2003년 4차 개방까지 이어졌다. 당시 일반 국민들은 표면적으로는 일본의 저급한 문화가 유입될 것이란 우려에 개방 반대 의견이 더 높았고, 업계에서도 일본에 비해 산업경쟁력이 낮은 분야에서는 개방으로 시장잠식을 우려하는 목소리가 높았다(한국문화관광연구원, 2000). 이러한 연유에서 시장개방을 단계적이고 아주 점진적 방식으로 추진하였다. 일본 대중문화 개방의 영향은 예상했던 것에 비해 그리 크지 않았다는 것이 각종 여론조사에서 파악되었다. 실제 시장개방 이후 산업적으로는 부

---

12. 2000년 12월 국회 통일외교통상위원회에서는 <한국영화 의무상영제에 반하는 협정체결반대결의안>을 통과시킨다. 이때 향후 미국으로부터 빌미가 될 수 있는 단서를 달게 된다. 구체적인 내용은 "대한민국 국회는 한국영화의 국내시장 점유율이 40%대를 유지할 때까지 한국영화 의무상영제는 폐지될 수 없을 뿐만 아니라, 결코 축소되어서는 안 된다는 점을 분명히 한다"라고 적시하였다(NTE 보고서). 이는 향후 한국영화의 시장점유율이 40%에 진입하면 스크린쿼터를 축소 또는 폐지를 검토할 수 있음을 시사한 것이다. 미국의 무역대표부에서는 미국과 무역을 하는 국가들의 통상장벽을 분석하여 NTE보고서로 매년 발간하고 있다. 실제 한국 영화의 시장점유율이 40%를 넘어가자 위의 국회의 결의안의 문구를 NTE보고서에 직접 언급하면서 스크린쿼터 폐지를 주장하게 된다(USTR, 2004).

정적인 효과보다는 오히려 국내 기업들의 시장 경쟁력을 높이는 긍정적 영향으로 작용하였다. 국내 콘텐츠의 일본을 비롯한 해외에서의 흥행은 당초 우려한 일본대중문화개방에 대한 부정적 여론을 긍정적으로 반전시키는 데 또한 한몫을 하였다.[13]

4. 영화관입장권통합전산망 구축과 '소리바다' 사건

국민의정부에서 추진한 사업 중 영화관입장권통합전산망(Korea Box Office Information System) 구축사업은 현재의 문화상품 시장질서와 거래의 투명성 확보에 시사하는 바가 크다. 영화관입장권통합전산망은 전국 영화상영관의 영화별 관객 수와 매출액을 투명하게 공개함으로써 영화상영관 입장권 유통의 투명성을 높이기 위해 추진되었다. 2001년 영화진흥위원회가 문화체육관광부로부터 사업을 이관받아 2003년부터 시스템을 구축하였으며, 이후 영화상영관의 전산망 가입이 지속적으로 증가하여 2010년 현재 서울 소재 영화관의 경우 스크린 연동률은 100%에 이르게 된다. 영화관의 통합전산망 가입을 촉진하기 위해서 통합전산망 운영주체인 영화진흥위원회가 가입 영화상영관에게 전송지원금을 지급하고 영화상영 신고를 면제해 주는 혜택을 주었으며 2010년에는 영화 및 비디오물의 진흥에 관한 법률(제39조 영화상영관입장권 통합전산망의 운영 및 가입의무)에 영화관입장권통합전산망 가입을 법적 의무사항으로 만들었다.

제작사 및 배급사와 상영업자가 영화관 입장료를 서로 배분하기 때문

13. 현재 일본대중문화 미개방분야는 케이블텔레비전과 위성방송, 지상파방송 부문만 남아 있다. 케이블텔레비전과 위성방송에서의 버라이어티쇼, 토크쇼, 코미디 등 기타 오락형 프로그램은 추후에 개방하기로 하였다. 지상파 방송(텔레비전, 라디오)에서의 극장용 애니메이션, 버라이어티쇼, 토크쇼, 코미디 등 기타 오락형 프로그램의 개방은 아직 이루어지지 않았다.

에 영화 관람객 수의 정확한 파악이 영화 비즈니스의 출발점이라고 할 수 있다. 전산망이 구축되기 전에는 입장객 수 정보는 상영업자가 독점하고 있어 제작사와 배급사는 직접 영화 관람객 수를 별도로 파악하기도 하였다. 이러한 구소에서는 상업업자는 영화 관람객 수를 과소 보고하여 자신의 이익을 최대화할 유인이 존재하였고, 제작사와 배급사는 관람객 수에 대해서 의심하였다. 하지만 통합전산망이 구축됨으로써 제작사나 배급사들이 관람객 수를 직접 파악하는 등의 불필요한 유통비용을 절감하고 입장권 발권의 투명성을 높여 탈세를 막고 제작사와 배급사의 이익의 누락이 없도록 하여 영화계 발전에 선순환 구조를 정착시키는 데 일조하였다.

국민의정부 시기에 한국 음악산업이 음반산업에서 온라인음악산업으로의 구조적 변환을 겪는 과정에서 소리바다사건이 발생한다. 2001년 1월 한국음반산업협회(이하 음반산업협회)는 산하 음반사의 이름으로 인터넷 기업인 소리바다 사이트의 운영자를 서울지방검찰청에 형사고소를 하였고(이후 3번 더 형사고소를 함), 2001년 8월 12일에 검찰은 '소리바다'운영자를 '저작권 위반 방조 혐의'로 불구속 기소하기에 이른다. 소리바다사건은 미국의 냅스터(Nabster)사건처럼 새롭게 등장한 디지털 비즈니스환경에서 저작권자-사업자-소비자 간 지속가능한 음악산업의 비즈니스모델이 무엇인지에 대한 고민을 던져 주는 계기가 되었다.[14]

14. 법적분쟁 이후 음원 유통의 공정성 및 이용에 대한 정당한 대가 산정에 대한 인식이 대두되면서, 2003년 애플의 아이튠즈 사업 시작(동 기간 한국에도 MAX MP3, 멜론 기간제 서비스 등이 등장) 등 음악서비스업체의 유료서비스 등장을 통해 디지털 음원을 합법적으로 유통시킬 수 있는 체계로 변화되었다.

Ⅳ. 문화산업정책의 심화기(참여정부와 이명박 정부)

1. 참여정부에서의 문화산업정책

1) 지방문화산업육성정책과 CT 정책

참여정부(2003년 2월~2008년 2월)는 혁신을 통한 경제 활성화와 지역 균형발전이라는 큰 지향점을 갖고 있었다. 앞서 국민의정부에서 제시한 지식기반경제의 연장선상에서, 그것의 내용적 실천방안으로 '혁신주도형 경제'로의 전환을 발전전략으로 택하였다. 경제성장의 동력으로 혁신(innovation)에 주안점을 두었고 구체적 대상을 사람, 기술, 지역에서 찾았다. 따라서 참여정부의 주요 문화산업정책은 연구개발투자확대차원에서의 문화기술(CT, 이하에서 문화기술을 CT로 칭함) 정책, 대학교육 및 직업능력 혁신차원에서의 인력양성정책, 지역균형발전차원에서의 지방문화산업육성정책이 특기할 만하다.

2001년 국가경제자문회의에서 CT를 21세기 차세대 성장산업으로 채택하였지만 어디까지나 선언적 성격이 강하였다. 참여정부에 들어서서는 사람과 기술의 연구개발(R&D) 역량의 제고를 혁신주도형 경제의 핵심으로 봄에 따라 CT 정책이 이러한 범주의 사업으로서 전폭적인 지원을 받게 된다. 참여정부에서는 2003년 8월에 10대 차세대 성장 동력 산업 중 하나로 '디지털콘텐츠'를, 2005년 8월에는 문화기술이 미래 국가유망기술로 각각 선정되었다. CT R&D 정책의 연장선상에서 문화콘텐츠의 핵심 인력을 양성하기 위해 2005년 한국과학기술원(KAIST)에 문화기술대학원을 설치하였다. 위와 같이 CT가 정부차원의 적극적 지원에 힘입어 2008년에는 CT R&D 기본계획을 수립하게 되고 5년마다 계획을 수립하여 일관되게 추진할 수 있는 체계가 만들어진다.

참여정부에서는 지역문화산업 기반조성, 부산영상도시육성사업, 대구디자인패션산업육성, 지역문화산업연구센터설립, 지역영상미디어센터설립 등 국가균형발전 차원에서 지역문화산업육성정책을 적극적으로 추진하였다. 참여정부에서 동북아중심국가와 문화산업 육성의 합작품으로 아시아중심도시 조성사업이 추진되는데, 이 중 광주지역의 문화산업 육성이 포함되어 있다.[15] 지역문화산업 기반조성사업은 국민의정부에서 이미 큰 그림이 그려졌었다. 2000~2010년까지 6,000억 원 규모(국고와 지방비 비중 5:5)로 지방문화산업단지와 지방문화산업지원센터를 조성하는 하드웨어적 접근의 계획은 1999년에 제정된 문화산업진흥기본법에 기초하여 이미 수립되어있었다. 참여정부에서는 위 계획에 따라 지방문화산업단지와 지방문화산업지원센터의 지정을 계속 이어갔다.[16] 구체적으로 지방문화산업단지로는 2001년 5월에 대전, 춘천, 부천, 청주가 1차 지정을 받았고, 동년 10월에 광주, 전주, 경주 3개 지역이 2차 문화산업단지로 지정받았다. 위와 같이 문화부차원에서 문화산업단지로 지

〈표 2〉 지역문화산업 클러스터 조성 현황

문화산업 단지	청주(2002년), 춘천(2008년)
문화산업 진흥지구	부산·대구·대전·부천·전주·천안·제주·인천·고양(2008년), 안동·성남(2010년)
문화산업 진흥시설	상암동 문화콘텐츠센터(2007년) 등
지방문화산업 지원센터	대전, 청주, 부천, 부산, 대구, 광주, 춘천, 제주, 전주, 목포 등

15. 아시아문화중심도시 조성사업(2004~2023)은 총 사업비 약 5조 3천억 원 중 문화산업 육성에 933억 원이 배정되어 있다. 구체적인 사업으로는 CGI 센터 건립, 영상 복합 문화관 건립, 문화콘텐츠 전문인력 양성 및 취업지원, 아시아문화산업투자조합 출자, 클러스터 조성 등의 사업이 포함되어 있다(문화체육관광부, 2013).

16. 2000~2010년간 12개 문화산업단지와 16개 지역문화산업지원센터(이 중 2005년 이전에 설립된 10개 지원센터에만 건물과 설비에 지원함)를 설립하였고, 11개 지역을 문화산업진흥지구로 지정하였으며, 2개 시설을 문화산업진흥시설로 지정하였다.

정하였지만 건설교통부에서 고시를 하게끔 되어 있는데 이를 최종적으로 충족시킨 곳은 청주와 춘천뿐이었다.

위의 하드웨어적 정책에 더하여 참여정부 지방문화산업 정책의 특징은 지역문화산업연구센터(Culture Research Center, 이하에서는 CRC라 칭함)를 만들어 프로젝트형 사업지원을 추진하는 소프트웨어적 접근을 취했다는 점을 들 수 있다. CRC사업은 2005년부터 '균형발전특별회계 혁신계정'을 통하여 국가균형발전 차원에서 추진한 지역문화산업정책으로서 프로젝트 형태의 지원사업으로 진행되었다.[17] 구체적으로는 3개의 지원 유형으로 구분하였는데, 지역특화 전략상품 개발을 위한 기술, 인력, 콘텐츠 확보를 위한 '기반조성형', 이미 개발된 시제품을 지역문화공간과 연계하여 지역특화 문화상품을 개발하기 위한 '창작프로젝트형', 그리고 특화상품을 활용하여 미디어믹스화, 브랜드화, 마케팅을 추진하기 위한 '브랜드마케팅형'으로 세분하여 과제를 지원하였다(한국콘텐츠진흥원, 2014).

참여정부에서는 음반, 비디오, 게임에 관한 법을 『음반·비디오물 및 게임물에 관한 법률』에서 통합적으로 규정하고 있던 것을 2006년에 개별 법령으로 각각 분법을 하게 된다. 비디오산업 관련된 규정을 영화진흥법과 통합하여 『영화 및 비디오물의 진흥에 관한 법률』을 제정하였고, 게임산업은 『게임산업 진흥에 관한 법률』을 제정하였으며, 음악산업은 『음악산업진흥에 관한 법률』로 각각 분법하였다. 법률 이름에서 각각 진흥을 명시하고 내용적으로는 각 산업 진흥 종합계획을 수립·시행할 것을 담고 있다. 특히 이전에는 게임물 등급분류를 영상물등급위원회에서 담당하였는데 분법을 통해 '게임물등급위원회'를 설립하여 전문적인 등급분류가 될 수 있도록 전환되었다. 이러한 분법은 개별 산업이 더욱

---

17. 2005년부터 2010년까지 6년간 총 36개 과제가 수행되었고, 과제당 지원 금액은 매년 3억 원 이내, 지원기간은 3년 이내 지원받았다(문화체육관광부, 2012).

산업화됨에 따른 별도 전문 법령으로 산업적 진흥을 꾀하고자 한 것으로 평가할 수 있다.

마지막으로 참여정부에서는 문화콘텐츠기업에게 직접 지원이 가능하였던 문화산업진흥기금을 별도의 재원이 없고 운영성과가 미흡하다는 이유로 2006년에 폐지하였다. 한미 FTA 협상 추진을 위한 스크린쿼터 축소에 따른 반대급부로 영화발전기금이 2006년에 신설된다. 문화산업진흥기금에는 정부 출연금 외에 별도 재원이 없었던 것에 반해 영화발전기금에는 영화상영관 입장료에 대하여 100/5이하의 범위에서 부과금을 걷을 수 있도록 하여 별도 재원을 확보하였다. 또한 영화 입장료의 일부를 부과금으로 걷을 수 있는 기간을 2014년 12월 31일로 한정하였다.[18]

2) 한미 FTA 협정과 문화다양성 협약

참여정부는 대외적으로 개방형 선진 통상국가 건설을 지향하면서, 동시 다발적 자유무역협정(FTA) 추진과 세계무역기구(WTO) 도하개발어젠다(DDA) 협상에 적극 참여하였다. 이러한 기조하에 미국과의 FTA 협상을 개진하는 중에 미국으로부터 한미 FTA 협상 개시 여부의 전제조건으로 한국의 스크린쿼터 폐지를 요구 받게 된다. 앞에서 언급한 바와 같이 국민의정부에서 한미투자협정 논의에서부터 미국은 스크린쿼터 폐지를 줄기차게 요구하였다. 미국은 자국의 막강한 엔터테인먼트산업의 이해를 관철시키기 위해 줄곧 한국 스크린쿼터제를 문제 삼았지만 한국 정부는 이에 대해 응하지 않았었다. 2002년 이후에는 WTO DDA의 양허안 제출에 스크린쿼터제 폐지의 포함 여부를 놓고 많은 갈등이 있었으나 한국의 문화부는 결국 양허안에 영화상영시장을 개방하지 않는 것으로 결정하였다. 하지만 미국이 FTA 체결 협상의 전제조건으로 스크린

18. 2015년 현재, 영화발전기금 부과금 징수는 2021년으로 다시 연장되었다.

쿼터 폐지를 요구함에 따라 이에 대한 조정 없이는 한미 FTA 협상은 시작조차 할 수 없는 상황이었다. 그래서 참여정부는 2005년에 기존 스크린쿼터 일수인 연간 146일을 절반인 73일로 축소하는 결정을 하고 이후 미국과의 본격적인 FTA 협상에 임하게 된다. 이러한 정책결정의 기저에는 1990년 후반부터 한국 영화시장점유율이 지속적으로 상승하여 어느 정도 영화산업 경쟁력에 대한 자신감이 있었으며, 다른 한편으로는 미국이 강력히 시장개방을 요구하는 영화부문을 양보함으로서 국가 전체적으로는 더 큰 통상이익을 확보할 수 있다는 논리로 이를 관철시켰다. 스크린쿼터 축소에 대한 영화계의 반발에 대하여 영화발전기금 4,000억 원(2,000억 원 정부 출연, 그 외 영화상영관 입장료에 부과금 과징)을 조성하여 영화계에 지원하는 것으로 후속 대책을 제시하였다. 2006년 1월에 정부에서는 위와 같이 스크린쿼터 일수를 줄이고 동년 6월에 한미 FTA 협상을 진행하여 2007년 4월에 정부간 협상이 타결된다.[19]

참여정부에서는 경제영토 확장을 위한 방법으로 FTA 체결을 적극적으로 추진하였다. 반면 문화상품 및 문화산업은 일반상품과 다르게 다루어져야 한다는 국제적 움직임이 UNESCO를 중심으로 논의되었으며 문화다양성협약 체결 형태로 구체화되었다. 문화 상품 및 서비스는 경제적 속성과 함께 문화적 속성을 지니기 때문에 상업적 기준으로만 취급되어서는 안 된다는 점을 담고 있는 문화다양성협약은 2005년 UNESCO 총회에서 가결되고[20] 2007년부터 발효되었다. 한국은 협약에 찬성을 하였지만 이후 가입은 하지 않았다. "한국은 문화다양성 보존의 중요성을 인식해 협약의 채택에 찬성했으나, 이 협약이 세계무역기구(WTO) 등 다

19. 최단시간에 정부간 협상이 타결되었지만 이후 이명박 정부인 2011년에서야 국회 비준을 최종적으로 받게 된다.
20. 제31차 유네스코 총회 (2001)에서 '세계문화다양성 선언'과 '실행계획'을 만장일치로 채택하고, 4년이 지난 2005년에 미국과 이스라엘의 반대에도 압도적인 표차(찬성 148, 반대 2, 기권 4)로 문화다양성 협약이 가결된다.

른 협약상의 권리 및 의무의 변경으로 해석되면 안 된다는 것을 분명히 했다"는 외교통상부의 공식 입장에서 확인할 수 있다. 당시 한-미 자유무역협정 등에 얽힌 예민한 통상 현안 때문에 문화다양성협약을 원안 그대로 비준할 수는 없다는 입장을 밝혀왔다. 한-미 FTA 정부 간 서명 이후 한-EU FTA 협상(2010년 6월 서명, 2011년 7월 발효)이 진행된다. EU는 문화다양성협약에 주도적으로 참여하였으며, 문화다양성협약을 비준한 국가에 대해서만 자유무역협정을 맺는다는 원칙을 강조함에 따라 한국 정부는 2010년 4월 110번째로 문화다양성협약에 가입 및 비준하게 된다.

한국 콘텐츠의 해외에서의 성공은 콘텐츠의 해외진출에 대한 인식의 전환을 가져왔다. 한국의 대중문화와 전통문화를 해외에 적극적으로 홍보하고 진출시키는 공급 위주의 정책과 함께, 한국 대중문화를 수용하는 쪽의 이해를 증진시키는 사업을 펼친 것이 특징적이다. 대표적인 정책으로, 해외 15개 도시에 '코리안 플라자'를 만들어 대중문화를 현지에서 적극 홍보하면서, 아시아 문화동반자 사업을 추진하게 된다.[21] 이 시기 한류의 바람으로 대중문화뿐만 아니라 전통문화로까지 해외진출 대상의 범위를 확장시킨다. 문화관광부가 2005년부터 추진한 여섯 가지 전통문화 수출 프로젝트인 '한스타일' 프로젝트는 이 같은 정부의 의지를 구현하기 위한 구체적인 정책이었다. '한스타일' 프로젝트는 한옥, 한식, 한복, 한글, 한지, 한국음악 등 여섯 가지 전통 문화를 상품화해서 한국의 역사드라마가 인기를 얻은 해외국가들에 보급하고, 이를 경제적 수익으로 연결시킨다는 취지의 프로젝트였다.

21. 아시아 문화동반자 사업이 정식으로 출범한 2005년 이래 2014년 현재까지 10년 동안 총 90개 국가에서 온 856명의 문화동반자를 배출하였다(10년간 총 사업비가 177억 원). 사업 초기 연도에는 아시아 지역에 한정해 동반자를 초청했지만, 남미, 아프리카, 동유럽 등의 지역까지 포괄하면서 점차 그 대상을 확대해 나갔다. 하지만 현재는 문화동반자사업을 우리나라 문화 ODA 사업을 대표하는 하나로 추진하게 됨으로써, 그 대상국을 문화 ODA 수원국으로 설정하고 있다(한국문화관광연구원, 2015).

2. 이명박 정부에서의 문화산업정책

1) 거버넌스 조정과 한류 정책

이명박 정부는 실용정부를 표방하면서 정부조직을 대폭 축소하게 되고, 그 결과 정보통신부를 폐지하게 된다. 이에 정보통신부의 디지털콘텐츠정책은 문화체육관광부로 이관된다. 또한 기존의 방송위원회의 방송정책 및 규제, 정통부의 통신서비스 정책과 규제를 통합하여 방송통신위원회를 신설하게 된다.

그간의 문화산업 인프라와 해외시장에서의 한류의 영향으로 보다 적극적으로 성과의 과실을 취하는 정책을 취하게 된다. 이전 정부에서도 한류와 관련한 해외진출 지원정책이 있었지만 어디까지나 산업경쟁력을 높이는 차원에서, 그리고 정부는 한류와는 약간의 거리를 두고서 지원을 하고자 하였다. 하지만 이명박 정부에서는 한류를 적극적으로 지원하고 이를 이용하는 것이 두드러진다. 그 단적인 예가 영부인이 한식세계화사업(현재 한식재단)에 참여하고 문화체육관광부 내에 한류진흥추진단을 공식 직제로 만든 것이다. 이는 기업 CEO 출신의 이명박 대통령이 민간부문 한류의 외부효과(spillover effect)를 정부 차원에서 내부화하는 정책으로 한류지원정책을 적극 추진하였으며 국가브랜드위원회는 그 정점에 있는 정부조직으로 볼 수 있다. 우수한 품질에 비해 한국산 제조업품의 세계시장에서의 디스카운트를 상쇄할 수 있는 코리아 프리미엄(Korea premium)으로서의 한류와 콘텐츠는 이러한 논리의 연장선상에서 가능한 것이다. 이와 관련하여 최영화(2013)는 국가와 기업의 가장 큰 차이는 '공공성'의 보장여부에 있음에도 불구하고 한류와 관련된 콘텐츠만을 중점 육성하였다고 평가하면서 이명박 정부의 한류정책을 기업국가 프로젝트로 명명하였다.

그동안 정부 업무 영역 분장에서 중복의 소지가 있었던 정통부가 정부

조직개편에서 폐지됨에 따라 지원 및 진흥기관의 일원화가 이루어지는 계기가 된다. 기존의 한국문화콘텐츠진흥원, 한국방송영상산업진흥원, 한국게임산업진흥원, 한국소프트웨어진흥원의 디지털콘텐츠사업단 등 콘텐츠 관련 진흥기관을 통합하여 2009년 5월에 한국콘텐츠진흥원을 설립하여 게임, 방송콘텐츠 등을 포함하여 융합형 콘텐츠까지 포괄한 콘텐츠 전 분야에 대한 산업육성기능을 종합적으로 수행하는 기반을 마련하였다. 또한 컴퓨터프로그램보호위원회와 저작권심의위원회가 한국저작권위원회로 통합되었다. 다른 한편 한국콘텐츠진흥원은 통합으로 조직규모가 한층 대형화됨에 따라 정부(기획재정부) 차원에서 문화산업을 육성하는 예산을 배분하는 데 보다 용이해지는 부차적 효과도 발생하였다. 다시 말해서 사업 지원기관이 대형화됨에 따른 사업부실의 위험성이 그만큼 낮아짐에 따라 예산담당부처 입장에서는 국가적 전략 육성산업인 문화산업에 대한 예산배정을 믿고 배분할 수 있었던 측면도 있다.

위의 문화부 내의 조직 통합화는 범정부 차원에서도 이루어졌다. 앞에서 언급한 바와 같이 기존 정통부와 업무중복이 있었던 디지털콘텐츠부문을 문화부 내로 통합 일원화하였다. 콘텐츠 관련 11개 부처 장관 및 민간 전문가로 구성된 '콘텐츠산업진흥위원회'를 구성하여 범정부적인 콘텐츠산업 중장기 발전 기본계획을 수립하고 콘텐츠산업 진흥정책의 총괄 조정 기능을 문화체육관광부가 맡게 되었다. 비록 정통부의 디지털 업무를 이관 받았지만 정부 부처 내 문화산업관련 업무는 여전히 분산되어 있어서 이를 통합적으로 조정하는 거버넌스로 콘텐츠산업진흥위원회가 만들어졌다. 이명박 정부 내 콘텐츠관련 부처는 문화산업 정책을 총괄하고 장르별 육성을 담당하는 문화부, 방송 및 통신 등 콘텐츠 유통채널인 미디어의 규제와 심의를 담당하는 방송통신위원회, 콘텐츠 기기와 플랫폼 개발을 지원하는 지식경제부, 그리고 CT와 관련하여 R&D 정책을 총괄하는 교육부 등에 걸쳐져 있었다.

2010년 5월 '온라인디지털콘텐츠산업발전법'을 '콘텐츠산업진흥법'[22]으로 전면개정하면서 디지털콘텐츠를 포함하는 콘텐츠 개념에 융합콘텐츠 분야를 포함하는 등 미래 콘텐츠 산업에 대한 정책적 반영이 이루어졌다. 즉 콘텐츠산업을 미디어, 관광, 체육 등은 물론 교육, 의료 등 서비스업과 IT기기 등 제조업의 동반 성장을 견인하는 서비스산업의 핵심 분야로 성장시키기 위한 움직임으로 볼 수 있다.

2) 콘텐츠 공정거래와 저작권 정책

2010년 이명박 대통령은 8·15 경축사에서 '공정사회'를 언급하고 그 해 동반성장위원회를 만들었다. 문화콘텐츠 업계에서도 그동안 관행적으로 이루어졌던 거래상 지위의 남용, 부당한 차별 등 다양한 불공정거래 등이 시정되어야 할 정책대상으로 인식하게 된다. 구체적인 불공정거래 형태는 상영관의 조기 종영과 거래 거절(영화), 지상파방송사와 독립제작사 간의 저작권 분배 불균형(방송), 불공정한 계약의 강제(드라마), 불합리한 수익배분과 과도한 결제 수수료 요구(게임), 포털이나 이동통신사업자와 CP간 수익배분에 있어서의 불공정(모바일콘텐츠) 등 세부 산업별로 다양한 불공정 유형이 문제화되었다(정헌일, 2011).

공정거래 질서의 확립은 모든 산업에서 중요하지만 특히 문화콘텐츠 산업에서는 특별한 의미가 있다. 먼저, 다양성 측면에서 콘텐츠산업에서의 공정경쟁은 중요하다. 왜냐하면, 규모의 경제가 존재하는 제조업 등

---

22. 이명박 정부에 이르러 문화콘텐츠라는 용어가 콘텐츠로 일원화되어 사용되는 것을 확인할 수 있다. 이는 콘텐츠산업진흥법이나 콘텐츠산업진흥위원회의 이름에서 알 수 있듯이 문화체육관광부가 정부 조직개편에 따라 콘텐츠업무를 관장하는 주관부처임을 명시적으로 보여 주는 변화 중 하나이다. 2008년을 기점으로 이명박 정부는 '문화산업정책' 대신 '문화콘텐츠산업정책' 혹은 '콘텐츠산업정책'이라는 용어를 사용하고 있다. 1994년도에 '문화산업국'이라는 이름으로 신설된 이후 2007년까지 줄곧 '문화산업과'로 불리던 문화산업 담당부서가 2008년에 '문화콘텐츠산업실'로 개편된 데 이어, 2010년에는 다시 '콘텐츠정책관'으로 명칭을 변경했다. 1997년 이후 매년 발간해오던 『문화산업백서』도 2010년에 『콘텐츠산업백서』로 이름을 변경해 출간된다(최선혜, 2011).

일반 산업에서는 비용 및 품질에서 경쟁력을 갖추기 위해서는 일정 수준 이상의 투자와 규모가 필수적이다. 그러나 창의성이 가치창출의 핵심요소가 되는 경우 규모에 관계없이 다양한 아이디어와 상상력을 보유한 많은 기업들이 진입하여 창의성 경쟁을 할 수 있는 환경이 바람직하다. 두 번째는 위의 첫 번째와도 관련이 있는 것으로, 유통의 파이프라인을 소유하고 있는 플랫폼 사업자와 미디어 사업자의 영향력이 증가하면서 불공정거래가 발생할 수 있는 여지가 점차 증가하고 있다. 콘텐츠를 만들었더라도 이를 유통/소비시키기 위해서는 플랫폼과 미디어에 대한 접근이 가능해야 하는데 수직적으로 독과점 지위를 가지고 있는 이들 사업자들이 콘텐츠제공업자(CP)를 부당하게 거래할 수 있는 환경이 점차 많아지고 있다(정상철, 2010a).

'콘텐츠공정거래지원센터(2010)', '콘텐츠분쟁조정위원회(2011)'를 설치하여 법률적 지원과 함께, 콘텐츠산업 동반성장 추진, 표준계약서 제정 및 보급, 수익배분 가이드라인을 마련하여 지원하였다. 특히 포털이나 이동통신사업자 등 온라인콘텐츠서비스 사업자와 CP(콘텐츠 제공자)들 간 공정 거래환경 유도를 위해 포털·음악·영상·이러닝·모바일 등 5개 분야에 대해 '디지털콘텐츠 공급표준계약서'를 마련하였다. 동반성장을 유도하기 위해서 콘텐츠 개발업체(중소기업)와 콘텐츠 수요자인 기기·서비스 업체(대기업) 및 정부가 공동으로 참여하는 대규모 시장창출 프로젝트 추진, 차세대 '콘텐츠동반성장협의회'를 민간주도로 운영하고 협업 프로젝트 개발을 유도하였다.

문화산업은 저작권이라는 권리를 통해 비즈니스가 이루어진다. 앞에서 언급한 바와 같이 이명박 정부는 문화산업의 과실을 적극적으로 걷고자 하였기에 저작권 보호와 저작권 거래 질서 확립에 정책적 노력이 많이 이루어졌다. 대표적인 정책으로는 저작권 특별사법경찰을 발족하여 단속활동을 강화하였으며, 불법복제물 추적관리시스템(ICOP) 도입을 통해 불법 복제물 감시시스템을 더욱 과학화하였다. 저작권법에 따라 정부가 불법복제물 등의 복제·전송으로 3회 이상 경고한 복제·전송자에게 해당 온라인 서비스 제공자가 6개월 이내의 기간을 정하여 계정을 정지시키는 삼진 아웃제를 도입하였다. 웹하드는 불법 복제물 유통의 중요한 도구로 사용되는 상황에서 쉽게 웹하드사이트가 폐쇄됨에 따라 불법의 정황이 인지되더라도 사업자의 소재를 파악하는 것이 어려웠다. 이에 웹하드나 P2P 등의 '특수한 유형의 부가통신사업자'에 대해서 사전에 등록을 하도록 의무를 부과하는 '웹하드 등록제'를 도입하였다. 결과적으로 2009년에 미국 무역대표부로부터 지적재산권 감시대상국에서 제외되었다.[23]

V. 문화산업정책의 과제와 전망

1. 문화산업정책의 특징

앞의 서론에서 언급한 바와 같이, 문민정부에서부터 이명박 정부까지 문화산업을 범정부적 차원에서 집중적으로 육성·지원해야 하는 전략산업으로 인식하고 있다. 이러한 문화산업에 대한 공통적 인식의 기저에는 아래와 같은 논거가 자리 잡고 있다. 첫째, ICT로 대변되는 정보통신 인프라가 구축된 경제패러다임에서 콘텐츠가 일상적으로 유통되고 소비되는 환경이 조성됨으로써 문화산업은 핵심 산업이 될 수밖에 없다는 논리이다. 둘째, 문화산업은 일자리 창출 잠재력이 높은 산업이기 때문에 현

23. 1989년부터 미국이 교역상대국을 대상으로 매년 발표해온 지적재산권(IPR) 감시대상국 리스트에서 2009년 처음으로 한국이 제외되었다. 20년간 '우선감시대상국' 또는 '감시대상국'으로 분류되어 왔지만 한국이 그간 지재권 보호에 상당한 개선을 이룬 결과가 반영된 것으로 볼 수 있다.

재의 고용 없는 성장시대에 정부가 전략적으로 육성해야 할 산업으로 적절하다는 인식이다. 셋째, 문화산업은 그 자체로서의 경제적 중요성도 크지만, 중간재로서 다른 산업에 활용됨으로써 파급력이 높아진다고 본다. 문화적 요소를 경쟁우위의 원천으로 인식하고 경제의 문화화로 경제 전반에 영향을 미칠 수 있는 산업이 문화산업이라는 논리이다. 마지막으로 문화산업을 통해 한 국가의 명성을 제고시키고 다른 한편으로는 경제 발전과 도시 활성화에 문화산업이 기여하는 바가 크다는 것을 들 수 있다. 사실 위의 논거 중 어느 하나도 엄밀하게 검증된 것은 없으며 정책 추진의 정당성을 위한 담론 수준에서 제시되고 있을 뿐임에도 불구하고 국내에서는 한류 현상으로 인해 위의 논거들이 의심 없이 받아들여지는 분위기이다. 여하튼 한류는 드라마가 중심이었던 한류 1.0, K-pop 중심의 한류 2.0을 넘어 전통문화예술과 문화예술을 포괄하는 문화예술 전반(이른바 K-culture)으로 확대되고 있다. 이를 두고 해외에서는 한국 문화산업정책에 대한 호의적인 시선이 있는 것도 사실이다(Henry, 2007).

국민의정부에서부터 이명박 정부까지 국가전략산업으로 문화산업을 취급함에 따라 문화산업 정책 영역과 지원수단이 일단 만들어지면 지원 규모와 범위가 확대되는 관성 내지는 경향이 상대적으로 쉽게 작동되었다. 기술 변화가 심하고 이에 따른 문화산업의 구조적 변화가 빈번히 일어나는 상황에서 정부는 관련 예산과 조직개편으로 민간의 시장에 대한 불안정성을 일부 감소시킨 긍정적 측면이 있었다. 하지만 앞에서 언급한 것처럼 문화산업에 대한 정부의 집중 육성 의지는 한류라는 전대미문의 시장 성과에 의해 정당화되고 있는 측면이 강하다. 시장에서의 성과가 곧 정부지원 성과로 포장될 수 있기 때문에 문화산업에 대한 정부 지원이 시장 성과에 얼마나 유의하게 영향을 미쳤는지에 대한 인과관계는 그리 중요하지 않을 수 있다.[24] 이러한 측면이 문민정부 이후 지속적인 문화산업 지원이 가능했던 이유이기도 하다.

한국 문화산업정책의 전개과정은 위의 문화산업정책 영역이 조직이나 예산측면에서는 확대되고(widening), 내용적으로는 정책 목표와 수단을 보다 정교화하는 심화(deepening)과정이었다고 할 수 있다. 정부가 문화산업을 국가전략산업으로 육성하기 위해서 예산-조직-제도(법)를 어떻게 사용했는지 간단히 살펴보면 아래와 같다. 문화산업 정부 지원 예산은 1994년에 54억 원에 불과하였으나 2013년도 4,100억 원(기금관련 예산 제외)으로 증가하였으며 문화부 내 예산에서도 17.9%를 차지한다(한국콘텐츠진흥원, 2014). 문화산업국이 설치된 1994년 문화산업국 일국체제에서 시작하여 2004년에 문화산업국과 문화미디어국으로 분리되어 전문성을 강화시키게 된다. 2007년 9월에는 기존의 문화산업국과 문화미디어국을 통합한 '문화산업본부'로 직제를 개편하고, 그 아래 '문화콘텐츠진흥단'과 '문화미디어진흥단'을 두어 진일보한 진흥체계를 갖추게 된다. 이는 이명박 정부에서는 '문화콘텐츠산업실'로 확대개편하면서 콘텐츠정책관(과거 문화산업진흥단), 미디어정책관(과거 문화미디어진흥단) 외에 '저작권정책관'으로 재편되었다.

정부조직측면에서 산업의 발전에 따라 그 수요를 반영한 측면도 많이 발견할 수 있다. 1994년 문민정부 때 문화산업국 내에 저작권과가 설치되었으며 이후 문화정책국 소속으로 저작권과가 편제되었다가 2005년에 문화산업국 내의 저작권과로 편제된다. 이후 저작권정책관 아래에 저작권정책과, 저작권산업과, 저작권보호과를, 기술인력 양성 및 문화기술 선진화를 목적으로 '문화기술인력과'를 신설하는 등의 조직을 개편하여 대외 환경변화에 대하여 대응하고자 하였다. 이명박 정부에서는 수직적으로 전통적 개념의 콘텐츠에서 디지털콘텐츠까지, 수평적으로는 의료,

24. 가장 단적인 예는 개인 문화·오락서비스수지의 흑자를 들 수 있다. 1980년 관련 통계가 시작된 이후 처음으로 개인 문화·오락서비스수지 흑자를 2012년에 달성하였다. 구체적으로는 2012년 한 해 동안 12억 5,260만 달러의 수입과 11억 6, 710만 달러를 지급하여 8,550만 달러 흑자를 기록하였다.

교육, 방송에 이르는 유관 부처의 콘텐츠 진흥 관련 업무 또한 포괄하게 됨에 따라 범부처의 콘텐츠 업무를 관장하는 거버넌스로 콘텐츠산업진흥위원회를 만들어 부처 간 업무 중복과 갈등을 최소화하고자 하였다.

〈표 3〉 문화부 및 문화콘텐츠산업실 예산 현황(단위 : 억 원)

연도	정부예산총액	소속부(문화부) 예산		문화산업 부문 예산		문화미디어 부문 예산	
		예산 총액	정부 예산 대비 점유 비율	예산 총액	소속부 예산 대비 점유 비율	예산 총액	소속부 예산 대비 점유 비율
1994	478,262	3,062	0.63%	54	1.8%	–	–
1995	567,123	3,838	0.68%	152	4.0%	–	–
1996	629,626	4,591	0.73%	189	4.1%	–	–
1997	714,006	6,531	0.91%	132	2.0%	–	–
1998	807,629	7,574	0.94%	168	2.2%	–	–
1999	884,850	8,563	0.97%	1,000	11.7%	–	–
2000	949,199	11,707	1.23%	1,787	15.3%	–	–
2001	1,060,963	12,431	1.17%	1,474	11.9%	–	–
2002	1,161,198	13,985	1.20%	1,958	14.0%	–	–
2003	1,151,323	14,864	1.29%	1,890	12.7%	–	–
2004	1,201,394	15,675	1.30%	1,725	11.0%	–	–
2005	1,352,156	15,856	1.17%	1,911	12.1%	–	–
2006	1,490,625	17,385	1.18%	1,363	7.8%	890	5.1%
2007	1,565,177	14,250	0.91%	1,284	9.0%	693	4.9%
2008	1,749,852	15,136	0.86%	1,508	9.9%	558	3.7%
2009	1,968,712	16,665	0.85%	2,423	14.5%	562	3.2%
2010	2,012,834	18,166	0.90%	2,561	14.0%	836.9	4.4%
2011	2,099,303	19,603	0.93%	2,321	11.8%	1,136.3	5.8%
2012	2,231,383	20,933	0.94%	2,798	13.0%	1,188	5.0%
2013	2,362,253	22,876	0.97%	2,849	12.5%	1,256	5.5%

출처 : 문화체육관광부, 콘텐츠산업백서, 각 연도

제도적 측면에서 문화산업정책을 지원하는 관련 법률의 제정은 앞서 <표 1>에서 제시한 바와 같이 규제성격에서 진흥성격으로, 문화산업의 성장에 따라 개별 법령으로 분법화가 이루어지면서 동시에 문화산업을 총괄하는 기본법 제정이 동시에 진행되었다. 현행 문화산업 분야에는 <문화산업진흥기본법>, <영상진흥기본법>, <콘텐츠진흥법>의 3개 기본법이 존재하지만 이들 기본법들의 위상과 규율 범위가 상이하고 개별법과 체계적인 관계를 맺고 있지 못하다는 문제점이 지적되고 있다(김규찬, 2013). 위의 기본 법률들에서 문화산업, 디지털콘텐츠산업, 콘텐츠산업에 대한 개념이 불명확하여 정책 및 발전계획을 수립하는 단계에서부터 중복요소가 발생할 수밖에 없는 한계가 있다.

2000년 이후 문화체육관광부가 매년 문화산업정책 성과를 정리해서 발표하는 『콘텐츠산업백서』(2007년까지는 문화산업백서라는 이름으로 발간되었음)와 문화체육관광부 업무보고 자료를 종합적으로 검토한 결과, 문화산업정책 영역은 인력양성, 문화기술(CT) R&D, 제작기반 조성 및 지역문화콘텐츠산업 육성 지원, 콘텐츠산업 투자-유통 환경 지원, 해외시장진출 확대, 저작권보호 및 이용활성화, 공정경쟁 환경 조성의 7개 분야로 크게 나눌 수 있다. 물론 문화산업을 구성하는 세부 산업별로 차이는 있지만 인력, 기술, 해외진출, 저작권보호 및 경쟁 환경 구축이라는 기능적 영역을 설정하고 있어 과거 개발경제시대의 산업정책이 특정 산업 부문을 선별하여 집중 지원하는 선별적 산업정책과는 차별적이라고 평가할 수 있다.

위의 일반적 기능 지원 중심의 문화산업정책은 산업이 성장함에 따라 보다 목적 지향적인 지원으로 발전하였다. 예를 들어 초반에 문화산업진흥기금(1999~2006)을 통해 일반 콘텐츠기업에 대한 융자 지원과 직접 방식의 투자지원이 이루어졌지만 이후 완성보증제도,[25] 문화수출보험제도,[26] 글로벌콘텐츠펀드 조성 등으로 정부-민간이 합작하거나 해외진출

이라는 구체적 목적을 달성할 수 있도록 별도의 금융지원제도를 고안하여 지원하였다.[27]

문화산업 육성정책과 관련하여 정부와 시장의 역할 분담을 논하지 않을 수 없다. 이는 문화산업의 공공성과 시장성에 관한 문제로 앞에서 문화산업정책이 문화정책과 산업정책의 이중적 의미가 있다는 것을 언급한 바가 있다. 온라인게임산업은 1990년대 후반에 국내에서 자생적으로 산업이 형성되어 발전한 대표적인 산업이다. 한편에서는 신생산업으로서 전략적으로 육성하는 산업인 동시에 사행성 논란 등으로 사회적 규제 또한 많은 것이 사실이다. 적절한 규제는 필요하지만 기존에 게임관련 규제 논의가 문화체육관광부(선택적 셧다운제), 여성가족부(강제적 셧다운제), 교육과학기술부(쿨링오프제) 등 여러 부처에서 제기되면서 규제 중복에 의한 혼란이 가중되었다. 게임산업의 산업적 측면 및 사회적 요구 사항을 절충할 수 있도록 게임물 규제 권한을 가능한 일원화하고, 새로운 규제를 신설하기보다는 기존 규제를 보완하는 방향으로 정책 방향이 설정될 필요가 있다.

문화산업정책의 공공성이 높은 정책으로 문화원형 디지털콘텐츠화사업을 들 수 있다. 국민의정부에서부터 시작하여 이명박 정부까지 별다른 성과를 내지 못했음에도 불구하고 지속적으로 사업이 추진된 것은 문화산업정책이 문화예술부문과 가장 밀접히 접하는 분야를 사업화하였다는 점에서 정당화된 측면이 강하다. 이와는 반대로, CT R&D 정책은 문화

25. 완성보증제도(2009년 실시)는 문화상품이 계획된 제작기간과 예산 범위 내에서 당초 계획대로 완성되고 유통사에 인도할 것을 완성보증사가 금융기관에게 보증하는 제도로서 콘텐츠 제작위험을 감소시켜 민간 자본 유입을 유도하는 효과가 있다.
26. 문화수출보험제도는 해외 수출을 전제로 한 콘텐츠가 자금 조달의 어려움 없이 제작될 수 있도록 제작사에게 제1금융권 지급보증을 제공하는 제도이다. 제작비의 30%를 무역보험공사가 보증하면 제1금융권에서 추가적인 금융지원을 제공해 준다.
27. 이러한 한국의 적극적인 문화산업에 대한 금융 지원정책을 중국이 벤치마킹하게 된다. 2009년 3월, 중국 문화부와 중국수출입은행은 <문화수출 중점기업, 중점항목을 지원하고 배양하는 것에 관한 협의>에서 향후 5년간 200억 위안(한화 약 3조 6천억 원) 이상의 외환신용대출자금을 제공할 것을 발표하였다.

산업 지원의 확대 논리가 제조업 중심의 산업정책을 모방하는 데에서 출발한 측면이 강하다. 제조업 지원 정책을 그대로 문화산업에 적용시켜 문화산업정책영역을 확장시켰지만 결과적으로는 서비스산업적 특성과 문화산업적 특수성을 살리는 데 한계가 있었다고 평가할 수 있다. CT는 좁게는 문화콘텐츠를 디지털화하는 기술을 뜻하며, 넓게는 문화예술/인문사회/과학기술이 융합하여 인간의 삶의 질을 향상시키고 더 나은 방향으로 변화하게 하는 기술을 말한다(정상철, 2010b). 위의 협의와 광의의 CT 개념에 비추어 평가하면, 전자의 기술중심적인 지원정책이 주되게 이루어졌고 문화산업의 본래적 의미의 콘텐츠 기획 및 창작 개념에서의 R&D 개념은 초보단계이거나 그 비중이 약하다고 평가할 수 있다. CT정책의 입안 및 실행이 주로 ETRI 인력이 담당한 것에서 보면 당연한 귀결로 보인다. 참여정부 이후 CT R&D 정책이 더욱 분화되고 체계화되었지만 2013년 기준으로 문화부 내 CT R&D 예산 중 기술관련 비중이 73%인 데 반해 문화예술관련 비중이 13%로 위에서 언급한 평가가 여전히 유효하다고 할 수 있다(양건열, 2014). 향후 기술적인 면에 치우쳐 있는 문화기술(Culture Technology)의 범위와 지원 분야를 인문학, 문화예술, 콘텐츠 등을 포괄하는 창조기술(Creative Technology)로 확대할 필요가 있다.

2. 문화산업정책의 과제와 전망

문화산업의 변화를 사회 일반의 민주화, 정보화(산업화)와 세계화에 적용하여 살펴보았다. 문화산업에서도 이와 같은 전환점들이 분명히 있었으며 완료된 것이 아니라 지금도 진행 중에 있다고 볼 수 있다. 문화산업정책의 과제를 이러한 관점에서 도출해 볼 수 있다.

먼저 민주화의 과제로서 심의제도의 개선과 공정경쟁정책의 확대를 들 수 있다. 1987년 민주항쟁 이후 표현의 자유가 더디지만 확대되어 왔으며 이후 정부 중심의 직접적인 심의에서 민간 자율심의 방향으로 진행되고 있다. 문화산업 내 세부산업별로 정도의 차이는 있지만 보다 더 민간 자율성이 확대될 필요가 있다. 또한 문화산업은 승자독식으로 인한 시장 집중화 경향이 강한 산업적 특성을 가지고 있다. 새로운 콘텐츠의 개발과 기존 콘텐츠의 혁신은 다양한 기업들과의 경쟁과 다양한 취향을 가진 소비자의 요구에 의해 이루어질 수 있다. 이러한 점에서 시장이 지나치게 독과점되는 것을 정부가 감시하고 시정하는 공정경쟁 정책의 중요성이 앞으로 더욱 부각될 수밖에 없으리라 생각된다.

둘째, 정보화와 산업화의 과제로는 건전한 문화산업 생태계의 조성을 들 수 있다. 생태계(ecosystem)는 혁신이론가들의 표현을 빌리면, 문화산업 혁신시스템 구축과 시스템 내의 부문 간 조응과정과 다름 아니다. 혁신시스템(innovation system)은 혁신의 시스템적, 상호작용적 성격에 주목하여 산업의 혁신능력을 체계적으로 개선하고자 하는 접근이다. 국가혁신시스템이 국가마다 제도나 여타 혁신환경이 서로 다르기 때문에 국가 간 혁신능력이 상이한 것처럼 문화산업과 같은 개별 산업의 혁신시스템도 구축정도와 조응정도에 따라 경쟁력에 차이가 발생한다. 문화산업 혁신시스템은 한국 문화산업의 혁신능력을 결정하는 상호 관련된 제도들의 집합으로 정의할 수 있을 것이다(Nelson & Rosenberg, 1993).[28]

이러한 집합은 문화산업부문에서 주체부문, 연계부문, 제도부문, 기술부문, 수요부문으로 구성할 수 있다. 이들 각 부문들의 상호작용 정도와

28. 넬슨과 로젠버그(1993)는 시스템(system)을 '기업의 혁신 성과를 결정하는, 상호작용하는 제도들의 집합'이라고 정의하고 있으며, 룬드발은 '지식의 창출, 사용과 확산에 상호작용하는 모든 측면과 부문'이라고 정의하고 있다. 시스템에 대한 정의가 학자에 따라 다양하지만, 일반적으로 시스템이란 여러 구성요소가 얽혀 상호작용하는 것이며, 이런 상호작용의 양과 질이 시스템의 성과(performance)를 결정한다는 것에는 대체로 일치하고 있다.

조응 정도에 의해 혁신시스템의 경쟁력이 좌우된다.

구체적으로 문화산업 시장 파이(pie)를 키울 수 있는 시장의 투명성 확보가 긴요한 과제로 제기되고 있다. 기술발전에 의해 새로운 콘텐츠 시장이 등장할 것으로 예상된다. 과거 온라인(모바일) 음악시장이라는 새로운 시장 창출을 두고 이동통신사와 음원 제공업자 간 대립은 향후 국내 문화산업 발전을 위한 방향을 고찰하는 데 시사하는 바가 크다. 시장의 민간 플레이어는 단기적인 이윤에 매달리는 경향이 강하다. 그러다 보면 시장의 파이(pie)를 키울 수 있음에도 불구하고 현재 시점에서의 매출 배분에 매몰되어 산업을 성장시킬 수 있는 기회를 놓칠 수가 있다. 새로운 시장 형성 초기에 이해관계자 간에 공동으로 시장을 키울 수 있다는 신뢰를 만들어 내는 것이 필요한데 이를 위해서는 시장거래의 투명성 확보가 대단히 중요하다. 향후 문화산업지원 정책의 큰 방향 중에 하나는 해당 산업에 지원을 해 주되 그 반대 급부로 시장의 투명성을 확보할 수 있는 것과 연계시키는 것이 필요할 것이다.

셋째, 세계화는 기술의 스마트화, 융합화, 3D 등 첨단화로 더욱 가속화될 것으로 예상된다. 향후 새로운 기술적 발전에 따른 문화산업의 전개가 현재의 예측과 상관없이 진행될 것이다. 이러한 변화에 대응하여 현재의 문화산업시스템도 진화 및 변화된 현실에 조응할 때 한국 문화산업의 경쟁력이 발휘될 것이다. 특히 향후 각국은 자국의 문화산업을 전략적으로 집중 육성함에 따라 세계시장에서의 경쟁은 지금보다 더욱 치열할 것으로 예상된다. 결국 세계시장에서의 경쟁은 개별 기업이 주된 플레이어이지만 정책측면에서는 시스템경쟁이 될 수밖에 없을 것이다. 향후에도 문화산업 시스템 경쟁력을 제고시키는 정책적 노력이 더욱 필요하다 하겠다.

참고 문헌

강현철·류성진(2014), 문화관광콘텐츠산업 분야의 글로벌 법제전략 연구, 한국법제연구원.

김상욱(2013), 문화콘텐츠산업 정책과 창조산업, 크린비디자인.

김상욱(2014), 콘텐츠산업 활성화를 위한 모태펀드 문화계정 운영개선 방안 연구, 문화경제.

김규찬(2013), 문화산업분야 법체계 정비방안 연구, 한국문화관광연구원 기본과제.

문화체육관광부(2012), 한류백서.

문화체육관광부(2013), 아시아문화중심도시조성 종합계획·수정계획 2013~2023.

박문수·고대영·박정수(2013), 게임시장의 규제가 산업생태계 발전에 미치는 영향과 시사점, 산업연구원.

박조원 외(2007), 참여정부의 문화산업정책과 향후 과제, 한국문화관광연구원.

신타쿠 준지로 외 편(위정현 옮김, 2004), 게임산업의 경제분석, 풀빛미디어.

심상민(2013), 문화콘텐츠 정책평가와 개선방안에 관한 연구, 문화경제.

앤디 프랫·폴 제프컷 편저(2010), 문화경제의 창의성과 혁신, 한국문화관광연구원.

이용관(2012), 문화산업에서 콘텐츠산업으로의 정책변동과 미래전망, 한국문화관광연구원.

이기현(2010), 디지털융합시대 콘텐츠산업 미래정책 연구, 문화체육관광부.

전원경(2014), 한국 드라마 수출 후원정책의 효율성에 대한 고찰: 1995~2005를 중심으로.

정상철(2010a), 콘텐츠산업에서의 공정경쟁 관련 이슈와 관점, 웹진 문화관광, 9월호.

정상철(2010b), 게임산업 연구개발활동의 정책화와 경제적 효과, 경제연구, 28권(3호), 글로벌문화콘텐츠 14호.

최영화(2013), 이명박 정부의 기업국가 프로젝트로서 한류정책 -전략관계적 접근법을 통한 구조와 전략 분석- 경제와 사회, 봄호(통권 97호).

한국문화정책개발원(1999), 한국 스크린쿼터의 현황과 발전방안에 관한 연구, 정책과제.

한국문화관광연구원(2015), 문화동반자 10주년 성과보고서.

한국콘텐츠진흥원·문화체육관광부(각 연도), 문화산업 백서.

한국콘텐츠진흥원·문화체육관광부(각 연도), 콘텐츠산업 백서.

Colette Henry(2007), Entrepreneurship in the Creative Industries: An International Perspective, Pluto Press.

Dani Rodrik(2007), One Economics, Many Recipes: Globalization, Institutions, and Economic Growth, Princeton University Press.

Guerrieri, Iapadre & Koopmann(2005), Cultural Diversity and International Economic Integration: The Global Governance of the Audio-Visual Sector, Edward Elgar.

John Hutchinson(1999), "Re-interpreting cultural nationalism", Australian Journal of Politics and History, Vol. 5 No. 3.

John Hawkins(2013), Creative Economy, Penguin.

NESTA(2013), A Manifesto for the Creative Economy.

R. Nelson & N. Rosenberg(1993), "Technical Innovation and National Systems", in R. Nelson (Eds), *National Innovation Systems: A Comparative Analysis*, Oxford University Press.

USTR(2004), National Trade Estimate Reports on Foreign Trade Barriers.

04

미디어 정책

KBS 편성본부 연구위원 / 서울대 언론정보학과 교수

오 형 일 / 윤 석 민

한국에서 미디어가 본격적으로 성장하기 시작한 것은 산업화와 민주화의 요구가 팽팽한 줄다리기를 하던 1960년대부터다. 한국의 현대사에 있어서 가난의 사슬에서 벗어나야 하는 산업화의 과제, 그리고 자유와 인권의 확대라는 민주주의의 가치는 국면적 관점에서는 끊임없이 상호 거칠게 대립하고 충돌하지만 큰 흐름에 있어서 상호 상승적으로 발전하며 우리의 현대사를 이끌어온 두 개의 축이었다. 미디어 영역의 발전 역시 이러한 큰 흐름에서 예외가 아니었다. 미디어 영역은 산업화와 민주화의 달성이라는 두 가치가 빚어내는 갈등적 역동성의 한 중심에 위치하였다고 해도 과언이 아니다.

지난 50여 년간 한국의 미디어는 경제 성장과 민주화라는 가치에 어떻게 대응하며 또 어떤 역할을 하였는가? 그 과정에서 정부의 미디어정책 및 성과는 어떠하였나? 이러한 질문들에 대한 답을 역사적으로 파고드는 작업은 현시점에서 단순한 과거사 정리 이상의 의미를 지닌다. 한국의 현대사의 큰 맥락 속에서 경제 성장과 민주화가 일정부분 한계에 봉착해 있는 것이 작금의 상황이고 미디어 영역 역시 예외는 아니기 때문이다. 우리가 현 시점에서 당면한 문제의 본질을 가름하기 위해서는 우리는 어떻게 현재의 상태에 도달했는가에 대한 역사의 궤적을 추적할 필요가 있다.

이 장에서는 한국 현대사의 큰 흐름 속에서 미디어 영역 및 미디어정책의 역사적 변천과정을 살펴보고자 한다. 이때 가장 우선적으로 한국 현대사의 맥락을 어떻게 구분할 것인가라는 문제가 대두한다. 이 글에서는 대한민국 정부 수립 이후 한국 현대사의 전개에 있어 가장 큰 중요한 행위자가 국가, 보다 구체적으로 정치권력이었다고 보고 정치권력의 변동을 중심으로 현국 현대사의 맥락을 구분해 보고자 한다. 떼려야 뗄 수 없는 미디어와 정치권력의 관계를 고려할 때 이러한 관점은 미디어 영역에서 발생해온 주요 역사적 변천을 살피는데 유용성이 특히 크다 할 것이다. 다음으로 미디어 영역 중 어디까지를 논의에 포함시킬 것인가라는 문제가 대두한다. 관련하여 이 글에서는 한국 사회의 주류 미디어였던 신문과 방송을 주요 논의의 대상으로 삼고자 한다. 이 두 매체는 최근의 디지털 매체폭발 상황 속에서 눈에 띄게 위상이 위축되고 있긴 하지만, 한국 현대사의 흐름 속에서 다른 어떤 매체보다도 큰 영향력을 행사하였고 미디어정책 차원에서도 최우선적 고려의 대상이 되어온 미디어였다.

정리하면 이 글은 산업화와 민주화로 특징 지어지는 한국 현대사의 노정 속에서 신문과 방송으로 대표되는 미디어 영역 및 그 정책은 어떠한 궤적을 따라 발전해 왔는지를 정치권력의 변동 맥락을 중심으로 살펴보는 데 그 목적이 있다.

Ⅰ. 미디어정책의 도입과 발전

1. 제도의 부재(1960년대 이전)

1948년 대한민국 정부 수립 후 이승만 대통령의 정부 정책을 설명하는 핵심 단어는 반공이었다. 미디어라고 예외는 아니었다. 이승만 정부 시절 미디어정책의 일관된 방향은 반공 이데올로기의 강화와 좌익 언론의 축출이었다(김영희, 2012). 정부 수립 직후인 1948년 9월, 이승만 정권은 좌익 성향의 신문과 정부에 대한 비판적 미디어를 통제하기 위해 언론 기사 게재 금지 항목 7개를 발표한다. 대한민국의 국시 국책을 위반하는 기사, 정부를 모략하는 기사, 공산당과 이북 괴뢰정권을 인정 내지 비호하는 기사, 허위의 사실을 날조 선동하는 기사, 우방과의 국교를 저해하고 국위를 손상하는 기사, 자극적 논조나 보도로서 민심을 격앙 소란케 하는 기사, 국가의 기밀을 누설하는 기사 등의 게재를 금지시킨 것이다(김주언, 1999). 이에 더해 북한정권을 인정하는 내용의 기사를 싣지 못하도록 각 언론사에 보도지침을 시달한다(차재영, 2005). 이 지침의 내용은 '북조선 인민공화국'은 '북한 괴뢰정부'로 할 것, 김일성 수상 운운의 정식예우를 하는듯한 문구를 사용하지 말 것, 인공기 게양을 보도하지 말 것, 미군 주둔을 훼방하는 논설과 기사를 게재하지 말 것, 인민군을 동정하거나 좌익의 선동을 의거로 취급하여 민심에 악영향을 주는 논조를 피할 것 등 대부분 좌익 언론의 보도 통제를 목표로 하였다. 1948년 12월 1일 제정한 국가보안법 역시 효과적인 언론통제 수단이었다(김학재, 2009).

그렇다고 당시의 미디어가 정치권력에 의해 완벽하게 통제되었던 것은 아니다. 오히려 언론의 자율성은 폭넓게 인정되었고, 언론이 정치권력과 대결도 할 수 있는 상황이었다(김영희, 2012). 이승만 정권은 제도적 차원에서 언론 통제의 정당성을 확보하기 위해 수차례에 걸쳐 관련 법령을 제정하려 했다. 1948년 신문지법을 제정하려 했고, 1952년 출판물법안을 상정하려 했으며 1955년 출판물에 관한 임시조치법을 제정하려 했다. 그렇지만 이러한 시도는 언론의 집단적 반발로 모두 폐기되고 말았다(김남석, 2010).

이승만 정권은 북한과의 대결 국면에서 언론자유를 어디까지 허용할 것인가라는 문제에 자주 직면했다(정진석, 2010). 그러나 문제를 풀어가는 방식은 거칠었다. 국가보안법을 내세워 반공 이데올로기를 언론에 포괄적으로 적용하려 했고, 반대 여론을 억압하기 위해 물리적 통제와 임기응변으로 대응했다(김남석, 2010). 신문 발행을 방해하고 무기정간이나 폐간 등의 처분을 내리거나 테러를 자행하기도 했다(강준만, 2000). 신문 발행 허가를 억제하는 법적 근거는 '미군정 법령 88호'였다. 이는

1946년 좌익 신문의 발행을 억제하고자 제정된 법인데 이승만 정권의 언론통제도구로 포괄적으로 활용된 것이다(송건호, 1990). 이승만 정권은 체계적인 미디어정책을 세우기보다는 이처럼 반공과 물리적 방법으로 언론을 통제하려했고, 이는 언론계 내부의 단결을 유도하고 국민들의 언론에 대한 응원을 이끌어내는 결과를 초래한다.

이승만 정권은 1960년 4.19 혁명으로 몰락했다. 이 혁명의 도화선은 3.15 부정선거였지만 6.25 전쟁이 끝난 지 7년 만에 4월 혁명이라는 거대한 사회운동이 분출한 것에는 미디어의 영향 역시 적지 않았다. 이승만 정권 시절 한국 사회의 주류 미디어는 신문과 잡지였다. 1954년 기독교방송과 1959년 문화방송이 개국하면서 본격적인 라디오 시대가 열리고, 1956년 HLKZ-TV가 방송을 시작하면서 텔레비전 시대의 개막을 암시했지만[1] 당시 사회적으로 가장 큰 영향력을 지닌 미디어는 신문과 잡지였다. 특히 야당 성향이 강했던 동아일보와 경향신문, <사상계>가 여론 형성에 큰 영향을 미쳤다(김호기, 2010). 이들 미디어와 정치권력의 관계는 팽팽한 긴장관계의 연속이었다. 이승만 정권의 정치적 횡포, 부정부패, 부정선거를 폭로하는 언론의 자세는 적극적이었고, 이에 대한 정권의 물리적 탄압 역시 거셌다. 이 긴장 관계를 조율하는 정책은 존재하지 않았다. 정책의 부재 속에 언론계와 정부의 불편한 갈등은 계속되었고, 크고 작은 필화사건과 언론인 구속, 취재기자 폭행이 잇따랐다. 정부와 언론의 갈등은 1959년 경향신문 폐간으로 절정에 이르렀다. 경향신문 폐간은 자유당정권이 언론을 탄압한 최대사건이기도 했지만 이에 대응한 언론의 투쟁 역시 최대였으며 이승만 정권의 몰락을 재촉하는 결과를 가져온다(정진석, 2010). 정치권력의 폭행을 담은 현장 사진, 부정

---

1. 한국 텔레비전의 역사는 1956년 HLKZ-TV로부터 시작된다. 미국의 RCA와 합작으로 만들어진 HLKZ-TV는 곧 DBC(대한방송주식회사)로 넘겨졌다가 불의의 화재로 텔레비전 방송이 중단되었지만, 5·16 이후 HLKZ-TV 주파수가 KBS-TV로 이어졌다(조항제·박홍원, 2011).

선거를 폭로하고 비판하는 기사와 사설이 주요 신문과 잡지의 1면에 게재되는 빈도가 늘어났고, 이는 학생과 지식인을 중심으로 한 시민사회에 큰 영향을 미쳐 4.19 혁명을 점화하는 기폭제가 된다.

2. 제도의 창설(1960년대)

1) 군사정부 전후의 신문정책

4.19 혁명 직후 외무장관 허정이 대통령 대행을 맡는 과도 정부가 들어선다. 1960년 6월 15일 내각제 개헌안이 통과되었고 이후 출범한 장면 정권의 언론정책은 언론의 자유를 최대한 보장하고 정부의 통제는 포기하는 정책이었다(김남석, 2010). 신헌법 제13조는 '모든 국민은 언론·출판의 자유와 집회·결사의 자유를 제한받지 아니한다'고 규정한다. 이어 미군정 법령 제88호를 폐지하는 대신 신문 및 정당의 등록 등에 관한 법률을 공포하여 정기간행물의 허가제를 등록제로 바꾼다. 이후 언론자유의 물결은 전국을 휩쓸었고 각종 정기간행물이 쏟아져 나왔다. 등록제가 실시된 지 불과 5개월 만에 일간지는 41개에서 389개로, 주간지는 136개에서 476개로 늘어났다(김민환, 1996). 무분별하게 신문이 창간되는 바람에 사이비언론이 급증하였고, 한때는 민주화 혁명의 일등 주자로 평가되던 신문에는 '신문망국론'이라는 불명예 꼬리표가 붙기도 했다(강준만, 2000). 장면 정권은 언론의 방종에 적절한 정책적 대응을 하지 못한다. 신문은 사사건건 정부를 물고 늘어졌고, 사이비 기자의 행패가 사회적으로 지탄의 대상이 되기까지 했다(강준만, 2000). 언론계 내부에서도 신문윤리강령 제정 등 언론의 자유에 제동을 걸어야 한다는 자체적 움직임이 구체화되기도 했다(김남석, 2010). 시민사회가 미성숙 상태 속에서 자유의 부작용이 나타난 곳은 단지 언론뿐만이 아니었다. 과도한

자유로 인한 방종과 병폐가 사회 곳곳에서 나타났으며 이는 5.16 군사 정변이 일어나게 되는 빌미를 제공하였다.

〈표 1〉 4.19 혁명 전후 간행물 증감률

	4.19 전 (1960.1.1.)	2공화국 (1961.5.1.)	4.19 전 대비 증가율	5.16 후 3공화국 (1963.12.31.)
일간신문	42	115	+ 73(170%)	34
주간신문	100	487	+ 387(387%)	38
월간지	301	468	+ 167(56%)	156
통신사	14	308	+ 294(2,100%)	8

자료 : 김남석(2010. p.177)

1961년 5월 16일 새벽 박정희 군부세력은 중앙청과 KBS를 점령한 후 전국에 비상계엄을 선포한다. 쿠데타 직후 군사정권이 가장 먼저 한 일은 언론에 대한 사전검열이었다. 쿠데타의 정당화를 위해서는 언론의 협조가 반드시 필요했기 때문이다. 계엄사령부는 적을 이롭게 하는 사항, 혁명군사위원회의 제 목적에 위반하는 사항, 반혁명적 선전을 목적으로 하는 사항, 치안유지에 유해로운 사항 등 9개 항목의 보도금지사항을 발표한다. 이어 5월 23일에는 '사이비 언론인 및 언론기관 정화'라는 명분하에 많은 언론사를 등록 취소한다. 그 결과 전국의 916개 등록 언론기관 중 91%에 해당하는 834개가 강제로 폐간되었다(강준만, 2000).

박정희 군사정권의 언론에 대한 인식은 부정적이었다. 1961년 8월 <최고회의보> 창간호에 기고한 글에서 "국론을 통일하기 위해서는 무책임한 언론의 자숙이 요청된다"고 주장했고, 11월 미국 내셔널 프레스 클럽에서 행한 연설에서도 "과거의 신문들이 금전에 좌우되고 부패했으며 공산주의 색채를 띠었다"고 단정하기도 했다(강준만, 2000). 1961년 5월 군사정변 직후부터 1962년 6월까지 기자 신분으로 체포되거나 재판에 회부된 인원은 960명에 달했다(송건호, 2002). 그는 과거의 언론과 다른 언론을 원했고, 변화된 언론의 핵심 기능은 "군사정부에 대한 정당화와 사회적 동원을 위한 도구화(김남석, 2010)"였다.

이를 위해 1961년 6월 22일 언론정책수행을 위한 독립부서로 공보부를 설립했다. 공보부는 언론에 대한 정부의 공식적인 통제기구로서 1968년에는 문화공보부로 확대되었다. 이에 더해 '특수범죄 처벌에 관한 특별법', '반공법', '집회 및 시위에 관한 법률'을 제정하여 반정부활동에 대한 보도를 규제할 수 있는 법률적 토대를 마련했다(김해식, 1992). 이러한 통제를 기반으로 군사정권은 과거와 다른 언론 구조를 만들어 내기 위한 정책을 공표했다. 1962년 6월 28일 언론자유와 책임, 언론인의 품위와 자질, 언론기업의 건전성, 신문체제의 혁신, 언론정화 등의 5개 기본방침과 20개 세부방침으로 구성된 '최고회의 언론정책'을 발표한 것이다.

이 정책의 핵심은 시설기준의 설정, 단간제의 실시, 언론기업 육성정책으로 압축할 수 있다. 먼저 신문 발행에 엄격한 시설기준을 마련하여 상당한 규모의 자본가가 아니면 미디어 사업을 할 수 없게 만든다. 이를 계기로 특정 사회운동 및 시민단체와 연계된 정파 언론들은 신문시장 진입이 어렵게 되었고, 언론의 기업화가 이루어질 수 있게 되었다(김해식, 1992). 다음으로 조석간제로 발행되던 기존 유통체제를 하루에 한 번 신문을 내는 단간제로 전환하고, 신문 '보도'의 중심을 '보도위주에서 교양계몽위주'로 전환시켰다. 이는 정치보도를 중심으로 보도량이 줄어들고, 정론지 중심의 언론의 성격이 잡지화되고 상업화되는 계기가 되었다(강준만, 2000). 마지막으로 언론에 저금리 운영자금을 제공하고 언론인 금고를 설치하는 등 정부 지원을 강화해 신문 산업의 기반 조성을 꾀했다. 이는 군사정부의 정책에 대한 언론의 자발적 동조를 강화하고 언론에 대한 정치권력의 통제력을 강화하고자 하는 의도였다(김남석, 2010). 군사

쿠데타 이후 정권이 취한 이러한 언론정책은 한편으로는 언론의 정치 감시 및 비판 기능을 억제하고 또 다른 한편으로는 언론의 기업화를 촉발시키는 계기가 되었다.

2) 군사정부 전후의 방송정책

1960년대는 한국 사회에서 방송이 본격적인 대중매체로서의 위상을 갖추게 된 시기였다. 우선 이 시기는 라디오의 시대로 평가될 정도로 라디오가 급속한 성장세를 보이게 된다. 또한 텔레비전 방송이 본격적으로 시작된 시기이기도 하다.

우선 라디오 방송의 경우, 1950년대 후반부터 라디오 수신기 보급정책이 적극적으로 이루어졌다. 라디오 수신이 불가능한 농어촌 부락에 앰프촌을 설치하기 시작했고, 수신기가 보급되어 있지 않은 농어촌 부락을 대상으로 라디오를 무상 보급했다(김영희, 2011; 임종수, 2004). 박정희 정부가 들어서면서 라디오 보급정책은 좀 더 강력하게 추진된다. 이와 함께 상업라디오 방송이 속속 개국하게 되면서 드라마, 쇼, 뉴스 등 주요 프로그램 장르의 제작 및 편성 틀이 갖추어 지게 되었다(임종수, 2004)[2]. 정부 홍보로서 국영방송인 KBS, 종교방송이면서 다양한 음악과 교양 프로그램을 확대한 CBS(1954년 개국), 상업방송 체제로 등장했지만 국가 주도적인 공익법인 형태의 MBC(1961년 개국), 동아일보 소유로 보도영역에 관심이 높았던 DBS(1963년 개국), 재벌기업이 소유한 라디오 서울(1964년 개국, 훗날 동양방송 TBC) 등 다양한 소유주체들이 방송사를 경영하면서 라디오 제작 및 편성의 고도화가 이루어지기 시작한 것이다. 정부의 라디오 수신기 보급정책과 민간 라디오 방송의 개국이 맞

2. 이전에도 국영 KBS, 민영 CBS(1954년)와 부산문화방송(1959년)이 있었지만 1950년대까지만 하더라도 라디오는 자본 규모가 작고, 청취 범위에도 한계가 있었다. 이에 비해 1960년대 초반은 민영 라디오의 등장으로 채널 간 긴장감 높은 경쟁체계를 구축하고 실효성 높은 방송에 대한 내부적 정비가 갖추어진 시기였다(임종수, 2004).

물리면서 1960년대 초반 라디오는 한국 사회에서 가장 영향력 있는 매체로 부상했다(김영희, 2003).

텔레비전 역시 국내에서 수상기가 제조되기 시작한 1966년부터 서울을 중심으로 한 도시지역부터 보급률이 증가하기 시작했다(임종수, 2007). 특히 1966년 박정희 정부는 전자산업을 수출육성산업으로 지정하고 1969년 전자산업육성법을 공포하여 전자산업 지원에 박차를 가하는데 이러한 정책적 지원에 힘입어 TV 수상기의 보급률 역시 급격하게 상승했다(강준만, 2000). 이에 맞물려 1964년 12월 동양텔레비전(DTV, 훗날 TBC-TV), 1969년 8월 MBC TV가 개국하고, 이들이 전국적으로 네트워크망을 확장해 가면서 한국 사회의 핵심 매체로 자리 잡기 시작했다.

1960년대 이후 라디오와 텔레비전의 보급률이 급속하게 상승한 것은 박정희 정부가 경제개발계획의 성공적인 추진을 위해 방송을 주요한 홍보매체로 활용하고자 했기 때문이다(추광영, 1986). 박정희 정부는 방송을 국가발전에 기여하는 수단으로 이해하는 특성이 강했고 이는 미디어 정책결정의 중요한 요인으로 작동하였다(강형철, 2011).

라디오와 텔레비전의 성장과 맞물려 방송에 대한 법적 체계도 처음으로 확립되었다. 방송에 대한 법 제정 논의는 4.19부터 시작되었으나 실제 관련 법안은 5.16 이후 제정되었다. 1961년 12월 제정된 전파관리법은 방송국을 포함한 무선국을 개설하고자 하는 자에게 체신부장관의 허가를 얻을 것을 명시하였다. 이에 더해 허가와 재허가에 관한 사항과 외국인의 소유제한 등을 구체화하면서 방송 전파의 국가적 관리를 성문화하였다(조항제, 1998). 이 법은 방송국 허가규제와 관련하여 방송을 기술로 보려는 입장(체신부)과 문화로 보려는 입장(공보부) 간의 논란 속에서 탄생했다(임종수, 2004). 논란의 타협점으로 무선국 허가의 관할권은 체신부가 가지지만, 방송을 목적으로 하는 무선국의 경우 공보부 장관의 합의를 얻어야 한다는 조문이 전파관리법 시행령에 삽입되었다. 그리고 방송에 대한 각종 규제 기능도 공보부가 관할하는 방식으로 정리되는데 1963년 12월 제정된 우리나라 최초의 방송법은 이에 근거하여 제정된 것이었다(임종수, 2004).

5장 22개조로 구성된 방송법은 우선 제1조에서 '국민문화의 향상과 공공복지의 증진'에 방송의 목적을 두고 이를 전제로 방송의 자유를 보장하고 있다. 또한 방송의 공공성과 질서를 자율적인 방법으로 유지하기 위한 수단으로 개별 방송사마다 방송윤리위원회와 심의기관을 설치할 것을 명문화하였다. 이에 더해 시행령을 통해 프로그램 종류를 보도, 교양, 오락, 광고 및 기타방송 등으로 분류하고 각 장르별 편성비율(하한선)을 정하였다.

전파관리법과 방송법의 제정으로 방송에 대한 정부의 제도적 관리가 가능하게 되었다(김영희, 2011). 그러나 당시의 방송정책은 한국의 방송구조나 제도에 대한 깊이 있는 고민이나 연구 없이 급조되었다는 평가를 받고 있다(임종수, 2004). 그 대표적 예가 5.16 군사정변 이후 불과 3개월 만에 창설계획이 만들어지고, 그로부터 약 4개월 후에 방송을 시작한 KBS TV의 개국이다. 이는 매우 돌발적이고 졸속적으로 이루어진 정책이었다(강준만, 2000). KBS TV 개국을 위해 군사정권은 '국영 텔레비전 방송 사업 운영에 관한 임시조치법'과 '국영텔레비전 방송사업 특별회계법'을 제정했다. 임시조치법으로 KBS는 시청료를 징수하고 유료방송 광고를 할 수 있게 되었고, 특별회계법 제정으로 텔레비전 수상기 소지자로부터 받는 시청료와 광고 방송 수입금을 비용으로 쓸 수 있게 되었다(김영희, 2011). 그러나 당시 한국 사회는 TV 시청의 제반조건이 미흡한 상황이었고, 그것의 자금원은 불확실할 수밖에 없었으며, 이후 KBS TV 운영에 있어 졸속은 빼놓을 수 없는 수식어가 되었다(조항제, 2011).

김지태가 소유한 사업체(부산일보, 부산문화방송, 한국문화방송)의 주식 대부분을 박정희가 설립한 5.16장학회(현 정수장학회)로 넘겨 MBC를 사실상 정치권력이 소유하는 방송사로 전환하는 과정은 졸속을 넘어 비합법적이고 강압적이다. 이후 민영방송의 허가 역시 별다른 원칙 없이 무정형하게 이루어졌다. 방송진입에 대한 정치적 선별이 이루어졌고, 선별된 방송에는 상당한 특혜가 이루어졌다(조항제, 1998). 가령 지역 민영방송의 허가는 정권이 강탈한 MBC의 지방 직할국 신설부터 시작되었다. 이에 비해 동아방송, 동양방송 등은 가청범위를 넓히기 위해 수없이 지역국을 개설하려 했으나 모두 좌절되었다. 텔레비전 개국에 있어서도 MBC에 대한 특혜는 지속되었다. TBC와 달리 MBC는 대부분의 기자재를 차관으로 해결하였고, MBC 텔레비전 개국과 맞물려 KBS는 '텔레비전 산업을 육성한다'는 명분하에 광고를 전면 중단하였다.

한편 1960년대의 방송정책에서 편성이나 내용에 대한 제한은 거의 없었다. 물론 편성의 다양성을 보장하기 위한 장르별 의무 편성시간이 법적으로 규정되어 있었지만 분류 자체가 애매하고 비율도 느슨하여 규제의 효과는 거의 없었다. 이는 당시의 방송이 시장의 확대를 위해 대중성 있는 프로그램에 집중할 필요가 있었고, 사회와의 연계가 강한 TV 저널리즘이 체제 홍보나 단순 정보 전달 이상의 메시지를 전달할만큼 성숙한 수준이 아니었기 때문이다(조항제, 1998).

3. 유신시대와 미디어정책(1970년대)

1) 유신시대의 신문 통제

1970년대는 유신정부 시기였다. 유신정부는 유신체제에 대한 언론의 비판을 봉쇄하기 위해 언론을 철저하게 봉쇄하는 한편 유신체제의 정당화와 홍보에 언론을 적극 동원하고자 하였다(김해식, 1992). 1960년대에 완성된 언론의 순치과정이 유신정권에 와서는 언론의 동원으로 연결된 것이다(김주언, 1999).

유신체제의 신호탄이 발사된 것은 1972년 10월 17일이었다. 이날 7시 박정희 대통령은 계엄령 선포와 동시에 '대통령특별선언'을 발표한다. 이후 헌법 개정을 위한 예비 장치로서 10월 23일 '국민투표에 관한 특례법'을 마련한다. 이 법에는 국민투표의 지도와 계몽을 위하여 신문, 방송 또는 텔레비전을 이용할 수 있으며 그 요청이 있는 때에는 미디어 경영자는 이를 우선하여 보도, 방송해야 한다고 명시하고 있으며(제11조), 국민투표 내용에 대한 일체의 반대 보도 및 평론을 금지한다(제9조). 10월 27일 개헌안이 공고된 뒤 11월 21일 국민투표가 실시되기까지 많은 신문지면과 방송 시간이 당국에서 배포한 새헌법에 관한 기사와 할당된 연사들의 출연으로 메워졌다(김주언, 1999). 11월 21일 헌법개정안에 대한 국민투표가 실시되었고 투표율 91.9%, 찬성 91.5%라는 결과가 나온다.

유신헌법은 언론자유에 정치권력의 자의적 제약을 가할 수 있는 헌법이었다. 제53조 '긴급조치' 조항을 통해 '국가의 안전보장 또는 공공의 안녕질서가 중대한 위협을 받거나 받을 우려가 있어, 신속한 조치를 할 필요가 있다고 판단 할 때에 대통령이 국민의 자유와 권리를 잠정적으로 정지하는 긴급조치를 할 수 있다'고 명시한 것이다. 박정희 정부는 이를 전가의 보도처럼 휘두르며 철권통치 시대를 이어간다. 특히 헌법을 부정, 반대, 왜곡하는 일체의 행위를 금하는 대통령 긴급조치 1호(74년 1월 8일 제정), 유언비어의 날조·유포 및 사실을 왜곡하여 전파하는 행위를 금하는 대통령 긴급조치 9호(75년 5월 13일 제정)는 언론의 자유를 제한하는 대표적 조치였다.

이에 더해 박정희 정부는 1971년 12월 프레스카드제를 도입하여 기자들의 자유로운 취재활동을 위축시킨다. 프레스카드제는 정부가 기자의 자격을 심사, 허가하고 나아가 기자의 동태에 대한 제반사항을 파악하기 위한 전형적인 언론통제 장치였다(김해식, 1992). 이 조치로 신문사의 지사, 지국 수가 대폭 줄었고 기자 수도 대폭 감소한다. 또한 박정희 정부는 언론통폐합을 통해 통제의 간편화를 꾀하였다. 1도 1사의 원칙을 근간으로 대전일보와 중도일보가 충남일보, 전북매일 및 호남일보가 전북신문, 경기일보, 경기매일 및 연합신문이 경기신문으로 단일화되었다. 그 외 여러 지역 신문이 경영난 등의 이유로 폐간조치 되었다(김주언, 1999). 또 1972년 3월 정부 각 부처의 기자실을 줄이고 출입 기자를 제한하는 내용의 이른바 '정부출입기자 대책'을 발표해 행정부처의 기자실을 한 부에 한 개씩만 두도록 통폐합하고 출입기자도 한 부처에 1사 1인으로 제한했다(강준만, 2000).

한편 박정희 정부는 유신통치의 제도화를 위해 언론에 대한 회유책도 준비했다. 우선 언론인의 정관계 진출을 활성화시켜 언론인의 저항성을 약화시킨다. 11개 정부 부처에 대변인직을 신설하여 거의 전원을 언론계에서 기용했고, 9대 국회에서는 19명의 전직 언론인이 여당의 공천을 받아 국회의원으로 당선되었으며 6명의 언론인이 비서실장으로 변신한다(강준만, 2000). 이들은 재임 후 다시 언론계로 복귀하여 언론통제의 일익을 담당하는 경우가 많았다(김해식, 1992). 동시에 기자들에 대한 급여인상, 언론인 금고 발족 및 국가지원 등 언론인 생활안정책을 적극 도입한다. 가령 1972년 4월 7일 '신문의 날'에 '언론인 기금'을 설치하겠다고 밝혔으며 다음날 문공부는 '신문 통신 방송의 편집국 계통 종사자들이 퇴직 후 생계비를 비롯한 각종 경제적인 혜택을 준다'는 내용의 구제안과 함께 기금 목표액을 5억 원으로 설정하겠다고 밝힌다(강준만, 2000).

언론 통제는 보도지침을 통한 편집권 장악을 통해서도 이루어졌다.

1974년 10월 19일 이원경 문공부 장관은 각 신문사 편집국장과 보도국장을 불러 데모, 연좌, 퇴학처분, 휴강 등 학원 내의 움직임에 대한 보도를 삼가고, 학생들이 거리로 뛰쳐나왔을 때는 1단 정도로 작게 취급하며, 월남사태는 크게 보도하지 말고 연탄문제 등 사회불안을 조성할 우려가 있는 기사는 되도록 작게 취급해줄 것을 요청하였다(김주언, 1999; 김해식, 1992).

언론통제에 대한 언론인의 저항에 대해서는 광고탄압 및 해고와 구속 등으로 적극 대응한다. 1974년 10월 24일 동아일보 기자들의 '자유언론실천선언'으로부터 촉발된 자유언론운동에 대해 박정희 정권은 이 운동의 선두에 서있는 동아일보에 대해 전례 없는 광고탄압을 하였다. 중앙정보부 주도로 1974년 12월 16일부터 시작된 광고 탄압 사태의 결과 1975년 1월 23일까지 동아일보 광고의 98%가 줄었다(강준만, 2000). 독자들의 격려광고와 성금이 쏟아졌지만 이것이 동아일보의 경제적 위기를 해결해줄 수는 없었다. 결국 1975년 3월 동아일보 사주는 기자들에 대한 대대적 해고 작업에 들어갔고, 조선일보 등 여타 신문에서도 수많은 기자가 거리로 내쫓기게 되었다(김주언, 1999).

2) 유신정부의 방송정책

방송에 대한 정부개입도 심화되었다. 우선 1973년 2월 16일 방송법을 개정하여 종래에는 임의기관이었던 방송윤리위원회를 법정기관으로 하고 제제규정을 강화했으며, 방송국에 심의실을 두어 방송 프로그램을 사전 심의할 것을 의무화하였다. 또한 교양방송의 편성비율을 상향 조정했고, 광고방송의 횟수 및 시간을 처음으로 법제화했다(김영희, 2011).

유신 정부는 방송법 개정 등 제도적 통제를 넘어 방송 편성, 프로그램 내용 등에 대한 직접적인 통제도 강화했다. 새마을방송협의회, 보도심의위, 심의실장회의, 반공방송협의 등 각종 비공식 회의체를 운영하면서 방송사와의 직접적인 접촉을 넓혀갔고, 방송 편성과 프로그램에 대한 제제 조치도 거의 매년 취해졌다(조항제, 1994).

1960년대와 달리 정부의 방송에 대한 개입이 적극적으로 진행되었던 것은 1970년대에 가장 강력한 대중성을 지니고 있던 미디어가 텔레비전이었기 때문이다. 유신정부 입장에서는 TV를 통제하면서도 적극 활용할 필요가 있었던 것이다. KBS의 공영화도 같은 맥락이었다. MBC, TBS 등 민영방송국이 상업성을 바탕으로 폭넓은 대중적 기반을 확보하게 되면서, 유신 정부는 KBS를 중심으로 방송에 대한 통제력과 활용도를 강화할 필요가 있었고 그 결과물이 KBS의 공사화였다(오진곤, 2011). 정부는 1972년 12월 30일 한국방송공사법을 확정 공포하고 이를 근거로 1973년 3월 3일 KBS를 공영방송 체제로 개편했다. 물론 공영 체제로 전환했지만 자본금 전액이 정부 출자이고 대통령이 사장을 임명하며 임원 역시 문공부 장관이 임명하는 체제여서 여전히 정부에 예속된 상태였다(김영희, 2011). 실제 편성에 있어서도 KBS는 유신체제 속에 국가발전을 위해 동원되고 활용되어야 할 도구로 당연시되었다(강동순, 2006).

한편 1970년대 텔레비전 수상기의 급속한 보급과 함께 가열된 방송 3사의 시청률 경쟁은 박정희 정부가 문화공보부와 방송윤리위원회를 통해 저질 방송의 개선을 요구하며 직접 통제를 시작하는 단초를 제공했다. 1970년대 초반 심의의 중심은 히피풍의 퇴폐풍조와 외래 사조에 대한 규제였다. 히피족에 대한 박정희 대통령의 혐오감은 1971년 1월 대통령의 히피족 방송 출연 금지 지시로 이어졌다. 같은 해 10월 전국적으로 실시된 장발족 단속 조치는 장발 연예인의 방송 출연 금지로 이어졌다. 이는 방송이 대통령의 노골적인 비난의 대상된 최초의 사례(정순일, 1991)로서 향후 방송 프로그램에 대한 정부의 개입과 통제의 전조를 보여주는 것이었다(백미숙, 2011). 외래 사조에 대한 규제는 팝송 계열의 외국 가요에 대한 규제 조치(1972년 9월)로도 나타났다. 이는 당시 청소년들이 외국가요를 과도하게 즐기는 것이 민족 주체성을 확립해야 하는 교육의 관점에서 심각한 문제라고 인식되었기 때문이다(백미숙, 2011).

외래어 용어를 우리말로 바꾸어 쓰는 방송용어 정화운동도 본격화되었다. 1976년 4월 박정희 대통령은 국무회의에서 방송에 외래어가 너무 많이 쓰인다며 자주 나오는 외래어를 우리말로 고쳐 쓰도록 지시를 내렸고 6월에도 그 시안을 마련하라는 지시를 내렸다(강준만, 2000). 1976년 12월 방송윤리위원회는 '방송용어 자문위원회(1974년 구성)'를 '방송용어심의회'로 확대하여 우리말 다듬기, 외래어의 우리말로의 전환, 저질 용어에 대한 심의 강화 등의 역할을 해나갔다. 속어, 비어, 외국어는 우리말의 주체성에 유해한 언어로 규정되었고(1977년 10월), 방송사에 사용을 권장한 '우리말 운동 용어'가 제정되기도 했다(1978년 10월).

유신 시절 방송 내용에 대한 심의 규제는 방송윤리위원회를 중심으로 이루어졌다. 이와 함께 문화공보부 장관의 회견이나 담화 등의 형식으로 방송지침을 하달하였는데, 그 핵심은 어떠한 종류와 내용의 프로그램을 어떻게 배치하느냐에 있었다. 특히 방송지침은 1975년 긴급조치 9호 발동을 계기로 텔레비전 영역에서 강화되었다. 가령 1975년 9월 문화공보부는 '추계 방송순서 개편방향'을 성문화해서 전달하는데, 지침의 골자는 새마을정신을 생활화하고, 퇴폐성 프로그램은 편성하지 말며, 외화 선정에서 모방이나 호기심을 자극하는 내용을 일절 금한다는 가이드라인이었다. 이 같은 편성 규제는 1976년에 더욱 강화되어 문공부는 시간대별 편성지침(오후 6시띠-어린이 시간; 오후 7시띠-가족 시간; 오후 8시띠-민족사관 정립 드라마 및 캠페인; 오후 9시띠-종합뉴스; 오후 9시30분 이후-오락 프로그램)을 각 방송사에 전달했다. 이후 KBS, MBC, TBC는 동일 시간대에 월요일 반공, 화요일 청소년 선도, 수요일 새마을, 목요일 국방, 금요일 경제 등의 공동주제로 편성하게 되고, 이런 편성 패턴은

1978년까지 계속되었는데 특히 오후 8시대는 정책교양띠라 불렸다. 3개의 텔레비전이 월요일부터 금요일까지 저녁 8시에 정부의 주요 시책과 관련된 25분짜리 프로그램을 제작하여 방송해야 했던 것이다(한국방송공사, 2012).

〈표 2〉 1970년대 방송에 대한 문화공보부와 방송윤리위원회의 주요 조치(1973~1979년)

년도	문화공보부	방송윤리위원회
1973	방송법 개정, KBS 공사화	방송심의기준 제정
1974	방송정화실천요강 제정, 편성기본방향 시달, (새마을방송협의회 확장), 난시청해소사업실시	
1975	긴급조치 세부규정 통보, 광고세 설치, KBS, MBC 각각 <서울신문>, <경향신문> 인수	방송윤리심의준칙 발표
1976	정책시간대 설치, 시간대 편성지침 발표, 광고량 축소	광고 사전심의제 도입
1977	코미디 프로그램 제한, 방송사 자체 심의 강화	방송극 정화기준 발표
1979		건전방송강화기준, 건전생활화를 위한 광고 심의 기준 발표

자료 : 조항제·박홍원(2011).

박정희 정부는 사회문화적 차원에서 방송의 자율성을 크게 억압했지만 경제적 차원에서 시장행위를 제한하지는 않았다. 이는 유신체계가 텔레비전에 대해 국가권력의 선전 및 홍보를 위한 촉진제 기구로서의 역할뿐만 아니라 국민적 오락의 제공 및 탈정치화, 탈이데올로기화 기능도 요구했기 때문이다(추광영, 1986). 첫 번째 기능이 내용적 규제와 정책이 필요한 것이라면 두 번째 기능은 강제가 불필요한 것이었다. 자본의 논리로 자연스럽게 형성되는 것이기 때문이다.

박정희 정권에 대한 국민적 지지도가 현저히 떨어지는 유신정권 후기로 갈수록 탈정치화보다 촉진제로서의 역할이 중시되어 텔레비전에 대한 내용 규제가 많아졌다. 정치적 색채가 뚜렷하게 부각되는 보도나 교양 프로그램, 공공홍보 프로그램 등에 대한 내용 규제에 대해서 방송사들은 정치권력과 협조자적 관계를 유지했다(조항제, 1994). 그러나 산업 논리가 강한 오락 프로그램 규제에 대해서는 비협조적인 자세를 견지하였다. 드라마, 예능 프로그램의 저속성, 건전성, 반공성 등이 자주 문제시 되었지만 이에 대한 방송사의 대응은 소극적이었다. 방송윤리위원회의 심의 제재에 심각하게 반응하지 않았으며 자본의 논리를 크게 해치지 않는 범위에서만 수용했다. 이는 당시 박정희 정부의 텔레비전에 대한 강제적 지침이 방송사의 시장논리를 억압하지 않았을 경우에만 의도한 성과를 낼 수 있었음을 의미한다(조항제, 1994).

4. 신군부 시대의 미디어정책(1980~1987년)

1) 신군부의 언론 길들이기 방식

1979년 10.26 사건으로 박정희 유신 체제는 종말을 고했다. 전두환을 중심으로 한 신군부는 12.12 쿠데타를 일으킨다. 신군부는 '단결된 군부를 주축으로 지속적인 국력 신장을 위한 안정 세력 구축'을 목적으로 언론 회유 공작 계획을 구상했다. 1980년 3월 보안사령부에서 입안한 이른바 'K공작'은 신군부에 유리한 여론을 조성하고 반대여론을 차단하기 위해 언론계 중진들을 단계적으로 접촉하여 협조를 유도한다는 내용이었다(김주언, 2012). 중앙일간지와 방송사, 그리고 통신사의 사장, 논설위원, 편집국장 등 94명을 1단계 회유 대상자로 선정했고, 이 가운데 회유 정도가 양호한 이들을 향후 지속적으로 활용한다는 세부 계획까지 마련해 놓았다(강준만, 2000). 이런 상황에서 1980년 5월 17일 비상계엄 전국 확대조치가 내려졌고 5.18 광주 민주화 운동은 신군부의 통제하에

허위, 왜곡, 과장 보도로 도배되었다. 1980년 당시의 언론은 신군부가 발표한 내용을 그대로 받아쓰는 하수인에 불과했다. 1980년 7월 4일 계엄사가 발표한 '김대중 일당의 내란음모사건'이 그 대표적인 예다.

전두환을 중심으로 한 신군부 세력은 권력 장악 과정에서 그 어느 정권보다도 철저하고 체계적인 방식으로 언론 길들이기 정책을 추진했다(김주언, 1999). 한편으로는 강압적인 방식, 다른 한편으로는 회유적인 방식을 동원했다. 우선 1980년 말 언론자율정화라는 명목으로 비판적 언론인에 대한 대량 해직을 단행했다. 이는 언론계에서 민주화 세력과 비판적 시선을 제거하기 위한 조치였다(강준만, 2000). 신군부는 1980년 7월 신문협회로 하여금 '언론자율정화 및 언론인의 자질향상에 관한 결의'를 하도록 강제했다. 이를 통해 수백 명의 기자를 해직시키고 일간지를 제외한 정기간행물 172종을 폐간시켰다. 언론정화라는 명분을 내세웠지만 이 가운데에는 <창작과 비평>, <뿌리 깊은 나무>, <씨알의 소리> 등 당시 사회적으로 큰 영향력을 발휘하던 정론성 잡지들이 대거 포함되어 있었다(강준만, 2000).

1980년 8월 최규하 대통령의 하야와 이에 이어 집권한 전두환은 언론통폐합을 단행했다. 이는 80년 11월 신문협회와 방송협회에 의해 '건전언론육성과 창달을 위한 결의'라는 자율 결의 형식으로 이루어졌다(김해식, 1992). 형식만 자율일 뿐 실제로는 신군부세력의 철저한 사전 각본에 의해 만들어진 언론정책이었다. 당시 신군부에 의해 작성된 '건전언론육성 종합방안보고'에 따르면 "계엄령하에서 타율적 협조체제를 유도하고 있으나 30%의 저항세력이 잠재해 계엄령 해제 이후엔 저항세력이 표면화될 것으로 예상"되므로 이에 대한 대안으로 언론통폐합이 필요함을 역설하고 있다(김주언, 1989). 이 자료는 또한 언론의 타율적 협조를 자율적 협조로 바꾸고, 다시 자율적 협조를 자발적 협조로 바꾸는 것을 언론정책의 궁극적 목표로 삼아야 한다는 점을 강조한다(김해식, 1992).

언론통폐합을 통해 신문 중앙지의 경우 신아일보가 경향신문에 흡수 통합되어 6개로 줄었고, 경제지도 현대경제와 매일경제 2개만 남게 되었다. 지방지는 1도 1개지 원칙이 적용되어 종래 15개이던 지방지가 10개지로 개편되었다(김주언, 1989). 통신사도 동양, 합동 양대 통신이 해체되어 연합통신이 설립되었다. 언론통폐합 조치는 언제라도 정권이 권력에 거슬리는 언론사는 축출하는 대신 권력에 순응하는 언론사는 키워줄 수 있음을 보여주는 무언의 협박이자 회유 장치였다. 당시 살아남은 신문사는 경쟁지가 줄어들면서 혜택을 입었고 흡수통합을 통한 특혜까지 제공받게 된다(김해식, 1992).

언론통폐합으로 무엇보다 큰 변화를 감당해야 했던 것은 텔레비전 방송이다. 공영방송과 상업방송이라는 2원체제로 구성되었던 방송구조가 일원적 공영방송 체제로 전환되었고 KBS와 MBC의 2대 방송망으로 재편된다. KBS는 MBC 주식의 65%를 소유하게 되었고, 삼성이 경영한 TBC의 TV와 라디오는 KBS 2TV와 KBS 3방송으로, TBC FM은 KBS 2FM으로 KBS에 병합되었다. 전두환 정권이 KBS를 중심으로 모든 방송을 통폐합하여 일원적 공영방송 제도를 도입한 것은 명분상으로는 과도한 방송 시장의 상업성과 자율성을 규제하기 위한 차원이었다(조항제, 2012). 1970년대의 한국 방송은 MBC, TBC 등 상업방송이 주도하고 있었고, 이들은 시청률을 위해서라면 정부 비판적인 목소리에 일정하게 그 지분을 내주었다(조항제, 2012). 5공의 일원적 공영방송제도로의 개편은 1970년대부터 공고화되어 오던 방송의 상업성을 통제하고 국가성을 강화해나가겠다는 정권의 의도가 강하게 묻어있었다(오형일, 2014).

언론인에 대한 대량 해직과 언론통폐합은 여러 효과가 있었겠지만 가장 중요한 것은 '서울의 봄'을 맞아 자유화의 기대에 부풀었던 언론의 기를 꺾어놓고 자발적 충성을 유도했다는 점이다(강준만, 2000). 정통성과 정당성이 전혀 없던 신군부에게는 언론의 순치를 넘어 적극적인 충성이 필요했고, 언론통폐합과 언론인에 대한 강제 해직은 이를 유도하는 데 적지 않은 기여를 한다.

2) 언론기본법의 내용과 효과

전두환 신군부는 1980년 12월 26일, '신문 통신 등의 등록에 관한 법률', '방송법', '언론윤리위원회법' 등을 통합해 언론기본법을 제정했다. 언론기본법은 언론통폐합 등의 강압적 조치들에 대한 사후 정당화이면서 계엄해제 이후에도 저항의 가능성을 차단하기 위한 제도적 안전핀이었다(김해식, 1992). 이 법의 제정을 통해 전두환 신군부는 문공부장관에게 신문의 정간이나 폐간을 명령할 수 있는 권한을 부여했다. 이에 더해 방송위원회, 한국방송광고공사, 한국언론연구원, 언론중재위원회, 방송심의위원회 등의 법정 언론유관기관을 설립하여 언론에 대한 각종 행정적 통제 및 지원 체제를 마련했다. 이러한 법정 언론유관기관들의 재원은 방송광고공사가 방송광고의 독점대행으로 조성한 공익자금으로 이루어졌다. 방송광고공사를 통해 조성된 공익자금은 이외에도 언론인 해외시찰, 언론인 자녀 학자금 지원, 언론인 주택자금 융자, 언론인 금고의 저리 대출 등 언론에 대한 특혜 명목으로 활용되었다(김해식, 1992). 한마디로 언론기본법은 장기적으로 언론의 저항 가능성을 차단하면서 동시에 언론인을 회유, 순치시키기 위한 법적 수단이었다.

언론 통폐합과 언론기본법 제정으로 미디어 구조가 재편되면서 1980년대는 한국의 미디어 기업들이 최상의 독점적 지위를 향유하는 시기가 되었다. 매체 수의 축소에 따라 개별 신문의 구독자, 방송사의 시청자 수는 확대되고 정부의 지원도 강화되면서 미디어의 거대 기업화가 이루어진 것이다. 막대한 이득과 국내 최고 수준의 급료체계를 얻게 되면서 자연스럽게 한국의 신문과 방송사들, 그리고 그 종사자들은 권위주의 통치에 순응하게 되고, 언론 자체가 권력화 되어 가는 길을 걷기 시작한다(강준만, 2000).

한편 제도적 관점에서 언론기본법 제정은 한국 언론사에서 처음으로 언론의 규범 가치가 제도적으로 구체화되는 계기가 되었다. 신군부 세력이 의도한 것은 아니지만, 언론의 자유, 보도의 공정성과 객관성, 사회정의의 전파, 국민의 기본권 옹호, 민주적 기본질서 존중, 국민의 윤리적, 정서적 감정 존중 등과 같은 가치들이 언론이 지켜야 하는 규범들로서 명문화된 것이다.

그러나 이들 이념들은 대부분 서구 자유주의 언론 이념을 모방한 형식적, 추상적 단어에 불과했다. 이러한 이념이 무색하게 전두환 정권 시절은 언론에 대한 국가적 동원과 통제가 극에 달해, 이른바 방송은 '땡전뉴스'라는 말로 표상되는 정권 홍보적인 특징을 보였고, 보도지침 등의 언론통제에 따른 편파방송 시비가 잇달아 제기되었다(오형일, 2014). 전두환 정부는 언론에 대한 상시적 감독을 대폭 확대하고 법정기관화해서 언론에 대한 규제를 강화했다. 제 5공화국 출범과 함께 설치된 문공부 내의 홍보조정실은 청와대와 안기부 등에서 내려온 보도지침을 언론사에 전달하는 일원화된 창구역할을 했다. 홍보조정실은 하루도 빠짐없이 각 언론사에 가, 불가, 절대불가라는 용어를 구사하면서 보도의 내용 및 형식까지 시달하는 보도지침을 내려 보냈다(김주언, 1989).

3) 색채 TV혁명, 화려함 속에 숨겨진 불편함

1980년 신군부 쿠데타 직후 미디어가 정치적 통제만 받은 것은 아니다. 억압적인 정치 분위기 속에서 전두환 정부는 통행금지 해제(1982년 1월 6일), 프로야구 출범(1982년 3월 27일), 두발 및 교복 자율화(1983년 3월 2일) 등 자율적 문화와 이벤트를 조직화한다. 이와 맞물려 컬러TV 방송이 시작된다. 1980년 12월 1일 아침 '수출의 날' 기념식 중계를 시작으로 12월 22일 3개 방송 채널 모두가 전격적으로 컬러TV 방송을 개시한 것이다(임종수, 2007). 이는 1980년대 방송 영역에서 가장 주목할 만한 사건이었다.

컬러TV 방송은 1970년대 중반부터 거론되기 시작했는데 박정희 정부와 신문들의 반대로 실현되지 못했다. 박정희 정부는 '국민위화감'을 이유로, 신문은 '광고시장'을 빼앗긴다는 우려로 반대했던 것이다(강준만, 2000). 그러다가 언론통폐합과 연계하여 방송계의 쇄신이라는 명목으로 컬러TV 방송이 시작되었다. 박정희 정부에서 보류되었던 컬러TV 도입이 신군부에 의해 신속히 도입된 것은 국민위로 또는 국민탈정치를 겨냥한 측면이 있다(임종수, 2007). 방송의 컬러화를 촉발시킨 주역으로 신군부 이외에 광고주도 꼽을 수 있다. 광고주들은 자사 상품의 프로모션을 위해 적극적으로 컬러화를 독려했다. 컬러화의 전격적 실시로 침체해 있는 경제에 활력을 불러일으킬 것이라는 기대치가 높았던 것이다(임종수, 2007).

컬러TV 도입 후 수상기 보급은 초고속으로 증가한다. 특히 1980년 11월 경기부양책으로 텔레비전에 부과된 특별소비세를 인하하면서 본격적으로 증가하기 시작했다. 1981년과 1982년 사이에 이미 2백만 대를 돌파했고, 1982~1983년에 3백만 대, 1983~1984년에 4백만 대, 1985~1986년에 5백만 대를 돌파했다. 5백만 대면 전 가구의 51.5%였는데 전자업계에서는 시청료 때문에 등록을 하지 않은 수상기를 감안하면 보급률이 80%에 이를 것으로 추정했다(강준만, 2000).

컬러TV 도입은 사회문화적으로 색채문화의 개막을 의미했고 방송 프로그램의 다양화를 가져왔으며 텔레비전이 소비문화와 산업에 미치는 영향을 키웠다. 방송 세드, 의상, 소도구 등이 일상 생활의 미적 감각과 밀접하게 연계되기 시작하면서 국내 소비가 막혀있던 전자 산업이 꽃을 피우게 되었다(강준만, 2000; 임종수, 2007). TV 프로그램은 대형화되고 다양해졌으며, 특히 쇼/오락/보도 프로그램이 활성화되었다.

그러나 색채혁명으로 은유되는 화려함의 이면에는 억압적 정치체제가 존재했다. 방송에 대한 국민의 신뢰는 점점 더 옅어져갔다. 시청료 거부 운동, KBS 안보기 운동 등이 시민사회를 중심으로 펼쳐졌다(임종수, 2007). 이러한 저항운동의 주 원인은 5공 치하의 TV 왜곡보도에 대한 불만이었다. TV는 광주시민을 빨갱이로 만들고(1980년 5월), 북한이 건설한다는 금강산댐에 대한 공포를 조장하고 그 대안으로 평화의 댐 건설 모금 운동에 앞장섰으며(1986년 10월), 매일 밤 9시면 '오늘 전두환 대통령은'으로 시작되는 이른바 '땡전 뉴스'를 방송했다. 시청료 거부 운동은 방송사에 대한 시청자의 권리운동이자 당시의 불합리한 정치권력과 언론의 관계에 대한 저항운동이라 할 수 있다. 이 운동은 1987년 6월 항쟁의 연속선상에서 이루어진 1980년대 후반 방송민주화운동의 출발점으로 평가되고 있다(임종수, 2007).

5. 민주화 이후, 노태우·김영삼 정부 시기의 미디어정책 (1987~1997년)

1) 노태우 정부의 미디어정책

지난 한국의 현대사에서 가장 큰 단절의 시기를 고른다면 1987년일 것이다. 1987년은 30년 가까이 유지되어 오던 권위주의 체제가 해체되기 시작한 해이다. 동시에 한국사회 각 분야에서 민주화의 요구가 밑으로부터 끌어 오르던 시절이었다. 미디어 분야도 예외는 아니었다. 전두환 정부를 계승한 노태우 정부는 민주화의 요구를 수용하지 않을 수 없었으며 이는 미디어정책의 변화로 이어졌다.

1987년 11월 국회는 언론기본법을 폐기하는 대신 신문과 방송의 자유와 독립을 일정부분 허용한 정기간행물의 등록에 관한 법률과 방송법을 제정했다(이진로, 2003). 동시에 KBS에 대한 정부 관여를 축소하고 그 독립성을 보장하기 위해 한국방송공사법을 개정했고, 방송문화진흥회법을 제정하여 MBC의 소유구조를 공적 조직에 귀속시켰다(김영희, 2011). 민주화의 흐름과 맞물린 미디어정책의 변화로 나타난 가장 가시적인 변화는 신문 수의 증가였다. 1987년 12월 말 30종에 불과하던 일간지는 1988년 65종, 1990년 85종, 1992년 말 112종으로 늘어났다. 주간지는 1987년 말 226종에서 1990년 말 1천 종을 넘어섰다(강준만, 2000). 국민주 방식의 한겨레신문 창간 등 언론의 다양성도 높아졌지만 그만큼 경쟁도 치열해졌다.

그렇다고 언론 산업 구조에 큰 변화가 있었던 것은 아니다. '한겨레신문'을 제외하고는 신설 신문들의 성격은 기존의 신문과 크게 다르지 않았다. 이들은 같은 방식으로 기존 신문과 경쟁했고 이는 기존 신문의 완강한 시장 지배력을 재확인시켜주는 것에 머물렀다(조항제, 2001). 당시 조선, 중앙, 동아, 한국 등 4대 일간지를 중심으로 한 신문의 성장세는 놀라웠다. 서울올림픽 특수로 한국의 경제는 초고속 성장세에 있었고 언론 자유는 신문들의 자유로운 증면 경쟁으로 이어졌다. 자본의 언론에 대한 영향력도 확대되었다. 신문들이 성장을 거듭하면서 신문을 소유한 자본가, 신문에 광고를 제공함과 동시에 기사에도 영향을 미치는 재벌, 그리고 광고주들의 영향이 막강해진 것이다(이진로, 2003).

노태우 정부하에서 언론이 당면한 문제는 정치권력의 언론통제가 아니라 언론기업의 언론통제였다. 당시 신문의 자본논리가 만들어낸 최악의 모습은 양비론과 국가안보 상업주의였다(강준만, 2000). 정치적 갈등이 있을 때마다 신문들은 양비론으로 독자들의 정치 혐오주의를 부추겼고, 공안정국이 형성될 기미를 보이면 국가안보를 상업적으로 이용하기도 했다.

한편 노태우 정부에서는 새로운 민영방송인 서울방송의 설립 등 방송구조의 개편이 이루어졌다. 노태우 정부에서 시작하여 1990년대는 한국의 방송이 공영적 지상파 중심 체제에서 상업방송 중심의 공민영 혼합체제로 방송지형이 변하는 시기였다. 이 시기 방송정책 논의를 주도한 것은 방송위원회 산하에 결성된 방송제도연구위원회였다. 이 위원회는 민영방송 도입과 관련한 사회적 저항을 무마하기 위하여 형식적으로 만들어진 들러리 기구에 불과했다(최진응, 2013). 이 위원회가 내세운 이념은 형식논리상으로 민영방송과 공영방송의 장점을 취합하여 공익을 극대화하는 것처럼 보이지만, 실제로는 종래의 국가통제를 유지하면서, 상업주의를 강화하려는 움직임으로 해석될 소지가 다분한 것이었다(윤석민, 2011). 노태우 정부는 이 위원회의 연구보고서 가운데 방송구조 개편 시나리오에 맞는 일부만을 채택하여 1990년 7월 방송법을 개정하고, 이를 근거로 1991년 SBS가 개국했다. SBS의 개국은 방송 영역에서 과거와는 차원이 다른 시청률 경쟁을 점화시키는 기폭제가 되었다.

2) 김영삼 정부의 미디어정책

1993년 3당 합당의 결과 탄생한 김영삼 정부는 정권 초기 언론시장의 정상화를 위해 강한 개혁의지를 피력한다. 그러나 신문사의 반발에 직면해 실효를 거두지 못하고 끝나 버린다. 대선자금 문제 등 정권 창출에 있어 약점을 지니고 있던 김영삼 정권 입장에서 이미 막강한 권력이 되어버린 신문 권력을 상대하는 것은 쉽지 않은 문제였다. 정부출범 초기에 신문 관련 핵심 정책 이슈는 ABC(발행부수 공시제)의 도입이었다(김주언, 1999). 신문들 간의 치열한 발행부수 경쟁으로 찍어내자마자 곧장 폐지 수집소로 향하는 신문의 양은 매일 3백만 부에 이르렀다(강준만, 2000). 공정거래 질서 확립을 위해 ABC의 도입은 필수적이었지만 신문사들의 이해 상충으로 제대로 뿌리내리지 못했다. 언론사에 대한 세무조사도 처음으로 이루어졌지만 그 결과 역시 발표되지 않았다. 이외에도 김영삼 정권은 언론사에 대한 세무혜택 폐지, 언론인에 대한 근로소득세 면세조치 폐지, 언론사주 재산공개 등을 추진했지만 언론사의 저항으로 모두 무산되었다. 정치권력의 탄압과 특혜 속에 성장한 신문은 이 시기에 이르러 정치권력의 통제를 견제하고 여론을 주도하는 언론권력으로 자리 잡게 되었던 것이다(강명구, 2004; 이준웅 외, 2010).

김영삼 정부에 들어서 방송계는 커다란 변화를 겪었다. 케이블TV 시대의 개막, 지역민방의 출범, 무궁화위성 발사와 위성시험방송 등으로 이른바 다매체 다채널 시대가 도래한 것이다. 이 시기에 방송정책의 논리적 근거를 마련한 것 역시 '2000년 방송정책연구위원회', '공영방송발전연구위원회', '선진방송정책자문위원회' 등 다양한 방송정책 연구위원회들이었다. 이들 위원회들은 형식논리상으로는 공익과 산업의 조화를 지향하고 있었지만 실제로는 한국 방송의 상업화에 상당부분 무게중심이 기울어져 있었고(오형일, 2014), 정부의 시장주의적 방송정책을 정당화하는 들러리 위원회의 역할을 수행하는 데 불과하였다는 평가를 받고 있다(윤석민, 2011).

실제로 김영삼 정부의 방송정책은 시장주의를 표방하면서도 국가의 개입이 적극적으로 이루어지는 이중적 양태를 보였다(강형철, 2011). 당시 케이블TV 추진에 관계하고 있었던 정부측 주체는 공보처, 상공자원부, 체신부 등이었다. 이들은 앞서 언급한 다양한 위원회를 통해 낙관적인 산업 수치 및 목표 달성을 위한 동원적 계획들을 내 놓으며 국가가 주도하는 시장주의적 정책에 대한 정당화를 추진했다.

1995년 정부주도하에 케이블TV 사업이 시작되었다. 케이블TV 산업에 대한 국가의 개입 정도와 영향력은 강력하고 절대적이었다. 이러한 특징은 노태우 정부에서부터 시작하여 이후 정부의 방송정책결정과정에서 지속적으로 나타나는 모습이기도 하다. 한마디로 민주화 이후 정부가

주도하는 방송정책은 단순히 정부를 홍보하거나 선전하는 기능을 넘어 선두에서 방송시장을 조직화하는 모습으로 재구성되고 있었다.

6. 경쟁시장기, 진보정부 시대의 미디어정책(1998~2007년)

1) 김대중 정부의 미디어정책

주요 신문사들은 김영삼 정부와 김대중 정부를 지나면서 전통적인 4부로서 역할을 넘어 국가기관 고유의 기능을 상당부분 자신의 것으로 동화하거나 흡수하면서 그 기능과 권력을 '유사국가기관'으로 확장했다(박승관·장경섭, 2000; 최영묵, 2005). 특히 이러한 특징이 두드러지게 나타난 것은 김대중 대통령 취임 직후였다. 그간 한국 사회는 1987년 6월 항쟁 이후 좌절과 후퇴도 있었지만 민주화의 진전을 거듭하면서 건국 이래 최초로 수평적, 평화적 정권교체를 이루어냈다. 문제는 언론권력의 힘이 과도하게 커지면서 언론이 역설적으로 민주화의 진전에 장애물로 작동하기 시작했다는 점이다. 이에 대해 시민사회는 언론개혁의 필요성을 지속적으로 주장하기 시작한다. 가령 1998년 8월 출범한 범국민적 기구 언론개혁시민연대는 구체적인 언론개혁과제로 '정기간행물의 등록에 대한 법률' 개정을 통해 소유구조 개편, 편집권 독립, 편집위원회 설치, 신문시장의 정상화를 위한 신문고시 부활, 신문공동판매제 도입, 촌지 및 향응 거부 등 언론사 내부개혁 등을 제안했다(최영묵, 2005). 그러나 김대중 정부 초기에 이러한 제안 중 정책적으로 추진된 것은 거의 없었다. 김대중 대통령은 집권 후 완벽에 가까운 언론 자유를 보장한다고 선언했다. 야당 시절 '언론은 권력자편'이라는 사실을 경험해 온 그로서는 굳이 무리하지 않더라도 언론이 친여 성향을 띨 것으로 낙관했고, 민주주의 정부에서 언론 통제란 있을 수 없음을 강조했다(강준만, 2000). 이에 대한 가시적 조치로 언론정책을 담당하던 공보처를 폐지하였고, 언론정책을 언론에 대한 통제와 동일시하는 성향을 보였다.

하지만 그의 언론에 대한 태도는 집권 후반기에 들어 크게 달라진 모습을 보였다. 신문고시 부활, 언론사 세무조사 등 강력한 개혁 드라이브를 걸기 시작한 것이다. 이는 주요 신문이 김대중 정부가 추진하는 주요 정책과 인사에 제동을 거는 경우가 많은 상황에서 언론개혁을 요구하는 시민사회의 성장과 달라진 언론환경에 힘입은 바 크다. 당시 언론환경은 오랫동안 유지되어 오던 '침묵의 카르텔'이 깨지고 신문 대 방송, 조중동(조선, 중앙, 동아) 대 한경(한겨레, 경향신문) 등으로 분화된 전선이 형성되기 시작했다(최영묵, 2005). 이에 더해 오마이뉴스 등 인터넷 신문이 급부상한 것도 언론개혁의 동력으로 작동했다. 2001년 김대중 정부는 연두 기자회견에서 언론개혁의 필요성을 언급했고 국세청은 1월 31일 중앙 언론사 23곳을 대상으로 세무조사를 실시한다고 발표한 뒤 132일간의 조사를 벌여 총 5,056억 원의 세금을 추징했다. 6개 법인과 3명의 사주가 검찰에 고발되어 동아일보 김병관 명예회장, 조선일보 방상훈 사장, 국민일보 조희준 사장이 구속되었다. 공정거래위원회도 13개 언론사에 대한 조사에 나서 242억 원의 과징금을 부과하였다. 한편 신문 유통시장이 경품과 무가지 배포 등으로 혼탁해지고 있다는 이유로 1999년 폐지했던 신문고시도 부활시켰다.

하지만 당시의 정치적 역학관계를 볼 때 김대중 정부 말기의 언론개혁 드라이브는 성공하기 어려웠다. 김대중 정부는 권위주의 정권 시절 특혜 속에서 성장해온 보수 언론과 원만한 관계를 맺는 것이 사실상 불가능했다. 특히 대북 햇볕정책을 밀고 가는 한 보수 언론의 지지를 받기는 쉽지 않았다. 언론사 세무조사와 신문고시로 대표되는 언론개혁정책은 언론사의 특권의식을 약화시키기보다 오히려 전사회적으로 보수 대 진보의 이념적 갈등을 증폭시키는 계기로 작용한다(이준웅 외, 2010).

김대중 정권하에서 방송과 관련하여 일어난 가장 큰 변화는 2000년 통합 방송법 제정이다. 방송 매체별로 규제 법규가 나눠진 방송관련법들을 일원화하려는 통합방송법 제정은 이미 1995년부터 시도되었으나 정치적 이유로 계속 무산되었다. 김대중 정부 출범 직후인 1998년 3월 임시국회에서, 여당은 통합방송법 개정안을 상정할 방침을 정했다. 이 법안은 지상파와 중계유선, 뉴미디어방송을 모두 포함하는 것으로 '규제의 최소화' 및 '민간부문 참여촉진 및 시장 활성화(종합유선방송위원회, 1998)'라는 시장주의적 입장을 지향하고 있었다. 이는 당시 IMF체제하에서 방송뿐만 아니라 전 영역에 걸쳐 나타난 시장주의적 정책의 일환이었다. 김대중 정부는 통합방송법 논의를 마무리 짓는 차원에서 1998년 12월 1일 통합방송법 개정을 위한 범국민적 협의 기구인 '방송개혁위원회'를 운영했다(정용준, 2011). 이듬해 2월 27일 '방송개혁의 방향과 과제'라는 자문보고서를 대통령에게 제출하는 것으로 활동을 마감했다(우지운, 2012). 최종 보고서의 내용은 공익성과 산업성의 조화, 진입 규제 및 소유 규제의 완화를 목표로 관련법과 규제 기구의 일원화 등을 제시하고 있는데 이들 대부분의 내용은 통합방송법에 수렴되었다.

통합방송법의 내용을 보면 한편으로는 진입·소유 규제 완화, 사업자간 겸영 완화 등 방송산업정책의 탈규제 논리를 전진 배치하지만 또 다른 한편으로는 시청자 권리를 법적으로 처음 인정하고, 방송의 공익 이념을 제도적으로 확장·구체화시켰다(오형일, 2014; 조항제·박홍원, 2011). 특히 주목할 만한 변화는 정부로부터 독립된 합의적 민간기구로서 방송위원회의 설립이었다. 정부로부터 방송정책과 방송사업자의 인허가 업무를 이관 받아 독립적으로 방송 업무를 관장하게 된 방송위원회는 문화관광부에 있던 방송정책권은 물론 방송운영, 편성정책, 방송영상진흥정책, 방송기술정책 등을 도맡게 되었다.

그러나 방송위원회는 위원 구성방식 차원에서 정치권력에 의해 언제든 직접 통제될 수 있는 구조였다. 방송위원 9명은 대통령 추천 3인, 문화관광위 추천 3인, 국회의장 추천 3인(국회 교섭단체 대표위원과 협의)으로 구성되어 대통령이 최종 임명하는 방식으로, 정부여당 측 인사가 과반수이상을 차지하게 되는 구조였다. 형식적으로 독립성을 보장하지만, 실질적으로는 인적 구성을 통해 정치권력의 의지를 좀 더 쉽게 관철될 수 있는 구조였다(우지운, 2012). 방송위원회의 이러한 인적구성은 이후 방송정책결정과정이 극단적으로 정치화되는 계기가 되었다(강형철, 2011). 집권당이 방송위원회의 다수를 점하고, 방송위원회가 다시 한국방송이사회와 방송문화진흥회 이사회를 구성함으로써, 결과적으로 방송에 대한 정부여당의 장악력이 극대화된다. 이에 대항하여 야당측은 방송정책 의사결정구조에 강력한 정파성을 지닌 인물들을 추천하여 사실상 모든 결정과정에서 극단적 갈등과 정파성이 충돌하는 악순환이 자리 잡게 된 것이다.

2) 노무현 정부의 미디어정책

2003년 노무현 정부 출범 후 기존과 질적으로 다른 차별화된 언론정책이 펼쳐진다. 노무현 대통령은 출범 초부터 '언론과의 건전한 긴장관계'를 표방하면서 권언유착 단절을 최우선 과제로 삼았다(김영욱·임유진, 2009). 이러한 기치하에 2003년 가판구독 중단, 기자실 개방, 브리핑제 도입이 이루어졌다. 노무현 대통령은 개인 자격으로 자신과 관련한 오보에 대해 언론중재위원회에 각기 대통령, 대통령후보, 당선자의 신분으로 중재신청을 낸 최초의 인물이 되었으며 2003년 8월에는 4개 언론사에 대해 손해배상청구소송도 제기했다(유선영, 2004). 이에 더해 보수언론의 잘못된 관행을 바로잡기 위한 언론개혁의 일환으로 2005년 1월 '정기간행물 등록 등에 대한 법률'을 '신문 등의 자유와 기능보장에 관한 법률'로 개정하였고, 같은 해 7월 '언론중재 및 피해 구제 등에 대한 법률'을 신설했다. 그리고 2007년 5월 취재보도 관행의 문제점을 개선하겠다며 40여개 부처 기자실을 3곳으로 통폐합하고 기자들의 사무실 출입도 제한하는 이른바 '취재지원 선진화 방안'도 강행했다.

그러나 이 같은 노무현 정부의 언론개혁정책은 시행과정에서 과도한 규제, 정책의 비전문성 그리고 정책결정과정의 비민주성 같은 문제에 봉착했다(최영재, 2010). 특히 지배적 신문사에 대한 노무현 대통령의 적대감은 언론개혁을 어렵게 만드는 핵심 요인으로 작용했다(유창선, 2007). 그는 특유의 직설화법을 바탕으로 '조·중·동'을 직접 공격하는 모습을 자주 보였고, 이에 대한 이들 신문사의 저항 역시 거셌다. 정부와 언론의 관계는 적대적이고 소모적이었으며 이런 관계 속에서 구성된 언론정책은 민주주의의 발전과 여론 다양성 확대에 그다지 큰 기여를 하지 못했다. '취재지원 선진화 방안' 등 대부분의 정책은 이명박 정부 출범 이후 폐지/수정되었고, 개정된 <신문 등의 자유와 기능보장에 관한 법률>은 동아일보, 조선일보 등이 제기한 헌법 소원에서 '시장지배적 사업자 조항' 등 일부 규정이 위헌 및 헌법 불합치 판결을 받아 개정되어야 하는 상황에 처했다.

한편 신문 관련 정책에서는 산업적 육성과 관련한 논의는 거의 전무했다. 당시 국내신문들은 심각한 경영위기에 직면해 있었다. 인터넷 포털로 대표되는 뉴미디어 급증으로 광고시장은 급속히 위축되고 있었고, 정파성이 강해지면서 열독률 강화의 전제조건인 뉴스 콘텐츠의 전문성, 윤리성, 공정성, 책임성 등은 지속적으로 하락하였으며, 신문유통시장은 무가지, 경품, 현금살포 등 출혈적 판촉행위로 몸살을 앓고 있는 상태였다. 하지만 이런 상황에 대한 정책적 고민 및 정책 수립은 거의 이루어지지 못했다.

노무현 정부의 신문정책이 보수 언론의 시장지배력 축소와 여론 다양성 확대 등 민주주의의 문제와 밀접하게 맞물려 있었다면 방송정책의 방향은 산업 진흥에 있었다 해도 과언이 아니다. 이는 대통령의 임명권이 행사되는 방송위원회로부터 시작하여 KBS, MBC 등의 인사에 암묵적인 영향력을 행사할 수 있는 제도적 조건이 마련되어 있을 뿐만 아니라 당시 지상파 방송이 노조를 중심으로 진보 정권과 이념적으로 조응하고 있다는 판단도 없지 않았을 것이다. 굳이 정책적인 개입 및 제한이 필요하지 않았던 것이다. 이러한 상황에서 새로운 미디어 도입과 방통 융합을 중심으로 한 경쟁 조성과 시장 확대 정책이 추진되었다. 그러나 노무현 정부하에 방송정책을 담당하던 방송위원회는 전문성과 대표성이 떨어지고 무엇보다 다양한 이해관계를 소화시킬만한 정치적 조정 능력이 부재했다. 특히 당시 방송위원회는 지상파의 입김과 사회적 압력집단으로부터 자유롭지 못해 합리적이고 효율적인 정책 집행이 쉽지 않았다(정용준, 2011). 디지털 지상파 텔레비전(DTV) 전송방식 결정, DMB 사업자 선정, IPTV 도입, 공영방송의 위상 재확립, 방송통신 융합에 따른 법제도 정비 등 방송 산업의 주요 이슈에 대해 방송위원회는 조정 능력을 보이기는커녕 오히려 이해당사자 간 갈등을 부추기는 모습을 보였다.

방송통신 융합 관련 이슈를 둘러싸고 방송위원회와 정보통신부 등 부처 간 갈등도 격화되었다(강형철, 2011). 가령 IPTV 도입의 경우 2004년 의제가 제기된 이후 2008년 IPTV사업법이 시행될 때까지 4년여의 기간 동안 사업자 간, 규제기관 간 갈등이 지속되었다. 비단 IPTV도입뿐만 아니라 DMB 사업자 선정, 방통 융합에 따른 구조개편 논의 등을 둘러싸고 빚어진 이해 관계자 간 갈등은, 노무현 정부가 방송 산업 육성이라는 측면에서 실질적인 성과를 만들어내는데 장애요소로 작용했다. 그렇지만 이 시기에 방송시장의 자유화와 시장화라는 커다란 정책기조 속에 김대중 정권 시절 출범한 디지털 위성방송에 이어 2005년 위성, 지상파 DMB방송이 도입되었고 IPTV도입을 위한 정책적 토대가 마련되었다. 그리고 인터넷의 확산과 함께 케이블 TV와 위성방송이 성장세를 이어가면서 지상파와 공영방송의 위기가 본격적으로 부각되기 시작했다.

7. 경쟁시장기, 보수 정부의 미디어정책(2008~2012년)

2008년 대선에서 승리한 이명박 정부의 미디어정책의 기조는 과거 두 진보 정권과의 단절이었다. 신문에 대해서는 출범 직후부터 '프레스 프렌들리(Press Friendly)'를 선언하고, 노무현 정부의 언론정책을 대부분 폐지하면서 신문방송 겸업 허용, 신문법 개정 등 시장주의 체제를 추진했다(최영재, 2010). 반면 방송에 대해서는 지난 진보 정권 시 공정성, 진실성 등에서 문제가 심각하다고 바라보았고 공영방송을 비롯한 방송 개혁에 힘을 쏟았다.

이명박 정부의 일반적 정책 기조는 기업의 투자를 증가시키는 것이었고, 이를 위한 규제개혁으로 감세, 탈규제와 민영화를 강조했다. 같은 맥락에서 미디어정책도 만들어졌다. 우선 작고 효율적인 정부를 추진한다는 명분으로 정보통신부의 주요 기능이 방송위원회와 통합되어 방송통신위원회(이하 방통위)가 출범하였다. 이는 노무현 정부에서 방송통신 융합서비스가 등장할 때마다 관할권 논쟁을 벌였던 시행착오를 줄일 수 있는 행정개혁 조치였다(정윤식, 2011). 방송통신위원회의 기구 성격은 방송위원회와 달리 대통령 직속 합의제 행정기관이었다. 이는 방송이 다시 정부 정책의 일부로 편입되었음을 의미하기도 했다(조항제·박홍원, 2011). 방통위의 업무범위는 방송, 통신, 전파 관련 정책 및 규제 분야로 운영방식은 5인 상임위원제를 골격으로 했다. 대통령이 위원장과 위원 1명을 지명하고, 나머지 3명은 국회의장 추천(여당 1명, 야당 2명) 후 대통령이 임명하는 형식이었다. 방송위원회와 마찬가지로 정부와 여당의 입김이 많이 들어갈 수 있는 구조였으며 초대 위원장에는 이 대통령의 멘토로 불리던 최시중이 임명되었다.

방송통신위원회는 이명박 정부 내내 논쟁의 중심에 있게 되었다. 이는 제도의 문제임과 동시에 사람과 운영의 문제였다. 특히 최시중 방통위원장 등 주요 인사들의 전문성 부재와 정치적 편향성은 논란을 증폭시켰다(탁재택, 2014). 또한 거의 대부분의 부서장직을 정보통신부 출신 관료들이 장악하면서 방송의 사회문화적 논리보다 통신의 시장/산업적 논리가 우세한 특징을 보이기도 했다(김대규·윤석민, 2010).

KBS2와 MBC 등 공영방송의 민영화가 뜨거운 쟁점이 되기도 했다. 민영화가 세계적 추세이며 경영의 효율성 제고로 지상파의 국제 경쟁력을 강화할 수 있다는 주장, 우리나라에는 공영방송이 지나치게 많다는 비판, 이들의 편성이 상업방송과 다를 바 없다는 지적 등이 제시되곤 했다. 이러한 주장은 탈규제와 민영화를 정책 기조로 삼은 이명박 정권 초반 정부와 여당에 의해 강하게 제기되었다. 하지만 언론, 시민단체 및 학계, 그리고 야권의 반발과 MBC <PD수첩> 광우병 프로그램 방송 이후 수면 아래에 가라앉았다.

2008년 4월 29일 방영된 <PD수첩 '미국산 쇠고기, 과연 광우병에서 안전한가?>는 이명박 정부의 정치권력과 방송의 갈등을 보여주는 대표적인 사례다. 방송 직후 미국산 쇠고기 수입을 반대하는 시위가 100일 이상 지속되었다. 이는 1987년 민주화시위 이후 최대 규모의 시위였다. 한편에서는 광우병의 위험이 <PD수첩>을 통해 의도적으로 왜곡되었고 괴담 수준으로 부풀려졌다는 지적이 있었고, 또 다른 한편에서는 언론의 정치권력에 대한 정당한 감시와 비판이라는 주장이 제기되었다. 2009년 6월 검찰은 PD수첩 제작진을 명예훼손과 업무방해 혐의 등으로 불구속 기소했고, 2011년 대법원의 무죄 판결로 <PD수첩> 논란은 법적으로는 매듭 지워졌다. 그렇지만 <PD수첩> 사태가 한국 방송사에서 정치권력과 공영방송의 관계에 미친 영향은 적지 않다. 이후 방송의 공정성 논란은 진보와 보수를 넘나들며 반복 재생산되었고 이념적 갈등은 공영방송 내외부에서 극단으로 치달았으며, 정치권력의 방송에 대한 통제 욕망은 좀 더 노골적으로 표현되었다. 정치권력과 공영방송의 갈등은 2012년 MBC 170일 파업, KBS 94일 파업으로 이어졌고, 파업 종료 후에 남은 상흔은 지금까지도 아물지 못하고 있는 상황이다.

한편 이명박 정부의 미디어정책에 있어 가장 뜨거운 논쟁의 이슈는 신문과 방송의 교차소유 허용 여부였다. 당시 신문 산업이 위기를 맞으면서 주요 신문사들은 언론의 자유, 다양성 등을 근거로 신문 방송 겸영 허용을 지속적으로 요구해왔다. 2008년 12월 3일 한나라당이 '방송법', '신문법' 등을 중심으로 한 미디어관련 법안을 국회에 제출한 직후부터 본격화된 이른바 '미디어법' 논쟁은 미디어법을 찬성하는 정부, 한나라당, 주류 신문사, 방송통신위원회, 학계 및 시민단체와 이에 반대하는 지상파, 민주당, 언론노조, 학계 및 시민단체 사이에 날선 대립으로 이어진다.

극한적 갈등과정 속에서 가장 쟁점이 되던 개념은 여론지배력 또는 여론독과점 논란이었다. 한편에서는 신문과 방송의 교차소유 허용이 조선, 중앙, 동아일보를 중심으로 한 여론 독과점을 심화시킬 것이라는 주장이 있었고, 또다른 한편에서는 소유규제 완화와 여론 독과점 사이에는 아무런 관련성이 없고, 오히려 여론독과점의 문제는 신문이 아니라 소수 TV 방송사에 대해 제기하는 것이 타당하다는 주장이 제기되었다(윤석민, 2011). 미디어법안에 대한 사회적 논란이 거세지자 여야는 '미디어발전국민위원회'라는 '사회적 논의기구'를 구성했다.[3] 하지만 '미디어발전 국민위원회'는 사회적 논의기구라기보다는 여야의 대립, 찬성과 반대의 논리를 대리하는 기구에 불과했고, 위원들은 양측으로 명확히 갈려서 추천

3. 미디어발전국민위원회는 의석분포를 반영하여 한나라당(10명), 민주당(8명), 선진과 창조의 모임(2명) 등 3개 교섭단체가 위원을 추천하여 구성되었다. 이들은 2009년 3월 3일부터 6월 25일까지 100일간 활동을 진행하지만 합의점을 찾지는 못한다.

한 당의 의견을 반영하며 '대리전'을 치렀다(강형철, 2011). 결국 미디어법은 그해 7월 22일 열린 국회 본회의에서 여당 단독처리로 결론 났고, 이 결정과정은 절차상으로 위법하지만 위헌은 아니라는 헌법재판소의 판결을 받게 되었다.

처리된 법안의 핵심은 대기업과 조선일보, 중앙일보, 동아일보 등 주요 신문사들의 방송사업 진출을 허용하는 것이었다. 이는 지상파 중심의 국내 방송 지형을 다원적 구조로 전환시키는 중요한 계기로 작동했다. 미디어법이 통과된 이후 여권과 방통위는 곧바로 시행령 개정작업과 종합편성채널 도입방안 검토에 들어갔고, 2010년 12월 31일 조선일보, 중앙일보, 동아일보, 매일경제 등 4개 신문사가 종합편성채널 PP 승인 대상 법인으로 선정되었다. 2011년 12월 1일 종편채널 4사가 개국하면서 방송시장의 판도에 거대한 변화가 몰아치게 된다. 그에 대한 평가는 아직 유보적이다. 한편으로는 채널과 프로그램의 다양성이 확대되었다는 평이 있는가하면 또 다른 한편으로는 신문의 이념적 정파성이 방송으로 넘어와 신문에 이어 TV 저널리즘의 위기를 확대시키고 있다는 평도 있다(오형일, 2014; 이기형, 2014). 채널 간 경쟁 증가에 따라 방송의 활력이 증진되었다는 평가가 있는 한편, 방송 광고시장 규모가 정체, 축소되는 상황에서 종편 채널의 도입이 전체 방송 사업자의 위기를 가속화시키고 있다는 우려도 제기되었다(탁재택, 2014). 미디어법 사례에서 한가지 분명한 점은 이명박 정부 들어 미디어정책에서 국가주도의 발전 논리와 시장 논리가 한층 강화되었다는 점이다.

이 시기 주목할 만한 또 하나의 변화는 IPTV 도입과 성장이었다(유의선, 2012). 이명박 정부는 방송통신융합산업 진흥의 핵심을 IPTV로 보았고, 이를 위한 각종 진흥정책을 추진한다(최진웅, 2014). 이명박 정부 출범 후 방통위는 'IPTV 사업법 시행령(2008년 6월 27일)', 'IPTV 사업법 시행령 고시안(2008년 7월 23일)', 'IPTV 허가 기본계획안(2008년

8월 27일)' 등 IPTV 출범을 위한 정책적 초석들을 발 빠르게 의결하고, 2008년 9월 8일 KT, SKT, LG데이콤 등을 IPTV 제공 사업자로 선정했다. 이외에도 정부는 IPTV 등 융합미디어 진흥 도모를 위한 민간협의체 '한국디지털미디어산업협회'를 출범시키고 훗날 KBS 사장이 된 김인규 씨를 초대 회장으로 선임하는 등 IPTV의 시장정착에 적극적인 모습을 보였다. 2008년 11월 IPTV 3사 중 KT의 '메가TV라이브'가 가장 먼저 본방송 서비스를 시작한 이후 IPTV는 SO 등과의 저가 경쟁 속에서도 지속적으로 가입자를 늘려가며 방송시장에 견고하게 뿌리를 내려 2014년 여름에는 1천만 가입자를 확보하기에 이르렀다.

민주주의의 관점에서 이명박 정부의 미디어정책은 권위주의 시대로 회귀했다는 비판을 들었다(최영묵, 2012). 특히 이명박 정부 시기의 방송은 공영방송 사장 해임, 대통령 특보출신 사장 투입, 프로그램 제작주체와 프로그램에 대한 통제 등에 대한 논란이 지속되었다. KBS 정연주 사장이 강제 해임되고, MBC 엄기영 사장이 자진 사퇴한 후 이들의 후임으로 친정부적 보수 성향을 갖고 있던 인사들이 임명된 사건은 국가권력과 공영방송, 그리고 시민사회 사이에 갈등과 균열의 불씨가 되었다(김서중, 2012). 한 축에서는 노무현 정부 시절 이념적으로 논란이 되었던 <시사투나잇>, <미디어 포커스>, <돌발영상> 등의 프로그램이 폐지되고, 진보적 언론인들이 속속 해고되는 일면, 다른 한축으로 공공성을 기치로 제반 사회운동 세력이 결집하는 양상이 전개되었다. 파드 캐스팅을 활용한 <나는 꼼수다>가 4대강 사업, BBK 의혹, 내곡동 사저 문제 등 이명박 대통령과 관련된 주요 문제를 파고들며 거대한 사회적 돌풍을 불러일으켰다. 방송을 둘러싼 진보 대 보수, 국가권력과 시민사회의 갈등이 심화되면서 방송정책결정과정은 노무현 정부 시절을 한층 능가하는 진영논리, 편가르기, 물리적 충돌이 난무하는 정치투쟁의 난장으로 변질되었다(윤석민, 2011).

Ⅱ. 향후 과제와 전망

이 글은 산업화와 민주화로 특징지어지는 한국 현대사의 노정 속에서 신문과 방송으로 대표되는 미디어 영역 및 그 정책이 어떠한 궤적을 따라 발전해 왔는지를 정치권력의 변동 맥락을 중심으로 살펴보는 데 그 목적이 있었다. 한국 미디어정책의 역사적 발전과정을 종합적으로 평가하면, 우선 신문의 경우 언론의 자유 확보를 위한 정치권력과의 투쟁에서 언론권력화를 거쳐 저널리즘의 위기 단계로 진행되어왔다. 군사정권 시절 때론 정치권력에 저항하고 때론 정치권력의 특혜 속에 성장한 신문은 1987년 민주화 이후 자본의 논리에 포획되고 스스로가 권력화되는 특징을 보였다. 정파성과 상업성이 강해졌고 윤리성, 공정성, 책임성 등 저널리즘의 기본 가치들의 무게는 줄어갔으며 유통시장은 무가지, 경품, 현금살포 등 출혈적인 판촉행위로 몸살을 앓았다. 2000년대 이후에는 인터넷 포털로 대표되는 뉴미디어의 급증으로 광고시장이 위축되고 열독률이 떨어지면서, 오히려 신문의 선정성과 정파성은 좀 더 강화되어가는 특징을 보였다. 이에 대한 정치권력의 정책적 대안은 구체화되지 못했고 오히려 신문의 문제를 정치적 이해관계에 따라 방기한 측면도 있었으며, 그 결과 신문은 사회문화적 차원과 산업적 차원에서 이중적 위기 단계로 진행되어갔다.

방송의 경우 지난 50년 정치권력과의 관계를 단적으로 표현하는 가장 좋은 말은 '발전'이었다(조항제, 2011). 수상기의 보급에서부터 시작하여 케이블, 위성방송, IPTV 등 새로운 방송매체의 도입과 성장에 국가가 미친 힘은 컸다. 구조적 측면에서 방송은 1970년대 공영방송과 상업방송이라는 2원 체제에서 1980년대 일원적 공영방송 체제로, 1990년대 이후 상업방송 중심의 공민영 혼합체제로 전환되었다. 케이블 TV와 위성방송이 개국하면서 2000년대 전후로 다매체다채널화가 본격적으로 이루어졌고, 2010년 전후로 방송은 다채널 다매체화를 넘어 스마트 미디어 시대로 진입하고 있다. 이러한 구조적 변화를 추동한 것은 정치권력이었다. 국가가 추동하는 방송정책의 방향에서 산업진흥은 늘 따라다니는 수식어였고, 특히 시장화는 민주화 이후 방송정책의 일관된 방향이었다. 케이블 TV, 위성방송, 그리고 스마트미디어로 상징되는 방송 산업의 확장은 이러한 분위기를 주도했고 2000년 제정된 통합방송법 이후에도 기조는 크게 달라지지 않았다. 오히려 2000년대 후반 이후 방송정책에서 시장주의적 관점은 좀 더 강화되는 방향으로 나아갔다. 한편 방송정책이 과도하게 발전과 시장에 무게중심이 쏠리면서 민주주의와 방송의 관계 설정은 제대로 이루어지지 못하고 있고 그 결과 공영방송 거버넌스 문제, 수신료 문제, MBC를 중심으로 한 공영방송 위기 등에 있어서는 해결해야 할 숙제가 산적해 갔다.

신문과 방송 이외에 인터넷, 모바일, 그리고 소셜 미디어 시대가 발 빠르게 전개되고 기존의 언론과 다른 차원의 대안 언론들이 발전하면서 이에 대한 정책적 고민도 필요한 상황이다. 이들이 한국 사회의 민주주의 성장과 경제 성장에 미칠 긍정적인 가능성만큼 위험성도 동시에 가지고 있으며, 작금의 상황은 이 모든 가능성들이 혼재되어 있기 때문이다.

요컨대 한국 현대사의 노정에서 정치권력과의 밀접한 관계 속에서 성장한 미디어는 그것의 긍정적인 성과와 기억에도 불구하고 많은 정책적 과제를 남겨두고 있다. 각 미디어 영역별로 핵심적 정책 과제를 선별해 보면 우선 신문 미디어의 경우 심각한 생존 위기의 해법 마련이 요구된다. 신문의 몰락은 저널리즘의 위기, 민주주의의 위기로 이어지기에 가장 시급히 대처해야 할 정책과제다. 이에 더해 보수-진보 저널리즘의 갈등구조, 무책임하고 저급한 인터넷 신문의 범람 등도 신문 영역에서 해결해야 하는 정책적 이슈다. 방송 미디어는 무엇보다 사회적 소통의 정점에 위치한 공영방송의 독립성과 공정성 회복이 시급하다. 그런 맥락에서 공영방송의 거버넌스 문제, 수신료 문제 등에 대한 진지한 사회적 고민이 필요하다. 종편 채널 도입 후 커지고 있는 TV저널리즘의 품질과 공정성 문제도 심각하게 고민해야 하는 부분이다. 이들이 사회적 소통의 양극화와 한국 사회의 이념적 갈등을 극화시킬 위험성이 적지 않기 때문이다. 또한 방송 영역의 확장으로 플랫폼 간, 사업자 간 경쟁과 이해관계가 상충하는 이슈들이 많아지고, 신규 경쟁 매체의 성장과 한중 FTA 체결 등 방송을 둘러싼 외부 환경의 불확실성도 커지고 있는 상황에서 방송정책 기관의 전문성과 조정능력 확대도 요구된다. 마지막으로 소셜 미디어, 포털 등 새로운 미디어 영역에 있어서는 위기의 본질과 핵심을 파악하고 이를 조정할 수 있는 규범체계가 정립되어야 할 것이다.

결론적으로 지난 50여 년간 미디어정책사에서 우리가 배울 한 가지가 있다면 그것은 균형과 조화다. 민주주의의 성숙과 경제 성장은 우리 사회가 지향하는 핵심적 목표이며 사회적 커뮤니케이션 채널로서 미디어가 어느 하나에 과도하게 무게중심이 쏠릴 때 우리 사회에 초래하는 사회적 비용이 결코 적지 않다. 같은 맥락에서 정치권력에 의해 미디어가 과도하게 통제되거나, 반대로 미디어가 권력화되어 정치권력에 사사건건 반대하고 시장을 혼탁하게 할 때 이로 인한 사회적 비용 역시 만만치 않다. 압축 근대화로 표상되는 한국 현대사에서 미디어 영역에 유독 균형과 조화를 요구하는 것은 무리였는지도 모른다. 그러나 우리가 역사를 돌아보는 이유는 어제와 다른 내일을 창조하기 위함이며 그런 차원에서 우리가 지금 시점에서 진지하게 사유해야 하는 지점은 미디어의 산업적 측면과 사회문화적 측면을 어떻게 조화롭게 발전시켜나가고, 어떻게 정치권력과 미디어와의 건강한 관계를 만들어 나가느냐다. 이 질문에 대한 섬세한 답들이 미디어정책 위에 새롭게 새겨져야 할 것이다.

참고 문헌

강동순(2006). <KBS와 권력>. 서교출판사.

강명구(2004). 한국 언론의 구조변동과 언론전쟁. <한국언론학보>, 48권 5호, 319~348면.

강준만(2000). <권력변환: 한국언론 117년사>. 인물과 사상사.

강형철(2011). 한국 방송정책의 결정과정과 특징 : 신제도주의적 시론. <방송통신연구>, 75호, 28~57면.

김남석(2010). 1960년대 초반의 정치변동과 신문 산업의 성격변화. <한국언론학보>, 54권 4호, 168~188면.

김대규·윤석민(2010). 방송위원회와 정보통신부의 통합 과정 : 인사와 조직문화를 중심으로. <한국방송학보>, 24권 3호, 50~97면.

김민환(1996). <한국언론사>. 나남.

김서중(2012). 이명박 정부와 언론 공공성 붕괴. <인물과 사상>, 176호, 149~160면.

김영욱·임유진(2009). 언론의 정부-언론 관계와 언론정책에 대한 담론변화 분석: 노무현, 이명박 정부에 대한 보도 이데올로기 차원 비교 평가. <한국언론학보>, 53권 4호, 94~115면.

김영희(2003). 한국의 라디오시기의 라디오 수용현상. <한국언론학보>, 47권 1호, 140~165면.

김영희(2011). 한국사회와 텔레비전 방송 50년. 한국언론학회 (편), <한국 텔레비전 방송 50년> 1~23면. 커뮤니케이션북스.

김영희(2012). 한국전쟁기 이승만정부의 언론정책과 언론의 대응. <한국언론학보>, 56권 6호, 366~390면.

김주언(1989). 제5공화국 독재권력의 언론통제. <신문연구>, 47호, 192~210면.

김주언(1999). 권언유착과 권력분점 : 당근과 채찍, 언론정책의 명암. <관훈저널>, 74호, 117~135면.

김주언(2012.4.26.). 언론청문회는 민주언론의 첫걸음이다. <한국기자협회보>.

김학재(2009). 여순사건과 예외상태 국가의 건설 : 정부의 언론 탄압과 공보정책을 중심으로. <제노사이드연구>, 6호, 155~203면.

김해식(1992). 언론에 대한 국가개입의 구조 및 그 전개과정. <언론정보연구>, 29호, 23~53면.

김호기(2010. 3월). 4월 혁명으로 가는 길, 1950년대 시민사회. <주간경향>, 867호.

박승관·장경섭(2000). 한국의 정치변동과 언론권력 : 국가-언론 관계 모형 변화. <한국방송학보>, 14권 3호, 81~113면.

백미숙(2011). 한국 텔레비전 방송의 교육·계몽적 역할과 내용규제의 역사, 1963~1987. 한국언론학회(편), <한국 텔레비전 방송 50년> (223~263면). 커뮤니케이션북스.

송건호(1990). <한국현대언론사>. 삼민사.

송건호(2002). <송건호전집 9: 민주언론 민족언론2>. 한길사.

오진곤(2011). 유신체제기 영화와 방송의 정책적 양상에 관한 연구 : 유신체제의 법제적 장치에 따른 영화와 방송의 법제적 조치를 중심으로. 언론정보연구, 48권 1호, 229~259면.

오형일(2014). <한국의 공영방송은 어떠한 공익을 실천하고 있는가? : 2003~2012년 편성분석을 중심으로>. 서울대학교 박사학위 논문.

오형일(2014). <2014년 한국 TV콘텐츠 지형도>. 한국방송공사.

우지운(2012). 국가정책의 성격 변화와 뉴미디어 산업의 조직: 김대중 정부 초기의 케이블TV 산업을 중심으로. <한국언론정보학보>, 57호, 137~159면.

유선영(2004). 언론개혁론과 참여정부 : 필연적인 그리고 불안한 공조. <시민과 세계>, 5호, 480~503면.

유창선(2007). <굿바이 노풍: 노무현식 리더십과 한국 민주주의>. 아르케.

윤석민(2011). <한국사회 소통의 위기와 미디어>. 나남.

이기형(2014). 종편 저널리즘의 위상과 함의 : 과잉된 정파적 저널리즘과 흥분하는 시사토론 프로그램의 역할을 중심으로. <문화과학>, 78호, 104~128면.

이준웅·조항제·송현주·정준희(2010). 한국사회 매체체계의 특성 :'민주화 이행 모형'의 제안. <커뮤니케이션이론>, 6권 1호, 87~142면.

이진로(2003), 한국 언론의 국가, 자본 및 시민 등과의 관계 변화에 대한 역사적 연구 : 1980~2003. <언론과학연구>, 3권 2호, 271~301면.

임종수(2004). 한국방송의 기원 : 초기 라디오 방송에서 제도, 편성, 장르의 형성과 진화. <한국언론학보>, 48권 6호, 370~396면.

임종수(2007). 텔레비전의 사회문화사. 유선영·박용규·이상길 외 (편), <한국의 미디어 사회사> 439~486면. 한국언론재단.

정미경(2010.11.29). 동아일보를 통해 본 대한민국 근현대사 19, 방송보도의 표본을 보여주다. <동아일보>.

정순일(1991). <한국방송의 어제와 오늘>. 나남.

정윤식(2011). 한국 방송정책의 법제 분석 및 고찰. <방송통신연구>, 75호, 58~86면.

정용준(2011). 한국 방송정책의 가치와 이념: 1990년대부터 2011년까지. <방송통신연구>, 75호, 9~27면.

정진석(2010). 4·19혁명과 언론의 역할. <관훈저널>, 117호, 182~211면.

조항제(1994). 1970년대 한국 텔레비전의 성격에 대한 연구 : 정책과 자본간의 관계를 중심으로. <언론과 사회> 4호, 27~53면.

조항제(1998). 1960년대 한국 방송의 자율성의 성격 : 코포라티즘과 복합대기업화. <한국방송학보>, 10호, 289~322면.

조항제(2001). 한국의 민주화와 미디어 : 정부와 시장 주류 미디어의 관계. <한국언론정보학보>, 16호, 168~206면.

조항제(2012). 한국 공영방송의 역사적 발전과정과 정체성. 최영묵·윤석민 등(편). <공영방송의 이해> 39~118면. 한울아카데미.

조항제·박홍원(2011). 한국 텔레비전 50년의 정치와 경제 : 국가, 시장, 시민사회의 관계를 중심으로. <방송문화연구>, 23권 1호, 41~71면.

차재영(2005, 8월). <한국 정부의 수립과 현대 언론의 정착>. 한국언론학회 학술대회 발표논문집, 125~152면.

추광영(1986). 1960~1970년대의 한국의 사회변동과 매스미디어. <사회과학>, 25호, 231~271면.

최영재(2010). <새 정부, 신문/언론정책의 방향>. 한국언론학회 새 정부의 미디어정책과제 세미나, 3~19면.

최영묵(2005). <시민미디어론>. 아르케.

최영묵(2012). 이명박 정부 언론장악 실패 '전말기' : 시장의 배반과 새로운 주체의 반란. <황해문화>, 75호, 10~27면.

최진웅(2013). 한국의 방송제도개편에 관한 정치경제적 연구 : 제도의 변화와 지속요인을 중심으로. 서울대학교 박사학위 논문.

탁재택(2014). <미디어와 권력>. 한울.

한국방송공사(2012). <KBS텔레비전 방송 50년 : 1961~2011년>. 한국방송공사.

05

체육 정책

가톨릭관동대 스포츠레저학과 교수

이 용 식

우리나라 체육은 1876년 강화도조약 이후 선진 외세 문물이 도입되면서 함께 도입되었으며 학교와 YMCA 등 사회단체를 중심으로 활성화되었다. 이러한 우리나라의 체육은 1945년 해방 후 미군정으로 미국식 체육(physical education)이 도입되면서 일제식 체육(병식체조)과 미국식 체육(신체의 교육 또는 신체를 통한 교육)이 혼용되어 시행되었다. 이렇게 학교체육으로부터 시작된 우리나라의 체육은 제3공화국에 이르러 산업역군 육성 또는 국방력강화 차원에서 체력장 제도 도입 등 학교체육이 강화되었고 남북 대치 상황 그리고 국위선양 차원 등으로 엘리트체육이 육성되었다.

해방 후 체육정책이 실제적으로 시작된 것은 1946년 문교부 교화국에 체육과가 설치되면서 부터이며 1961년부터 문교부에 체육국이 설치되면서 체육정책이 실질적으로 추진되게 되었다. 특히 1962년 국민체육진흥법 제정 그리고 1970년대 엘리트체육진흥을 위한 다양한 제도들 즉, 체육특기자제도, 병역특례제도, 체육인연금제도, 태릉선수촌 건립 및 체육계학교 설립 등은 모두 이 시기에 이루어진 일들이다. 1980년대 들어서 88서울올림픽 유치는 우리나라를 세계에 알리는 계기, 우리나라의 스포츠 경기력을 제고하는 계기 그리고 생활체육의 기반을 닦은 계기로 볼 수 있다.

1982년 체육행정부처인 체육부의 신설은 체육정책사의 획기적인 전환점이 되고 있다. 체육정책 70년사에서 체육행정조직이 단일한 부처형태로 존재한 시기가 바로 1982년부터 10여년 기간(1990년부터 1993년까지는 체육청소년부시기)이었다. 이 시기는 올림픽 경기력 제고와 생활체육의 기반인 시설확충, 전국조직 출범, 프로스포츠 육성 등이 이루어졌다. 88서울올림픽의 성공적인 개최 이후에는 1987년 6.29 선언의 민주화 바람과 체육에 대한 관심 증가, 가처분 소득 등으로 국민들이 평균수

명 증가와 삶의 질 제고를 위한 생활체육 참여가 급속도록 확대되었다.

2000년대 들어서는 2002년 축구월드컵이 온 국민을 하나로 묶는 사회 통합 역할을 하였으며 2005년경부터는 복지차원(복지부로부터 장애인체육 이관)의 체육, 산업차원의 스포츠(스포츠산업과 신설) 그리고 스포츠 영역의 확대(전통무예진흥법 제정)까지 다양하게 체육정책이 확장되어 왔다. 이에 체육정책의 역사와 주요 변동에서는 산업화, 민주화, 사회통합에 이르는 사회변동, 체육의 가치 변화와 체육 세부영역의 확장 등을 고려한 체육계의 변화 등을 고려하여 기술하고자 한다. 또한 시기별 변화를 아우를 수 있는 제목을 제시한 후 이에 부합하는 정책변동 원인 또는 체육정책 사례 등을 제시하고자 한다.

Ⅰ. 체육정책 변동 주요 요인 및 정책내용

1. 국가재건 및 체육제도 정비 시대(해방 후 제3공화국 일부까지)

1945년 8월 15일은 일제 식민통치가 종식되고 조국 광복의 새날이 밝은 날이었다. 그러나 1945년 9월 일본군의 무장해제를 위해 38선을 경계로 미군과 소련군이 진주하게 되고 미군은 남한의 미군정을 실시하기에 이른다. 이러한 상황에서 남한 사회는 해방정국이라는 열린 공간이 도래하자 정당 및 정치단체가 무려 250여개에 달하는 등 그동안 억눌렸던 정치욕구들이 분출(임영태, 1998a)되었으나 미군정은 일제 식민지통치의 잔재를 청산하고 신생 독립국가를 뒷받침할 새로운 이념과 체제를 수립해 나갔다. 1946년 3월 미군정당국은 학무국을 문교부로 승격시키면서 문화부 교화국 내에 체육과를 설치하면서 국가차원의 체육행정을 시작하였다. 문화부 교화국 내 체육과 설치는 일제 강점기 위축되었던 우리나라 체육활동에 활력이 생기는 계기가 되었다. 경기단체들이 정비되고 각종 선수권대회가 개최되었으며 유서 깊은 경평 축구 및 농구경기가 부활되었다. 이와 함께 전통 있는 연·보전 대항의 축구·농구경기가 부활되어 학원스포츠가 활발해지고 자유해방경축 전국종합경기대회도 성대하게 개최되었다. 체육계 인사들 역시 일제 강점기의 틀을 벗어나 민족체육의 부활에 노력했으며 이에 따라 학교체육뿐만 아니라 일반 사회체육도 점차 일제 강점기 국방경기 성격을 벗어나 민주적인 체육의 모습으로 바꾸는데 노력해갔다. 광복 직후 체육이념은 미국의 실용주의 사상에 영향을 받아 신체의 교육(education for the physical)에서 신체를 통한 신체적·지적·사회적·정서적 종합 적성교육(education through the physical)으로 '교육적' 측면이 강조되기 시작하였다(김달우, 1992).

1) 체육단체 정비

이러한 상황에서 그 당시 우리나라 체육은 조선체육회의 부활과 대한체육회로의 명칭 변경 그리고 대한올림픽위원회의 발족으로 한 단계 발전을 도모하게 된다. 조선체육회의 부활은 일제의 압박 속에서 온갖 고초와 고난을 겪어 왔던 체육인들이 조국 광복과 함께 힘을 합쳐 민족체육을 재건하기 위한 목적이 있었다. 이것은 일제 강점기 체육이 우리 민족의 기개와 우수성을 과시하고 민족적 분노를 발산한 돌파구 역할을 해왔음에 따라 또한 신생국가 형성에도 활력을 불어넣을 수 있겠다는 판단에서 이루어진 것이다. 1945년 11월 조선체육회 제11대 여운형 회장의 취임은 민족정기 부활을 의미했으며 1946년 2월 새롭게 영입된 인물들은 김규식, 안재홍, 김성수, 오세창, 원한경, 이극로, 최규동, 조만식 등 민족지도자들로 대거 채워졌다. 다만 1946년 4월 여운형회장의 이름으로 조선체육회는 정치적 중립을 선언하면서 정쟁에 휩쓸리지 않고 민족 체육의 발전을 지향하는 단체로 나아갔다(한국체육백년사편찬위원회, 1981). 1937년 일제 강점기에 마지막으로 개최되었던 전국종합경대회가 1945년 제26회 전국체육대회로 부활되었고 이 대회 기수로 입장한 손기정선수는 입장식에서 감격의 눈물을 흘렸다. 이 자리에는 당시 갓 귀국한 이승만박사가 참석하여 '베를린올림픽에서 마라톤 제패 소식을 듣고 우리 겨레는 아직 죽자 않고 살아 있다는 것을 알았다'고 그 당시의 감격을 피력하기도 했다.

또한 체육계는 이제야말로 태극기를 앞세워 조국 광복의 감격을 세계에 떨쳐야 한다는 민족적 열망을 갖고 1948년 런던올림픽에 참가하기 위해 대한올림픽위원회 발족을 서둘렀다. 대한올림픽위원회는 국제올림픽위원회 역사상 국가 성립 이전에 국가단위의 올림픽위원회를 승인한 유일한 경우였다. 그 당시 조선체육회는 대한민국 정부 수립을 앞에 두고 1948년 개최되는 런던올림픽에 출전하기 위하여 국제올림픽위원회에 대한올림픽위원회의 승인을 요청했고 올림픽종목 경기단체의 국제경기연맹 가입과 함께 1947년 국제올림픽위원회에 가입되었다(대한올림픽위원회, 1996). 이에 우리나라는 14회 런던올림픽부터 2012년 런던올림픽까지 독립된 국가로서 올림픽에 출전하게 되었다. 이로 인해 1948년 우리나라는 처음으로 국내체육은 대한체육회, 국제체육은 대한올림픽위원회가 역할을 맡는 양두체제 체육구조를 형성하게 되었다. 이후 대한올림픽위원회는 5.16 이후 유사단체 통합이라는 정부시책에 따라 대한체육회에 통합될 수도 있었지만 국제올림픽헌장 제24조 및 제25조에 의해 각국 올림픽위원회의 독립과 자주성을 살려야 한다는 이유로 사단법인체라는 별도의 법인격을 유지하고 있었으나 대한체육회와 대한올림픽위원회가 1966년 방콕아시안게임을 앞두고 심각한 대립양상을 보이게 되면서 박정희 대통령의 지시에 의해 1968년 대한올림픽위원회가 대한체육회의 특별위원회로 흡수 통합되었다(대한체육회, 1990).

2) 학교체육 육성

한편 체육정책 여명기는 학교체육의 발전이 가장 두드러지게 나타난 시기였다. 일제 강점기에는 일제의 고등교육 제한조치로 인하여 대학설립이 무산되었으나 해방 후 미군정 시기인 1945년 국립서울종합대학 설치를 시작으로 연희전문, 보성전문, 이화여자전문, 혜화전문, 명륜전문 등이 대학으로 개편되면서 발전되었다. 대부분의 대학이 처음에는 서울을 중심으로 창설되었지만, 미군정은 지방문화의 발달과 지역사회의 특수성을 살려 청주대학, 조선대학, 동아대학, 대구대학 등의 신설을 장려하면서 대학들이 서울과 지방에 두루두루 설립되는 계기가 마련되었다. 대학의 체육계 학과 설립은 1945년 이화여대를 시작으로 서울대, 경북대, 조선대, 경희대 등이었으며 체육학과 위주로 체육교사를 양성하는 것이 주 목표였다. 2년제 대학의 체육과나 무용과도 1951년 이후부터 설치되기 시작하였다. 이러한 대학 체육관련학과 설립과 함께 모든 대학생을 위한 교양체육 제도 마련이 학교체육의 중요한 전환점이 되었다. 교양체육은 대학이 최고 학부로서 일반교육보다 전문교육을 연구하고 진리탐구와 인격완성의 도장으로서 미래의 지도자를 양성하는 교육기관임을 감안할 때, 대학생들은 미래의 지도자로서 원만한 인격을 갖추고 신체의 건강과 체력을 유지하고 보전하기 위하여 지적 추구와 함께 신체활동에 자발적으로 참여하여 자기교양을 높이고 체력을 강건하게 할 필요성이 있다는 차원에서 도입되었다(김달우, 1992).

이렇게 대학이 교양체육을 도입한 것은 1946년 미국의 교육제도를 수용하면서부터이다. 이러한 대학 교양체육은 1952년에 문교부지침으로 2~8학점이 필수로 지정되었으며, 1961년에도 타 교양과목의 이수가 강화되었지만 4학점을 필수로 이수하도록 하였다. 또한 1961년에는 정부의 체육진흥책에 힘입어 체육을 8학점 이수하도록 강화되었으나, 1969년 남북한의 냉전고조로 군사훈련이 강조되어 교련이 6학점 생겨나면서 체육은 4학점으로 축소되었다.

〈표 1〉 대학 교양체육의 변천과정

실시연도	학점 수	총이수 학점	구분	비고
1946.8.27	2~8	180	-	미국 교육제도 수용
1952.4.23	2~8	180	교양필수	문교부지침
1961.1.31	4	160	교양필수	교양과목 이수 강화
1961.7.4	8	160	교양필수	체육진흥책
1969.5.27	체육 4, 교련 6	160	교양필수	군사훈련강조
1972.10.20	2~4	140	교양필수	대학교육개혁 조치
1989.2.28	2~4	140	교양필수 교양선택	각 대학에 일임
1995~	2 또는 선택적 이수	140	교양필수 또는 영역 안에서 택 1	각 대학에 일임

이러한 대학 교양체육은 1972년 대학교육 개혁조치에 따라 총 이수학점이 140학점으로 줄면서 체육 또한 2~4학점으로 줄어들었으며, 이후 1989년에는 교양 필수와 선택의 조정이 각 대학에 일임되면서 필수인 학교와 선택인 학교 또는 학과별 필수 또는 선택사항으로 바뀌었다. 현재에는 대부분의 대학이 교양체육을 선택과목으로 하고 있으며 이에 따라 교양체육의 제도적 뒷받침은 사라지고 대학생의 체육활동은 자율적인 선택에 맡겨져 있다. 다만 현재 대학은 학교의 사정에 따라 선택과목이지만 기초교양 실기과목, 실기 심화과목 등으로 특화해서 운영해 나가고 있다(이용식, 2014).

2. 국민체위향상 및 엘리트체육제도 도입시대(제3공화국)

1961년 5.16혁명으로 제3공화국이 탄생하고 박정희가 1963년 대통령으로 취임하면서 민족의 산업혁명화를 부각시켰고 1962년부터 민족중흥을 위한 경제개발정책을 본격적으로 추진하였다. 또한 박정희정권은 근대화를 추진하는 과정에서 국민적 통합을 도모하는 민족주의적 성향을 강하게 드러냈다. 이러한 제3공화국의 정치이념은 체육정책에도 적용되어 국민체육진흥법 제정 등 체육진흥정책을 수립하고 외교적인 목적으로 엘리트스포츠를 상징으로 내세우며 체력은 국력이라는 슬로건 아래 체육을 체계적으로 조직화하였다(체육백서, 2010).

1) 국민체육진흥법 제정

먼저 제3공화국은 1962년 국민체육진흥법을 제정하여 우리나라 체육진흥정책의 근간으로 삼았다. 1962년 9월 17일 국가재건최고회의는 법률 제1146호로 국민체육진흥법을 제정하였는데, 이를 통해 체육행정 제도와 조직이 재정비되었다(한국법제연구원, 1994). 더불어 체육단체규정으로서 민간단체의 정관 및 규정 등의 정비 그리고 학교체육에 관계되는 교육법 관련 조항에도 체육발전을 위한 기부금 특례조항, 조세감면규제법에 체육에 관한 특례조항이 마련되는 계기를 마련하였다. 특히 체육에 관한 특례조항 신설은 체육정책 추진에 필요한 재원을 마련하는데 크게 기여하였다. 물론 그 당시 국가재정의 취약함으로 국민체육진흥법을 추진할 예산과 체육시설 등 환경조성은 충분하지 않았지만 일단 체육정책 전개의 기본 틀을 확립했다는 측면에서 그 의미는 매우 크다고 할 수 있다. 그 당시 국민체육진흥법에는 국가와 지방자치단체는 체육진흥에 관한 시책을 강구하고 국민의 자발적인 체육활동을 권장하며 보호·육성하여야 한다, 문교부장관은 국민체육의 진흥에 관한 기본시책을 정하고 지방자치단체의 장은 문교부장관의 기본시책을 실현하기 위하여 체육진흥 계획을 수립하여야 한다, 문교부장관은 국민체육 기본시책을 자문하기 위하여 체육심의회를 두며 매년 국민의 체육정신 고취와 체육보급을 위해 체육의 날과 체육주관을 설정한다, 국가와 지방자치단체는 학교 및 직장체육진흥에 필요한 시책을 강구하고, 국민체육진흥을 위한 지도자를 양성하며 운동장, 체육관, 수영장 기타의 체육시설을 설치하여야 한다, 국가는 국가를 대표하는 선수와 지도자에 대하여 필요한 보호를 하여야 한다 등으로 되어 있다(이학래, 2000).

2) 체력장제도 도입

제3공화국은 남북대치 상황에서 부국강병을 위한 튼튼한 체력을 강조하였으며 이것은 학교 체력장제도를 마련하는 계기가 되었다(김종희, 1999). 5.16 군사정권은 광범위한 교육개혁의 일환으로 1961년 중고등학교 및 대학의 입학에 관한 임시조치법을 공포하고 중고등학교 입학전형제도를 국가관리제로 하였으며 체능검사를 점수로 계산하여 입시성적 총점의 1/7로 하고 5등급으로 구분하였다. 본격적인 체력장제도는 1972년에 실시되었다. 1972년 5월 문교부령 제294호에 의거하여 학교 신체검사규정이 발표되었고 1973년부터 대학입학예비고사령 제12조에 의거하여 대학입시 내신에 체력장 점수가 반영되었다. 점수 및 등급 구분은 5개종목 측정치를 종목별로 구분하여 20점 만점의 절대 기준 평가를 실시하고, 5개종목 전체를 합해 100점 만점에 80점 이상이 특급, 70~79점이 1급, 60~69점이 2급, 50~59점이 3급, 40~49점이 4급, 39점 이하가 5급 등 6개 등급으로 구분하여 점수화하였다(체육청소년부, 1992). 이러한 체력장제도는 대학입시에 반영되면서 과열양상을 띄게 되고 1997년에는 체력장 검사를 받던 여학생이 오래달리기를 하다가 심장마비로 사망한 이후, 1980년 입시부터 지역공동관리로 실시해 오던 체력검사를 학교장 책임관리로 전환하면서 절대평가에서 상대평가로 변경되었다. 또한 이러한 상대평가는 체력검사 결과 대입에서 만점을 취득한 학생수를 90% 이상 배출하게 함으로써 상대평가의 의미를 상실하게 되면서 1994년 전격적으로 대입제도에 체력장 점수를 20점 반영하는 이 제도는 폐지되게 되었다.

3) 엘리트체육 제도추진

한편 제3공화국은 국위선양, 국가위상제고를 위해 엘리트스포츠를 육성하기 시작하였다. 특히 미소 대치, 남북 대치 상황에서 민주주의·자본주의 이데올로기, 반공정신을 국민들에게 홍보하고 세계에 한국을 알리기 위해 엘리트스포츠를 육성하기에 이른 것이다(김종희, 1999). 5.16 이후 처음 맞이하는 올림픽인 1964년 제18회 동경올림픽은 아시아 지역에서 최초로 개최되는 올림픽이었으며 북한이 대규모 선수단을 파견하기로 하여 최초의 남북대결 성격을 띠고 있었다. 그러나 북한은 국제육상연맹, 수영연맹, 동경올림픽조직위원회가 모두 가네포대회(신생국경기대회) 출전선수의 참가를 제한함에 따라 최종적으로 불참하였고 남한만 단독으로 동경올림픽에 참가하게 되었다. 1964년 동경올림픽에는 이상백위원장과 장기영 부위원장 체제로 대한올림픽위원회 집행부와 선수단이 구성되었고 선수단은 224명(선수 165명, 임원 59명)으로 최대 규모였는데, 이유는 북한이 대규모 선수단을 파견할 것으로 예상되어 남한의 북한에 대한 스포츠경기력 우위를 보여주기 위함도 있었으며 박정희 대통령과 민관식 대한체육회장 등 지도층이 올림픽에서의 상위 성적 거양을 원했기 때문이다. 그러나 동경올림픽에서의 성적은 일본이 금메달 16개, 은메달 5개, 동메달 8개로 종합 3위에 오른 반면 한국은 은메달 2개, 동메달 1개로 27위에 머물렀다. 민관식 단장은 동경올림픽 선수단 해단식에서 '체육은 과학, 시설 없이는 설자리가 없다'고 제안하면서 체육부흥 6개년계획을 마련하였다(김광희, 1998). 한국 체육사에서 동경 올림픽만큼 교훈적 의미에서 충격과 자성을 안겨준 대회는 없었으며 지도자 자질향상, 체육시설의 확충, 과학적인 훈련, 스포츠 인재발굴 등을 추진하게 되었다.

이러한 체육정책 방향에 힘입어 1970년대는 엘리트스포츠 육성을 위한 다양한 제도들이 연이어 만들어졌다. 재능 있는 선수가 전문적으로 학창시절에 운동할 수 있도록 한 체육중·고·대학교 등 특수목적 학교설립, 학생선수가 대학에 경기성적만으로 입학할 수 있게 한 체육특기자제도, 국가대표선수들이 마음 놓고 1년 내내 운동에 전념하도록 하는 태릉선수촌 건립, 올림픽 등에서 메달을 획득하였을 경우 평생 연금을 지급하는 경기력향상연구연금제도와 국민의 4대 의무 중 하나인 병역에 특례를 인정하는 제도, 체육과학연구소 설립 및 대표선수 지원 등이 그것들 이었다(이학래, 2000). 이러한 엘리트스포츠 진흥제도들은 소련, 동독 등 동구권의 엘리트스포츠진흥제도를 벤치마킹 한 것으로 전 세계적으로 유래가 없을 정도의 진흥정책이라고 볼 수 있다. 이 중에서도 특히 학생선수가 대학에 경기성적만으로 입학할 수 있게 한 체육특기자제도는 그 당시 자녀의 우수대학 입학이 부모들의 염원이었던 시절로 스포츠 인재 발굴에 획기적인 제도였다고 볼 수 있다.

체육특기자 제도는 학원스포츠의 획기적인 발전을 가져온 제도라고 볼 수 있으며 선수 저변을 확대하는 결정적인 수단이 되었다. 1972년 체육특기자제도가 마련되기 전까지 학교운동부 및 학생선수는 학업을 우선시하고 운동을 과외활동으로 병행하는 형태를 띠고 있었으나 체육특기자 제도가 마련된 이후 학교운동부 및 학생선수는 운동에만 전념할 수 있게 되었다. 이유는 고교의 입시전쟁 상황에서 학생선수들은 운동특기로 대학에 갈 수 있는 특전을 얻게 되었기 때문이다. 이로 인해 초-중-고 운동부 증가와 학생선수 증가를 가져왔고 체육특기자는 대학입학 후에도 운동에 전념하게 됨으로써 올림픽 경기력을 제고할 수 있는 기반을 마련하였다(한태룡, 2009). 체육특기자는 대학입학 시 등록금 면제, 대학생활 시 수업료 감면 또는 면제 등 다양한 혜택도 주어졌으며, 이로 인하여 1982년과 1992년의 대학체육특기자는 1,580명에서 2,206명으로 증가하였다.

〈표 2〉 시기별 체육특기자 대학입학 전형방식의 변화

구분	1996년 이전	1997~1999년	2000년 이후
주 관	국립교육평가원	대학 자율	대학 자율
기 준	입상실적자(4위 이내)	대학 자율	대학 자율
지 망	동일계 및 타계 지원가능	동일계 및 타계 지원가능	동일계 및 타계 전과 금지

제3공화국의 엘리트진흥정책으로서 또 다른 획기적인 제도는 올림픽 등에서 메달을 획득하였을 경우 평생 연금을 지급하는 경기력향상연구연금제도와 국민의 4대의무 중 하나인 병역에 특례를 인정하는 제도였다. 먼저 경기력향상연구연금제도는 체육인복지사업의 하나이면서 가장 중요한 사업으로 추진되었다. 체육인복지사업은 1960년대 말 체육장학규정 제정에 의해 선수에 대한 체육장학금 지급이 시작되고 1974년 12월 경기력향상연구복지기금운영규정이 제정되어 선수에 대한 연금제도가 시행되면서 본격화되었다. 이러한 체육인복지사업은 1981년 특별보조사업, 1982년 체육장학회규정 통합, 1983년 경기지도자 연구비 및 국외유학사업, 1989년 장애연금 등이 신설되면서부터 현재의 모습을 갖추게 되었지만 가장 중요한 사업은 올림픽 메달리스트에게 주어지는 경기력향상연구연금제도였다. 1971년 김택수 대한체육회장은 유공체육인에 대한 연금제도 마련을 제안하였으며 이에 따라 1972년 국민체육진흥재단이 설립되었고 이에 따라 국민체육진흥기금으로 장학제도 지원

사업과 체육지도자 및 유공선수에 대한 생활보조금 사업 등이 시작되었다. 이후 국민체육진흥기금 관리가 대한체육회로 이관되면서 1974년 12월 경기력향상연구복지기금운영규정을 제정하고 선수연금제도를 출범시켰다(이용식, 1999).

이 규정에 따라 올림픽 금메달리스트 10만원, 올림픽 은메달리스트와 세계선수권대회 금메달리스트 7만원, 올림픽 동메달리스트 5만원이 매월 지급되었다. 그 당시 연금을 받은 메달리스트는 손기정 선수를 포함하여 1974년 말 현재 19명이었다. 대한체육회는 물가상승에 따른 연금액수의 가치 하락을 방지하기 위하여 연금지급액을 공무원 봉급수준에 따라 금메달리스트는 이사관, 은메달리스트는 서기관, 동메달리스트는 사무관급에 맞추었다. 1975년 12월에는 국민체육진흥기금 규정이 개정되면서 기금수입원으로 정부의 출연금이 추가되어 1976년도부터는 정부출연금이 국민체육진흥기금으로 이전됨에 따라 기금이 크게 증가하였다. 이러한 메달 보상제도가 원인이 된 것인지는 정확히 연구된 바 없지만 메달보상제도가 시행된 지 1년여 만에 몬트리올 올림픽 레슬링 종목에서 온 국민과 체육계가 염원하던 첫 금메달이 나왔다.

1976년 이후 메달에 대한 자신감이 증가하고 또한 국제경기대회에서도 메달을 획득하기 시작하자 1978년에 대한체육회는 다시 한 번 경기력향상연구복지기금운영규정을 개정하였다. 이 개정안에서는 획득한 메달에 대하여 일정액의 연금을 지급하는 종전방법 대신 연금등급을 금장, 은장, 동장으로 구분하고 아시아경기대회를 연금 대상이 되는 대회로 추가하였다. 연금지급액은 올림픽 금메달 1개인 금장은 10만 원에서 12만 원, 올림픽 은메달 1개·세계선수권 대회 금메달 1개·아시아경기대회 금메달 3개 이상인 은장은 7만 원에서 8만 4,000원, 올림픽 동메달 1개·아시아경기대회 금메달 2개인 동장은 5만 원에서 6만 원으로 각각 인상되었다. 또한 세계 수준의 우수 선수에게도 연금을 지급할 수 있는 조항을 신설하여 수혜대상자 폭을 확대하였다. 당시 19명인 연금수혜자는 35명으로 증가되었으며 연금지급 총액도 3,384만 원으로 1974년도에 비해 2배 이상 늘어났다(국민체육진흥공단, 1993). 1981년 국민체육진흥재단은 서울올림픽개최 결정 이후 선수들의 경기력을 더욱 극대화하기 위하여 연금지급액을 금장 24만 원, 은장 12만 6,000원, 동장 9만 원으로 각각 인상하였다. 이후에도 여러 번 연금제도 명칭 변경, 연금지급액 증가 등이 이루어졌고 현재까지 엘리트선수들의 경기력 제고에 커다란 영향을 미치며 운영되고 있다.

<표 3>에서 보는 바와 같이 1975년부터 1982년까지의 체육인복지사업 지급액은 선수·지도자 지원금 6,459만 6,000원, 경기력향상연구연금 3억 8,488만 8,000원, 체육장학금 1억 1,222만 9,000원으로 총 5억 6,171만 3,000원에 불과하였다. 그러나 1983년 이후 경기지도자연구비 지원 사업 등이 신설되면서 매년 약 5~7억 원이 지원되었다. 특히 86아시안게임, 88서울올림픽경기대회가 개최된 해에는 지원금이 13억 원에 육박하였다. 1989년 장애연금이 추가되고 1990년 체육인 국외유학사업이 추가되면서 1990년의 지원금은 총 16억 원으로 증가하였으며 1992년에는 바로셀로나올림픽이 개최되고 경기력향상연구연금 수혜자가 지속적으로 증가하면서 1992년에 지원금은 총 22억 원에 육박하게 되었다. 1994년 연금일시금 제도가 도입되면서 경기력향상연구연금 수혜자 중 일시금으로 전환한 자에 대한 지원이 이루어지면서 1994년 총 지원금은 60억 9,576만 5,000원에 달했다. 1995년 이후에는 연금월정금 수혜자가 감소하면서 1995년 총 지원금은 19억 7,216만 1,000원으로 감소하였으나 다시 연금월정금 수혜자가 증가하면서 1998년 총 지원금은 다시 26억 9,739만 9,000원으로 증가하고 있다(이용식, 1999).

〈표 3〉 체육인복지사업 예산집행 총괄표

(단위 : 천 원)

구분	계	경기력향상 연구연금	장애 연금	경기지도자 연구비	체육 장학금	선수·지도자 보호지원금	특별 보조금	국외 유학
계	30,345,586	21,664,963	48,000	2,614,053	4,023,091	1,878,544	3,000	139,094
1975 ~1982	561,713	587,448			112,229	64,596		
1983	503,429	236,400		82,500	94,110	90,419		
1984	640,933	309,950		161,000	110,625	59,358		
1985	764,815	437,000		32,000	142,527	153,288		
1986	1,324,735	862,750		204,856	133,216	123,913		13,020
1987	874,779	574,950		14,167	181,021	104,641		12,129
1988	1,311,719	690,800		323,033	176,228	121,658		
1989	1,315,943	970,100	4,800	36,833	197,045	107,165		
1990	1,675,611	1,211,000	4,800	191,094	186,066	82,066		585
1991	1,596,246	1,121,600	4,800	92,937	255,908	121,001		
1992	2,227,454	1,427,150	4,800	397,355	289,200	108,949		
1993	2,125,975	1,571,600	4,800	95,001	311,268	136,624		6,692
1994	6,095,765	5,390,300	4,800	225,701	318,848	138,500		17,616
1995	1,972,161	1,317,675	4,800	184,916	348,892	105,603	3,000	7,275
1996	2,192,687	1,461,350	4,800	240,739	378,004	107,794		
1997	2,464,222	1,693,450	4,800	195,687	396,640	131,363		42,282
1998	2,697,399	2,004,000	4,800	136,234	391,264	121,606		39,495

그 다음은 올림픽 및 아시안게임 등 국제대회에서 국위를 선양한 메달리스트에 주어지는 병역특례제도였다. 국제대회 메달리스트에 대한 병역특례제도는 1973년 '병역의무의 특례규제에 관한 법률'이 제정되면서 시작되었다(송영선, 2006). 이러한 병역특례제도는 '징병검사 합격자

중 현역병을 보충하고 남는 자원을 대상으로 병역의 형평성 확보 및 잉여자원을 효율적으로 활용하기 위하여 공적 분야 등에서 일정기간 복무함으로써 병역이행을 대신하는 제도'를 통칭한다. 이 현행 대체복무제도는 크게 공익근무요원 제도, 전문연구요원 제도, 산업기능요원 제도 및 공중보건의사 등의 기타 요원 제도 등으로 분류된다. 이 중에서 체육요원 병역특례는 공익근무요원 제도에 속하며, 병역특례 제도가 처음 도입되었던 1973년 당시의 기준은 '해외에서 크게 국위 선양을 할 수 있는 자'였다. 최초의 병역특례자는 1976년 몬트리올올림픽에서 금메달을 따낸 양정모였으며, 이는 1970년대 병역특례 혜택의 유일한 사례였다(최동호, 2014). 1981년에는 체육요원 병역특례의 기준이 올림픽, 세계선수권대회, 세계청소년선수권대회, 유니버시아드대회, 아시안게임, 아시아선수권대회, 아시아청소년대회에서의 3위 이내 입상으로 확대되었으며, 1985년에는 올림픽 3위 이내 입상자와 세계선수권대회, 유니버시아드대회, 아시안게임 우승으로 축소되었다. 이 후 1990년부터 올림픽과 아시안게임 입상으로 다시 한 번 축소되었고, 그 후 몇 차례의 논란을 거쳐 2007년 이후 현재 기준으로 적용되고 있다(최동호, 2014).

체육요원 병역특례의 혜택을 받은 선수는 1973년 이래 39년 동안 829명이며, 2003년부터 2012년까지 10년 동안의 특례 대상자는 186명으로 연평균 18.6명에 이른다. 물론 이는 초·중학교를 제외한 고교 이상 전체 등록선수의 0.2%에 해당하는 적은 규모이기는 하다(김태규, 2013). 그러나 체육요원 병역특례 기준은 2002년 한일월드컵 4강과 2006년 월드베이스볼클래식(WBC) 4강을 이룬 출전선수들에 대해서는 특례조항을 통해 관대하게 적용되기도 하면서 체육요원 병역특례에 대한 형평성 및 자격 여부에 대한 논란을 불러일으키기도 하였다. 한편, 병역특례 대상자들은 5주간의 기초군사 훈련을 마치면 공익근무요원으로 대체복무를 하게 되며 그 근무내용은 선발 당시 체육종목의 선수로 등록 활동, 대학(전문대학 및 대학원 포함)에서 체육 분야 학과를 전공 또는 해당종목에서 선수 활동, 중학교 이상의 학교에서 체육지도 분야에 종사, 국·공립기관 또는 기업체의 실업팀에서 해당종목의 선수, 코치, 감독 등으로 종사, 문화체육관광부장관이 인정하는 체육단체와 대한체육회 중앙경기단체 및 시·도 체육회에 등록된 체육시설에서 체육지도자 활동, 올림픽대회 및 아시아경기대회에서 프로선수 참가가 허용된 종목에 입상 후 공익근무요원에 선발되어 프로팀에서 근무하는 경우 등을 들 수 있다.

〈표 4〉 체육요원 소집 대상 및 선발자격

소집대상	선발자격	복무 기간
현역입영대상 또는 보충역 중 체육 분야의 특기를 가진 사람으로서 문화관광부장관이 추천한 사람	올림픽 3위 이상 입상 아시아경기대회 1위 입상	34개월

자료 : 병무청 홈페이지(www.mma.go.kr)

어쨌든 남북 대치 상황의 우리나라 현실에서 필연적으로 병역의무를 져야 하는 남자로서는 병역특례를 받을 수 있는 몇 안되는 방법이 올림픽 및 아시안게임 메달리스트가 되는 것이었기 때문에, 엘리트선수로서 경기력을 제고하는 강력한 유인수단이 된 제도였다(양재식, 2014). 현재의 체육요원 소집대상 및 선발자격은 <표 4>와 같다.

그 다음으로는 국가대표선수 훈련장으로서의 태릉선수촌 건립 및 국가대표 스포츠과학지원을 위한 스포츠과학연구소 설립(한국체육과학연구원, 2010)을 들 수 있다. 이것은 동구권의 국가대표 트레이닝센터 운영 및 대표선수 과학지원을 위한 국립스포츠연구소를 벤치마킹한 결과였다. 1964년 대한체육회장에 취임한 민관식 회장은 합숙과 훈련이 한

곳에서 가능한 종합적인 선수촌 없이는 성공적인 경기력 향상이 불가능하다고 판단하고 1966년 현재의 태릉에 선수촌을 건립하였다(이학래, 2000). 태릉선수촌 훈련시설로는 1966년 실내체육관, 1970년 국제수영장, 1971년 국제스케이트장, 1972년 남자숙소인 전진관 개관, 1975년 실내체육관 개선관 개관, 1980년 스포츠과학연구소 설립 등이 이루어졌다. 국가대표훈련장으로서 태릉선수촌은 상시적으로 종목별 국가대표들이 소집되어, 강도 높은 체력훈련과 기술훈련 그리고 스포츠과학연구소의 과학적 지원을 받아 경기력을 극대화하는 최적의 국가관리 트레이닝센터였다. 태릉선수촌의 건립과 운영은 1984년 로스엔젤레스 올림픽 7위에 이어 서울올림픽에서 4위를 하는 데 결정적인 역할을 하였다. 스포츠과학연구소는 국가대표 훈련지원뿐만 아니라 꿈나무 선수발굴, 체육지도자 양성 등 엘리트 경기력 제고에 필요한 연구개발, 연수교육, 과학지원의 3가지 주요 업무를 수행하여 우리나라 엘리트경기력 세계 10위권 유지에 견인차 역할을 했다.

3. 국가위상제고 차원의 체육활용 시대(제5공화국~제6공화국)

1979년 10.26 사태로 유신정권이 무너진 1980년대 한국사회는 신군부 전두환 정권에 의해 제5공화국이 출범되었으며 민주주의 토착화, 복지사회 건설, 정의사회 구현, 교육개혁과 문화창달이 국정지표로 발표되었다. 그러나 제5공화국은 국정지표를 실천할 만한 정당성이나 도덕성을 갖추지 못하고 있었고 전두환 대통령이 정권연장 의지를 드러내자 전 국민이 반발하는 등 불안한 정치·사회 상황에 있었다(한승주, 1989). 1987년 6.29선언으로 대통령 직선제가 수용되면서 제6공화국이 탄생되고 서서히 민주화의 길로 접어들었다. 체육정책의 측면에서 제5공화국은 스포츠

공화국으로 불릴 만큼 체육입국을 표방하며 역대 어느 정권보다는 체육 부문에 많은 관심을 기울인 시기였다. 제5공화국이 체육에 각별한 관심과 열정을 쏟은 이면에는 전두환 정권의 정통성 회복, 민주화 세력과 일반시민의 군사정권에 대한 저항 그리고 국제적인 비난 여론을 잠재울 수 있는 방안이 필요했기 때문이다. 사회적으로도 경제성장의 여파로 국민소득이 점차 증가하고 여가활동에 대한 욕구가 증가하면서, 국민의 관심을 집중시키고 국제무대에서 국가위상을 제고할 수 있는 효과적인 수단이 필요하게 되었고 그것이 스포츠임을 인지하고 있었다(임영태, 1998b).

1) 88서울올림픽 유치

제5공화국은 출범 이후 1981년 9월 서독 바덴바덴에서 열린 국제올림픽위원회 제84차 총회에서 일본 나고야를 누르고 1988년 하계올림픽 서울 개최권을 획득하였으며 두달 후인 11월에는 인도 뉴델리에서 개최된 아시아경기연맹 집행위원회에서 제10회 아시아경기대회 개최권도 획득하였다. 이렇게 전두환 정권은 88서울올림픽 준비와 86아시안게임 성공적 개최를 최우선적인 체육정책 목표로 세우고 추진하였다.

이 중에서 88서울올림픽 유치는 1979년 박종규씨가 제25대 대한체육회 회장(KOC위원장 겸임)으로 취임하면서 부터이다. 박종규 위원장은 대한사격연맹 회장이던 1978년 서울에서 세계사격선수권대회를 성공적으로 개최한 이후 올림픽 유치에 대한 자신감을 얻었으며 실제로 세계사격선수권대회 기간 중 한국을 방문했던 많은 세계사격선수권대회 VIP들이 '한국은 올림픽을 치를 만한 능력이 있다'는 찬사를 당시 박정희 대통령에게 전달해 왔었다. 1979년 3월 대한체육회장 겸 KOC 위원장인 박종규 위원장은 제24회 올림픽 서울 유치건의안을 문교부에 제출했고, 문교부는 1979년 8월 올림픽 유치문제를 국민체육진흥심의위원회에 상정했으며 1979년 9월 국민체육진흥심의위원회는 제24회 올림픽의 서울

유치 계획을 의결했고 곧바로 박정희 대통령의 재가가 나왔다(대한올림픽위원회, 1996). 1979년 10월 정상천 서울특별시장은 박종규 KOC 위원장, 김택수 IOC 위원, 정주영 전국경제인연합회장, 박충훈 한국무역협회장 등이 배석한 가운데 세종문화회관에서 내외신 기자회견을 갖고 88년 제24회 올림픽을 서울에서 유치하겠다고 정식 발표했다.

그러나 그로부터 한달 뒤 10.26 사태가 발생하면서 서울올림픽 유치를 결단했던 박정희 대통령이 타계한 후 박종규 위원장도 정치적으로 일선에서 물러나면서 올림픽유치운동은 일단 잠잠해졌다. 1980년 9월 제11대 전두환 대통령이 취임하고 조상호 체육회장 겸 KOC 위원장이 취임하면서 대한올림픽위원회는 올림픽 개최가 국가의 대외이미지 개선과 대공산권 외교에 결정적인 계리를 마련할 것으로 판단하고 추진하기로 결의하였다. 실제 88올림픽을 유치해야 할 서울시가 재정 등 제반여건 애로를 주장하며 반대의사를 표명하기는 했지만 전두환 대통령이 '전임 대통령이 결심하여 국내외에 공표한 중대사항을 별다른 이유 없이 변경할 수 없을 뿐만 아니라 이 역사적인 사업을 추진해 보지도 않고 처음부터 패배의식 속에서 물러나서는 안된다'고 유치결의를 밝힘으로써 문교부가 KOC에게 올림픽 서울 유치를 추진하라는 통보를 하게 되고 KOC는 IOC에 서울 유치 전문을 발송한 후 유치전에 뛰어들게 되었다. 1981년 오후 2시 80명의 IOC 위원들은 제24회 올림픽개최 신청서를 낸 서울과 나고야 중 한쪽을 택하는 투표에서 서울 52, 나고야 27이라는 압도적인 결과 집계표를 보여주었고 현지 대표단과 자정이 넘게 TV 실황 중계를 지켜보던 전 국민은 감격과 환호가 이어졌다(이학래, 2000).

2) 체육행정부처 발족

우리나라의 올림픽 유치는 1982년 정부부처에 체육부를 발족시키는 계기를 마련하였다. 물론 체육부 설치는 86아시아경기대회와 88서울올림픽의 성공적인 준비와 개최 차원에서 발족되었지만 그 이전까지 문교행정의 시각에서 부분적으로 다루어져 왔던 체육행정을 본격적이고 종합적으로 추진할 수 있는 계기를 마련하였다. 체육부 신설로 제5공화국 정부는 국민체육의 진흥을 본격화하고 체육을 생활화하며 체육을 통한 국민화합과 복지증진 및 국위선양을 도모할 수 있게 되었다.

체육부는 발족 당시 1실 3국, 10과 6담당관의 편제를 갖추고 있었으며 체육진흥국, 체육과학국, 국제체육국을 두고 있었다(이학래, 2000). 구체적으로 체육진흥국에는 체육정책과, 사회체육과, 학교체육과, 체육시설과를 두고 있었는데, 이것은 문교행정 시절의 학교체육 중심의 체육행정을 체육정책 개발 차원으로 확대하고 국민의 사회체육에 대한 관심도 증가시켰으며 체육활동의 기반이 될 수 있는 체육시설 정책개발 및 사업 추진도 가능하게 하였다. 체육과학국은 우리나라 올림픽경기력을 극대화하기 위한 정책 및 행정기능을 포함시킨 것으로 올림픽 출전선수를 위한 체계적인 훈련 및 과학적인 지원이 가능하게 되었다. 국제체육국은 86아시아경기대회와 88서울올림픽의 성공적인 개최 그리고 남북체육교류, 국제스포츠계에서의 우리나라 입지 구축 등을 추진하였다. 체육부는 88서울올림픽의 성공적인 개최 이후 체육청소년부로 확대 개편되었다가 문민정부인 김영삼 정부 출범시기인 1993년 문화와 통합된 이후 관광과도 통합되면서 부처명에서 삭제되기도 하였지만 2012년 말에는 문화체육관광부로 존속하고 있다(문화체육관광부, 2013).

〈표 5〉 1982~1997년까지의 체육관련 정부 부처 명칭과 조직변화

조직개편일시	국	과	비 고
체육부 (1982.3.20)	체육진흥국	체육정책과, 사회체육과, 학교체육과, 체육시설과	
	체육과학국	기획과, 지도훈련과, 조사연구과	
	국제체육국	지원총괄과, 국제경기과	
체육부 (1983.6.4)	체육진흥국	사회체육과, 학교체육과, 체육시설과	체육정책과 삭제.
	체육과학국	조사기획과, 훈련과, 지도육성과	업무는 유지, 명칭변경.
	국제체육국	지원총괄과, 국제경기과	변경사항 없음.
체육청소년부 (1990.9.10)	체육진흥국	생활체육과, 체육시설과, 사업관리과	학교체육은 교육부로 이관, 사회체육과가 생활체육과로 명칭변경, 사업관리과 생김.
	체육지도국	조사기획과, 훈련과, 지도육성과	변경사항 없음.
	국제체육국	지원총괄과, 국제경기과, 해외협력과	해외협력과 생김.
문화체육부 (1993.3.6)	체육정책국	체육기획과, 생활체육과, 체육시설과	체육진흥국이 체육정책국으로 변경되고 체육기획과가 생기고 사업관리과가 없어짐.
	체육지원국	체육과학과, 지도육성과, 훈련지원과	체육지도국이 체육지원국으로 변경되고 훈련과가 훈련지원과로, 지원총괄과가 없어지고 체육과학과 신설.
	국제체육국	협력총괄과, 국제경기과, 해외협력과	지원총괄과가 협력총괄과로 변경됨.
문화체육부 (1994.12.23)	체육정책국	체육기획과, 생활체육과, 지원육성과, 체육시설과	체육지원국이 없어지고 체육지원업무가 체육정책국내 지원육성과로 편입됨.
	국제체육국	협력총괄과, 국제경기과, 체육교류과	해외협력과가 없어지고 체육교류과가 생김.

3) 프로스포츠 출범

또한 제5공화국 시절 민주화의 열망을 외면한 군사통치제제를 유지하는 수단으로 국민의 눈과 귀를 모으는 획기적인 제도를 생각했고, 그러한 통치술의 일환으로 스포츠의 프로화를 꾀했다. 1982년 프로야구, 1983년 프로축구 등 프로스포츠의 본격적인 출범은 결과적으로 국민들에게 건전한 여가선용 기회를 제공하고 우수한 선수들에게는 전문 직업인으로서 기회를 부여하는 계기가 되었으며 스포츠의 대중화에도 기여했다. 이러한 스포츠의 프로화는 2014년 현재 시점에서 볼 때 스포츠산업의 태동을 여는 계기가 되었다고도 볼 수 있다. 한국 프로스포츠의 기둥역할을 한 프로야구는 1974년부터 준비작업을 시작하였다. 성인야구가 자리를 잡아가고 있던 그 시절 타성에 빠진 실업야구를 중흥하는 방안으로 실업야구연맹 임원들이 가칭 한국직업야구추진위원회를 만들었고 박정희 대통령과 문교부와 대한체육회에 건의서를 제출하면서 프로야구 창설작업을 추진하였다(이학래, 2000). 그 당시 한국직업야구추진위원회는 위원장으로서 미국에서 회사를 운영하고 있던 기업인인 홍윤희 사장, 장태영(상업은행 야구부장), 허종만(육군 감독), 김계현(한국전력 감독), 이호헌(실업연맹 사무국장), 허정규(농협 감독), 정두영(철도청 감독) 그리고 야구계 소장파 감독들인 유백만, 남승진, 김응룡, 김성근, 강양중 등이 참여하였다. 실제적인 프로야구 창설작업은 1981년 12월 창립총회를 개최함으로써 공식출범했으며 1982년 3월 27일 동대문구장에서 MBC 대 삼성전이 전두환 대통령 시구로 첫 경기를 시작하였다.

4) 생활체육 진흥

한편 88서울올림픽의 성공적인 개최 이후 국민의 소득증가로 인한 생활수준 향상, 노동시간의 감소 및 여가시간의 증가, 건강 및 삶의 질에 대한 관심 증가, 6.29선언으로 인한 민주화와 지방자치제 도입 그리고

'보는' 스포츠를 넘어 직접 '참여'하는 스포츠를 하고자 하는 욕구 등으로 국민 개개인의 체육활동이 본격적으로 시작되었다. 특히 개인소득 증가는 체육활동 참여에 가장 중요한 요인인 것으로 파악(오연풍, 2000)되고 있는데, 일반적으로 국민의 체육활동 확산 시기는 국민소득이 5,000달러 이상이 되는 시기라고 한다.[1] 이러한 국민의 일상적인 체육활동 참여를 생활체육이라고 불렀으며 이러한 생활체육은 국위선양을 목표로 하는 엘리트체육과는 별개로 취급하며 양자가 상호 발전하여야 선진국형 스포츠시스템이 된다고 판단하였다. 정부는 국민의 생활체육(sport for all)을 활성화하기 위하여 먼저 1990년 국민생활체육진흥종합계획인 일명 호돌이계획을 수립하였으며 이를 추진하는 주체로 1991년 국민생활체육협의회를 설치하였다. 호돌이계획은 정부, 지방자치단체, 민간단체가 공동으로 생활체육을 진흥하자는 취지를 갖고 있었지만 생활체육을 풀뿌리까지 확산시키기 위해서는 전국망 조직이 필요하게 되었고 이러한 목적을 달성하기 위해 시도·시군구 조직을 아우르는 중앙 생활체육 진흥단체가 필요했던 것이다.

호돌이계획의 주요 내용은 생활체육시설의 확충과 다양한 생활체육프로그램 개발 보급, 생활체육지도자의 육성 등을 통한 생활체육 참여 여건 조성, 국민 각 계층의 참여기회를 확대하기 위해 생활체육대회 개최 및 체육동호인 조직육성, 지역사회 생활체육교실의 상설운영, 연령별·성별 국민체력기준치 개발보급, 지역·학교·직장체육의 육성 및 참여자의 참여의식 고취 등이었다(체육청소년부, 1992). 이러한 생활체육정책과 사업을 추진하기 위하여 국민생활체육협의회는 민법 제32조 비영리법인의 설립 및 허가에 근거하여 탄생하였다. 국민생활체육협의회는 정관에서 '전국 각지에서 활동하고 있는 생활체육동호인조직의 근간으로

1. 생활체육이 확산된 1970년대 초반 미국의 1인당 국민소득은 6,000달러 정도였고 호주의 1973년 국민소득은 5,445달러였다. 한편 1990년대 초 한국의 1인당 국민소득은 5,883달러였다.

생활체육 진흥을 위한 각종 사업을 실시함으로써 국민의 건전한 심신발달과 건전한 여가활동을 보장하고 나아가 명랑하고 밝은 사회건설에 이바지하기 위한 것'임을 명백히 밝혔다. 국민생활체육협의회의 결성은 지방조직의 결성에서부터 출발하였는데, 1990년 7월부터 시군구생활체육협의회 결성, 11월에는 15개 시도생활체육협의회 결성을 완료했으며 1991년 1월 사단법인 국민생활체육협의회 창립총회를 거쳐 2월 사단법인 설립허가를 받아 정식 출범했다. 이후 국민생활체육협의회는 국민생활체육전국종목별연합회를 승인단체로 39종목을 두었고 동호인클럽 1만 3,876개, 61만 명의 회원을 두게 되었다.

그러나 국민생활체육협의회의 발족은 대한체육회와의 기나긴 불편한 관계를 형성하게 되는 계기를 마련했다. 대한체육회는 정관에서 체육운동을 범국민화하여 학교체육 및 생활체육의 진흥으로 국민의 체력향상을 도모하고, 대한체육회에 가맹한 체육단체를 지원 육성함과 아울러 우수한 경기자를 양성하여 국위선양에 이바지함을 목적으로 한다라고 하고 있어 생활체육도 진흥하는 단체로 되어 있다. 대한체육회는 88서울올림픽의 성공적인 개최 이후 생활체육에 대한 진흥까지 그 업무를 담당하도록 체육부로부터 요구받았으나 KOC 국제업무와 함께 국내 엘리트체육(학교운동부 육성 등 학원체육 포함) 진흥에 중점을 두겠다고 정리함에 따라 생활체육을 진흥할 별도의 단체가 필요하게 되었고 이에 따라 전격적으로 국민생활체육협의회 발족이 추진되었다. 선진국의 경우 체육을 통괄하는 단체가 생활체육과 엘리트체육을 함께 담당하는 것이 일반적인 상황이고, 또한 선진국의 경우 올림픽이나 세계선수권대회에 출전하는 엘리트선수들도 생활체육의 저변 속에서 육성된다고 볼 때 생활체육과 엘리트체육은 한 체육단체에서 육성하는 것이 바람직했지만 대한체육회의 KOC 국제업무와 함께 국내 엘리트체육 중점 진흥은 생활체육과 엘리트체육을 이원화하는 구조를 양산해 냈으며 이것은 현재까지 두 단체의 통합논의로 이어지고 있다(이용식, 2008). 어쨌든 국민생활체육협의회의 발족으로 주 1회 이상, 1시간 정도의 규칙적인 체육활동을 하는 인구는 1986년 26.8%에서 1989년 39.0%, 1991년 51.9%로 증가하였으며 생활체육참여인구도 1991년 400만 명으로 증가하는 등 국민의 생활체육 참여는 상당히 활성화 되었다.

또한 국민의 생활체육 활성화에 크게 기여한 제도가 체육시설설치이용에관한법률 제정이라고 볼 수 있다. 1989년 체육시설설치이용에관한법이 제정되기 전까지는 체육시설에 대한 법률적 개념이 미정립되어 있었으며 다양한 체육활동을 하는 시설들이 다양한 개별법에 따라 규정되어 있었다. 예를 들어 수영장·당구장은 공중위생법에 의한 공중위생시설, 태권도장 등은 학원의 설립·운영에 관한 법률에 의한 학원, 골프장·스키장은 관광진흥법에 의한 관광시설, 운동장·체육관·야구장 등은 도시계획법에 의한 관람집회·도시계획시설이었다(성문정, 2003). 정부는 모든 체육시설을 동 법령에 흡수하여 체육시설의 설치·이용을 장려하고 체육시설업을 건전하게 발전시켜 국민의 건강증진과 여가선용에 이바지할 수 있도록 하였으며 체육시설 확충에 대한 국가와 지방자치단체, 직장 등의 강제적 의무를 부여했다. 또한 민간체육시설업의 시설기준과 체계적 지도감독 등 제도운영도 마련했다. 나아가 민간체육시설업에는 일정 규모 이상의 경우 국민체육진흥법 제11조의 규정에 의한 지도자 자격증 소지자인 체육지도자를 의무적으로 배치하도록 하여 민간체육시설업에서 질 높은 체육활동 지도가 가능해지도록 하였다. 1989년 법 제정이후 공공체육시설은 700개소에서 1998년 4,530개로 6.5배 정도 증가하였으며 민간체육시설업은 골프장업, 스키장업, 자동차경주장업, 종합체육시설업 등 등록체육시설, 수영장업, 에어로빅장업, 테니스장업, 체육도장업, 무도장업 등 신고체육시설에서 무려 38.5배가 증가하였다(이학래, 2000).

4. 삶의 질 제고 및 사회통합 차원의 체육활용 시기 (김영삼~김대중 정부)

88서울올림픽의 성공적인 개최를 계기로 한국 사회는 민주화 열풍 속에서 문민정부의 출범을 맞이하게 된다. 한국의 체육정책도 선수육성, 경기단체 지원, 스포츠과학화라는 특정 엘리트 대상의 전문체육 육성에서 모든 국민을 대상으로 하는 체육활동 진흥이 중요한 화두로 떠오르고 있었다. 국민의 가처분 소득 증가에 이어 국민생활체육협의회 발족, 체육시설설치이용에관한법 등이 생기면서 국민들의 생활체육참여율은 점진적으로 증가하였지만 이를 획기적으로 확대하고 생활체육 참여의 질까지 제고하기 위해서는 정부 주도의 국민체육진흥 중장기계획이 필요하게 되었다. 독일의 체육시설 확충 및 스포츠클럽 육성 정책인 골든플랜(1960~1975), 노르웨이의 TRIMM이나 호주의 Life, Be in it 생활운동 등을 벤치마킹하여 정부는 1993년 김영삼 정부에 들어서면서 한국체육 종합계획인 국민체육진흥5개년계획을 수립하게 된다. 이러한 국민체육진흥5개년계획(1차 1993~1997년, 2차 1998~2003년)의 수립 및 집행으로 주 2~3회 이상 국민생활체육참여율이 1989년 27.3%에서 1991년 34.7%, 1994년 37.9%까지 증가하였으며 1998년 김대중 정부에서는 1998년 말에 맞이한 IMF 사태에도 불구하고 제2차 국민체육진흥5개년계획을 수립하여 생활체육 활성화에 노력하였다(문화체육부, 1993, 1997).

1) 국민체육진흥5개년계획 수립

제1차 국민체육진흥5개년계획과 제2차 국민체육진흥5개년계획은 생활체육뿐만 아니라 엘리트체육, 국제체육, 체육과학, 체육산업 등 체육 전 부문에 대한 정책 방향과 추진전략, 세부 사업이 포함된 계획이었다.

제1차 국민체육진흥5개년계획과 제2차 국민체육진흥5개년계획의 정책 목표와 추진 전략을 비교하면, 제1차 국민체육진흥5개년계획의 생활체육정책 목표는 생활체육의 범국민적 확산이며 제2차 국민체육진흥5개년계획의 생활체육정책 목표는 생활체육 참여환경 구축으로 평생체육활동 정착이다. 즉, 제1차 국민체육진흥5개년계획 동안에는 생활체육참여율을 제고하기 위하여 생활체육의 제반 여건을 조성하는 것이 목표이며 제2차 국민체육진흥5개년계획 동안에는 구축된 생활체육 환경하에서 전국민이 생활체육을 즐기도록 하는 것이 목표이다. 1993년부터 1997년까지는 주로 체육의 가치와 필요성 홍보, 생활체육시설 확충, 지도자 육

〈표 6〉 제1차와 제2차 국민체육진흥5개년계획의 정책 목표와 추진 전략 비교

세부 분야	제1차 국민체육진흥5개년계획	제2차 국민체육진흥5개년계획
생활 체육 정책 목표	· 생활체육의 범국민적 확산 · 국민의 체육활동 참여의식 고취 · 체육활동공간 확충 및 생활체육지도자 양성 · 국민체육활동의 체계적 육성 및 지원 · 국민건전여가 기회의 확대	· 생활체육 참여환경을 구축하여 평생체육활동 정착 · 지역주민활동을 위한 체육시설 확충 · 미참여인구의 생활체육프로그램 참여확대 · 생활체육 지도인력의 육성과 활용 · 국민체력관리의 과학적 지원 · 민간주도적 생활체육 확산
생활 체육 추진 전략	· 경기대회 시설과 생활권 및 자연권 체육시설 확충 · 학교·직장체육시설의 확보 권장과 지역주민에게 개방 적극 유도 · 생활체육지도자 양성과 배치 확대, 관리체계의 개선과 재교육과정 개설 · 생활체육 동호인조직 활성화 및 생활체육 프로그램 개발·보급 · 체육의 가치와 필요성을 적극 홍보 · 체육의 날, 체육주간 운영의 강화와 지역단위의 체육대회 활성화 · 국민체력센터 운영 · 레크리에이션 보급 및 프로스포츠 정착	· 시군구별 기본체육시설 건설 및 근린체육공간의 확충 · 생활체육 참여프로그램의 확대와 다양화 · 지역별 스포츠클럽 결성 지원 · 생활체육지도자의 자질향상과 활용도 제고 · 생활체육자원봉사 활성화로 체육인력활용 효율화 · 국민체력센터의 서비스 기능 확대를 통한 과학적 국민체력증진 및 관리체계 구축 · 프로그램 홍보, 참여캠페인 실시로 미참여인구의 참여동기 강화 · 생활체육단체의 육성 및 지원 강화를 통해 생활체육의 민간주도화 추진

성, 프로그램 개발 등이 중점을 이루며 1998년부터 2002년까지는 미참여 인구의 참여 확대, 스포츠클럽 육성, 생활체육자원봉사 활동 권장 등이 중점을 이룬다(이용식, 2007).

한편 제1차와 제2차 국민체육진흥5개년계획의 세부 사업을 비교하면 <표 7>과 같다. <표 7>에 의하면 제1차 국민체육진흥을 위한 계획에서는 생활체육 기본시설인 운동장, 체육관, 수영장 건설이 중점적으로 이루어졌으며 지역 주민이 인근에서 운동을 즐길 수 있도록 근린생활체육시설 건설이 이루어졌다. 프로그램의 경우에는 연령별, 성별 프로그램 개발에 초점이 맞추어졌으며 생활체육대회의 경우에는 학교, 직장, 지역사회별로 체육대회를 활성화하는 데 초점을 맞추었다. 생활체육지도자의 경우에는 양성과 배치, 재교육에 초점을 맞추었으며 국민체력관리에서는 학생체력검사 제도의 개선과 국민체력센터의 개원에 초점을 맞추었다.

홍보에서는 체육의 날과 체육주간 행사를 내실화하고 대중매체나 홍보책자를 통하여 체육에 대한 인식을 지속적으로 개선하는데 초점을 맞추었으며 생활체육단체 지원에서는 국민생활체육협의회와 지역별생활체육협의회의 활성화에 초점을 맞추었다. 한편 제2차 국민체육진흥을 위한 계획에서는 제1차 국민체육진흥5개년계획에서 수행한 사업 중에서 지역주민의 호응도가 높은 사업은 계속 유지하고 또한 신규 사업도 개발하여 주민에게 질높고 다양한 생활체육 기회를 제공하는 것을 골자로 한다. 신규사업으로는 생활체육공원 설치와 잔디운동장 건설, 장애인체육활동 지원, 종목별 스포츠클럽 육성, 체육지도자 양성 체계 개선, 종목별 전국생활체육대회 개최, 시도체력센터 건설, 전국종목별연합회 결성 및 활성화 유도 등의 사업을 들 수 있다(이용식, 2014).

〈표 7〉 제1차와 제2차 국민체육진흥5개년계획의 세부 사업 비교

세부 분야	제1차 국민체육진흥5개년계획	제2차 국민체육진흥5개년계획
체육 시설	· 운동장, 체육관, 수영장 건설 · 구민체육센터, 농어민체육센터 건립 · 자연공원, 체육공원 설치 · 직장체육시설, 체력단련장 설치 등	· 운동장, 체육관, 수영장, 빙상장 건립 · 지방스포츠센터, 농어민문화체육센터 건립 · 생활체육공원, 동네체육시설 설치 · 토사구장 잔디 포설, 동네운동장 설치 등
생활 체육 프로 그램	· 생활체육 프로그램의 개발 및 보급 · 생활체육 프로그램 지도 및 강습회 · 생활체육교실, 장수체육대학 운영실시 · 가족생활체육캠프 운영 · 여성건강강좌 운영 · 지역주민 축제 운영 등	· 생활체육교실, 생활체육광장 운영 · 장수체육대학 운영 · 레크리에이션교실 운영 · 가족생활체육캠프 운영 · 직장체육지도자강습회 개최 · 장애인체육활동 지원 등
생활 체육 대회	· 지역체육문화 축제 개최 · 걷기·달리기 대회 실시 · 학교체육행사 개최의 활성화 · 직장체육행사 개최의 활성화 · 생활체육 동호인조직 육성 지원 등	· 지역체육문화축제 개최 · 종목별전국생활체육대회 개최 · 지역별생활체육대회 개최 · 국민체력챔프대회 개최 · 종목별 스포츠클럽 지원 등
체육 지도자	· 생활체육지도자 양성 및 배치 · 지도자 연수자격 검정제도개선 · 기존 지도자의 재교육 과정 설치 · 자원봉사지도자의 활용과 활동지원 · 체육유공자 포상 등	· 체육지도자 양성 및 효율적 관리 · 체육지도자 재교육 운영 · 생활체육지도자 강습회 개최 · 전국생활체육지도자 우수사례 발표회 및 우수지도자 포상 등
국민 체력 관리	· 학생체력검사 제도 개선 · 국민체력기준치 보급 · 국민체력센터 설치 운영 · 건강상담전화 개설 등	· 국민체력센터 확대 운영 · 시도체력센터 설치 운영 · 국민체력실태조사 및 국민체력기준치 보급 · 국민체력관리 프로그램 개발·보급 등
생활 체육 홍보	· 체육의 날, 체육주간 운영 강화 · 대중매체, 사회단체와 홍보 협력 · 생활체육홍보책자 제작·배포 등	· 체육의 날, 체육주간 행사 내실화 · 생활체육지, 생활체육백서 발간 · 생활체육참여 공익광고 제작 방영 등
생활체육 단체지원	· 국민생활체육협의회 운영 활성화 · 시도생활체육단체 육성 · 시군구생활체육단체 육성 등	· 국민생활체육협의회 역할 강화 · 지역생활체육협의회 기능 강화 · 전국종목별연합회 건전 육성 등

2) 국민체육진흥기금 조성

또한 한국체육 발전의 중요한 배경이 되는 사안은 한국체육의 재정자립을 모색한 국민체육진흥기금의 조성이다. 사실 88서울올림픽 유치 및 개최까지는 재벌기업의 도움을 받았지만 88서울올림픽 개최 이후 국가정책을 엘리트스포츠 위주에서 국민체육으로 그 무게를 옮기면서 국민체육 활성화를 위한 재원마련이 필요하게 되었다. 정부는 국민체육진흥법 제24조를 제정하여 국민체육진흥공단을 설립하고 마침 88서울올림픽이 성공적으로 개최되면서 얻은 잉여금 3,110억 원, 국민체육진흥공단 설립의 배경을 이루었던 국민체육진흥재단 기금 411억 원이 확보되면서, 이를 기반으로 3,521억 원의 국민체육진흥기금을 1차로 조성하게 되었다. 그 당시 국민체육진흥기금 조성 재원은 정부 및 정부 외의 자의 출연금, 담배값 포장지를 이용한 광고 및 기타 체육청소년부장관이 승인하는 광고사업의 수익금, 운동장·체육관·수영장·골프장 기타 대통령령이 정하는 체육시설의 입장료 또는 경마권에 대한 부가모금액, 체육시설의 운영에 따른 수수료 또는 사용료 등 체육시설과 이에 따른 부동산의 취득·운영으로 생기는 수익금, 기금의 운영으로 생기는 수익금, 기타 대통령령이 정하는 수익금 등이다(이학래, 2000). 국민체육진흥기금은 1989년부터 점진적으로 증가하여 1995년 3,684억 원, 1997년 4,264억 원, 1999년 6,246억 원으로 증가하였다. 이러한 국민체육진흥기금의 조성으로 정부는 1989년부터 1998년까지 10년 동안 국민체육진흥사업에 총 3,979억원을 지원했으며, 1995년부터 2000년까지 국민체육진흥기금의 지원액은 1995년 546억 원, 1997년 593억 원, 1999년 972억 원, 2000년 2,831(국제체육 1,803억 원)억 원으로 증가하였다(국민체육진흥공단, 2000). 이를 통해 정부는 생활체육, 전문체육, 체육단체, 청소년 육성 등 한국체육 진흥에 든든한 재원이 되었다.

3) 2002년 월드컵 유치

한편 우리나라 체육을 전 국민의 관심사로 바꿔 놓은 사건이 발생하게 되는 데, 그것이 2002년 월드컵 유치와 월드컵 4강 신화였다(2002년월드컵축구대회조직위원회, 2003). 한국의 월드컵 유치는 1986년 멕시코대회 때 그 당시 FIFA 회장이었던 아벨란제가 2002년 대회는 유럽이나 남미가 아닌 아시아에서 개최하는 것이 좋겠다는 의견으로부터 시작된다. 일본은 1989년 12월 FIFA에 월드컵 유치의사를 공식적으로 표명했으며 1990년 6월 유치위원회를 발족시켜 월드컵 유치활동을 시작하였다. 한국의 월드컵대회 유치발언이 공식석상에서 맨 처음 나온 것은 1989년 8월 8일 국민체육진흥공단 업무보고회였으며 1990년 5월 아벨란제 FIFA 회장은 2002년 월드컵 개최국으로는 '통일한국이 되기를 희망한다'고 견해를 밝히면서, 이러한 흐름에 따라 1990년 6월 당시 김우중 대한축구협회장은 2002년 월드컵 유치의사 표명을 담은 서한을 FIFA에 보내면서 FIFA도 한국의 월드컵 유치의사를 확인했다. 이후 1991년 체육청소년부는 대한체육회 및 축구협회 관계자들과 대회 유치 문제를 놓고 협의했으나 경기장 건설 등 재정부담과 재원확보 문제로 상당기간 유보되었다가 1993년 김영삼 대통령이 취임하면서 선거공약으로 2002 FIFA 월드컵 유치의사 표명, 1993년 취임한 정몽준 대한축구협회 회장의 그해 말 대회유치 의사 표명 등으로 2002 FIFA 월드컵 유치가 본격적으로 추진되었다. 1994년 3월 2002년월드컵축구대회유치위원회가 발족되고 정몽준 대한축구협회장의 FIFA 부회장 당선으로 2002 FIFA 월드컵 개최지 결정에 영향을 미치면서 2002 FIFA 월드컵 유치 가능성을 높혔다. 국회는 1994년 12월 2002년 월드컵축구대회 유치를 지지하는 결의문을 통과시켰고 월드컵 유치 관련 여론조사를 통해 월드컵 찬성의견이 86%임을 확인하였다.

1995년 3월 김영삼 대통령은 프랑스, 독일, 영국, 체코, 벨기에, 덴마

크, 스위스 등 유럽 7개국을 순방하는 정상외교에서 2002 FIFA 월드컵 유치를 호소했고 공식수행원으로 구평회 위원장과 정몽준 수석 부위원장을 임명하여 유럽에서의 2002 FIFA 월드컵 유치활동을 지원하였다. 그러나 한국의 강한 경쟁자인 일본이 4년이나 앞서서 유치활동을 시작했고 거기에 FIFA 아벨란제 회장을 위시한 국제 축구계가 일본에 호의적인 상황이어서 한국의 2002 FIFA 월드컵 유치를 낙관할 수 없게 되자 한·일 공동개최론에 힘이 실리기 시작하였다. 한·일 공동개최론을 제안한 아시아축구연맹의 피터 벨라핀 사무총장의 말에 한국과 일본도 처음에는 의구심을 가졌지만 이를 가볍게 여길 수만은 없었던 정몽준 회장이 '공동 개최분위기에 대한 전략도 마련할 필요가 있다'고 인터뷰하면서 한·일 공동개최론에 대한 관심을 불러 일으켰다. 그렇지만 한국은 1995년 9월 유치위원회를 통해 2002 FIFA 월드컵 단독 유치신청서를 제출했고 일본도 단독으로 유치신청서를 제출하였다. 한편 FIFA 집행위원회는 한국과 일본의 개최후보국에 대한 조사결과 보고서에서 모두 적격이라는 결론을 내렸고 또한 두 국가 간 유치경쟁이 치열해지면서 한쪽의 패배로 인한 좌절 해소, 이웃과의 평화로운 공동 번영이라는 FIFA의 가치를 고려하여 1996년 6월 FIFA가 2002 FIFA 월드컵 공동개최 의견질의서를 한일 당국에 발송하였고 한일 양국은 모두 공동개최 수락을 답신하면서 1996년 5월 31일 취리히 FIFA 본부의 집행위원회는 2002 FIFA 월드컵의 공동개최를 결정하였다.

2002 FIFA 월드컵의 공동개최가 결정된 이후 정부는 1996년 민법 제32조에 의해 2002년월드컵축구대회조직위원회를 창립하였고 월드컵에 관한 정부 중심부처인 문화관광부는 2001년 월드컵대회지원본부를 구성하여 2002년 대회 임박 시점까지 24시간 근무체제를 유지했으며 국무조정실, 기획예산처, 재정경제부, 행정자치부, 정보통신부 등이 함께 협력했다. 국회는 1997년 법률 제5278호로 2002년월드컵축구대회지원

법을 제정하였으며 이를 통해 조직위원회가 국가와 지방자치단체로부터 협조와 지원금을 받고, 체육복표 및 기념주화 사업으로 수익을 올리도록 했으며 행정기관이나 법인단체 등에서 인력을 지원받을 수 있도록 하는 등 2002 FIFA 월드컵의 성공적인 개최에 기여하였다. 대한축구협회는 월드컵 출전에서 한 번도 본선에 오르지 못한 점을 고려하여 경기력 제고를 위해 2001년 경기도 파주시에 국가대표팀 전용 축구트레이닝센터를 건립하였으며 한국 국가대표팀 감독으로 네덜란드 출신의 히딩크 감독을 영입하여 상위입상을 노렸다. 2002년 월드컵이 시작되었고 한국은 놀랍게도 예선전을 가볍게 통과하더니 파죽지세로 4강에 진출하였으며 응원단인 붉은 악마를 위시하여 온 국민이 월드컵 신드롬에 빠져 들었다. 로이터통신은 한국의 새로운 응원문화에 대하여 '한국의 열두 번째 선수인 붉은 악마의 열광은 독특한 국가 브랜드'로 자리 잡았다고 평가했다(심상민, 2003). 2002년 월드컵은 한국민의 에너지를 확인했고 지역, 계층, 세대와 성별에 관계없이 한국민으로 통합되는 효과를 얻었으며 자발적인 시민의식을 고양했고 해외에서도 코리아 브랜드 인지도를 43%에서 74%로 높였으며 한국을 세계의 중심국가의 하나로 인식하게 하였다. 한국 축구의 경기력도 본선 4강으로 끌어올리면서 K리그의 부흥과 유소년축구 발전에도 밑거름이 되었다.

5. 정부, 시장과 민간이 함께 주도하는 체육정책 시대 (노무현~이명박 정부)

노무현 정부가 들어선 2003년부터는 제3차 국민체육진흥 5개년계획이 수립되었으며 지식정보화, 고령화 사회로의 진입, 주5일근무제에 따른 여가시간의 증가, 스포츠의 경제적 가치 상승 등을 고려한 체육정책이 논의되었다. 국민에게는 정책 참여 기회와 투명한 정보를 제공하고 민간, 체육단체에게는 자율과 책임을 확대하며 지방자치단체에게는 권한과 책임을 확대하고 중앙정부는 지원, 평가, 환류 기능을 확대하는 참여정부 체육정책 기조도 마련하였다. 노무현 정부부터는 과거 국민체육진흥법으로 대별되는 체육관계 모법에 더하여 체육관련 세부 법들이 제정되는 시기였다. 먼저 2007년 스포츠산업진흥법이 제정되었고 2008년 전통무예진흥법이 제정되었으며 2012년 학교체육진흥법이 제정되었다. 이러한 법제정은 체육의 영역과 가치가 확장되는 상황에서 국민체육진흥법으로는 이러한 체육의 세부정책들을 제대로 지원할 수 없게 되었기 때문이었다.

1) 스포츠산업진흥법 제정

가장 먼저 제정된 체육의 세부 영역을 위한 법은 2007년 스포츠산업진흥법이었다. 2002년 월드컵이 성공적으로 개최된 이후 국제경기대회 개최의 경제적·사회적 파급효과가 검증되었고 국내 프로스포츠의 발전 및 국외 프로스포츠 진출로 스포츠의 비즈니스 시각이 증가하면서 스포츠산업에 대한 관심이 정부 및 민간에서 전방위적으로 확대되었다. 과거 국민의 정부는 2001년 스포츠산업을 고부가가치 핵심산업으로 육성하고자 처음으로 스포츠산업 육성대책을 마련하였으며 여기에는 스포츠자원의 상품가치 개발, 스포츠서비스업 중점 지원, 고부가가치 실현을 위한 지식정보 기반 구축, 민간기업의 경쟁력 강화지원 등이 포함되었다(참여정부, 2008). 이러한 스포츠산업 육성대책이 실효성이 없는 상황에서 참여정부는 2004년 스포츠여가산업과를 신설하고 2005년 스포츠산업 비전 2010을 발표하면서 스포츠산업을 21세기 성장 잠재력이 큰 유망산업으로 육성하고자 하였다. 이 계획에는 고부가가치 스포츠용품 개발 및 국제경쟁력 강화, 레저스포츠산업 기반 확대, 프로스포츠산업의 성장기반 구축 그리고 스포츠산업 진흥 추진 기반구축으로 스포츠산업진흥법 제정을 제안하고 있다. 이러한 스포츠산업 비전 2010을 토대로 스포츠산업진흥법이 2007년에 제정되었다. 스포츠산업진흥법은 전 세계적으로 입법 예가 없는 법이었고 대부분의 국가에서는 산업관계법에서 규율하는 형태를 띠고 있었으나 문화관광부는 스포츠산업의 독자적인 진흥과 중점적인 사업추진을 위해 스포츠산업진흥법 제정을 서둘렀다.

사실 그 당시 스포츠산업의 세부영역으로 스포츠용품업, 스포츠시설업, 스포츠서비스업이 거론되었는데, 스포츠용품은 산업관계, 스포츠시설은 건설관계 부처와 정책이나 사업중복 여지가 있었고 스포츠서비스업도 프로스포츠에 국한되어 있었다. 2007년 공포된 스포츠산업진흥법에는 이 법의 목적으로 '스포츠산업의 진흥에 필요한 사항을 규정함으로써 스포츠산업의 기반조성 및 경쟁력 강화를 도모하고, 스포츠를 통한 국민의 여가선용 기회 확대와 국민경제의 건전한 발전에 이바지함'이 명시되었다. 스포츠산업진흥법에는 국가 및 지방자치단체의 스포츠산업 진흥 책임을 명기하고 문화관광부장관의 스포츠산업 진흥 중장기계획 수립 의무화를 적시하였다. 스포츠산업진흥법에는 스포츠산업 진흥의 기본방향 수립, 스포츠산업 활성화를 위한 기반 조성, 스포츠산업 전문인력 양성, 스포츠산업진흥시설의 지정, 지역특성을 고려한 스포츠이벤트의 활성화, 스포츠산업 관련 국제회의 및 대회 등의 유치, 스포츠산업의 경쟁력 강화, 스포츠산업 진흥을 위한 재원 확보, 스포츠산업 정보망 구축 및 전자상거래 육성, 국가 간 스포츠산업 협력, 프로스포츠의 육성·지원 등이 명시되었다(문화체육관광부, 2014). 그러나 스포츠산업진흥법이 제정될 당시는 여전히 스포츠산업의 태동기로서 스포츠산업 현장에 실제 도움이 되는 법조항은 많지 않았으며 실효성이 없는 법조항들도 나타났다. 이러한 상황에서 2009년 정부조직이 대국대과 체제로 전환되면서 그리고 스포츠산업을 정부의 과 수준에서 육성할만한 정책이나 사업부재로 인해 체육진흥과로 통합되어 한동안 스포츠산업이라는 명칭이 정부부처에서 사라졌다가 2013년 조직개편으로 스포츠산업과로 부활하고 있다. 어쨌든 스포츠산업진흥법의 제정은 국내외에 스포츠산업에 대한 이해와 가치를 고양하고 한국의 스포츠산업 진흥에 중요한 전환점을 마련해 주었다고 평가할 수 있다.

2) 전통무예진흥법 제정

그 다음은 전통무예진흥법의 제정이다. 전통무예(「문화재보호법」에 따라 중요무형문화재로 지정된 무예종목을 포함한다)란 국내에서 자생되어 체계화되었거나 외부에서 유입되어 국내에서 독창적으로 정형화되고 체계화된 무(武)적 공법·기법·격투체계로서 국가적 차원에서 진흥할 전통적·문화적 가치가 있다고 인정되는 것을 말한다. 그동안 우리나라는 전통무예 수십 개가 난립해 있었으나 국가는 올림픽이나 아시안게임 종목의 스포츠를 위주로 진흥 또는 활성화를 해왔으며 국민생활체육회의 경우에도 생활체육 종목선정에 있어서 전통무예 종목을 선호하지 않았었다. 이것은 전통무예가 과학적으로 그 운동효과가 검증되기 어렵고 또한 난립된 종목별 전통무예단체의 통일성을 유도하기가 어려웠기 때문이었다(나영일, 2004). 이러한 상황에서 2005년도 당시에 (사)한국무술총연합회 회장이신 이시종 전 국회의원이 충주세계무술대회에 대한 행·재정적 지원을 받아내고자 전통무예진흥법을 입법 발의하였고 2008년 통과되었다. 전통무예진흥법은 문화적 가치가 있는 전통무예를 진흥하여 국민의 건강증진과 문화생활 향상 및 문화국가 지향에 기여함을 목적으로 하며 정부는 전통무예의 체계적인 보존 및 진흥을 위하여 전통무예에 관한 종합적인 기본계획(이하 '기본계획'이라 한다)을 수립·시행하도록 명시하고 있다. 전통무예 기본계획에는 전통무예진흥의 기본방향 수립, 전통무예진흥을 위한 조사·연구, 전통무예육성종목 지정 및 지원, 전통무예지도자의 교육·양성, 전통무예의 교류·협력 및 대회 개최, 전통무예진흥에 필요한 재원의 확보 및 효율적인 운용방안 등이 제안되어 있다. 또한 정부와 지방자치단체는 기본계획에 따라 전통무예의 진흥을 위한 각종 시책을 수립·시행하고 국민의 자발적인 전통무예활동을 장려·보호 및 육성하며, 이를 위하여 필요한 시설의 설치, 인력과 조직의 확보 및 예산의 지원 등 여건을 조성하여야 한다고 하고 있다. 정부는 또한 전통무예의 진흥을 위한 전통무예지도자의 육성과 자질향상을 위하여 필요한 시책을 강구하고 전통무예지도자의 종류, 등급, 자격기준, 연수, 검정 및 자격부여 등에 관하여 필요한 사항은 대통령령으로 정하도록 하고 있다(법제처, 2014). 현재 전통무예진흥법은 여전히 전통무예육성종목 지정 즉, 원류적통자 지정 등 유사 전통무예 종목의 단일화에 난항을 겪고 있어 법 시행이 답보상황에 있다.

3) 학교체육진흥법 제정

체육진흥을 위한 세부 법 중에 학교체육진흥법 제정은 획기적인 법 제정이라고 할 수 있다. 그동안 우리나라는 대학입시로 인해 학생들의 체력은 감소하고 학업스트레스와 청소년 자살률이 최고조에 달하는 등 심각한 문제에 직면하고 있었는 바, 학생들의 건강증진과 스트레스 해소, 삶의 질 제고에 체육활동이 매우 중요함을 인식하게 되었다. 또한 학생선수는 대학특례입학제도로 인하여 공부안하고 운동만해서 대학을 갈 수 있게 되어 있음에 따라 경기력 제고를 위한 과도한 훈련과 부상 방치, 군대 같은 합숙소 생활, 구타와 성희롱 온상화, 운동부지도자 전담채용, 학기 중 대회출전 및 수업불참으로 인한 학습권 침해 등 많은 문제점을 해결할 필요성이 제기되었다. 학교체육진흥법은 2009년 1월 민주당의 안민석 국회의원 등 15인의 학교체육법으로 의원입법 발의되었으나 2010년 3월 2일 국회 본회의에서 반대토론에 부딪혀 찬성 52인(32.7%), 반대 74인(46.5%), 기권 33인(20.8%)으로 부결된 이후 한나라당의 박영아 의원 등이 학교체육진흥법으로 수정 발의하여(교육과학기술부, 2011), 2011년 12월말에 국회를 통과하였다. 박영아 의원 등은 안민석 의원이 발의한 학교체육법에 대한 반대토론에서 국회 교육과학위원회 법안소위 의결과정을 거치지 않고 교육과학위 전체회의 시 의결되어 제정 법안에 대한 충분한 심의가 이루어지지 않았고 또한 학교체육법안은 엘리트체육이 위축될 여지가 있는 학교운동부 합숙훈련 폐지 등이 포함되어 있어 체육계의 전반적인 의견이 수렴되지 못한 법안이라고 주장한 바 있다(박영아, 2011).

학교체육진흥법은 학생의 체육활동 강화 및 학교운동부 육성 등 학교체육 활성화에 필요한 사항을 정함으로써 학생들이 건강하고 균형 잡힌 신체와 정신을 가질 수 있도록 하는 데 기여함을 목적으로 한다. 이 법은 국가 및 지방자치단체는 학교체육 진흥에 필요한 시책을 마련하고 학생의 자발적인 체육활동을 권장·보호 및 육성하도록 하였으며 교육부장관은 문화체육관광부장관과 협의하여 학교체육 진흥에 관한 기본 시책을 5년마다 수립·시행하도록 명시하고 있다. 또한 국가와 지방자치단체는 학생의 체육활동에 필요한 운동장, 체육관 등 기반시설을 확충하고 충분한 체육 교재 및 기자재, 용품 등을 확보하도록 하고 있다. 나아가 학교의 장에게 다양한 의무를 부과하고 있는데, 학교의 장은 학생의 체력증진과 체육활동 활성화를 위하여 체육교육과정 운영 충실 및 체육수업의 질 제고, 학생건강체력평가 및 비만판정 학생에 대한 대책 마련, 학교스포츠클럽 및 학교운동부 운영 활성화, 학생선수의 학습권 보장 및 인권보호, 여학생 체육활동 활성화, 유아 및 장애학생의 체육활동 활성화, 학교체육행사의 정기적 개최 등 다양한 업무를 수행하도록 하고 있다. 또한 학교의 장은 학생선수가 일정 수준의 학력기준에 도달하지 못한 경우에 별도의 기초학력보장 프로그램을 운영하여 최저학력이 보장될 수 있도록 노력하고 필요할 경우 경기대회 출전을 제한하도록 하고 있다. 그리고 학생선수의 학습권 보장 및 신체적·정서적 발달을 위하여 학기 중의 상시 합숙훈련을 근절하고 원거리 통학의 학생선수를 위하여 기숙사를 운영하도록 하고 있으며 학교운동부지도자들의 학생선수에 대한 부당행위 근절과 함께 신분보장 및 처우개선을 규정하고 있다(법제처, 2014).

이러한 학교체육진흥법 시행으로 초·중·고 감소 추세에 있던 체육수업시수가 주당 3시간으로 회복되었으며 중학생의 경우에는 주당 4시간으로 체육수업시수가 확대되었다. 일반학생의 경우에는 체력증진과 스트레스 해소 등을 위해 학교스포츠클럽을 확대하고 학교스포츠클럽대회를 개최하여 경기참여 경험을 확대하게 되었다. 특히 초등학교의 경우에는 여교사비율 증가로 활동적인 스포츠지도가 어려워짐에 따라 체육교사 자격증 소지자 또는 생활체육지도자 자격증 소지자를 스포츠강사로 채용하게 되었다. 또한 과거 시행되었던 체력장제도가 입시부담과 안전문제로 인하여 폐지된 이후 학생들의 떨어진 체력을 증진시키기 위해 학생건강체력평가제도를 도입하는 계기가 되었으며 여기에 체력저하 또는 비만학생을 위한 건강교실사업도 운영하도록 하였다(문화체육관광부, 2012). 한편 학생선수의 경우에는 대학특례입학으로 발생한 학업부실을 만회하기 위하여 수업불참이 없도록 학습권을 보장하고 학기 중 대회를 3회 이내로 제한하며 주중대회를 주말리그로 전환하는 성과를 거두었다. 또한 학생선수들의 학업성적이 일정수준에 미달할 경우 대회참가를 제한하는 최저학력제를 도입하여 실제 학생선수와 운동부지도자들이 학업에 관심을 가질 수 있도록 조치하고 있다. 한편 교육부와 문화체육관광부는 학교체육 진흥에 양부처의 협력이 절실함을 인지하고, 학교체육 진흥에 관한 중요 사항을 심의하기 위하여 교육과학기술부장관과 문화체육관광부장관 소속으로 학교체육진흥중앙위원회를 설치하였으며 학교체육에 관한 다양한 사안에 대하여 1년에 1회 이상 운영하고 있다(교육과학기술부, 2012).

Ⅱ. 향후 체육정책의 전망과 과제

한국 체육정책은 향후 스포츠강국에서 스포츠선진국으로의 전환을 지향하게 될 것이다. 여기서 스포츠선진국이라 함은 저출산 및 고령사회 도래로 국민 개개인의 역량 극대화와 건강수명 제고를 위해 스포츠가 중요한 역할을 하게 될 것이라는 판단이다. 또한 체육이 인성 함양, 고독 해소, 개인화 등의 사회문제를 해소하고 사회통합의 방안으로 기능할 것이다. 그리고 글로벌 한 사회를 맞이하여 우리나라 스포츠는 세계 선진국과 어깨를 나란히 하는 올림픽 경기력과 스포츠시스템을 갖게 될 것이다.

이와 더불어 향후 1970~2000년대까지 뿌리 깊게 드리워진 스포츠의 비정상적 관행을 근절하는 정책들이 꾸준히 증가할 것이다. 즉, 대회성적만으로 대학을 갈 수 있도록 하는 고교선수 대학특례입학제도에 기인한 선수의 승부조작, 금품수수, 끼워팔기 등 입시비리, 승리 지상주의를 위한 상시 합숙훈련, 운동부지도자나 상급학생의 구타나 성폭력, 국가대표 선수선발 또는 조직 장악을 위한 파벌싸움 또는 심판의 심각한 부정 그리고 일부 경기단체의 내규 허점을 이용하거나 공금유용, 조직사유화 등 수많은 비정상적 관행을 일소하는 정책들이 그것이다.

현재 정부는 공정하고 투명한 스포츠환경 조성을 위해 클린스포츠통합콜센터를 설치하고 상임심판제를 도입하며 운동부지도자의 경우 (성)폭력 시 지도자에서 영구 퇴출시키도록 조치하고 있다. 특히 선수인권보호를 위해 스포츠인 권익센터를 운영하고 찾아가는 스포츠 인권교육 및 상담을 확대하고 (성)폭력 관련 규정을 강화하였다. 또한 승부조작에 가담한 선수나 지도자는 영구 퇴출시키고 불법행위 신고자에게는 포상제도를 운영하고 있으며 조직 사유화를 막기 위해 체육단체 표준정관 마련, 체육단체 회장선거 제도 개선, 비리근절을 위한 자정결의대회 개최 등을 추진하고 있다(문화체육관광부, 2014).

제언으로 현재까지 체육분야에서 실무로서 체육정책은 역사적으로 오래 되었지만 학문적으로는 여전히 유아단계에 있다. 체육정책의 역사나 체육정책의 변동에 대한 전반적인 정리 분석조차 없는 현실에서 체육정책의 역사와 주요 변동을 연구한다는 것은 매우 난해한 일이었다. 이러한 차원에서 향후 체육정책의 역사서 뿐만 아니라 체육정책의 변동요인, 변동의 결과들, 변동을 관여했던 세력들 등을 연구할 필요가 있을 것이다. 특히 체육정책 변동요인들을 나름대로 분석해 본 결과 사회변동 시대구분인 산업화, 민주화, 정보화 및 세계화 구분과 상당부분 일치하지만 일부 부합하지 않은 면을 고려하여 체육정책 변동모형을 개발해 보는 것도 필요할 것으로 판단된다.

참고 문헌

2002년 월드컵축구대회조직위원회(2003). 2002 FIFA 월드컵 한국/일본 공식 보고서.

교육과학기술부(2012). 교육과학기술부 2012년 업무보고 자료.

국민체육진흥공단(2000). 국민체육진흥기금운영평가보고서.

김광희(1998). 금메달을 향한 기나긴 여정-한 알의 밀알. 이야기한국체육사 제5권, 서울올림픽기념국민체육진흥공단.

김달우(1992). 해방 이후 학교체육의 재편 및 정착과정에 관한 연구. 서울대학교 박사학위논문.

김대광(2003). 한국체육정책의 변천과정과 방향설정. 한국체육대학교 대학원 박사학위논문.

김종희(1999). 박정희 정권의 정치이념과 체육정책에 관한 연구. 한양대 박사학위논문.

김태규(2013). 병역혜택 줄이는 병무청 제안 반대. 뉴시스.

나영일(2004). 민속경기 및 전통무예의 활성화 방안. 한국사회체육학회 세미나 발제원고.

대한올림픽위원회(1996). 대한올림픽위원회 50년사.

대한체육회(1990). 대한체육회 70년사.

대한체육회(2012). 선수(성)폭력 실태조사.

문화관광부(1998). 제2차 국민체육진흥5개년계획.

문화관광부(1998). 체육진흥정책평가회 자료.

문화관광부(2008). 참여정부 문화관광정책백서.

문화체육관광부(2013). 2012 체육백서.

문화체육관광부(2014). 2013 체육백서.

문화체육관광부(2013). 품격있는 문화국가 대한민국. 정책자료집 체육.

문화체육부(1993). 제1차 국민체육진흥5개년계획.

박영아(2011). 학교체육법의 재검토 의견. 국회 본회의 발언자료.

법제처(2014). 전통무예진흥법 및 시행령.

법제처(2014). 학교체육진흥법 및 시행령.

성문정(2003). 체육관계법론. 공공체육시설 관리자과정 교재.

송영선(2006). 북핵시대의 미래 국방력 건설 방향. 송영선의원실.

심상민(2003). 2002년 월드컵 축구대회의 사회·문화적 효과. 2002 FIFA 월드컵 축구대회의 의의와 성과. 2002 FIFA 월드컵 개최 1주년 기념 국제학술심포지움.
양재식(2014). 체육요원 병역특례에 대한 정의론적 고찰. 충남대학교 박사학위논문.
오연풍(2000). 체육환경 및 체육정치체제가 체육정책결정에 미치는 영향. 서울대학교 박사학위논문.
이용식(1999). 체육인 복지제도 개선방안 연구. 국민체육진흥공단 체육과학연구원 연구보고서 99-01.
이용식(2007). 대통령 체육정책 기조 관련 국회의원 요청자료.
이용식(2008). 스포츠외교 활성화를 위한 조직개편 방안. 스포츠외교포럼 창립세미나 발제원고.
이용식(2014). 국민체육진흥5개년계획 연차별 정책 및 사업 비교. 한국스포츠개발원 내부문건.
이용식(2014). 대학스포츠 발전방안. 한국스포츠개발원 기본과제.
이학래(2000). 한국체육 100년사.
임영태(1998a). 대한민국 50년사 제1권. 도서출판 들녘.
임영태(1998b). 대한민국 50년사 제2권. 도서출판 들녘.
참여정부(2008). 정책백서.
체육청소년부(1992). 체육청소년행정 10년사.
체육청소년부(1992). 학생체력검사 제도 개선 연구. 서울대 체육연구소 수탁과제.
최동호(2014). 스포츠선수 병역특례 아직까지는 괜찮다. 프레시안.
한국법제연구원(1994). 대한민국 법률연혁집 제13권.
한국체육과학연구원(2010). 한국체육과학연구원 30년사.
한국체육백년사편찬위원회(1981). 한국체육백년사.
한승주(1989). 정치: 민주화의 시련과 진로. 계간 사상 여름호(창간호).
한태룡(2009). 체육특기자 양성제도 개선방안. 교육과학기술부 수탁과제.

06

관광 정책

호원대학교 교수

장 병 권

세계관광은 제2차 세계대전 이후 급속한 성장추세에 있으며 21세기에서도 가장 큰 '빅(BIG) 5' 산업으로서의 위상을 유지할 전망이다.[1] 이에 따라 사실상 전 세계 모든 국가들이 관광부문에 높은 정책 우선순위를 두고 육성하고 있다. 선진국의 경우 국민의 높은 가처분소득과 여가시간을 효율적으로 활용하기 위하여 관광을 연계 육성하고 있으며, 개도국들은 막대한 자본투입 없이 기존 자원을 활용해 부족한 외화를 획득하기 위하여 관광산업을 육성하고 있다. 이렇듯 관광정책에 관심을 갖게 되는 이유는 여러 가지가 있을 수 있으며, 각국이 처해있는 사회경제적 여건 및 상황과 밀접한 관련이 있다.

우리나라의 경우 해방 이후 지난 70년간 급속한 경제발전과 사회변화를 겪어 왔으며, 그러한 여건 속에서 정부의 관광부문 육성정책도 다양한 변동을 거쳐 발전하여 왔다. 그런데 다른 여러 나라들과 비교할 때, 우리나라의 관광발전의 특징은 국가가 적극 관여하여 관광의 성장목표를 설정하고 이를 달성하기 위해 다양한 정책수단을 강구하여 체계적으로 육성하는 소위 '국가주도형' 육성전략이 주효하였다는 점이다. 특히 역대 정부가 관광산업을 '국가전략산업'으로 집중 육성할 정도로 관광의 중요성이 커지고 있으며, 최근에는 모든 지자체들도 관광산업 육성을 통하여 지역경제 활성화를 적극 모색하고 있는 상황이다.

또한 지난 70년의 짧지 않은 기간 동안에 이루어진 관광정책의 추진과정을 살펴보면 관광발전의 단계별 여건에 부합할 수 있도록 다양한 제도(법률, 조직, 예산 등)를 시의 적절하게 마련하고 이를 통하여 성과의 극대화를 위한 체계적인 노력을 전개해 왔음을 볼 수 있다. 우선 관광정

1. 관광은 세계 GDP를 9% 차지하고 있으며, 관광수입 규모는 1.3조 달러로 세계 서비스 수출의 30%를 차지하고 있다. 그리하여 관광은 '연료', '화학', '식료품', '자동차'에 이어 세계 5대 산업으로 부상하였다. UNWTO(2015), *Tourism: Driving Trade, Fostering Development and Connecting People*, Madrid, p.2.

책의 추진주체가 과거 교통부에서 문화체육부(현 문화체육관광부)로 이관하여 하드웨어에서 소프트웨어에 대한 관심을 제고하는 계기가 되었다. 관광정책의 수혜대상도 관광정책 초기 외래관광객 일변도에서 벗어나 해외여행객, 국내관광객 등으로 폭이 확대되었다. 관광정책의 추진제도 역시 관광관련 다양한 입법을 통하여 법제를 완비해 왔으며, 관광예산 역시 한정된 일반예산에 대한 의존에서 벗어나 관광기금 도입을 통하여 관광산업 지원을 확대하는 계기가 되었다. 또한 관광정책의 공간적 범위도 과거 외래객 유치를 통하여 국내관광 차원에서 벗어나 그동안 외국과의 쌍무협력을 확대해 왔으며, 최근에는 관광부문의 공적개발원조(ODA) 사업과 관광관련 국제기구 설립을 통하여 글로벌 관광리더십을 강화하고 있다.

이에 따라 관광정책의 변동과 전개양상을 효과적으로 파악하기 위해서는 한국관광의 발전단계를 세분화하는 것이 필요하며, 각 시대별로 관광부문에 부여했던 역할과 기대에 근거해서 다양하게 구분할 수 있다. 보통 해방 이후 국가발전의 시대구분을 산업화 시대, 민주화 시대, 정보화·세계화 시대로 구분하는 것이 일반적이며, 각 시대별 관광정책의 가치도 시대적 요구를 충분히 수용하여 구현해왔음을 부인할 수 없다. 예를 들어 산업화 시대에는 경제발전을 위한 외화획득 수준으로서의 역할을 충분히 수행하였다. 그리고 민주화 시대로 진입하면서 국민해외여행을 단계적으로 자유화하여 시대정신에 부응하고자 하였다. 그리고 정보화·세계화 시대에는 당초 IT연계 관광이 관광관련 모든 부문과의 융합관광 정책으로 확대되었으며, 그 결과 한류관광, MICE, 의료관광, 복합리조트 등이 글로벌 시대 한국관광의 미래 성장동력으로 부상하고 있다.

이에 본 장에서는 해방 이후 현재까지 70년 동안 한국 관광의 발전과정과 성과를 단계별로 구분하여 개관하며, 관광정책을 추진함에 있어서 제도나 정책의 중요한 변동은 무엇이었는가? 그리고 왜 그러한 정책변동이 중요한 의미가 있는가? 정책변동을 누가 주도하고 그 이유는 무엇인가? 관광정책의 변화에 대한 저항세력은 누구이고 그 이유는 무엇인가 등에 대하여 논의하고자 한다.

Ⅰ. 한국 관광발전과 정책변동 단계 구분

1. 관광발전과 정책변동

보통 정책이라는 관점에 기초할 경우 관광정책은 '관광목표 달성을 위한 정부와 공공기관의 행동',[2] 또는 '관광과 관련하여 시행할 것과 시행하지 않을 것을 선택한 행동'을 말한다.[3] 이를 좀 더 구체적으로 살펴보면 '관광환경의 변화에 대응하여 국가나 지방자치단체가 관광의 수요와 공급을 종합적으로 조성·촉진·규제하여 관광발전을 도모하기 위한 일련의 행동'으로 규정되고 있다.[4] 이는 관광정책이 국내외 환경변화에 대한 대응능력을 확보하고 관광발전의 추진주체로서 공·사 부문의 역할분담과 더불어 공공부문의 적극적인 역할이 필요하며, 관광수요 및 공급규모의 확대와 균형을 통하여 양적 성장과 동시에 경제적·비경제적 성과를 극대화하기 위한 적극적인 행동임을 보여준다.

이러한 관광정책은 각 시대별로 주어진 여건과 환경변화에 부응하기 위하여 그 추구하는 가치와 정책목표, 수혜대상, 핵심 정책수단, 정책주도

2. 이연택(2003), 관광정책론, 일신사; 이연택(2012), 관광정책학, 백산출판사, p.53; 오봉수(2014), 지방관광정책론, 백산출판사, p.15.
3. 장병권 역(2002), 콜린 M. 홀존 M. 잰킨스, 관광과 공공정책, 일신사, p.29.
4. 관광정책의 정의에 대해서는 국내외 여러 가지 견해가 있으며, 이를 종합적으로 검토한 학술단체의 개념정의를 존중하여 인용함. 장병권(2009), '관광정책의 이해', 한국관광학회, 관광학총론, 백산출판사, p.740.

자 등을 새롭게 모색할 수밖에 없으며, 그것을 정책변동(policy change)이라고 할 수 있다.[5] 관광정책 부문의 경우 정책변동이 발생하는 가장 1차적인 이유는 국내외 관광정책환경의 변화에 대한 대응이다. 또한 관광정책변동은 선거제도와 정권의 지향하는 속성에 따라 발생될 수 있다. 대표적으로 보수정권과 진보정권의 교체 출현에 따라 관광정책의 방향과 추진방식도 큰 변화를 가져왔다. 가장 대표적인 사례가 노무현 정부와 이명박 정부의 관광정책 비교분석 결과로 노무현 정부가 균형발전, 복지정책 등 균형과 복지에 초점을 두었다면, 이명박 정부는 관광산업 규제완화, 관광융복합 등 친기업적 관광정책을 추진하였다.[6]

그런데 관광정책의 발전단계에 대해 학계에서는 아직까지 공감대가 형성되어 있지 못하고 이론적 논의도 충분하지 못한 상태이다. 관광정책의 시대별 변화를 도입기, 기반확충기, 성장기로 구분하고 있는 경우에는 각 시대별 관광정책변동을 정확히 파악하지 못할 수 있다.[7] 또한 편의상 10년 단위 또는 각 정권별 정책단계로 구분하고 있지만,[8] 이는 관광정책의 거시적인 메가트렌드(mega trend)를 파악하는데 부적절하다. 따라서 관광의 발전양상, 관광발전을 주도했던 핵심정책, 정책변동 요인, 각 정부의 국정방향 등을 종합적으로 고려하여 관광정책에 적합한 시대구분이 필요하다.

---

5. 이연택(2012), 관광정책론, 백산출판사, pp.344~352.
6. 박양우(2008), '이명박 정부와 참여정부의 관광정책 비교 고찰', 한국호텔외식경영학회, 호텔경영학연구, 제17권 제6호, p.204.
7. 심원섭은 관광정책의 추진체계 개편방향을 논의하면서 해방 이후 한국의 관광정책의 시대별 변화를 도입기(1950~1960년대), 기반확충기(1970~1980년대), 성장기(1990~2000년대)로 구분하고 있다. 심원섭(2011), 관광정책 추진체계 개편방향 연구, 한국문화관광연구원, pp.55~56.
8. 가장 최근에 발간된 관광정책발전단계별 정책분석결과에 대한 연구보고서의 경우, 1960년대 이후부터 이명박 정부시기까지의 관광정책의 변화를 발아기, 형성기, 확충기, 성장기로 구분하고 각 정권별 기준과 시대적 기준을 복합적으로 고려하여 4개의 정책발전단계를 구분하고 있다. 심원섭(20112), 미래 관광환경 변화 전망과 新관광정책 방향, 한국문화관광연구원, p.39.

2. 한국 관광정책 변동의 시대구분

해방 이후부터 현재까지 70년 기간 동안 전개되어온 한국 관광정책의 발전과정을 탐색하는데 있어서 '산업화 시대 → 민주화 시대 → 정보화·세계화 시대'로 대분(大分)되고 있는 한국사회의 변동과 각 시대별 가치 및 패러다임의 변화를 적극 반영하고자 한다. 그리고 실체는 있으나 연구성과가 부족했던 해방 이후부터 경제개발 이전의 초기 산업화 시대를 새롭게 발굴하였으며, 다가오는 2020년대의 성과와 전망에 대한 정확한 예측에 의거 미래의 관광정책 변화방향도 추가적으로 탐색할 수 있다. 다만 관광정책의 특수성에 따라 관광발전단계의 시기적 구분이 약간 다를 수 있다.

〈그림 1〉 한국사회의 구분과 관광발전 단계의 연계

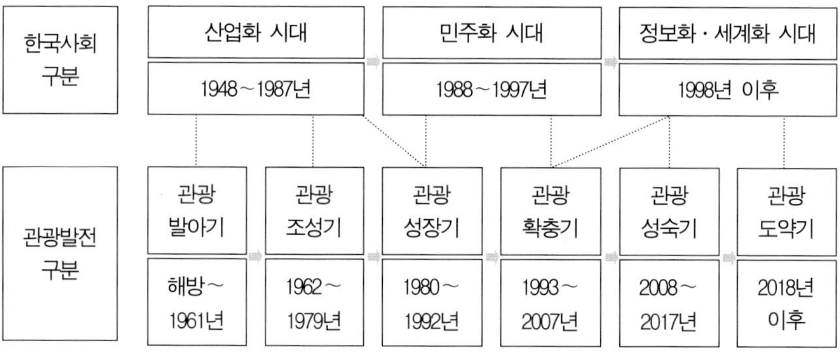

그리하여 본 장에서는 <그림 1>과 같이 관광정책의 변동내용을 산업화 시대의 경우 사업참여형 관광정책, 기반조성형 관광정책, 민주화 시대의 경우 간소·개방형 관광정책, 분산·분권형 관광정책, 그리고 정보화 및 세계화 시대의 경우 융복합형 관광정책, 국제협력형 관광정책으로

각 시대별 2개 정도씩 세분(細分)하였다. 다만 국민들이 인식하는 한국사회의 3단계 변동시대와 관광정책의 변동이 시기적으로 반듯이 일치하지 않을 수 있다. 그리하여 총 6개의 관광정책 발전단계로 구분하여 각각의 시대별 관광정책변동의 주요 배경과 내용, 정책변화 주도자, 정책 수혜계층, 주요 성과 등을 종합적으로 논의하고자 한다.

첫째, 해방 이후 1961년까지는 관광정책을 추진할만한 조직체계, 법제, 재정 등 기초적인 여건도 없이 미국을 중심으로 한 소수의 방문객과 주한미군을 대상으로 관광사업 서비스를 제공하는데 전념하였던 시기였다는 점에서 '한국관광의 발아기'이며 '사업참여형 관광정책' 단계로 명명하고자 하며, 호텔 및 여행사의 공영화 및 관리운영이 관광정책의 핵심적 사안이었다. 그러나 외래관광객 유치 및 해외여행 규모가 1만명 이내의 극소수에 불과할 정도로 정책효과가 극히 미미하였다.

둘째, 5·16 군사정변 이후 빈곤탈피와 경제부흥을 기치로 경제개발계획을 수립·시행했던 박정희 대통령 재임기간은 이후 관광정책을 추진할 수 있는 제반 정책요소를 마련하고 시급한 경제개발을 위한 재원확보 차원에서 내국인보다는 외래관광객 유치를 통하여 관광의 경제효과 제고에 집중하고 괄목할만한 관광성장을 거두었다는 점에서 '한국관광의 조성기'이자 '기반구축형 관광정책' 단계로 명명하고자 한다. 그리고 이 시기의 핵심적 정책내용은 관광의 전략산업 지정, 관광관련 법규·조직·기금·단지·인력양성 등 정책시스템을 구축하는데 초점을 두었으며 내국인의 국내외 관광은 억제된 반면 외래관광객은 1962년 1.5만 명에서 1979년 112만 명으로 급속한 성장을 거두었다.

셋째, 1981년부터 1992년까지는 신군부의 등장에도 불구하고 '86 아시안 게임 및 '88 서울올림픽 유치를 계기로 관광을 국가전략 산업으로 육성하고자 하였으며, 이전 단계와 달리 경제호황을 계기로 국정관리에 탄력을 확보하게 되면서 대외적인 국가이미지 개선 및 국민의 개방화 요구에 부응하여 국민해외여행 문호를 점진적으로 확대하였고, 관광행정의 간소화가 집중적으로 추진되었다는 점에서 '관광의 성장기'이자 '간소화·개방형 관광정책' 단계라고 명명하고자 한다. 그리고 이 시기 관광정책의 핵심내용은 관광사업체에 대한 규제완화 및 등록제 시행, 해외여행의 점진적 자유화, 올림픽 성공을 위한 관광지원 등이며, 정책성과로 인바운드 관광규모는 1980년 97만 명에서 1992년 295만 명으로 급성장하였으며, 아웃바운드 관광규모도 1980년 33만 명에서 1992년 204만 명으로 당시로서는 급성장하는 계기가 되었다.

넷째, 1990년대는 국민들의 민주화, 분권화 요구가 계속 분출되고 1992년부터 시작된 지방자치제도가 확대 시행되면서 지역관광 활성화 논의가 등장하였으며, 지방자치에 대한 관심고조와 더불어 '나의 문화유산답사기' 출간은 1990년대부터 국내여행에 대한 관심을 증대시키는데 기여하였다. 1997년 IMF 외환위기가 발생하면서 관광산업이 국가 경제위기를 해결하는데 중요한 역할을 부여받았다. 이후 경제위기가 해소되면서 2000년대에는 국가균형 발전과 국민관광에 대한 관심이 증대되었고 국내관광을 통한 내수 진작을 위하여 주5일 근무제가 단계적으로 확대되었다. 따라서 이 시기를 '한국관광의 저변 확충기'라 할 수 있으며, '분산·분권형 관광정책' 단계로 명명하고자 한다. 그리고 관광정책의 주요 내용은 지자체 관광정책 역량강화, 관광레저도시 조성, 관광특구 도입, 관광홍보 마케팅 사업, 지역관광축제 활성화, 한국형 관광콘텐츠 발굴 및 관광스토리텔링 사업 등이며, 정책성과는 인바운드 관광의 경우 1993년 241만 명에서 2007년 644만 명으로 안정적인 성장을 기록한 반면, 아웃바운드 관광은 1993년 241만 명에서 2007년 1,332만 명으로 고도성장 추세를 보여 관광수지 적자를 심화시켰다.

다섯째, 2000년대로 들어와 IT 기반과 지식기반형 정보화 역량을 축적하고 이를 계기로 글로벌 경제위기 발발과 IMF 외환위기를 슬기롭게 극복한 한국사회는 2002년 월드컵 개최를 계기로 한류가 전 세계로 확산되는 계기가 되었으며, 이에 따라 관광부문에 있어서도 융복합이 활발히 전개되어,[9] 기존의 관광산업생태계에서는 태생할 수 없었던 의료관광, 공연관광, MICE 등의 다양한 관광현상이 고부가 비즈니스 모델로 등장하고 정부정책이 산업 간 융복합을 촉진하는 데 집중하였다는 점에서 '한국관광의 성숙기'로 구분하고자 하며, '융복합형 관광정책'으로 명명하고자 한다. 또한 이 시기의 핵심적 관광정책은 고부가가치형 관광산업 육성, 관광산업 관련 각종 규제개혁, 관광R&D 사업 추진, 창조관광사업 실시 등이며, 정책성과로 인바운드 관광은 2008년 689만 명에서 2014년 현재 1,400만 명으로 고도성장을 기록하였으며, 아웃바운드 관광은 2008년 1,199만 명에서 2014년 1,609만 명으로 안정성장 기조를 유지하고 있다.

여섯째, 향후 관광정책 변동의 전망과 관련하여 중국관광객의 급증에 따라 2018년 이후 외래관광객 규모가 2000만 명의 시대로 진입할 전망이라는 점에서 한국관광의 국제적 위상이 제고됨은 물론 글로벌 관광발전을 위한 책무도 떠안게 될 가능성이 높다. 즉 그동안 국내관광 범주에서 벗어나 쌍무적이며 역내(동아시아)관광 협력사업으로 정책이 전환되어 왔다면, 향후에는 글로벌 리더십 확충이 필요하며 이를 위해 다자간 협력, 글로벌 기구를 통한 협력이 필요한 시대로 전환될 것이다. 그동안 한국관광의 양적·질적 성장에 따라 국제적 위상이 제고되고 한국 중심의 글로벌 관광리더십 확보에 대한 요구가 확대되면서 정부는 관광관련

9. 일반적으로 융합은 복합, 혼합과 엄밀한 의미에서 구별된다. 혼합(Mix)은 두 가지 이상의 물질이 회학적인 결합을 하지 아니하고 섞이는 일이라면, 복합(Complex)은 두 가지 이상을 의미 있게 하나로 합치는 것을 말한다. 이에 비해 융합(Fusion, Convergence)은 다른 종류의 것이 녹아서 서로 구별이 없게 하나로 합하여지는 것으로 말 그대로 '가치있는 재탄생'을 의미한다. 예를 들어 구슬이 혼재한 상태는 혼합이며, 구슬이 색깔과 형상에 따라 집적되어 있는 것은 복합이고, 구술과 실이 결합하여 새로운 보배가 되는 것을 융합이라 할 수 있다.

〈표 1〉 한국 관광정책의 발전단계 및 주요 특징

관광발전 단계	관광발아기 (해방~ 1961년)	관광조성기 (1962~ 1979년)	관광성장기 (1980~ 1992년)	관광확충기 (1993~ 2007년)	관광성숙기 (2008~ 2017년)	관광도약기 (2018년 이후)
정부	이승만· 장면 정부	박정희 정부	전두환· 노태우 정부	김영삼· 김대중· 노무현 정부	이명박· 박근혜 정부	次期 정부
관광정책의 명칭	사업참여형 관광정책	기반구축형 관광정책	간소·개방형 관광정책	분산·분권형 관광정책	융복합형 관광정책	국제협력형 관광정책
정책변동 요인	6·25전쟁발발, 주한미군 주둔	5·16군사정변, 한·일 국교정상화	'86아시안게임, 통행금지 해제, '88올림픽 개최	지방선거, IMF 발발, 월드컵, 나의 문화 유산 답사기, 주5일제	한류 확산, 親기업형 규제개혁, 창조경제, 문화융성	OECD DAC 가입, 유엔스텝재단 설립, MERS 사태 발생, 유라시아 이니셔티브
정책변화 주도자	정치인, 정부	정부(관료), 외국전문가	정부, 민간 관광협회	정부, 지자체, 시민단체, 여행전문가	정부, 관광 기업, 관련 협회 등	정부, 국제 관광기구, 연구기관, 학계 등
핵심정책 내용	관광호텔 및 여행업의 공영화	관광법규 제정, 관광공사 설립, 관광기금 조성	관광사업체 등록제 시행, 해외여행 자유화	문화관광축제 지원, 스토리텔링, 관광특구, 구석구석 캠페인	고부가 관광산업 육성, 관광R&D, 창조관광, 복합리조트, 관광두레	국제기구 협력사업, 관광ODA 포럼, 관광 위기 관리, 남북관광 협력
관광정책 수혜계층	외래객 (주한미군 등)	외래객 (미·일 관광객)	외래객+국민 (해외여행객)	외래객+국민 (관광객, 주민)	외래객+국민 (관광객, 주민)	관광객+국민+ 개도국
정책성과 In-bound	저성장 (1만 명 이하)	고도성장 (1.5~ 112만 명)	고도성장 (97~ 295만 명)	안정성장 (295~ 644만 명)	고도성장 (689~ 1900만 명)	고도성장 (2000만 명 시대)
정책성과 Out-bound	저성장(미상)	저성장 (미상~ 29만 명)	고도성장 (33~ 204만 명)	고도성장 (241~ 1332만 명)	안정성장 (1199~ 1609만 명)	고도성장 (2000만 명 시대)

자료 : 장병권(1996), 한국관광행정론, 일신사; 안종윤(2000), 관광정책론, 박영사; 심원섭(2011), 관광정책추진체계 개편방향 연구, 한국문화관광연구원; 한국관광학회(2012), 한국현대관광사, 백산출판사; 심원섭(2012), 미래 관광환경 변화 전망과 新관광정책 방향, 한국문화관광연구원; 오용수(2014), 지방관광정책론, 백산출판사 등을 종합하여 재작성.

국제기구(UN ST-EP재단)를 창설하여 운영하고 있으며, 향후 개발도상국에 대한 관광정책 노하우 전수를 확대하기 위하여 '관광 ODA 사업'을 적극 모색하고 있다. 이에 따라 향후 예상되는 관광정책 변화상을 '한국관광의 도약기'로 구분하고자 하며, '국제협력형 관광정책'으로 명명하고자 한다. 이는 향후 2020년을 전후하여 인바운드 및 아웃바운드 모두 2,000만 명을 상회하여,[10] 명실공히 세계의 관광선진국으로 부상하게 될 전망이라는 점에서 어느 정도 실현가능한 관광정책의 미래상이라고 할 수 있다. 다만 미래 관광정책에 남북한 정부 간 협력 여부가 크게 영향을 줄 수 있을 것으로 예상되며, 북한과의 관광교류 협력은 아시아의 관광대국으로 부상하는 동시에 중장기적으로 대륙연계 관광정책을 추진하는 계기가 될 수 있다.

이상에서 논의한 여섯 단계의 관광정책 변동과 관련하여 현재까지 진행된 앞의 5가지 정책변동은 제2절(II)에서 다루고, 미래형 관광정책인 6번째 '국제협력형 관광정책'은 제3절(III)에서 전망 및 추진과제로 구분하여 논의하고자 한다.

Ⅱ. 관광정책 변동의 전개와 발전

1. 관광발아기 : '사업참여형 관광정책'

1) 사업참여형 관광정책의 배경

해방 이후 일본인들이 운영하던 숙박, 운수, 철도시설 등 관광관련 시

10. 일례로 현대경제연구원은 2020년 한국의 외래관광객 수를 2,300만 명으로 예측하고 있다. 현대경제연구원(2015), 외국인 관광객 증가와 경제적 파급효과 전망, p.8.

설을 미 군정청에서 접수 관리하게 되었으며, 정부수립 이후 1960년대 초반까지 관광담당 정부조직의 핵심 기능은 이들 관광시설에 대한 '운영 기능'이었다. 이는 당시 민간부문의 재원과 경험의 부족에 따라 정부가 불가피하게 관광사업체를 인수·운영할 수밖에 없었기 때문이다. 이것은 대부분의 개발도상국에서 관광발전을 위하여 정부가 선도적인 역할을 행사했던 사례와 다를 바 없다.[11]

또한 정부수립 이후 정부차원에서 관광에 관심을 기울이게 된 결정적 동기는 미국인의 입국이 잦아지면서 외국인의 관광편의 증진이 필요하다는 인식에서 출발하였다. 그 결과 당시 관광분야에 민간부문의 역량과 경험이 부족했기 때문에 정부가 관광사업체를 직접 소유·운영하는 형태, 즉 관광사업체의 공영화가 이루어지게 되었고, 이는 1960년대 중반 정부차원에서 민영화를 추진하기 전까지 지속되었다.

2) 사업참여형 관광정책의 중요 내용

정부수립 이후 관광관련 조직이 시대적으로 불가피하게 관광사업적 기능, 즉 사업참여형 관광행정기관의 특징을 지녔다. 현재 관광관련 최고 국가기관은 문화체육관광부이나 그 시초는 정부수립 이후 1948년 교통부 육운국 운수과에서 시작되었다고 보는 견해가 있다. 그러나 엄밀한 의미에서 관광전담 행정은 1950년 12월에 신설된 교통부 총무과 소속의 '관광계'가 신설되면서부터이다. 당시 관광행정은 전쟁으로 파괴된 도로, 숙박시설 등의 관광시설을 복구·확장하는 한편 관광관련 법령이 마련되지 않아 자발적으로 설립되었던 관광사업체들을 지원·육성하는데 그쳤다. 전쟁 종료 후 1954년에는 관광계가 교통부 육운국의 관광과로

11. 이에 대해서는 세계관광기구의 前身인 국제관설관광기구연맹(IUOTO)의 보고서 참조. IUOTO(1973), 'The Role of National Tourist Organization', Annals of Tourism Research, Vol. 1, No. 1, pp.6~12; IUOTO(1974), 'The Role of the State in Tourism', Annals of Tourism Research, Jan. 1974, pp.66~68.

승격되면서 본격적인 관광정책을 추진하였다. 그러나 당시 관광과는 여관계와 관광계로 구성되었으며, 주요 업무 분장사항은 호텔식당 관리와 관광선전, 그리고 기업업무를 담당하는 것이었다.[12]

당시 정부가 관광사업을 전개할 수밖에 없었던 이유는 미군정에서 관리하던 주요 관광시설을 인수해야 하는 상황이었기 때문이다. 해방 이전 한국에 세워진 근대 숙박시설은 여관과 호텔들 모두 외국인에 의해 세워졌으며, 한국에 입국한 일본인과 외국인을 주 대상으로 영업한 것이 하나의 큰 특징이다. 이에 따라 해방과 동시에 각종 철도호텔들과 조선호텔·반도호텔은 미군정에 의해 관리되었다가 1948년 대한민국 정부수립 이후 교통부로 이관되었다.[13] 정부수립 이후 국영 관광사업체의 시초는 1949년 교통부가 빅토리호텔과 조선호텔을 인수하여 경영하면서부터이다.[14] 한국동란 중이던 1953년에는 교통부가 불국사호텔과 해운대호텔을 인수하여 직영하는 체제를 갖추게 되었다. 또한 1954년에는 정부소유의 대한여행사가 국제항공운송협회(IATA)에 가입하고 교통부가 반도호텔을 인수하여 직영하기 시작하였다. 이후 1959년에는 설악산 관광호텔과 화진포 관광호텔을 지방자치단체가 인수하여 운영하기도 하였다.

이후 1962년 6월 국제관광을 국가정책사업으로 진흥시키기 위하여 국제관광공사(現 한국관광공사)를 설립하였으며, 당시 교통부 직영의 사업체를 관광공사에서 인수·운영하는 체제였다. 설립 당시의 조직구조는 총무실, 기획실 등 2실과 여행부, 업무부, 경리부 등 3개 부를 두었고 1963년 관광사업체의 인수에 따라 본사 행정과 사업소 행정체계로 전환되었으며, 1964년에는 총재와 부총재 아래 총무실, 기획부, 업무부, 경리부로 개편되기도 하였다.[15]

12. 국제관광공사(1979), 한국관광장기종합개발계획, p.90.
13. 한국관광학회(2012), 한국현대관광사, 백산출판사, pp.77~78.
14. 한국관광개발연구원(1990), 관광연감, p.846.
15. 한국관광공사(1988), 관광공사 25년사, p.54.

3) 사업참여형 관광정책의 성과와 문제점

정부수립 이후 변변한 민족자본도 없고 6·25 전쟁을 겪으면서 피폐해진 상황에서 정부가 관광사업체를 인수·운영한 것은 불가피한 선택이었으며, 이후 관광사업체 종사자들이 비즈니스 기법의 체득을 통하여 1950년대 후반부터 관광사업에 진출하게 되는 기회가 되었다. 그러나 공식적인 관광통계상 한국을 방문한 외국인은 1954년 2,100명, 1956년 5,200명, 1958년 8,200명에 불과하였으며,[16] 이 같은 소수의 관광객만으로는 만족할만한 수준의 관광외화를 기대하기 어려웠다.

그러나 1950년대는 외국관광객에 대한 관광서비스의 필요성을 인식하게 된 시기였으며, 관광을 경제적 효과에 대해 공공부문이 중요성을 인식하고 체계적인 육성을 하게 된 시기로 볼 수 있다. 이후 1960년대로 들어와 민간사업자들의 역량이 향상되면서 공공과 민간부문이 경쟁체제를 유지하였다가 1960년대 중반에 공공 관광시설의 매각 조치를 시행하게 되었다.

즉 1965년 정부는 국무총리를 위원장으로 하는 '관광정책심의위원회'를 개최하여 정부직영의 호텔을 관광사업 활성화라는 측면에서 '민영화'를 추진하게 되었다. 국영호텔 민영화의 시초는 서귀포호텔(1964년)이며, 이후 무등산호텔과 설악산호텔(1965년), 불국사호텔과 대구호텔, 해운대호텔(1966년), 온양호텔(1967년), 타워호텔(1968년), 울산호텔(1969년)의 순으로 이루어졌다.[17] 그리하여 1961년 10개소에 이르던 공영 관광호텔은 1970년에 2개소로 줄어들었다.

전체적으로 볼 때, 전후 경제재건과 정치적 안정을 위해 관광정책의 목표가 외화획득을 위해 두었으나 국가재원의 부족, 관광정책 담당자의

16. 예를 들어 1956년 우리나라의 수출액은 2,515만 불이었으며, 관광수입은 수출액 대비 0.2%인 59,000달러에 그쳤으며, 1961년의 경우에도 수출액 대비 3.1%에 그쳤다. 한국관광공사(1988), 관광공사 25년사, p.61.

17. 한국관광공사(1987), 관광공사 25년사, p.72.

인식부족, 행정력 빈약 등의 이유로 관광사업에 참여하는 초보적 수준의 관광정책이 추진된 시기였다.

2. 관광조성기 : '기반구축형 관광정책'

1) 기반구축형 관광정책의 배경

1960년대는 한국관광 발전의 중요한 전환점이 되고 있는데, 이는 종래 관광에 대한 소극적 자세에서 벗어나 관광을 국가전략산업으로 지정하여 적극 육성하고자 하였기 때문이다. 그 과정에서 5·16 이후 혁명정부는 경제재건에 필요한 자금 확보책의 일환으로 관광사업을 크게 중시하는 정책을 취하게 되었다. 당시 정부는 관광사업을 새로운 유망사업으로 인식하게 된 것은 관광객의 왕래를 통해 이루어지는 경제현상이 외화획득과 국제수지 개선에 기여한다고 보았기 때문이다. 1962년 완성된 체키 보고서(Chechi-Report)는 관광산업이 ① 관광불(弗)의 승수효과성, ② 국가세원에의 기여, ③ 고용효과를 지녀 다른 산업에 비하여 더 큰 효과를 가진다고 하여 1960년대 한국 관광정책의 초점이 외래관광객의 유치와 국제수지의 개선에 초점을 맞추어지는데 일조하였다.[18] 또한 이 시기에 관광산업을 전략산업으로 육성하면서 관광산업 진흥의 계기로 작용한 것은 1964년 개최된 동경올림픽과 일본인 해외여행 자유화에 따른 관광객유치 여건이 양호해졌고, 1965년 한일국교 정상화가 이루어졌기 때문이다.

이 시기에는 한국 관광정책의 방향과 전략을 수립하는 데 있어서 앞서 체키 보고서와 같은 국제관광 전문가들의 기여도가 높았다. 여기에 1967

18. 대한민국 정부(1968), 행정백서, p.415.

년 AID기술원조계획의 일환으로 파견된 모톤 카우프만(M. Kaufman)도 관광사업 전반에 걸친 진단분석을 실시하여 이후 한국관광 정책입안과 관광행정의 추진에 커다란 영향을 주었는데, 그의 제안 중 첫 번째는 '관광사업의 경제적 중요성에 대한 고위층의 인식 강화'를 권고하였으며, 관광정책의 대상을 외국인, 특히 일본인 관광객에 초점을 둘 것을 강조하였다.[19] 여기에 관광자원개발에 대한 정부의 관심은 1974년에 제출된 보잉보고서가 큰 역할을 하였다. 보잉보고서(The Boeing Report)는 전국의 관광지중 설악산, 경주, 제주와 한려수도를 외국인을 위한 국제관광지의 대상으로 선정하고, 부여와 공주, 온양, 속리산, 가야산, 내장산, 지리산을 내국인을 위한 관광지로 선정하여 관광지의 이원화된 개발방안을 제시하였다.[20] 향후 보잉보고서는 정부 관광정책의 수립에 지침이 되었으며 관광단지 개발계획의 수립에 기초자료가 되었다.

1975년에 들어와 관광산업의 성장속도가 가속화되면서 정책결정자들의 관광에 대한 의식이 호의적으로 개선되었고 그 결과 동년 2월 정부가 관광사업을 국가전략산업으로 지정하였다. 당시 관광을 전략산업으로 지정하는데 따른 국제관광진흥의 기본방향으로 '관광을 경제개발계획에 포함시켜 국가의 주요 전략산업의 하나로 발전시키는 것'이 설정되었다.

2) 기반구축형 관광정책의 중요 내용

1962년부터 1979년에 이르는 박정희 대통령 재임기간을 한국관광의 기반조성기 및 기반구축형 관광정책의 단계로 설정한 것은 해방 이후 관광관련 시설의 인수 및 운영과정에서 관광산업의 중요성을 인식하고 이의 체계적인 육성을 위한 정책추진기반을 정비하여 이후 한국 관광의 성

19. 교통부 관광국(1967), 한국관광사업조사보고서(일명 카우프만 보고서).
20. 보잉사(1974), 한국관광개발조사보고서, 국제관광공사, p.3.

장을 도모하는 데 기여하였기 때문이다.

그 첫 번째 과업은 관광법제의 도입이었다. 정부는 관광산업을 체계적으로 육성하기 위하여 1961년 최초의 관광법률인 관광사업진흥법을 제정하였다. 이 법에서는 관광사업을 여행알선업, 통역안내업, 관광호텔업, 관광시설업, 관광토산품판매업, 관광교통업, 관광삭도업 등으로 분류하여 초창기 관광정책이 관광사업체의 육성 및 규제, 지도에 대해 초점을 두었음을 알 수 있다. 이듬해인 1962년에는 국제관광공사법을 제정하였으며 1972년에는 관광진흥개발기금법, 그리고 1975년에는 관광단지개발촉진법을 제정하여 관광단지 확충을 모색하였다. 정부가 관광을 국가전략산업으로 인식하고 이를 체계적으로 육성하기 위한 노력을 전개하기 위하여 1975년 기존 관광사업진흥법을 관광기본법과 관광사업법으로 분법화 하였다. 특히 관광기본법은 다른 어떤 산업 영역에 비해 정부가 관광부문을 적극 육성하겠다는 의지의 표현으로 볼 수 있다.[21]

두 번째는 관광정책을 효율적으로 추진하기 위하여 관광관련 조직을 시의적절하게 확대 개편하였고, 인바운드 관광부문의 육성을 위하여 공기업으로 국제관광공사를 설립하였다. 5·16 군사정부는 관광산업 육성을 위하여 1961년 10월 당시 관광공로국 관광과를 1963년 관광국으로 승격시켜 이후 본격적인 관광정책을 전담하도록 하였으며, 이후 외래관광객의 지속적인 증가에 따라 관광국은 초기 2개 과에서 1979년 9월에

21. 당시 관광분야에서 법 제정에 적극 환영할 정도로 관광기본법이 갖는 의미는 대단했다. 즉 기본법은 일종의 계획법 내지는 프로그램법적 성격을 가지고 있으며 해당 분야 정책의 기본적 방향을 정하고 관계정책의 체계화를 도모하는데 그 의의가 있다. 따라서 기본법은 개별 정책 대상을 직접 규율하는 개별 집행법에 대하여 반드시 상위법적 위상을 가지는 것은 아니지만, 해당 정책 분야에서의 이러한 지도법적 성격 때문에 사실상 우월적·강령적인 지위를 가지게 된다. 그리고 집행법(실시법)의 내용은 당연히 기본법의 목적과 내용에 부합할 것이 요청된다. 그러므로 관광기본법도 이러한 기본법의 의의에 맞추어 볼 때 우리나라 관광정책의 기본방향을 설정하고 관련 관광법제들의 집행시책에 대한 근거를 제공하는 지도법적인 위상을 가지고 있는 것이라 할 수 있다. 이에 대해서는 다음 문헌을 참조. 오준근(2002). '기본법의 행정법학상 위치에 관한 법 실증적 고찰', 현대공법학의 과제, 박영사; 박영도(2006), 기본법의 입법모델 연구, 한국법제연구원.

는 관광진흥국, 관광지도국 등 2국 6과 체제로 확대 개편되었다.[22] 관광국의 주요 업무는 관광진흥업무와 관광지도업무로 나눌 수 있으며, 당시로서는 진흥업무보다는 관광시설 지도감독, 조사와 개선, 면허 및 허가 등 관광지도업무가 더 시급했다.[23]

이와 더불어 정부는 1962년 6월 국제관광공사를 설립하였는데, 초기에는 교통부 직영의 사업체를 관광공사에서 인수·운영하는 체제였으나 이후 1970년대로 들어와 영업중심의 조직기구에서 사업기능이 축소되면서 진흥체계로 개편되었으며, 1975년에는 공사법 개정에 따라 개발과 홍보업무가 추가되었다.[24] 이밖에 1963년 관광사업 진흥법에 의거 한국관광협회가 설립되었는데 주요 기능으로는 관광사업 발전을 위한 업무, 관광진흥에 필요한 조사연구와 홍보, 관광안내소 운영, 회원의 공제사업 등을 담당하였다.

세 번째로 관광진흥 및 개발사업을 효율적으로 추진하기 위하여 관광진흥개발기금 제도를 도입하였다. 즉 정부는 1972년부터 관광산업 육성을 위하여 제도금융의 형태로 관광진흥개발기금을 조성하기 시작하였다.[25] 이 기금은 관광기반시설 건설과 관광숙박업, 휴양업 등 관광객 이용시설의 건설자금으로 지원함으로써 관광사업의 발전은 물론 관광외화 수입의 증대에 기여하였다.

네 번째로 정부는 국가 차원의 경제개발계획에 관광을 포함시켜 계획적 관광진흥과 개발사업을 도모하였다. 1962년부터 시행된 경제개발 5

---

22. 총무처(1987), 대한민국 정부조직변천사; 교통부·국제관광공사(1980), 관광동향에 관한 연차보고서.
23. 교통부 관광국(1964), 업무현황; 안종윤(1965), 한국관광행정에 관한 연구, 서울대학교 행정대학원 석사학위논문, p.76에서 재인용.
24. 한국관광공사(1988), 관광공사 25년사, p.507.
25. 1965년 이전까지는 시중은행이 관광사업체에 시설자금을 융자할 때는 한국은행의 자금융자지침에 따라 한도액이 정해져 있었지만, 1965년 10월의 금리현실화로 한도액제가 폐지되었다. 1966년 이후에는 외화획득에 기여가 큰 관광시설의 특수성을 감안하여 16%의 특별금리를 적용하여 금융지원을 하였으나 금리의 부담이 높고 또한 상환기간이 5년의 단기이므로 호텔사업의 정상적인 운영에 도움이 못되었다.

개년계획은 관광사업을 국가전략산업의 차원에서 집중 육성 대상으로 선정하였으며, 1~4차 계획기간 동안 관광호텔 객실, 유스호스텔 개발, 관광도로 포장, 외래객 유치선전 확대, 관광종사원 교육상화, 관광단지 개발에 초점을 두었다. 다만 관광부문의 독자적인 관광계획 수립역량이 부족하였으며 1979년에 와서 정부의 '한국관광진흥장기종합계획'이 수립되었다.[26]

3) 기반구축형 관광정책의 성과와 문제점

박정희 정부 시기는 관광법률, 관광조직, 관광재정, 관광계획 등 관광정책을 효율적으로 추진할 수 있는 제반 제도적 기반을 마련하였다는 점에서 긍정적으로 평가할 수 있다. 특히 1962년 불과 1만5천 명 수준이었던 외래관광객이 1978년 최초로 100만 명을 돌파하면서 '관광한국'으로서의 발전가능성을 확인해주는 계기가 되었다. 또한 1960년대의 경우 연평균 37.7%의 외래관광객 신장률을 보였는데, 당시까지만 해도 미국관광이 주도하였지만 일본 관광객들도 점차 증가하는 추세를 보였기 때문이다. 특히 경제대국으로 부상한 일본 관광시장이 1964년부터 해외여행 자유화 형태로 나타나면서 우리 정부의 관광진흥정책이 외래관광객 유치증대 효과를 가져오는 계기가 되었다.

그러나 1970년대로 들어와 일본 관광시장에 지나치게 의존하면서 관광정책기반 역시 일본을 모방하는 현상도 빚어지게 되었다. 그 대표적인 것이 1975년에 제정된 관광기본법은 1964년에 제정된 일본의 관광기본

26. 이 계획의 특징은 관광부문 최초의 '장기계획'이자 '종합계획'이라는 점이며, 1991년까지 관광시장, 국제관광진흥 전략수립, 관광자원 개발, 관광시설의 확충, 국민관광의 발전, 관광지원대책의 수립 등을 다루었으며, 기존 관광계획과 달리 장기비전을 설정하고 부문별 세부 관광계획을 수립했다는 점에 의의가 있다. 교통부·국제관광공사(1979), 한국관광진흥장기종합개발계획.

법과 조항수 및 내용에 있어서 매우 흡사한 형태를 보였다.[27] 또한 국민의 여행에 대한 인식이 여전히 낮은 상태였지만, 정부 차원에서도 일 중심적 가치관을 주입함에 따라 국민관광에 대한 기반조성이 취약하였다. 그리하여 1980년대로 들어와 신군부 세력을 중심으로 박정희 정부와는 차별화된 관광정책을 추진하면서 국내관광 및 해외여행에 대한 기회 확대를 모색하는 계기가 되었다.

전체적으로 볼 때, 1960년대는 계획적인 정책 수립에 의해 관광정책이 집행되었다고 보기 어려우며, 정책이 관광산업 발전에 큰 선도적인 역할을 하지 못하였다. 그러나 1962년부터 1981년까지 강력하게 시행된 경제개발5개년 계획으로 인해 관광정책은 '경제정책의 하위부문'으로 인식되었다.[28] 그런데 1970년대로 들어서면서 1972년부터 시행된 제1차 국토계획에 의해 10대 관광권을 설정하고 문화재 활용방안을 강구하는 등 국토개발의 관점에서 관광에 대한 영향력이 확대되었다.

3. 관광성장기 : '간소·개방형 관광정책'

1) 간소·개방형 관광정책의 배경

1980년대로 들어와 정부는 복지행정의 실현 및 국제수지의 개선이라는 정책명분하에 국제관광과 국민관광의 조화발전이라는 기본방향을 설

27. 일본의 경우 1964년 관광기본법의 제정을 통하여 국민 여가선용 및 저개발 지역의 육성에 기여하는 계기가 되었으며, 2006년 12월에는 외래관광 진흥 및 지역활성화 차원에서 '관광입국추진기본법'으로 전면 개정을 추진한 바 있다. 이에 비해 우리의 관광기본법은 국가발전과정에서 관광정책이 담당할 수 있는 역할을 도출하는데 기여하지 못하였으며, 새로운 관광시대의 등장에 따라 부상하는 관광가치 및 정신을 발굴하고 구체화하는데 미흡한 실정이다. 다시 말해 국가발전단계에 따라서 관광분야에 부여된 역할을 찾아내려는 적극적인 노력이 소홀하였다. 신용석·장병권(2007), '관광기본법의 개선방향과 추진방안', 한국관광학회, 관광학연구, 제31권 제3호, p.12.
28. 심원섭(2011), 관광정책 추진체계 개편방향 연구, 한국문화관광연구원, p.59.

정하였다. 세계 각국이 강조해 온 외화획득 수단으로서의 관광의 중요성에 한걸음 더 나아가 1980년 마닐라에서 개최된 세계관광기구 총회에서 마닐라선언을 계기로 관광을 통한 국가 간 교류의 장벽을 허물 것을 권고하면서 국민관광에 대한 관심이 형성되고 해외여행에 대해서도 전향적으로 접근하기에 이르렀다.

1980년대 관광정책을 추진함에 있어서 정부의 행정간소화 조치가 큰 영향을 주었다. 또한 서울올림픽의 유치와 개최준비는 관광산업 전반에 걸친 개방화, 간소화 정책을 강화하는 계기가 되었다. 1980년대에 들어와 국가운영의 큰 변화는 국민의 관광활동에 대한 개방화와 관광사업에 대한 규제완화이다. 특히 국가경제규모의 확대, 국민 생활수준의 전반적인 향상과 국제화 시대에의 부응 등 국민을 위한 해외여행의 개방여건이 성숙됨에 따라 1983년부터 연령별로 부분적인 자유화를 확대하여 1989년 1월부터는 전면 자유화를 단행하였다. 이에 따라 국민의 국내외 여행이 점차 증가하는 계기가 되었다.

2) 간소·개방형 관광정책의 중요 내용

1980년대 관광정책을 추진함에 있어서 정부의 행정간소화 조치가 큰 영향을 주었다. 1981년 10월 15일 단행된 행정간소화 조치는 정부관여 범위의 축소로 자율적·민주적 행정의 구현, 행정절차의 간소화로 행정의 능률화 도모, 불요불급한 상위기구의 축소·조정을 통한 예산의 낭비요소 제거와 국민부문의 경감, 대국대과제(大局大課制)의 구현으로 조직규모의 적정화, 인력의 소수정예화 등을 기본방향으로 설정하였다.[29] 이에 따라 교통부내 2국 6과가 1개국 5과로 통합되었으며, 관광행정기능의 대대적인 변화가 있었다.

29. 총무처(1987), 대한민국 정부조직변천사, pp.1501~1504.

1980년대는 서울올림픽을 계기로 1970년대까지 국민들에게 제약을 주었던 각종 규제를 점차적으로 완화한 시기였다. 1980년에는 야간통행 금지의 해제에 따라 국민의 관광여행이 활성화되는 계기가 되었으며, 관광행정 간소화의 일환으로 관광호텔의 등급절차를 간소화하여 등급조정기준을 종래의 객실위주에서 시설 및 서비스 위주로 바꾸었다. 그리고 관광객 보호의 일환으로 관광불편신고 엽서제도를 실시하게 되었다. 특히 관광사업에 대한 정부개입의 완화추세에 따라 여행업에 대한 허가제를 신고제로 변경하여 이후 여행업체의 급속한 증가현상이 나타나게 되었다.

1984년에 들어와서는 관광사업법 시행령을 개정하여 관광숙박업 사업승인 권한과 관광호텔 등급결정권한 등 관광지도 업무와 관광지 조성계획 변경승인 권한 등 관광자원 개발업무를 각 시도에 위임 또는 이양하여 지방관광행정의 활성화를 도모하였다. 정부는 관광사업에 대한 지도감독 권한을 지방 및 민간부문에 이양·위탁한 반면 관광개발사업을 새로운 행정기능으로 적극 행사하였다. 즉 1970년대는 관광단지 중심의 거점 관광개발방식을 구사하였다면 1980년대는 도시주변에 국민관광지를 다수 개발함으로써 국민들의 관광지 접근을 용이하게 하였다.

1980년대 정부가 추진했던 관광행정 간소화 정책의 최대 성과는 국민해외여행의 자유화 조치였다. 1983년의 50세 이상에서 1987년에는 45세 이상, 그리고 1988년 1월에는 40세 이상, 1988년 7월에는 30세 이상, 그리고 1989년 1월부터는 해외여행의 전면 자유화 조치가 시행되었다. 1980년대 부분적인 해외여행이 허용되었지만 여론악화로 해외여행객이 뚜렷이 증가하지 않았고 1987년 9월부터 45세 이상의 국민에 대하여 해외여행이 허용된 것을 계기로 수요가 급증하게 되었다. 그리하여 1987년 51만 명이었던 해외여행수요가 1989년에는 121만 명으로 급증하게 되었으며, 1992에는 200만 명을 넘어섰다. 해외여행자유화는 1990년대 IMF외환위기가 발발하기 전까지 관광수지 적자를 고착화시켰으며,

관광수지 적자는 '과소비를 조장한다'며 관광에 대한 부정적인 인식이 확대되어 관광사업체에 대한 영업규제라는 부메랑을 가져오기도 하였다.

1980년대에 들어서면서 관광지 개발은 고도 경제성장, '86 아시안게임 및 '88 서울올림픽 등 국제대회의 성공적 개최 등으로 활발하게 추진되었다. 특히 두 번에 걸쳐 이루어진 국제대회 개최는 관광인프라에 대한 적극적인 지원과 개발을 촉진시켰으며, 국내외 상호교류 활성화 등이 이어지면서 국내 관광산업 진흥 및 국가이미지 개선에 주력하게 되었다.[30] 관광에 대한 정부의 기능이 국제관광 일변도에서 벗어나 국민관광의 조화를 모색하게 되었는데, 이를 구체화하기 위하여 1982년 국민관광진흥업무가 추가되었으며 종전 국제관광공사를 '한국관광공사'로 명칭변경과 함께 조직을 확대하였다.

〈표 2〉 국민 해외여행자유화 조치의 시행효과

(단위 : 명, 천 달러)

구분	외래관광객		해외여행객		관광수지
	관광객 수	관광수입	관광객 수	관광지출	
1981	1,093,214	447,640	436,025	439,029	8,611
1982	1,145,044	502,318	499,707	632,177	−129,859
1983	1,194,551	596,245	493,461	555,501	40,744
1984	1,297,318	673,355	493,108	576,250	97,105
1985	1,426,045	784,312	484,155	605,973	178,339
1986	1,659,972	1,547,502	454,974	612,968	934,533
1987	1,874,501	2,299,156	510,538	704,201	1,594,955
1988	2,340,462	3,265,232	725,176	1,353,891	1,911,341
1989	2,728,054	3,556,279	1,213,112	2,601,532	954,747
1990	2,958,839	3,558,666	1,560,923	3,165,623	393,043
1991	3,196,340	3,426,416	1,856,018	3,784,304	−357,888
1992	3,231,081	3,271,524	2,043,299	3,794,409	−522,885

자료 : 문화체육관광부(2014), 한국관광통계.

30. 한국관광학회(2012), 한국현대관광사, 백산출판사, p.277.

또한 그동안 공공부문이 주도하던 관광업무 중 일부가 민간부문으로 점진적으로 이관되었다는 점이다. 1980년대 관광업계의 발전에 부응하여 관광종사원의 자격관리 업무를 민간부문에 점진적으로 위탁하였다. 즉 1984년에 관광통역안내사 및 호텔경영사, 호텔관리사에 대한 자격관리업무는 한국관광공사에 위탁하였으며, 1987년 국내여행안내사와 호텔서비스사에 대한 자격시험 및 등록업무는 한국관광협회중앙회에 위탁하였다.

3) 간소·개방형 관광정책의 성과와 문제점

1980년대는 정부의 행정간소화 조치의 영향으로 관광행정기능이 크게 조정된 시기이다. 특히 1987년을 기점으로 관광행정기능에서 삭제되는 업무가 많아졌다. 그리고 중앙 관광행정조직의 기능이 지자체 및 민간부문으로 이관·위임·위탁되는 추세를 보였다. 이는 1981년의 정부조직정비 기본방향에 따라 중앙정부는 정책개발기능을 중시하고 종전까지 중앙에서 담당하였던 지도업무, 집행업무, 대민접촉 업무를 지방 또는 민간단체로 이양하였기 때문이다.

그런데 1980년대는 복지행정의 실현 및 국제수지의 개선이란 정책명분하에 국제관광과 국민관광의 조화발전이라는 기본방향을 설정하고 정책을 추진하였으나 실제 정책추진 내용을 보면 여전히 외래관광객 유치 및 관광외화 획득에 더 초점을 두었다는 한계를 지니고 있다.[31] 1988년 서울올림픽의 유치는 이후 관광인프라의 확충에 노력하였으며, 대규모 아시안게임, 올림픽 등 국제행사를 개최하면서 외래관광객 수용태세의 질적 개선에 대한 계획이 수립되었다

해외여행자유화는 이후 급속한 해외여행 증가로 인해 1960년대부터

31. 심원섭(2011), 관광정책 추진체계 개편방향 연구, 한국문화관광연구원, p.61.

유지해오던 관광수지 흑자기조가 1991년 관광지출이 40억 달러인 반면 관광수입은 34억 달러로 적자로 돌아서게 되었다. 해외여행자유화에 대한 충분한 검토 및 부작용에 대한 대비가 부족하여 해외여행의 양적인 증가를 이루었어도 질적인 면에서는 해외여행 시 싹쓸이 쇼핑, 고성방가, 에티켓 결여 등 부정적인 측면도 발생하였다.

이와 더불어 1990년대 한국사회는 관광을 '과소비'의 주범으로 인식하고, 여행업을 외화낭비산업으로 낙인찍고, 관광호텔업을 유흥, 오락 등을 목적으로 하는 소비성 서비스 산업으로 규정함으로써,[32] 해외여행 전면 자유화 이후 활기에 차있던 관광업계에 찬물을 끼얹는 결과를 야기하기도 하였다. 또한 관광지 이용객 증가에 따른 환경오염 및 자연훼손, 쓰레기 발생 등의 부정적 문제가 발생되기 시작하여 관광지 관리를 위한 관광객의 적극적인 협조가 필요하다는 인식이 확산되었다.[33]

4. 관광확충기 : '분산·분권형 관광정책'

1) 분산·분권형 관광정책의 배경

1990년대로 들어와 한국사회의 가장 큰 특징은 자율과 개방, 국제화와 지방화의 전개이다. 이에 따라 관광부문에서도 국제화·지방화·자율화 추세에 주도적으로 대응하기 위한 대책들을 강구하였다. 관광개발의 경우 도시와 지역간 균형개발, 지자체별 관광특성화 개발, 소프트웨어적 관광개발이 강조되었으며, 관광개발 주체도 종래 정부주도에서 벗어나 지방분권이 가속화되고 민간참여가 단계적으로 확대되었다. 1993년 대

---

32. 이웅규(1998), '역대 대통령의 관광관련 정책 분석에 따른 21세기 관광정책 방향연구', 관광개발논총, 제8호, pp.307~328.
33. 한국관광학회(2012), 한국현대관광사, 백산출판사, p.277.

전 EXPO 등 국제적 행사를 개최하면서 지역관광자원의 개발, 관광시설의 확충, 관광기반시설의 조성, 교통체계 정비 등 지역관광역량 제고사업이 지속적으로 추진되었다.

1990년대 한국사회의 가장 큰 이슈는 지방자치제도의 재실시였다. 지방자치제 재시행에 대한 요구는 1980년대 후반부터 활발히 분출되었으며 정치적 타협에 의해 1991년에 30년 만에 지방선거로써 지방의회가 구성되었으며, 1995년에 민선 자치단체장도 탄생하게 되었다. 지방화시대로 전환되면서 지자체들이 지역경제 활성화 차원에서 관광부문에 대한 관심이 제고됨과 동시에 국민들도 국내관광자원 답시 및 내나라 여행하기 캠페인에 적극 동참하게 되었는데, 1993년 출간된 유홍준 교수의 '나의 문화유산답사기'가 전국적인 답사열풍을 일으켰으며 인문학적 지식과 역사문화를 가미한 관광스토리텔링이 도입되는 데 큰 역할을 하였다.[34]

그렇지만 김영삼 정부로 들어와 '세계화' 구상을 발표하며 무리한 대외개방과 해외여행 조장 풍토는 1990년대 말 외환위기의 한 원인으로 이어지고 IMF의 통제를 받는 국가로 전락하기도 하였다. 김대중 정부에서는 관광산업을 통하여 경제위기를 극복하는데 역점을 두었으며, 2000년대 경제여건의 호전에도 불구하고 국내관광이 정체됨에 따라 주5일 근무제에 대한 논의가 정부 내에서 시작되었다. 이후 2004년부터 주5일 근무제가 시행되었으며, 노무현 정부에서는 국가균형발전이라는 국정목표 달성을 위하여 관광레저도시 개발, 광역관광개발 등 관광개발사업을 적극적으로 활용하였다. 이에 따라 김영삼·김대중·노무현 정부는 지방자치

34. '나의 문화유산답사기'는 유홍준 교수가 전국의 문화유산을 답사하며 다양한 인문학적 지식을 소개하고 현대적인 의의를 설명한 기행문이다. 1993년에 처음으로 '남도답사 일번지'가 출판되었으며, 1994년에 2권 '산은 강을 넘지 못하고', 1997년에 3권 '말하지 않는 것과의 대화'가 출판되었고 2011년에 6권 '인생도처유상수'(人生到處有上手)와 함께 2012년에 7권 '돌하르방 어디 감수광'이 출판되었다. 현재 남북한 포함하여 7권까지 출간되었다.

제, 주5일 근무제, 국가균형발전 등을 계기로 일련의 정책이 상호 연계되었다는 점에서 '분산·분권형 관광정책'을 추진하는 계기가 되었다.

2) 분산·분권형 관광정책의 중요 내용

1990년대로 들어와 중앙정부 관광조직의 규모가 축소되었지만 지방화 시대로 접어들면서 지방자치단체의 관광조직은 규모가 확대되었다. 지방 관광행정조직의 변천과정을 보면 1960년대에 교통행정의 차원에서 서울특별시 운수관광국에 관광과가 가장 먼저 설치된 이후 부산, 제주, 경남 순으로 관광과가 설치되었다. 관광행정이 국(局)단위 수준으로 승격된 것은 1979년으로 제주도에 관광국이 신설되었다. 이후 지방의회가 구성된 1991년 이후 전국의 모든 광역자치단체에는 '과' 단위의 관광행정조직이 설치되었다.[35]

이후 지방자치단체 간 선의의 지역발전 경쟁이 확산되면서 관광부문에서도 관광객의 유치를 위한 다각적인 정책이 개발되는 계기가 되었다. 정부도 지방화 시대에 부응하여 지역별 차별화되고 특색있는 관광자원 개발을 지원하게 되었다. 1994년 지방자치제 실시 이후 관광정책의 추진주체는 정부의 일방적 주도에서 벗어나 지방자치단체의 참여와 민간부문의 역할강화가 요구되고 있으나 관광사업자 단체의 역량은 이에 미치지 못하고 있는 상황이다. 따라서 정부 차원에서 지역관광 발전정책의 원활한 추진을 위하여 지방자치단체와 민간부문의 역량을 강화하기 위한 정책적 시도가 이루어졌다.

정부내 관광행정조직의 이관도 관광정책 수립에 큰 영향을 주었다. 해

35. 시도별 관광행정조직의 발전과정을 보면, 관광행정의 초기에는 내무국이나 상공운수국에 소속되었고, 1970년대 후반에는 건설국에 소속되었다가 1980년대에 들어와서는 상공운수국과 지역경제국으로 편입되는 과정을 보이고 있다. 그러나 1990년대 이후 시·도별 관광행정조직은 다시 지역특성에 맞게끔 문화, 교통, 지역경제 등 다른 관련행정부서로 이관되는 추세를 보였다. 한국관광공사(1992), 지방화시대의 관광정책, pp.86~143.

방 이후 일본 및 대만과 같이 교통행정과 연계되어 추진되어왔던 관광조직은 1994년 교통부 관광국이 문화체육부로 이관되었는데, 이는 세계화·지방화 등 정책환경과 행정수요의 변화에 능동적으로 대처하고 관광과 문화행정의 연계성을 높이기 위한 조치였다. 이는 관광이 과거의 철도·항공 등 수송수단을 주축으로 하는 하드웨어 중심에서 벗어나 우리의 고유문화·예술 등과 연계를 통하여 관광의 질적 수준을 높여 나가기 위한 조치였다. 그러나 작고 강력한 정부를 구현한다는 취지에서 당초 교통부의 1국 4과에서 문화체육부 1국 3과로 축소되었다. 당시 문화체육부 관광국의 업무 중 지도업무, 집행업무, 대민접촉업무 등은 지방 또는 민간단체로 이양되었다.

정부차원에서 지역관광역량을 제고하기 위한 다양한 시책들이 도입·시행되었다. 그 대표적인 것이 관광특구 제도의 도입이었다. 1993년 개정된 관광진흥법에서는 지역별로 특색있는 관광활동 지역을 육성하고 관광사업자와 관광객의 불편사항인 야간영업 제한을 해제하여 위축된 관광산업을 진흥시킬 목적으로 관광특구제도가 신설되었다. 이에 따라 관광특구는 제주도, 경주시, 설악산, 해운대, 유성의 5개 지역이 1994년 8월 최초 지정된 이래 2007년까지 25개 지역으로 확대되었으며, 2013년 12월 말 기준으로는 28개이다.

또한 문화콘텐츠를 활용한 지역관광 활성화 차원에서 각 지역의 대표적인 축제를 관광축제로 육성하기 위하여 1995년부터 검토해왔던 '문화관광축제 지원제도'가 시행되었다. 1980년대까지는 지역축제의 수가 큰 변화가 없었지만 1995년 지방자치단체장 선거를 계기로 지역관광활성화의 1순위 사업으로 지역축제가 급속히 증가하면서,[36] 중앙정부는

36. 현존하는 지역축제의 개최 시작연도를 기준으로 해방 이후부터 2006년까지 시대별 비중을 보면, 1980년대 이전에 시작된 축제는 전체의 9%에 그치고 있으며 1980년대에 생성된 축제가 11.6%, 1990년대에 생성된 축재가 43.2%, 그리고 2000년대에 생성된 축제가 36.2%로 나타났다. 문화관광부·한국문화관광연구원(2006), 한국 지역축제 조사평가 및 개선방안 연구, p.45.

1998년부터 외래관광객 유치와 지역경제 활성화 등 관광상품성이 있는 축제를 문화관광축제로 선정하여 지원하고 있다.

2000년대로 들어와 김대중 정부에서는 주5일 근무제 실시를 계기로 국내관광 활성화를 위하여 다양한 캠페인 사업을 추진하게 되었다. 그 첫 사업은 2002년부터 2003년까지 '내나라 먼저보기 캠페인'을 추진하였으며, 후속사업으로 2004~2005년에는 '내나라 사랑여행-Love Korea 캠페인'을 전개하였고, 2006년에는 '구석구석 캠페인'을 신규로 추진하여 전방위적인 국내관광 인식제고 및 홍보사업을 추진하고 있다.[37] 여기에 '나의 문화유산답사기'와 같은 전문 여행서적의 급증으로 인해 공공부문의 경우에도 '이달의 가볼만한 곳' 사업이 지속적으로 추진되는 계기가 되었다.

한편 정부는 1994년과 2001~2002년 두 차례의 '한국방문의 해' 경험을 바탕으로 중앙정부 차원의 지원을 통해 지역의 관광산업을 활성화하고 국내관광을 진흥시키고자 2004년부터 광역지자체의 '지역방문의 해' 사업을 추진하기 시작하였다. 지역방문의 해 사업은 지역의 관광자원과 역량을 집중 동원하여 지역의 관광이미지를 향상시키고 관광수요를 촉진시킴으로써 지역관광산업을 질적으로 한 단계 성숙시키거나 지역관광의 침체나 위기를 타개하기 위한 전략적 수단으로 활용되었다.

3) 분산·분권형 관광정책의 성과와 문제점

1990년대부터 2000년대 중반까지는 관광정책의 저변이 확대되는 계기가 되었다. 즉 김영삼 정부시기 지방자치제 도입을 통하여 관광정책 추진주체가 중앙정부 일변도에서 벗어나 지자체 및 시민단체의 참여가 확대되었다. 그리고 김대중 정부시기에 복지관광 대책이 활발히 모색되

37. 한국관광공사(2007), 인트라바운드 활성화 전략, p.92.

어 기존의 국민 대중형 관광정책에서 저소득층을 포함한 복지관광정책으로 전환되었다. 그리고 노무현 정부시기에는 복지관광의 지속추진과 더불어 국가균형 발전차원에서 관광정책 및 개발의 공간적 범위가 수도권를 벗어나 전국 각지로 확대되는 계기가 되었다.

그럼에도 1990년대 지역관광 활성화를 위하여 중앙정부 관광행정기능의 지방이양 확대에 따라 다각적인 지원노력이 있었음에도 불구하고 지역의 관광행정에 대한 중요성 인식이 상대적으로 부족하였다. 또한 지방관광조직들은 조직형태가 획일화되고 있으며, 관광행정을 처리할만한 전문인력을 확보하지 못하고 잦은 업무이동으로 행정의 일관성을 확보하지 못하고 있었다.[38] 그리고 관광관련 지방자치단체의 주요 기능은 관광기획과 조사, 관광객 수용태세 정비, 관광종사원의 서비스 수준향상, 관광홍보·안내체제의 구축, 관광휴식공간 정비, 관광질서의 확립 등으로 대별되었다.[39]

1990년대는 관광지 시설환경 및 프로그램 개선이 본격적으로 시도된 시기이다. 관광수요의 급격한 증가로 관광지의 양적 성장은 이루어졌으나 관광지에 대한 체계적인 개발 및 관리는 미흡하여 관광지로서 역할 수행이 부족하였고, 관광객의 요구를 충족시키지 못하는 문제점이 발생하였다. 특히 양적 성장에 중점을 둔 공급위주의 관광개발은 사회·문화 환경의 변화와 기술의 발전 등에 따른 다양화되고 다변화하는 관광객의 요구에 탄력적으로 대응하지 못하였다. 이는 정부 주도의 관광개발로 인하여 개별 관광지마다 차별화된 특성과 개성이 부족하게 되었고, 투자환경이 열악하여 관광지의 지속적인 개발 및 개선이 이루어지지 못하였기

38. 예를 들어 1990년대 중반까지는 국가의 총 단위업무 15,774종 가운데 국가사무는 75%(11,744종)인데 비하여 지방사무는 위임사무(기관위임사무) 12%(1,920종)와 자치사무 13%(1,110종)를 합하여 25%에 그치고 있었다. 총무처(1994), 중앙·지방사무편람 ; 조배행(1992), '지방화시대의 지방관광행정 전문화를 위한 제언', 교통개발연구원, 교통정보, 통권67권, pp.40~41.

39. 장병권(1996), 한국관광행정론, 일신사, pp.256~257.

때문이다.[40] 게다가 지역균형발전 차원에서 관광레저도시 조성사업이 착수되고, 광역관광권 개발계획이 수립되는 등 관광개발노력이 활발히 모색되었으나 가시적인 성과를 내지 못한 상황이다.

2000년대로 들어와 외래관광객이 증가추세를 보이고 지역관광수용태세를 개선해감에 따라 외래객의 한국방문지 분포를 보면 서울로 집중되던 외래관광객들이 서울을 탈피하여 지역으로 확산되고 있음을 볼 수 있다. 즉 통계조사가 시작된 1998년부터 2007년까지 10년간 외국인의 서울방문 비율을 살펴보면, 1998년 76.9%에서 2003년 85%로 계속 증가하였으나 이후 뚜렷하게 감소하여 2007년에는 73.4%로 낮아졌다. 물론 2008년 이후 외국관광객의 방한 급증에도 불구하고 지역의 외래관광수용태세 부족으로 인하여 서울에 다시 집중되는 현상을 보이고 있는데, 이는 당시 경제자유구역, 관광레저형 기업도시 등 지역 주요 거점의 국제관광 인프라를 획기적으로 확충하지 못한 결과이다.

〈표 3〉 방한 외국인의 서울방문 비율

(단위 : %)

연도	1998	1999	2000	2001	2002	2003	2004	2005	2006	2007
비율	76.9	81.7	84.7	82.5	83.7	85.0	80.9	78.1	76.8	73.4

자료 : 한국관광공사, 외래관광객 실태조사, 각 년도(1999~2008).

한편 지역방문의 해 사업은 대부분의 지역에서 사업 추진 당해 연도 관광객 수가 증가하였으며, 또한 계획 목표치를 달성한 것으로 나타났으며, 관광객 수의 증가로 지역의 소비와 지출이 늘어나고 고용유발 효과가 나타나는 등 지역경제에 긍정적인 파급효과를 가져온 것으로 평가되었다. 그리고 정성적 성과로는 지역 인지도 제고 및 관광이미지 향상, 관광콘텐츠 발굴 및 관광상품 개발 기회 확대, 지역관광 주체 역량 강화 및

40. 한국관광학회(2012), 한국현대관광사, 백산출판사, p.278.

인식 전환 등의 성과를 가져왔다. 반대로 사업에 대한 체계적 준비 미흡, 선택과 집중의 부족, 환류체계의 미흡 등의 문제점도 야기하였다.[41]

5. 관광성숙기 : '융복합형 관광정책'

1) 융복합형 관광정책의 배경

2000년대 초반까지 과거 통신기술, IT인프라에 기반을 둔 '정보화 시대'를 지나고 2010년대로 가까이 오면서 기존의 다양한 가치 및 산업 간의 창조적 결합을 통해 새로운 부가가치를 창출하는 '융복합의 시대'로 급속히 전환하는 등 사회 전반에서 융합 트렌드가 가속화하는 추세이다.[42] 융합은 국가, 산업, 개인의 삶 전반을 아우르는 현대사회의 중요한 화두로 자리매김하고 있으며, 사회 전반에서 융복합 트렌드가 가속화 추세이다. 세계 경제의 패러다임 변화, 글로벌 경쟁 격화에 적극 대응하기 위해 산업융합의 필요성이 증대되고 있으며, 미국, 일본 등 주요국들도 융합의 중요성을 인식하여 융복합을 통한 산업발전 전략을 추진 중이다.[43]

---

41. 지역방문의 해 사업은 대부분의 지역에서 사업 추진 당해 연도 관광객 수가 증가하였으며, 또한 계획 목표치를 달성한 것으로 나타났으며, 관광객 수의 증가로 지역의 소비와 지출이 늘어나고 고용유발 효과가 나타나는 등 지역경제에 긍정적인 파급효과를 가져온 것으로 평가되었다. 그리고 정성적 성과로는 지역 인지도 제고 및 관광이미지 향상, 관광콘텐츠 발굴 및 관광상품 개발 기회 확대, 지역관광 주체 역량 강화 및 인식 전환 등의 성과를 가져왔다. 반대로 사업에 대한 체계적 준비 미흡, 선택과 집중의 부족, 환류체계의 미흡 등의 문제점도 야기하였다. 최경은(2012), 지역방문의 해 주요 성과 및 추진방향 연구, 한국문화관광연구원, pp.87~89.
42. 최경은·안희자(2014), 최근 관광트렌드 분석 및 전망, 한국문화관광연구원, p.21.
43. 융합관광은 전통적인 관광산업과 타 산업 분야의 창조적 결합과 복합화를 통해 기존 관광산업을 혁신하거나, 사회적·경제적 가치가 있는 새로운 산업을 발굴하고 부가가치를 창출하는 것을 의미하며, 융합관광은 타 산업 서비스, 제조업, 의료, 바이오, ICT 산업 등 다양한 분야가 창조적 사업 아이디어와 결합하여 의료관광, 농촌관광, 음식관광 등 새로운 관광 비즈니스 모델을 창출하고 있다. 안희자·심원섭(2013), 창조경제시대 산업 간 융합을 통한 관광산업 발전방안, 한국문화관광연구원, pp.3~4

창조경제의 대두와 융합 트렌드에 따른 변화는 새로운 기술, 상품, 서비스 등 시장 영역을 확대하여 기존 산업의 성장성을 지속하고, 새로운 시장을 창출하는 등 산업발전의 기회를 제공하고 있다. 특히, 관광산업은 그 자체로 융합 산업의 성격을 지니며, 동시에 타 산업과의 융복합을 촉진하는 역할을 수행한다. 현재 우리나라 관광산업은 MICE, 의료관광 등 융복합화가 진행되어 왔으나 성장의 한계에 봉착하여 관광산업의 지속적 성장을 위해서는 새로운 연계와 융합 영역의 발굴을 통한 특성화된 융복합 관광 모델이 요구되고 있다.

산업융합은 이종(異種) 기술의 융합, 산업 간 융합을 거쳐 인문·예술 등 다분야 융합으로 발전하면서 세계경제의 패러다임 변화를 주도하고 있으며, 특히 최근 기존산업의 성장정체, 기술적 여건 성숙, 소비자 욕구 다양화 등으로 '산업융합'은 글로벌 메가트렌드로 가속화 추세이다. 산업융합촉진전략에서 "융합(Convergence)이란 기존 산업의 기술, 제품·서비스를 재조합하여 새로운 가치와 시장을 창출하는 활동으로, 융합의 범위는 패키지·하이브리드·퓨전을 포괄하는 의미로 사용되며 단순 개조는 제외"한다고 명시하고 있다.[44]

이에 따라 관광산업은 전통적인 산업으로는 성장의 한계 상황에 직면하고 있어 관광분야의 융복합 비즈니스 발굴을 통한 산업의 질적 성장이 요구된다. 관광산업의 융합은 새로운 시장의 창출 뿐 아니라 전통적 관광산업의 구조와 시스템의 근본적인 변화를 수반한다는 점에서 산업적 의미를 지닌다. 융복합 트렌드에 대한 적절한 대응력을 갖추고, 글로벌 경쟁력을 확보하기 위해서는 융복합 발전 패러다임으로의 전환에 능동적 대처가 요구되며, 특히, 융복합 트렌드의 대두로 기존 관광산업의 범위·정책·제도 등으로 포괄하지 못하는 새로운 영역이 등장함에 따라 관

44. 한국생산기술연구원(2014), 국가산업융합 진흥정책 기획연구.

광산업 발전전략에 대한 새로운 정책적 접근이 요구되고 있다. 융복합 관광은 기능복합, 기술복합, 가치융합 등 세 가지 유형으로 나누어지며, 그동안 IT를 활용하여 초보적인 기능복합이나 기술복합이 활발히 전개되어 왔지만 최근에는 관광이 타 분야와의 광범위한 융복합을 주도하고 있는 상황이며, 농촌, 의료, MICE, 한류 등과의 가치융합이 대표적인 사례이다.[45] 이처럼 관광산업을 둘러싼 가장 큰 흐름 중의 하나는 관광산업을 어떻게 하면 다양한 분야와 접목시켜 관광산업의 외연을 확대하고 창조경제의 핵심 산업으로 발전시키느냐 하는 것이다.

〈표 4〉 융복합 관광의 유형 분류

유형	기능복합	기술복합	가치융합
특징	·기존 기능의 복합화 ·관광객의 편의성과 효용성 제고	·기술의 적용 및 결합 ·새로운 첨단기술과 제품을 통한 혁신적 관광서비스 제공	·타 분야와의 광범위한 융합 ·관광객의 욕구를 반영한 새로운 사회적·경제적 가치 창출 ·창조적 아이디어와 결합해 새로운 관광관련 비즈니스 모델 창출
사례	·패키지여행상품 ·복합리조트	·온라인 여행사 ·여행정보서비스 ·ICT융합서비스 제공	·농촌관광(관광+농업) ·의료관광(관광+의료) ·MICE(관광+전시컨벤션) ·한류관광(관광+엔터테인먼트)

자료 : 안희자·심원섭(2013), 창조경제시대 산업간 융합을 통한 관광산업 발전방안, 한국문화관광연구원, p.42.

45. 여기에서 기능 복합은 관광산업 자체의 하부구조들 간 융합이 중심이 되며, 관광객의 편의성과 효용성 제고를 목적으로 기존 기능의 복합화를 의미한다. 기술 결합은 전통적 관광 서비스가 가상현실, SNS 서비스 등 ICT 신기술과의 접목을 통해 관광서비스 기능의 개선 및 효과 확대를 의미한다. 그리고 가치 융합은 타 산업 서비스, 제조업, 의료, 바이오, ICT 산업 등 다양한 분야가 창조적 사업 아이디어와 결합해 새로운 관광 비즈니스 모델을 창출하는 것을 의미한다. 안희자·심원섭(2013), 창조경제시대 산업 간 융합을 통한 관광산업 발전방안, 한국문화관광연구원, pp.3~4.

2) 융복합형 관광정책의 중요 내용

융복합형 관광정책은 이명박 정부에서 활발히 모색되고 있으며 박근혜 정부에서는 이를 더욱더 확산시킴과 동시에 창조관광이라는 새로운 형태로도 발전되고 있다. 본격적인 융복합 관광에 앞서 노무현 정부에서는 한국적 콘텐츠 발굴 및 육성이라는 차원에서 초기의 융복합형 관광자원 개발사업을 추진하기도 하였다.

이명박 정부는 관광산업의 가격경쟁력을 제고하고 투자를 활성화하기 위해 관광산업에 대한 조세지원 및 규제를 제조업 수준으로 지원하고자 하였으며, 3차례에 걸친 관광산업 경쟁력 강화대책을 통하여 관광산업의 고수익 구조화를 도모하였다. 2008년 3월 수립된 제1차 대책의 핵심은 MICE산업과 의료관광의 육성, 한국정신문화의 관광자원화, 그리고 고부가가치 신규 분야(테마파크, 크루즈, 요트 등 해양레저 스포츠)의 발굴 지원이다. 2008년 12월 수립된 제2차 관광산업 경쟁력 강화대책은 한국적 특성의 명품 콘텐츠 개발에 초점을 두었으며, 이를 위해 역사·문화자원, 자연·생태자원, 문화·예술·자원의 명품 콘텐츠 개발과 더불어 의료관광과 MICE산업을 고수익 관광산업으로 육성하는 것이다. 이후 2009년 11월 수립된 제3차 대책에서는 한국관광 10대 명품 콘텐츠 발굴 및 육성과 더불어 관광재생 프로젝트, 창조관광 실현을 통하여 한국형 콘텐츠 강화전략이 모색되었다. 이밖에 2010년 7월에서는 관광·레저산업 육성방안으로 쇼핑관광, 생태관광, 해양·항공관광, 농산어촌 관광, 산업관광 등에 대한 활성화 방안을 강구하였다.[46]

정부는 성장잠재력이 높은 관광산업을 집중적으로 육성하기 위하여 한국적인 명품 콘텐츠를 개발하고 지원하기 위한 정책에 집중하였다. 특

---

46. 문화체육관광부(2008.3), 제1차 관광산업 경쟁력 강화대책; 문화체육관광부(2008.12), 제2차 관광산업 경쟁력 강화대책; 문화체육관광부(2009.11), 제3차 관광산업 경쟁력 강화대책; 문화체육관광부(2010.7), 관광·레저산업 육성방안.

히 한국적 특성이 반영된 콘텐츠는 역사·문화·생태·예술·IT 등 다양한 분야에서 발굴되었다. 대표적인 사업으로는 5대 고궁 자원화, 스토리가 있는 문화생태 탐방로 선정 및 지원, 공연관광 활성화, DMZ 생태자원화, 종교관광 활성화, 녹색관광자원 사업화 등이 있다. 또한 그동안 콘텐츠 발굴에 치중되어 온 한류를 재검토하여 '대중문화산업 글로벌 경쟁력 강화방안'을 마련해 대중문화산업 글로벌 경쟁력 강화를 통한 국가브랜드 제고라는 정책목표를 지속적으로 추진하였다.[47] 이를 위한 한국관광공사내 전략상품팀을 중심으로 한류관광 상품화, 한류와 연계한 한국관광 홍보 및 마케팅을 추진하였다. 그 결과 한류관광은 인바운드 시장의 양적 확대와 시장 다변화에 기여했으며, 궁극적으로 한류를 통한 국가브랜드 제고에 기여하였다.

이와 더불어 문화체육관광부는 매년 수립된 업무계획에서 초기에는 고부가가치 또는 고수익, 융복합 관광의 활성화를 중점 정책목표로 설정하여 추진하고 있으며, 국제회의, 크루즈, 테마파크, 전시컨벤션, 의료관광, 공연관광, 고품격 레저관광 등을 중점 추진 대상으로 선정하고 있다.

박근혜 정부에서도 융복합형 관광정책은 지속적으로 추진되고 있다. 정부출범 초기 국정과제로 MICE, 의료, 한류, 크루즈, 역사·전통문화체험, 레저·스포츠 등 5대 고부가가치 관광·레저산업의 육성에 중점을 둔 '박근혜 정부 국정과제'를 발표하였다.[48] 이에 문화체육관광부는 한국관광산업의 질적 도약을 위해 고부가·고품격의 융복합 관광산업을 집중적으로 육성하였다. 차세대 고부가가치 관광산업으로서 의료관광, 크루즈 관광, MICE관광의 육성을 위한 각종 제도적 여건을 마련하고, 정부부처·민간 간 협력을 통하여 농어촌 관광, 음식관광, 스포츠 관광 등 새로운 융복합 관광형태를 창출하였다. 또한 고궁, 고택, 템플스테이 등을

47. 문화체육관광부(2012), 대중문화산업 글로벌 경쟁력 강화방안.
48. 대한민국 정부(2013), 박근혜 정부 국정과제.

활용한 역사·전통문화 체험 관광, 음악, 한식, 패션 등이 연계된 한류관광, 레저·스포츠 관광 등 고품격·고부가가치 관광산업 지원정책을 추진하였다.[49]

3) 융복합형 관광정책의 성과와 문제점

최근 수년간 그동안 범정부 차원에서 국가발전을 위한 '전략산업', '신성장동력' 등으로 선정·육성함에 따라 관광산업이 성장·발전하는 계기를 이루었으나 향후에는 관광산업 자체도 혁신적인 개선을 통하여 서비스 산업의 발전에 기여할 필요성이 제기되고 있다. 특히 창조경제를 기치로 경제부흥을 모색하고 문화융성과 국민행복을 국정의 최고이념으로 설정되어 있다는 점에서 관광산업도 국정목표 달성을 위하여 새로운 시각에서 접근할 필요가 있다.

특히 창조경제가 "창의성을 경제의 핵심가치로 두고 과학기술과 ICT의 융합을 통해 산업과 산업이 융합하고, 산업과 문화가 융합해 새 부가가치를 창출하고 새 일자리를 만들어내는 것"이라는 관점에서 관광산업도 기존에 축적된 경험과 지식에 얽매이지 말고 창의성(creativity)을 바탕으로 '유사 또는 이종 서비스 간 결합·융합 등 서비스 전 분야에서 창조적 고부가가치를 창출하는 산업'으로 시급히 전환될 필요가 있다.[50]

지난 수년간 관광산업 분야에도 창의성이 접목되기 시작하여 '창조관광' 사업이 추진되고, 관광산업도 '고수익 산업' 내지 '고부가가치 산업'으로 인식되어 다양한 정책들이 추진되었다.[51] 그러나 기본적으로 창조경제의 패러다임에 입각한 근본적인 관광정책의 변화이기보다는 일종의 추종형 정책트렌드였다는 점에서 향후에는 '창조경제 시대에 부응한 융

49. 문화체육관광부(2014), 2013기준 관광동향에 관한 연차보고서, pp.6~7.
50. 중앙일보(2013.4.4.일자 참조) 및 한국과학기술기획평가원(2013), 창조경제 개념과 주요국 정책분석.
51. 장병권(2013), '창조경제시대의 관광산업', 한국관광공사·한국문화관광연구원, 관광을 통한 창조경제 실현방안 토론회(2013.4.23, 한국관광공사).

복합 관광산업'으로 전환될 필요가 있다.

다시 말해 기존 '관광진흥법' 중심의 관광사업의 틀만으로는 관광의 질적 도약을 기대하기 어렵다는 점에서 관광산업과 타 연관 산업 간의 왕성한 융복합을 통하여 관광의 경제적 가치를 전 산업부문으로 확산하고 새로운 일자리를 창출하는 것을 핵심과제로 삼아야 한다. 그리고 이를 뒷받침하기 위하여 관광재정을 확충과 동시에 세출구조를 혁신하여 관광산업의 지속가능한 성장을 도모할 필요가 있다.

또한 관광산업을 고부가가치 산업으로 인식하는 방식에 있어서도 전환이 요구된다. 그동안 '관광산업 자체'를 고부가가치 산업으로 인식해왔으나 앞으로는 '관광산업에 있어서의 신 유망비즈니스'라는 좀 더 구체적인 접근이 필요하다. 이는 기존의 접근방식으로는 관광산업의 새로운 성장동력을 지속적으로 모색하는데 제약을 주기 때문이다. 따라서 관광산업의 새로운 고부가가치 산업 모형은 "창의성과 융복합을 바탕으로 투입된 비용에 비해 더 많은 새로운 부가가치를 창출하고 취업·고용을 유발할 수 있는 신 성장 동력"으로 정의될 필요가 있다. 이 경우 기존의 전통적 관광사업에 국한된 것이 아니라 이를 바탕으로 새로운 비즈니스 모형으로 등장한 MICE, 의료관광, 한류관광, 크루즈, 역사·문화체험, 레저·스포츠 등을 지칭하는 것으로 이해될 필요가 있다.

그동안 정부의 고부가가치 관광산업 육성을 위하여 다양한 융복합형 관광정책을 추진한 결과 세계경제포럼(WEF)의 '2013 국제관광 경쟁력 순위'에서 한국은 25위로 상승하는 계기가 되었다.[52] 특히 MICE산업을 미래 고부가가치 창출산업으로서의 중요성을 인식하고, 17대 신성장 동력산업에 포함시켜 국제회의 유치 개최의 전폭적인 지원에 힘입어 2012년 1,000명 이상 외국인이 참가하는 국제회의 36건이 국내에서 개최되

52. '2015 국제관광 경쟁력 순위'에서는 다시 29위로 4계단 하락하였다. WEF(2013, 2015), The Travel & Tourism Competitiveness Report.

었으며, 인센티브 보상관광 지원도 확대하였다. 이러한 정부의 노력으로 2012년에 세계 국제회의 개최 순위(UIA 기준) 세계 5위의 개최국으로 도약하는 성과를 얻었으며 MICE 강국으로의 입지를 다지고 있다.[53]

그러나 관광산업의 고부가가치화 노력에도 불구하고 여전히 관광산업의 영세성과 낮은 노동생산성 양상을 보이고 있다. 전국의 관광사업체 수는 2000년 8,110개소에서 2010년 12,755개로 약 36% 증가하였으나 매출액 5억 미만의 업체가 97.4%, 종사자 10명 미만 업체가 75.9%를 차지하고 있다. 관광산업의 노동생선성은 카지노업이 비교적 높은 편이나 국제회의업, 관광객이용시설업을 제외할 경우 대부분 1억 원 미만으로 나타나 다른 산업에 비해 낮은 것으로 나타났다.[54]

또한 관광산업이 국민경제(GDP)에서 차지하는 비중은 주요 선진국에 비해 여전히 취약한 수준이며, 관광산업의 매출액과 종사자 수준도 영세한 산업구조를 보이고 있다. 2010년을 기준으로 관광산업의 국내총생산 기여정도는 7.1%로 전 세계 평균인 9.2%에 미치지 못하고 있으며, 정부 재정지출 규모도 2.6%로 전 세계 평균인 3.8%보다 낮다. 세계여행·관광협의회(WTTC)가 발표한 2010 관광지표 전망에서 한국은 중국(9.2%), 일본(9.1%) 등 주요국보다 낮다.[55]

현재 추진 중인 융복합형 관광정책이 성공적으로 추진되어 관광산업의 부가가치를 개선하기 위해서는 다각적인 개선책을 강구할 필요가 있다.[56] 첫째는 정부주도형 융복합 관광정책에서 탈피하여 민간주도형 융복합 관광정책으로 전환하여야 한다. 둘째는 융합관광의 주무부처인 문화체육관광부를 비롯하여 거의 모든 부처와 연계됨에 따라 통합조정 및

---

53. 문화체육관광부(2014), 2013 기준 관광동향에 관한 연차보고서, p.6.
54. 문화체육관광부(2009), 2009 관광사업체 기초통계조사, 한국문화관광연구원.
55. WTTC(2010), Travel & Tourism Economic Impact.
56. 김경숙(2013), '관광산업의 융복합 콘텐츠 개발방향', 한국문화관광연구원, 한국관광정책, 통권 51호, pp.10~11.

지원기능할 수 있는 플랫폼으로서 센터의 역할이 중요하다. 둘째는 융복합 관광콘텐츠에 대한 중장기적 계획과 현황에 대한 객관적 평가가 필요하다. 끝으로 융복합 관광콘텐츠의 정책목표를 단기적이기 보다는 중장기적, 그리고 경제적·산업적 관점에서 수립하여야 한다.

Ⅲ. 한국 관광정책의 향후 전망과 과제

해방 이후 지난 70년간 한국의 관광정책은 각 시대별 정책환경에 적극적으로 대응하기 위하여 추진되었다.[57] 정책경험과 노하우가 없었던 해방 직후에는 관광사업체의 인수 및 운영수준에 그쳤으나 1960년대 경제개발계획의 시행에 따라 관광정책을 효율적으로 추진하기 위한 제도기반의 구축이 착실하게 이루어졌다. 1980년대에는 서울올림픽의 성공적 개최를 위하여 관광부문의 개방화, 행정간소화가 이루어졌으며, 1990년대 지방자치제 실시 이후 2000년대 중반까지 국민의 권익확대, 지역균형발전이 강조되면서 관광부문에서도 분산·분권형 정책이 활발히 추진되었다. 이후 외래관광객이 급증하고 관광산업에 대한 규제가 완화되면서 관광산업과 타 산업 간 융복합이 활발히 전개되고 있다. 향후 외래관광객의 급속한 증가에 따라 2014년 국제관광 왕래 규모가 3,000

57. 한국 관광산업의 시대적 역할 변화는 1960~1970년대 외화획득을 통해 국가경제발전을 도모하였던 관광입국(觀光立國)의 시대를 거쳐 1980~1990년대 중반까지 서울올림픽, 해외여행자유화 등을 통하여 국유을 상승시키는 역할을 담당한 관광흥국(觀光興國)의 시대를 지나 1990년대 말부터 지금까지는 IT 강국, 월드컵 개최, 한류확산 등을 계기로 경제위기 극복과 산업고도화에 주력한 관광부국(觀光富國)의 시대로 진화하여 왔다. 이제 기(起)→승(承)→전(轉)→결(結)의 발전과정에서 네 번째 단계에 진입하였다고 할 수 있다. 즉 2010년대는 마지막의 '결'에 해당되는 관광강국의 시대가 되어 글로벌 관광리더십을 확보하고 세계관광을 선도하는 국제관광대국으로 도약해야 할 시점이다. 이에 대해서는 장병권(2012), '관광강국 시대의 관광산업 새 판 짜기', 한국문화관광연구원, 한국관광정책, 제49호(가을호), pp.16~18.

만 명을 돌파하였으며, 2020년을 전후해 4,000만 명의 국제관광시대로 진입할 예정이라는 점에서 정부의 관광정책도 국제기구를 통한 글로벌 관광협력과 더불어 개도국을 대상으로 한 한국형 관광 공적개발원조 사업을 적극 추진하여 '국제협력형 관광정책'으로 전환될 필요가 있다.

1. 관광도약기 : '국제협력형 관광정책'의 필요성

2000년대로 들어와 국제적인 테러와 질병이 발생하고 국제관광환경의 불안정 요인이 확대되면서 각국에서는 테러, 전쟁, 질병, 자연재해 등으로부터 관광객의 안전을 확보하기 위하여 국제적인 협력체계를 구축하기 시작하였으며, 우리나라의 경우에도 세계관광기구, 경제협력개발기구, 아태경제협력기구 등을 중심으로 다양한 협력사업에 참여하게 되었다. 향후 국제관광의 불안정성을 해소하기 위해서 국제기구를 통한 협력활동이 활발히 모색될 전망이다.

또한 환경문제, 빈곤문제 등도 새로운 지구촌 문제로 대두되면서 국제적인 개발협력에 대한 인식도 변화하고 있다. 한국은 급속한 사회경제적 발전을 바탕으로 국제사회에서 공적개발원조의모범적인 사례로 주목받고 있는 동시에 2010년 OECD 개발원조위원회(DAC) 가입을 계기로 책임있는 공여국으로서의 책무를 떠안게 되었다. 이에 정부는 관계기관 합동으로 2010년 10월 '국제협력 선진화 방안'을 발표하고 본격적인 국제협력정책을 추진하고 있다.[58] 동 계획은 국제협력의 3대 선진화 전략으로 '개발협력 콘텐츠 개발', '원조시스템의 효과적 개편', '국제활동 강화'에 두어 이후 관광분야 국제협력의 방향설정에도 큰 영향을 주었다.

이에 따라 경제적 측면의 하드웨어형 ODA 사업이 주를 이루었지만

58. 관계부처 합동(2010), 국제협력 선진화 방안.

향후에는 사회적, 환경적 차원에서 삶의 질 향상, 환경보호 등 전반적인 ODA의 질을 높이기 위해서는 문화, 관광 등 소프트웨어형 ODA 사업을 확대할 필요가 있다. 특히 국제협력사업의 선정에 있어서 장기간에 걸쳐 추진하며 꾸준한 성과를 낼 수 있는 사업을 추진할 필요가 있다. 대표적으로 아시아의 통합과 번영을 위한 문화관광 통합형 인프라 구축사업을 추진함에 있어서 한국의 글로벌 리더십을 발휘할 필요가 있다. 예를 들어 정부가 2014년 발표한 '유라시아 이니셔티브(Eurasia Initiative)'는 유라시아 대륙을 하나의 경제공동체로 묶고 북한에 대한 개방을 유도해 한반도의 평화를 구축하는 방안이라는 점에서 관광분야의 국제협력정책 추진을 위한 지침이 될 수 있다. 즉 관광부문도 정부의 유라시아 이니셔티브 구상을 적극 활용하여 남북한 관광협력은 물론 유라시아 관광실크로드를 조성하는데 역점을 둘 필요성이 제기되고 있다.

2. 국제협력형 관광정책의 추진현황과 문제점

그동안 우리 정부의 국제관광 협력사업은 세 가지 부문으로 나누어지고 있다.[59] 첫째, 외래관광객 유치를 위하여 중화권, 일본 등 주력시장을 중심으로 지역별 특화유치 전략을 수립하여 목표마케팅과 홍보를 실시하였으며, 중국인 단체관광의 출입국 절차 간소화 등 수용태세 개선사업을 추진하였다. 둘째는 주변 관광시장 국가들과의 협력증진 사업으로 2008년 일본과의 한·일 공동방문의 해 사업을 비롯하여 2006년 이후 한·중·일 3국 관광장관회의 개최 등을 통해 크루즈, 청소년·지자체 간 교류협력 및 확대사업을 추진하였다. 이와 별도로 13개국과 관광협력협

59. 박양우(2008), '이명박 정부와 참여정부의 관광정책 비교 고찰', 한국호텔외식경영학회, 호텔경영학연구, 제17권 제6호, p.204.

정 및 양해각서를 체결하였다. 셋째는 관광관련 국제기구와의 협력을 통한 관광외교의 신장사업을 추진하였다. 세계관광기구 산하에 설치된 스텝(UNWTO ST-EP) 재단의 설립을 주도하여 서울에 본부를 유치하였고, 2005년에는 세계관광기구 집행이사회 의장국에 선출되어 회원국 내 신뢰와 리더십을 확보하였다.

2010년대로 들어와 최근 3년간 주요 관광분야 국제회의 유치 등 소기의 성과를 거두었지만, 2010년 제2차 G20 관광장관회의(부여), 2011년 제19차 유엔세계관광기구 총회(경주), 2012년 OECD 관광위원회(무주) 개최를 통하여 향후 다자관계에 기초한 전략적 협력이 더욱 강화할 방침이다. 이에 문화체육관광부는 2013년 한국관광공사, 한국문화관광연구원, 그리고 학술단체 등과 함께 '관광분야 국제협력정책포럼'을 결성하여 2015년까지 4차례에 걸친 포럼을 운영한 바 있다.

특히 UNWTO ST-EP 재단은 우리 정부가 주도적으로 2005년 설립한 관광관련 국제 비영리재단으로 아시아 및 아프리카를 비롯한 저개발국의 빈곤퇴치에 적극적인 역할을 수행하는 한편 우리의 관광개발 노하우와 자본이 이들 국가에 활용될 수 있는 효과적인 채널을 확보하는 계기가 되었다. 설립 이후 총 101개 프로젝트를 수행하여 지속가능한 관광개발 프로그램 및 프로젝트의 수행을 통해 빈곤을 퇴치하고 유엔 밀레니엄 발전목표 달성에 기여하였다. 그러나 관광관련 사업보다는 빈곤퇴치사업, 작은 도서관 사업 등 사회문화적 사업에 초점을 두어왔다는 점에서 향후에는 '아시아 문화관광 수도' 등 문화관광 융합형 국제협력사업을 발굴할 필요가 있다.[60]

---

60. 아시아 통합과 번영을 위한 문화·관광 인프라 구축도 한국이 리더십을 발휘할 수 있는 대표적 프로젝트로 꼽힌다. 1985년부터 유럽연합(EU)이 매년 유럽 도시 한두 곳을 선정해 1년간 집중적으로 문화행사를 전개하도록 지원하는 '유럽문화수도' 프로젝트는 그 가능성과 효과가 검증됐다. 대표적인 사례가 영국 리버풀이다. 어둡고 칙칙한 낡은 항구 도시였던 리버풀은 2008년 유럽문화수도로 선정된 이후 비틀스를 테마로 한 문화·관광 도시로 탈바꿈하며 도시가 바뀌었다. 재정 지원은 EU 상금과 기금을 통해

개발도상국에 대한 관광 ODA 사업에 대한 분석결과, 그동안 소액다건 위주로 추진되어 왔으며 사업추진 주체가 한국국제협력단(KOICA) 등 여러 기관으로 분산되어 있어서 '한국형 관광 ODA 사업모델' 체계적인 육성이 필요한 시점이다.[61] 그러나 전체 ODA 지원에서 관광이 차지하는 비중이 0.1%에 그치고 있으며, 산업분야에서 국한된 양자간 ODA의 섹터별 지원현황을 보면, 2005~2012년간 관광은 전체의 1%에 그치고 있는 실정이다.

이에 문화체육관광부는 2013년 국제관광협력의 기본방향을 선도형 국제협력으로 전환, 양자·다자관계의 실질적 협력강화, 관광협력 기반 확충으로 설정하고 이를 실천하기 위한 10대 과제를 선정하였다.[62] 이들 과제는 한국의 국제사회 영향력 확대 및 선진국형 관광정책 마련을 위해서는 국제관광기구와의 전략적 협력이 필요하다는 전제하에 마련되었으며, 한국 관광의 국제적 위상 강화를 위해서는 수동적 국제협력에서 선도적 국제협력으로 변환, 양자·다자관계의 실질적 협력 강화 필요, 국내외 관광협력의 기반 구축이 선결되어야 함을 강조하고 있다. 이를 실행하기 위하여 한국관광공사는 2014년 국제관광기구와의 협력, 관광

이뤄졌다. 유럽문화수도 프로젝트는 아시아에서도 실현 가능하다. 갈등 관계에 놓인 한·중·일 3국부터 기금을 조성하거나 아시아개발은행(ADB) 등 지역 다자은행(MDB)을 통해 재원 마련이 가능하다. 아시아문화관광수도 후보는 무궁무진하다(출처: 매일경제, "EU처럼 '아시아판 문화수도' 추진…넘치는 관광개발 수요도 큰 기회", 2015.3.19).

61. 관광분야 ODA 사업내용도 관광마스터플랜 수립, 생태관광 프로젝트, 관광종사원 교육훈련 등 하드웨어 사업뿐만 아니라 컨설팅 사업도 포함되어 있으며, 최근 수년간 새로운 ODA사업대상으로 관광이 부각되었다. 그동안 추진된 관광관련 ODA사업으로는 카자흐스탄 관광산업진흥 마스터플랜 수립사업(2007~2009), 필리핀 맹그로브 생태관광 기반시설 구축사업(2009~2011), 에콰도르 갈라파고스 생태관광 개발 프로젝트(2009), 베트남 라오까이성 지속가능한 관광개발 마스터플랜 수립사업(2014) 등이 있다.

62. 2013년 6월 문화체육관광부가 마련한 '관광분야 국제협력 활성화' 방안의 10대 중점과제는 다음과 같다. ① 국제기구 중점 주도 의제 선정 및 협력 강화, ② GCF 유치 계기 지속가능한 관광 아젠다 주도, ③ 국제관광 규범(norm) 형성 적극 참여, ④ 관광 ODA 등 개발원조 확대, ⑤ 협력국가 및 국제기구와의 유기적 네트워크 구축, ⑥ 글로벌 인재의 국제기구 진출 지원, ⑦ 국제협력을 우한 조직 정비 및 지자체 협력 강화, ⑧ 국제관광협력 연구 기능 확충, ⑨ 국제관광 전문인력 양성 및 역량 강화, ⑩ 국내관광정책 연계 강화 및 대국민 인식 제고. 문화체육관광부(2013), 관광분야 국제협력 활성화.

ODA 사업 시행, 전문인력 양성 등 국제관광 협력사업을 전담 실행하는 국제협력팀을 신설하였다. 그리고 국제관광 협력·지원을 위하여 한국문화관광연구원 내에 국제관광정책 동향 및 시장연구, 국제관광통계연구, 국제기구 및 주요국 관광연구기관 협력업무, 국제관광분야 정책지원 업무를 담당하는 국제관광연구센터를 설치·운영하고 있다.

그러나 향후 한국이 글로벌 관광리더로서 역할을 행사하기 위해서는 개선해야 할 점도 많다. 첫째, 관광 ODA 사업 예산의 부족이다. 문화체육관광부가 2005년부터 양자 간 관광 ODA 사업으로 저개발국의 지속가능 발전 및 빈곤퇴치 사업을 추진하고 있으나 사업비 규모가 적고 들쭉날쭉 한 상황이다.[63] 둘째, 일회성 관광 ODA 사업에 치중하고 있다. KOICA나 관광부문의 ODA 사업은 대부분 1~2년의 단 년도 사업에 그치고 있으며, 특히 마스터플랜 수립의 경우 사업추진 실적에 대한 지속적인 모니터링 절차가 없어 추가적인 사업발굴로 이어지지 못하고 있다. 셋째, 관광 ODA 사업의 다양성 부족이다. KOICA, KDI, 그리고 관광부문의 ODA 사업은 그동안 관광자원 개발, 관광마스터플랜 수립, 관광정책 컨설팅 등에 국한되어 있어 수원국의 다양한 요구에 부응하지 못하고 있으며, 하드웨어 및 소프트웨어의 결합형 사업추진도 부진하다.[64]

이에 따라 향후 글로벌 관광협력 정책에서 한국만의 차별화되고 특색 있는 관광 ODA 사업을 추진하고, '한국형 관광발전 모델 구축 및 모듈화 사업'을 구축하는 것이 필요하며, 수원국 맞춤형 및 윈윈(win-win)형 사업추진전략을 구사할 필요가 있다. 그리고 공공 및 타 정부기관에

---

63. 예를 들어 문화체육관광부의 2005~2011년간 ODA예산은 총 587만 달러로 연평균 84만 달러이며, 2007년 387만 달러로 늘어났으나 2011년에는 43만 달러로 낮으며, UNWTO ST-EP재단사업은 연평균 7억 2천만 원이며, 2008~2013년 기간 총43억 원으로 문화부 전체 ODA예산의 10%에 불과한 실정이다. 이에 대해서는 한국수출입은행 홈페이지(2012) 참조 및 신용석(2011), '국제관광협력과 ODA', 한국문화관광연구원, 한국관광정책, 통권44호, pp.21~22.
64. 장병권(2013.9.22.), '한국형 관광 ODA 사업의 추진현황과 과제', 문화체육관광부/한국관광공사 주최 제3차 관광분야 국제협력정책 포럼 발표자료, pp.23~26.

의한 주도 방식에서 벗어나 문화체육관광부, UNWTO ST-EP재단, 한국관광공사, 한국문화관광연구원, 민간부문 간의 역할분담 체계를 정립해야 한다.

3. 국제협력형 관광정책의 향후 추진과제

향후 국제관광 규모의 급증과 더불어 한국관광의 위상을 제고하고 국제관광협력을 통하여 글로벌 관광리더로 부상하기 위해서는 기존에 추진되어온 국제관광협력정책을 종합적으로 재검토하고 실천 가능한 대안을 모색할 필요가 있다. 이와 관련 제도적 정비, 인식제고, 사업발굴, 사업연계화, 평가시스템 도입 등을 적극 추진해야 한다.[65]

첫째는 관광 ODA 사업수행을 위한 제도적 정비이다. 한국경제의 위상제고 및 세계 관광에서 한국의 비중 확대에 따라 관광정책에 대한 정부의 기본적 책무로 '국제관광협력사업과 관광 ODA 추진'을 신설하여 관광기본법에 반영해야 한다. 또한 관광 ODA 계정 신설과 통합·조정기능을 강화해야 한다. 한국형 관광 ODA 사업이 지속적으로 확대되기 위해서는 문화·관광부문 ODA 사업을 위한 별도의 계정을 신설할 필요가 있으며, 문화체육관광부·한국관광공사·한국문화관광연구원·대학 등으로 구성된 '관광 ODA 사업 추진협의회'를 구성·운영해야 한다.[66]

둘째는 관광 ODA 사업의 인식제고 및 사업발굴이다. 우리나라의 경

65 장병권(2013.9.22.), '한국형 관광 ODA 사업의 추진현황과 과제', 문화체육관광부/한국관광공사 주최 제3차 관광분야 국제협력정책 포럼 발표자료, pp.27~31.

66. 문화체육관광부는 2015년 5월 국제개발협력위원회의 사전 사업계획 수립 지침에 따른 효과적 개발협력 체계 구축 및 수원국의 수요를 반영한 사업 발굴을 위해 문화체육관광부 관광정책관(위원장)외 연구기관·학계·공공기관의 9인의 위원으로 구성된 '관광ODA추진협의회'를 발족하였다. 문화체육관광부(2015.5.19.), 관광 공적개발원조(ODA) 추진협의회 발족(보도자료).

우 관광 ODA 사업에 대한 인식이 낮으며, 관광이 독자적인 국제개발협력의 사업대상으로 되지 못하고 있다. 이에 따라 관광부문도 ODA 사업 추진시 독자적 사업추진과 더불어 IT, 대중교통, 마케팅, 브랜드 개발 등 한국의 강점분야와 연계하여 사업 추진의 효과를 제고해야 한다. 또한 정부차원에서 ODA 핵심과제 선정 시 우선순위로 관광관련 사업이 선정되지 못하고 있는 상황이라는 점에서 관광부문도 관광 ODA의 중요성을 홍보하고 유망 사업발굴 및 추진전략을 마련하여 정부정책에 반영하도록 해야 한다. 특히 관광지, 관광단지, 관광특구, 관광두레 등 관광자원 개발에 대한 정책 노하우가 풍부하다는 점에서 우수 사례의 해외전파를 위하여 '관광개발 국제포럼' 등도 적극 개최할 필요가 있다.

셋째는 관광 ODA 사업의 다각화와 역할 분담이다. 관광 ODA 사업은 개발과 보전, 하드웨어와 소프트웨어의 성격에 따라 관광매력물, 관광편의서비스, 관광홍보 및 마케팅, 관광교통, 관광객, 관광지원정책 등 여섯 가지 스펙트럼으로 구분될 수 있다. 이에 수원국의 관광수요 및 관광개발 선호조사, 관광 개발방식 체계화, 자립형 관광발전모델 개발을 통하여 '한국형 ODA 모델'에 반영하여야 한다. 그리고 관광 ODA 사업을 효과적으로 추진하기 위해서는 수원국 수요조사, 자체 사업타당성 평가, 사업실행, 사후 관리 등에 대한 종합적인 사업모듈 수립과 역할분담 방안을 강구해야 한다. 그리고 관광 ODA가 확대되기 위해서는 수원국 수요와 우리나라의 특성을 고려한 다양한 관광 ODA 콘텐츠 개발, 국제적인 사례연구 등이 선행되어야 하며, 중점 협력국가에 대한 기초 DB구축과 맞춤형 사업모델 개발에 대한 연구가 선행되어야 한다.

넷째는 관광 ODA 사업의 성과평가 및 모니터링이 실시되어야 한다. 정부는 2009년 ST-EP 재단의 개도국 관광발전 지원사업에 대해 사업계획 단계, 성과계획 단계, 사업관리 단계, 사업성과 및 확산단계로 구분하여 평가를 실시한 바 있으며, 당시 사업평가의 핵심 성과지표로 '개도국 관광훈련 수혜자수'와 '개도국 사업 수혜지역 관광수입 증가율' 선정하고 있다. 향후 관광 ODA 사업의 평가에 있어서는 경제적 측면뿐만 아니라 사회문화적·생태환경 측면, 한국기업 및 전문인력의 현지 진출 등의 성과를 다각적으로 평가함과 동시에 사업성과의 지속적 발생여부 등에 대한 사후평가 및 모니터링 사업을 추진할 필요가 있다.

다섯째는 2002년 중국에서 발생한 사스(SARS)에 이어 2015년 5월 말 한국에서 발생한 메르스(MERS)와 같은 신종 플루가 국가간 관광왕래를 급격히 둔화시킬 수 있다는 점에서 범세계적인 관광위기관리 대책을 강구하기 위한 정책적 노력이 필요하며, 이를 위해 전염병 발생 시 관광객 이동에 대한 부정적 영향을 최소화하기 위한 전염병의 체계적 관리는 물론 사후 신속한 관광회복을 위한 국가간 정보공유 및 홍보대책을 적극 강구할 필요가 있다.

끝으로 향후 한국관광의 위상 제고와 더불어 국제적 지위가 상승됨에 따라 그에 상응한 국제 관광협력 사업을 지속적으로 추진하는 것이 계속 요청될 것이다. 그럼에도 소홀히 해서는 안 되는 것이 남북 간 관광협력사업이다. 남북관광협력은 화해와 협력의 계기를 강화시킴과 동시에 한국의 글로벌 관광경쟁력을 제고시키는 계기가 될 수 있다. 최근 북한에서도 관광부문의 개방화 노력이 적극 모색되고 있다는 점에서 국내자본의 투자확대를 유도할 필요가 있다. 동시에 기존에 중단된 금강산 관광사업에 국한하지 말고 휴전선 인근의 남북 지역이 공동으로 참여하는 동해안 및 서해안 관광벨트와 비무장지대 평화생명벨트 등 관광벨트화 사업을 적극 추진하여야 한다. 나아가 한국의 글로벌 관광경쟁력을 지속적으로 확보하기 위해서는 남북한이 연결된 아시안 하이웨이(Asian Highway) 프로젝트, 그리고 시베리아횡단철도(TSR) 및 중국횡단철도(TCR) 등을 활용한 '유라시아 관광 실크로드 구상'을 관련국들과 함께 추진하는 방안도 검토되어야 한다.

참고 문헌

관계부처 합동(2010), 국제협력 선진화 방안.

교통부 관광국(1964), 업무현황.

교통부 관광국(1967), 한국관광사업조사보고서(일명 카우프만 보고서).

교통부·국제관광공사(1979), 한국관광진흥장기종합개발계획.

교통부·국제관광공사(1980), 관광동향에 관한 연차보고서.

국제관광공사(1979), 한국관광장기종합개발계획.

김경숙(2013), '관광산업의 융복합 콘텐츠 개발방향', 한국문화관광연구원, 한국관광정책, 통권 51호.

대한민국 정부(1968), 행정백서.

대한민국 정부(2013), 박근혜 정부 국정과제.

문화관광부·한국문화관광연구원(2006), 한국 지역축제 조사평가 및 개선방안 연구.

문화체육관광부(2008.3), 제1차 관광산업 경쟁력 강화대책.

문화체육관광부(2008.12), 제2차 관광산업 경쟁력 강화대책.

문화체육관광부(2009), 2009 관광사업체 기초통계조사, 한국문화관광연구원.

문화체육관광부(2009.11), 제3차 관광산업 경쟁력 강화대책.

문화체육관광부(2010.7), 관광·레저산업 육성방안.

문화체육관광부(2012), 대중문화산업 글로벌 경쟁력 강화방안.

문화체육관광부(2013), 관광분야 국제협력 활성화.

문화체육관광부(2014), 2013 기준 관광동향에 관한 연차보고서.

문화체육관광부(2014), 한국관광통계.

문화체육관광부(2015.5), '관광 공적개발원조(ODA) 추진협의회 발족'(보도자료).

박양우(2008), '이명박 정부와 참여정부의 관광정책 비교 고찰', 한국호텔외식경영학회, 호텔경영학연구, 제17권 제6호.

박영도(2006), 기본법의 입법모델 연구, 한국법제연구원.

보잉사(1974), 한국관광개발조사보고서, 국제관광공사.

신용석(2011), '국제관광협력과 ODA', 한국문화관광연구원, 한국관광정책, 통권 44호.

신용석·장병권(2007), '관광기본법의 개선방향과 추진방안', 한국관광학회, 관광학연구, 31: 3.

심원섭(2011), 관광정책 추진체계 개편방향 연구, 한국문화관광연구원.

심원섭(2012), 미래 관광환경 변화 전망과 新관광정책 방향, 한국문화관광연구원.
안종윤(1965), 한국관광행정에 관한 연구, 서울대학교 행정대학원 석사학위논문.
안종윤(2000), 관광정책론, 박영사.
안희자·심원섭(2013), 창조경제시대 산업간 융합을 통한 관광산업 발전방안, 한국문화관광연구원.
오용수(2014), 지방관광정책론, 백산출판사.
오준근(2002). '기본법의 행정법학상 위치에 관한 법 실증적 고찰', 현대공법학의 과제, 박영사.
이연택(2003), 관광정책론, 일신사.
이연택(2012), 관광정책학, 백산출판사.
이웅규(1998), '역대 대통령의 관광관련 정책 분석에 따른 21세기 관광정책 방향 연구', 관광개발논총, 제8호.
장병권 역(2002), 콜린 M. 홀·존 M. 잰킨스, 관광과 공공정책, 일신사.
장병권(1996), 한국관광행정론, 일신사.
장병권(2009), '관광정책의 이해', 한국관광학회, 관광학총론, 백산출판사.
장병권(2012), '관광강국 시대의 관광산업 새 판 짜기', 한국문화관광연구원, 한국관광정책, 제49호(가을호).
장병권(2013), '창조경제시대의 관광산업', 한국관광공사·한국문화관광연구원, 관광을 통한 창조경제 실현방안 토론회(2013.4.23, 한국관광공사).
장병권(2013.9.22.), '한국형 관광 ODA 사업의 추진현황과 과제', 문화체육관광부·한국관광공사 주최 제3차 관광분야 국제협력정책 포럼 발표자료.
조배행(1992), '지방화시대의 지방관광행정 전문화를 위한 제언', 교통개발연구원, 교통정보, 통권67권.
총무처(1987), 대한민국 정부조직변천사.
총무처(1994), 중앙·지방사무 편람.
최경은(2012), 지역방문의 해 주요 성과 및 추진방향 연구, 한국문화관광연구원.
최경은·안희자(2014), 최근 관광트렌드 분석 및 전망, 한국문화관광연구원.
한국과학기술기획평가원(2013), 창조경제 개념과 주요국 정책분석.
한국관광개발연구원(1990), 관광연감.
한국관광공사(1988), 관광공사 25년사.
한국관광공사(1992), 지방화시대의 관광정책.
한국관광공사(1999~2008), 외래관광객 실태조사.
한국관광공사(2007), 인트라바운드 활성화 전략.

한국관광학회(2012), 한국현대관광사, 백산출판사.
한국생산기술연구원(2014), 국가산업융합 진흥정책 기획연구.
현대경제연구원(2015), 외국인 관광객 증가와 경제적 파급효과 전망.
IUOTO(1973), The Role of National Tourist Organization, Annals of Tourism Research, Vol. 1, No. 1.
IUOTO(1974), The Role of the State in Tourism, Annals of Tourism Research, Jan.
UNWTO(2012), Tourism Highlights.
UNWTO(2015), Tourism: Driving Trade, Fostering Development and Connecting People.
WEF(2013), The Travel & Tourism Competitiveness Report 2013.
WEF(2015), The Travel & Tourism Competitiveness Report 2015.
WTTC(2010), Travel & Tourism Economic Impact.

07

종무 행정

문화체육관광부 전 종무실장

심 장 섭

Ⅰ. 종교현황과 종무행정

1. 우리나라 종교현황

우리나라는 세계에서 그 유래를 찾아볼 수 없을 정도로 다양한 종교들이 혼재되어 있다. 이러한 상황에도 불구하고 세계의 다른 지역에서 벌어지고 있는 심각한 종교간 분쟁이 일어나고 있지 않으며, 종교의 자유 보장과 관련하여 국가의 정책적 개입이 거의 이루어지지 않았다는 점은 특기할 만하다. 특히, 우리나라의 종교현황 및 종교의식 조사에 따르면 종교의 생성·유입·정착·성장 과정의 역사나 문화가 복잡했음에도 불구하고 종교간 화합을 유지하고 있는 편이며, 국가나 사회영역과 일부 갈등도 있으나 크게 문제시되고 있지는 않다.

〈표 1〉 종교별 교세 현황

구분	신도수(인구센서스 집계/천명)			교당 수(개소)	교직자 수(명)
	2005.11.1	1995.11.1	1985.11.1		
계	24,971	22,578	17,203	109,668	232,811
불 교	10,276	10,321	8,060	26,791	46,905
개신교	8,616	8,760	6,489	77,796	140,483
가톨릭	5,146	2,951	1,865	1,609	15,918
원불교	130	87	92	550	1,979
유 교	105	211	483	234	235
천도교	46	28	27	105	630
민속종교 등	200	240	187	2,413	26,661

교당 수/교직자 수 : 2012.3.20까지 각 종단 협조자료의 수치를 문화체육관광부 종무실에서 집계한 것임

* <1995.11.1. 기준 통계청 집계 우리나라 전체 인구수 : 44,553,710>

* <2005.11.1. 기준 통계청 집계 우리나라 전체 인구수 : 47,041,434>

우리나라 종교단체는 크게 불교계, 기독교계, 유교 및 기타 종교로 나눌 수 있으나, 2015년 현재 일반적으로 불교, 개신교, 가톨릭, 원불교, 유교, 천도교, 민족종교 등 7대 종단으로 구분하고 있다. 2005년 인구센서스에 의하면 우리나라 종교인구 수는 약 2,500만 명으로 총 인구수의 약 53%를 점하고 있으며, 종교별로는 불교, 개신교, 가톨릭, 원불교 순으로 나타나고 있다. 문화체육관광부가 각 종단을 통해 파악한 사찰, 교회 등 교당 수는 약 10만여 개, 교직자 수는 20여만 명으로 추산되고 있다.

그러나 2014년 한국갤럽에서 실시한 「종교의식 변화조사」에 의하면 비종교인(무종교인) 50%, 불교 22%, 개신교 21%, 천주교 7%, 기타 순으로 종교인구 수가 조사되고 있다. 이는 2005년 인구센서스에서 보인 53%보다 3% 줄어든 것으로써, 그동안 성장 일로에 있던 종교인구 수가 감소된 것으로 나타나고 있어 통계청에서 실시할 2015년 인구센서스 결과가 주목된다.

2. 문화정책영역에서의 종교업무 위치

문화정책을 문화를 대상으로 하는 공공정책이라고 할 때, 문화정책의 영역은 문화의 개념을 어떻게 규정하는가에 달려 있다. 유네스코는 2001년 채택한 「문화다양성 선언」에서 "문화는 한 사회와 집단의 성격을 나타내는 정신적·물질적·지적·감성적 특성의 총체이며, 예술이나 문자의 형식뿐만 아니라 전통과 신앙 등을 포함하는 포괄적 개념"으로 정의함으로써 문화의 범주를 최대한 넓게 잡고 있다. 또한, 문화에 대한 고전적 개념으로서 테일러는 문화를 "인간집단의 생활양식의 총체"로 규정하고 여기에 "신앙"을 포함시키고 있다.

김대중 정부 시기에는 사회복지와 문화복지를 합한 국민복지의 개념을 설정하고 이를 정책화하려는 시도가 있었으나 크게 주목받지는 못했다. 박근혜 정부는 국정비전을 「희망의 새시대」로 정하고 4대 국정기조 중의 하나로 '문화융성'을 채택했다. 국가의 경제부흥과 더불어 문화융성이 함께할 때, 진정한 국민의 행복이 도래한다는 전제 아래 문화를 국가의 주요 정책기조로 삼은 것이다. 박근혜 정부는 대한민국정부 수립 이래 역대 어느 정부보다도 문화를 국가의 주요정책인 경제와 동일한 반열로 끌어 올렸으며, 이를 위해 대통령 소속으로 <문화융성위원회>를 발족·운영하고 있다.

이와 같은 광의의 문화의 개념은 2014년 3월부터 시행된 우리나라 <문화기본법 제3조 정의>에도 거의 그대로 반영되어 있다. 그러나 국가행정기관의 설치·조직과 직무범위를 정한 <정부조직법>의 문화체육관광부(이하 '문화부')[1] 소관업무에 별도로 종교분야를 명시하지 않고 있으며, 다만 그 하위 법령이라 할 수 있는 <문화체육관광부와 그 소속기관 직제 제18조의 3>에 종교업무를 다루는 종무실을 두고 있을 뿐이다.

문화개념에 의한 정책영역이나 범주를 정하는 정책분석 모델은 여러 가지가 있으나, '문화의 정체성 유지와 보편성 확보, 문화의 창조역량 제고와 문화의 향수기회 확대'라는 다소 간략한 분석모델을 적용할 때, 종교는 문화의 정체성 유지에 국한되는 한계를 지니게 된다. 실제로 역대 문화부에서 수많은 문화발전계획을 수립·추진 하면서 문화부 소관업무 중 종교업무는 국정홍보업무와 함께 배제되어 왔으며, 다만 종교관련 내용은 문화자원의 일부로서 또는 전통문화 보존 및 계승 차원에서 다루어

1. 문화부는 역대 문화공보부, 문화부, 문화체육부, 문화관광부, 문화체육관광부를 통칭하며, 현행 정부조직법 제35조는 문화체육관광부장관이 문화·예술·영상·광고·출판·간행물·체육·관광, 국정에 대한 홍보 및 정부발표에 관한 사무를 관장하고, 문화재에 관한 사무를 관장하기 위하여 문화체육관광부장관 소속으로 문화재청을 설치.

져 왔을 뿐이다. 심지어 정부 각 부처별로 매년 실시되는 대통령 업무보고 중 문화부 보고사항에도 종교관련 내용은 배제하는 것이 관행처럼 행해져 왔다.

3. 종교업무의 정책화 필요성

우리나라 헌법은 종교의 자유를 보장하고 모든 생활영역에서 종교에 따른 차별금지를 규정하고 있으며, 국교를 부인하고 정교분리를 천명하고 있다. 이에 따라 헌법의 하위 법령인 국가공무원법 및 지방공무원법, 교육기본법, 공무원 복무규정 및 행동강령 등 관련 법규에서 엄격하게 공직자의 종교차별금지를 규정하고 있다.

그러나 헌법과 관련 법령에서 정하고 있는 종교의 자유 보장과 종교에 따른 차별금지는 인권보호 차원에서 정치·사회적으로 이슈화되기는 쉬우나, 실제적으로 정부의 주요정책으로 채택되어 추진되거나 그 성과가 명확히 평가된 적은 없는 것 같다. <국가인권위원회법>에 '평등권 침해의 차별행위에 종교를 포함'하고 있으나, 국가인권위원회의 주요 인권정책 권고·의견 표명사례로 '양심적 병역 거부 대체복무제 권고'외에 위원회의 주요정책에 종교 관련 내용은 나타나 있지 않다.

헌법에 보장된 종교의 자유와 관련한 정책 추진은 정부조직법이나 정부직제에 의거하여 종교관련 업무의 주무 부처인 문화부에서 보다 적극적으로 정책을 수립·추진하는 것이 타당한 것으로 보인다. 특히, 종교의 자유라는 측면에서 2008년 9월부터 문화부 훈령에 의한 「공직자 및 공직자종교차별심의위원회」 설치·운영 외에 특별히 구체적 정책성과라고 제시할 수 있는 것이 없으므로 이에 대한 대책마련이 요구된다.

4. 종무행정 변동의 시대적 구분과 분석방향

앞서 언급한 문화정책영역에서의 종교업무가 차지하는 비중이 미약하고 종교의 자유 관련 업무가 제대로 정책화되지 못한 점을 감안할 때, 종교분야의 정책은 정부 수립 후 지금까지 적극적인 종교정책이라기 보다는 소극적인 종무행정이라는 차원에서 이루어졌던 것으로 보인다. 실제로 문화부의 모든 간행물에도 애써 종교정책이란 용어를 피하면서 종무행정이라는 표현을 사용해온 점이 이를 간접적으로나마 반증하고 있다. 따라서 본 고에서도 '종교정책'이란 용어 대신 '종무행정'이라는 표현을 사용하고자 한다.

1948년 정부수립 이후, 종무행정 변동을 시대적으로 구분하면 크게 세 가지로 나눌 수 있다. 제1기는 초기정부(1948~1960년) 시기로써 일제강점기로 인해 종교 자체가 해체되거나 정체성을 상실했던 종교가 복원·정비되는 시대였다. 이 시기에는 종교를 담당하는 정부의 전담 조직도 없었을 뿐만 아니라 정치적인 차원에서 정부의 간섭과 규제가 행해졌을 뿐이었다. 제2기는 군사정부(1960~1987년) 시기로써 정부의 강력한 산업화 추진과 병행하여 종교의 비약적인 성장이 이루어졌던 시대였다. 아울러 지속적인 민주화 진행과 관련하여 종교계 일부와 정부와의 갈등이 표출되기도 했었다. 제3기는 민주화정부(1988~2015년 현재) 시기로써 종교들 간의 경쟁과 화합, 종교계와 정부와의 협력과 지원이 비교적 원활하게 이루어지고 있는 시대라 할 수 있다. 그러나 일부 국책사업 및 남북문제와 관련하여 종교계 일부와 정부 간의 갈등이 간헐적으로 나타나고 있으며, 특히 급격한 사회변동에 따른 종교계의 위기감이 다방면에서 서서히 제기되고 있는 것으로 보인다.

여기서는 종교업무 또는 종무행정의 주요내용이라 할 수 있는 종교의 자유 보장 및 차별금지, 종교의 재산 관리와 과세, 종교계의 활동 지원,

종교 간 갈등 관리 및 화합 유도 등과 종무행정의 주체라 할 수 있는 종교업무 조직이 시기별로 어떻게 변화되어 왔는지를 살펴보고 종교업무와 관련된 향후 과제를 제시하고자 한다. 다만, 종교교육 문제는 별도로 논의하기 보다는 종교의 자유 보장과 차별금지에 대한 내용에 포함하여 언급하는 정도에 그치고자 한다.

Ⅱ. 종교의 자유 보장과 차별금지

1. 종교의 자유 보장을 위한 여건 조성

우리나라 헌법 제20조는 "모든 국민은 종교의 자유가 있으며, 국교를 부인하고 종교와 정치의 분리"를 천명하고 있으며, 제11조는 "종교에 의해 생활의 모든 영역에서 차별받지 않도록" 명시되어 있다. 헌법에 보장된 종교의 자유는 국민의 기본권으로 개인의 내심 작용인 신앙, 종교적 행위 또는 행사, 종교적 집회·결사, 선·포교활동 및 종교교육 등을 자유로이 할 수 있는 적극적 자유뿐만 아니라 이들을 강제 받지 아니할 소극적 자유까지를 의미한다.[2] 또한, 종교의 자유가 진정으로 보장되기 위해서는 국교의 부인과 정교분리는 필수적이다. 국교부인은 국가의 특정 종교를 국교로 지정하는 것을 금지하는 등 국가의 비종교화를 가리키며, 정교분리는 종교의 국가에 대한 불간섭, 국가에 의한 종교교육·종교활동 금지, 국가에 의한 특정종교의 우대 또는 차별의 금지를 포함한다.[3] 종교의 자유는 헌법상의 기본권으로 인간의 존엄과 가치를 구체적으로

2. 김백유, 「종교의 자유」, 성균관법학 제23권 제2호, 2011, p.58
3. 권영성, 「헌법학원론」, 법문사, 2010, p.490

실현하기 위해 보장되는 개별적 기본권이다. 그러나 국교부인과 정교분리의 원칙은 국가와 종교단체의 상호관계에 관한 제도적 보장으로서 종교의 자유를 보장하기 위한 간접적·객관적 제도로서의 성격을 지닌다. 그러므로 헌법상 종교의 자유를 보장하기 위해서는 먼저, 헌법에 적용되는 종교의 정의 또는 개념이 확실해야 하며, 둘째 구체적으로 종교의 자유와 정교분리를 보장할 제도적 장치를 마련하는 일이다.

종교의 개념은 관점이나 행태에 따라 다양하게 정의할 수 있다. 인간의 초월적 존재에 대한 숭배 또는 궁극적 진리에 대한 추구를 종교라고 할 수 있으며, 프랏트(Pratt, J.B.)에 의하면 "종교는 개인이나 집단이 그들의 관심과 운명을 궁극적으로 지배하고 있는 것으로 믿고 있는 힘이나 진리 또는 이 힘에 대한 개인이나 집단의 경건하고도 사회적인 태도"를 가리킨다. 종교의 헌법적 정의는 종교의 자유를 폭넓게 보장한다는 측면에서 매우 폭넓게 해석되는 것 같다. 그러나 종교의 자유 중에서도 내면적 자유인 신앙의 자유와는 달리 종교적 행위 또는 행사의 자유 등은 외부로 표현되는 행위이기 때문에 헌법유보나 법률유보에 의해 제한될 수 있는 상대적 자유이므로 이에 대한 정부의 간섭이나 제도적 제한이 어느 정도 존재하기 마련이다.

초기정부 시기인 이승만정부 때에는 일제강점기와 미군정의 영향으로 정부의 종교에 대한 태도가 불교, 기독교, 유교 등 기득권 종교 중심으로 이루어져 일부 신흥종교나 무속 등을 유사종교로 간주하고 이들에 대한 탄압과 규제가 행해졌으며, 유교나 불교의 경우에도 교단 내분에 정부가 영향력을 행사하기도 했다. 또한, 일제강점기부터 식민지배와 종교통제를 목적으로 제정된 <사찰령>과 미군정의 <향교재산관리에 대한 군령>은 초기정부 시기에도 그대로 이어졌다. 군사정부가 들어선 후에는 비교적 정교분리 원칙이 준수되면서 사찰령은 <불교재산관리법>을 거쳐 <전통사찰보존법>으로, 향교재산관리에 대한 군령은 <향교재산

법>으로 규제가 상당히 완화되었다. 그러나 1980년부터 사회정화운동이라는 이름하에 무인가 신학교 정비와 10.27법난[4]이 발생하는 등 종교계에 대한 규제와 간섭이 다시 등장하기도 했다. 민주화정부 들어 정부의 종무행정 방향은 규제와 간섭보다 종교활동 지원으로 방향을 선회하고 있는데, 이에 대해 일부 학자는 새로운 정교유착 또는 보조금을 통한 연성통제의 우려를 표명하고 있다.[5]

민주화정부 이후에도 <향교재산법>이나 <전통사찰보존 및 지원에 관한 법률[6]>에 대해서도 전통유산 보호 관점과 특정 종교에 대한 차별적 규제라는 관점에서 논란이 계속되고 있다. 또한 헌법재판소가 양심적 병역거부자에 대해 <병역법>이 헌법상 종교의 자유를 침해한 것은 아니라고 판결하였으나, 여전히 대체복무허용 여부에 대한 논란이 남아 있다. 종교계 사립학교의 종교교육문제에 대한 대법원의 판결은 강제 배정된 학교에서 특정 종교교육의 강제를 불용한다는 취지였지만, 종립학교의 종교교육의 자유를 제한하는 정부의 교육제도 미비점을 보완해야 한다는 종교계의 목소리도 높은 편이다. 병역이나 교정 분야에서 다종교 상황하의 종교 교세를 반영한 종교시설이나 종교활동 지원 분야에 있어서도 종교차별요소 제거 및 무종교인에 대한 종교적 배려 등에 대한 대책마련이 필요하다는 의견도 있다. 이외에도 종교단체의 법적 지위라든가, 문화·재정·세제·부동산·고용 등 여러 분야의 종교활동 지원에 따른 종교 간 형평 문제도 종교 간 갈등해소와 화합 차원에서 보다 효과적인 방안 모색이 요구되고 있다.

국민의 기본권이라는 측면에서 최대한 보장되는 종교의 자유도 국가

---

4. "10·27법난"이란 1980년 10월 계엄사령부의 합동수사본부 합동수사단이 불교계 정화를 명분으로 대한불교 조계종의 승려 및 불교 관련자를 강제로 연행·수사하고, 포고령 위반 수배자 및 불순분자를 검거한다는 구실로 군·경 합동으로 전국의 사찰 및 암자 등을 수색한 사건을 말한다. 이후 <10·27법난 피해자의 명예회복 등에 관한 법률>이 2008.3.8. 제정되었다.
5. 강인철, 「종교정치의 새로운 쟁점들」한신대출판부, 2012, p.25
6. 구 <전통사찰법>이 <전통사찰 보존 및 지원에 관한 법률>로 2009.3.5.개정되었다.

안전보장과 사회질서, 공공복리를 위해 필요한 경우에 일정한 제한을 받을 수 있다. 그러나 국가안전을 위협하는 행위에 대한 이견과 다원주의·다중사회가 빚어내는 복잡다기한 사회상황에서 사회질서와 공공복리를 위반하는 행위에 대한 이견 등이 존재하는 가운데, 종교의 자유에 대한 일정한 제한의 한계와 범위, 방법 등을 공정하고 객관적으로 투명하게 마련하는 것은 쉽지 않은 일이다. 정부수립 이래 종교의 자유 보장을 위한 정책은 종합적·체계적으로 관리되지 않은 채 여러 영역으로 분산되어 파편화 현상을 보여 왔다.[7] 문화부 종무실에서도 종교의 자유와 관련하여 일정한 거리를 두고 소극적인 종무행정 차원에서 다루어 오는 등 종교정책의 실질적인 총괄기능이 작동하지 않고 있는 것으로 보인다. 이제라도 국가의 여러 영역에서 이루어지고 있는 종교관련 정책들이 실질적인 효과를 발휘할 수 있도록 종합적인 시스템을 마련하는 것은 매우 중요한 일이며 더 이상 미뤄서도 안 될 것이다.

2. 종교차별 금지를 위한 제도 마련

다종교사회인 우리나라에서는 다양한 종교가 공존하는 가운데 종교와 관련된 큰 분쟁은 거의 없다고는 하나, 최근 종교 간 차별 문제로 인한 종교와 종교 간에 그리고 국가와 종교 간의 갈등이 적지 않게 표출되고 있다. 국가발전과 종교성장이 궤를 같이하면서 종교 간 보이지 않는 세력경쟁과 자기 종교 중심주의가 지나치게 팽배되어 있다는 지적도 일고 있다. 물론 다종교사회의 현실에 비추어 이러한 갈등이 아주 크다고는 볼 수 없겠지만, 이에 대한 적절한 대책과 조절 기능이 없을 때에는

7. 고병철, 「한국종교정책의 진단과 과제」, 종교연구 제65호, 2011, p.18

계속적인 갈등이 우려되는 부분도 없지 않다. 특히 공직자나 일반 국민들 사이에서도 타인의 신앙에 대한 관용성과 이해 부족으로 타종교를 배타적으로 바라보는 시각이 만연한다면, 이와 같은 점들이 예기치 않은 종교적 갈등으로 비화되고 사회통합을 저해할 수 있다.[8]

민주화정부 이후, 이러한 갈등과 혼란을 방지하기 위해 2008년을 기점으로 제도적인 장치로 <헌법> 외에도 <국가공무원법>, <지방공무원법>, <교육기본법>, <공무원 복무규정 및 공무원 행동강령> 등 관련 법규들을 개정하여 '공무원의 종교적 중립 및 차별금지조항'을 명시적으로 신설하였다. 더욱이 2001년 설치된 국가인권위원회는 종교적인 이유로 차별을 당하거나 인권침해를 당한 경우, 진정을 접수하면 사건조사를 하고 조정위원회에 회부하거나 위원회의 의결을 통해 권고, 기각, 각하, 합의권고, 이송 등의 결정을 내릴 수 있다. 국가인권위원회는 진정이 없는 경우에도 인권침해나 차별행위가 있다고 믿을 만한 상당한 근거가 있고 그 내용이 중대하다고 인정할 때에는 이를 직권으로 조사할 수 있다. 그러나 공직자의 종교차별 행위가 있는 경우, 이에 대한 시정을 촉구하는 청원을 제기하는데 그치거나 법적제재보다는 여론형성 등 민주주의 원리에 기대하여 해결하는 것이 일반적인 관행이었다.

그럼에도 불구하고 종교차별에 대한 논란이 끊이지 않자, 문화부는 2008년에 종교의 자유 및 공직자의 종교적 중립성을 확립할 실질적인 제도적 장치를 마련하였다. '공직자종교차별신고센터'와 '종교차별자문위원회'의 운영이 그것이며, 또한 전국에 '공직자 종교차별예방 업무편람'을 제작·배포·활용하고 있다. 문화부가 감시·감독하는 신고센터는 공무원에 의한 종교차별 행위를 접수하는 경우, 해당기관에 통보하여 시정 조치토록 하고 향후 유사 사례가 재발되지 않도록 함으로써 공무원이

8. 인하대 산학협력단, 「공직자 종교차별 예방교육 매뉴얼 및 교재개발 연구」, 2009, p.1

국민전체에 대한 봉사자로서 직무상 종교차별 행위가 발생하지 않도록 노력하고 있다. 보다 구체적인 절차를 살펴보면, 신고센터에 종교차별로 신고가 접수된 경우에 신고내용을 관계자 등을 통해 확인·검토한 후 단순사항에 대해서는 검토결과를 회신한다. 자문이 필요한 경우 자문회의에 상정하여 자문을 받아 자문결과를 신고인 및 해당기관에 통보하고 있다. 이에 따라 통보를 받은 해당기관은 내부검토를 거쳐 징계 등 해당 공무원을 조치하거나 제도개선 및 교육실시를 하고 조치결과를 신고인 및 문화부에 통보하고 있다. 아울러 종교차별의 범위와 근거법령, 신고센타 운영, 종교차별 주요사례 및 국내외 판례 등을 담은 업무편람을 활용하여 예방에도 힘을 쏟고 있다. 종교차별 금지를 위한 실질적인 실행제도로써 공직자종교차별신고센터 운영은 종교의 자유를 보장하고 종교차별을 금지하는 효과적인 정책 업무라 평가 받을 만하다. 이와 같이 종교의 자유 보장을 위한 여건 조성을 위해 보다 구체적이고 실질적인 정책 마련에 정부가 적극적으로 나서야 할 것이다.

Ⅲ. 종교 갈등과 화합

1. 종교 갈등과 특성

우리나라 종교 갈등과 분쟁의 역사는 시대적으로 크게 3등분 할 수 있다. 우선 초기정부 시기에는 해방과 정부 수립 이후 얼마 되지 않은 시점이라 종교계도 재편과 정비의 시기였기 때문에 주로 종교 내 갈등이 주를 이루었으며, 아울러 유사 종교와 관련된 사회문제가 크게 부각된 시기였다. 종교 내 분쟁의 대표적인 것으로는 '불교계의 비구 대 대처의 갈등', '개신교 교단들의 갈등과 분열' 등이며, 유사종교 관련해서는 '박태선 장로의 전도관 사건', '일본계 종교인 창가학회 사건' 등을 들 수 있다. 종교 내 분쟁은 주로 교권과 재산 다툼, 교리대립 등에 기인한 것이었는데, 이승만 정부의 비구승 두둔처럼 정부가 한쪽 편을 들어 갈등을 증폭시키는 결과를 가져왔는가 하면 당시 정부가 유사종교라 칭했던 창가학회를 제재하는 경우도 있었다.

군사정부 시기에는 종교 내 갈등이나 종교 간 갈등보다는 주로 정부와 종교계 간의 갈등이 심각한 양상을 보였다. 특히, 도시산업선교회와 해방신학자들에 대한 정부의 강경대응은 종교탄압으로 비판 받았으며, 유신헌법이나 군부정권에 대한 종교인들의 반발은 정부와 종교계의 대립으로 비화됐다. 또한 1980년에 일어난 이른바 '10.27 법난'이라 불리는 사찰에 대한 강압수사는 당시 계엄사에 의해 주도된 불교탄압 사례로 이를 해결하기 위한 노력이 관련법 제정 등 2015년 현재까지 이어지고 있다. 다른 한편으로는 고등학교 평준화 정책으로 인해 발생한 종립학교에서의 종교교육 문제가 학생들의 반발로 비화되어 사회적인 파장을 불러일으키기도 했다.

민주화정부 이후 대통령의 강한 종교색채에 대한 타종교의 불만과 과격 종교인들의 타종교 종교상징물 훼손에 대한 반발 등이 종교 간 갈등으로 비화되기도 했다. 보수 기독교인인 김영삼 대통령과 이명박 대통령의 집권 시, 특히 정부 및 공공기관에서 발생한 종교편향 행위에 대한 불교계의 항의가 많았는데, '대통령의 군부대 예배참석(1996.01)', '국가조찬기도회에서 무릎 꿇고 기도하는 대통령 모습(2011.03)' 등이 매우 부정적인 모습으로 부각됐다. 또한 불상 훼손과 사찰 방화, 불교 비방이 개신교와 불교 간의 갈등으로 비화됐으며, 초·중·고교에 세워진 '단군상 훼손(1999~2002년/70여기)'으로 개신교와 민족종교 간의 갈등을 빚기도 했다.

종교 갈등의 주원인으로 종교적 환원주의와 종교 간 또는 종교 내 경쟁 심화를 들 수 있다. 2013년 11월 부산에서 개최된 '세계교회협의회 제10차 총회[9] 반대 운동' 등과 같이 자기 종교 또는 자기 교리의 입장에서 모든 것을 바라보고 이를 적용하려는 경향은 종교적 마찰을 야기할 수 있다. 특히 개교회주의에 바탕을 둔 개신교 일부 교회의 팽창주의 등과 같이 교세확장을 위한 과도한 선·포교와 '1994년 조계종 사태', '1996년 대순진리회 내분' 등과 같은 지나친 교권 다툼은 종교 내 갈등으로 이어질 가능성이 매우 높다.

특정 종교나 종교 내 갈등에 대한 정부의 간섭이나 개입은 오히려 종교 갈등을 증폭시킬 수 있으며, 종교 간 갈등에 대한 정부의 미온적인 태도 등이 종교 갈등으로 비화되는 경우도 있을 수 있다. 1992년 '김영삼 후보에 대한 개신교인들의 지지 집회' 등과 같이 각종 선거에서 종교의 정치적 이용에 대한 우려를 낳는가 하면, 종교인들의 정치에 직·간접적으로 영향을 미치는 등 소위 '정교유착'이라 할 수 있는 새로운 병폐가 발생하는 경우, 종교 갈등으로 이어지는 계기가 될 수 있음을 유의하지 않으면 안 된다.

최근에는 정부나 지방자치단체의 종교계 지원 사업이 종교 간의 갈등으로 이어져 사업자체가 무산되거나 추진에 애로를 겪고 있는 경우가 흔치 않게 발생하고 있다. '팔공산 불교역사테마공원 조성 백지화(2010.07)', '원불교 국제한마음 훈련원 건립 갈등(2012.10)', '서소문성지역사공원화 사업 반발(2014.11)', '조계사 성역화 사업 논란(2014.11)' 등이 그것이다.

9. 세계교회협의회(WCC)는 2012년 1월 현재 140개국에서 349개의 개신교 교단들과 정교회가 회원으로 가입하고 있고, 회원 교단에 속한 신자 수는 약 5억 8천만에 달하는 세계적인 교회연합기구로 7년마다 총회를 개최.

2. 종교 갈등 해소와 화합 지원

일부 종교 내 교권 다툼이나 재산 분쟁이 법정 다툼으로 비화하는 경우가 있기는 하나, 종교 내 갈등이든 종교 간 갈등이든 대다수의 종교인들은 정부가 종교문제에 개입하는 것에 부정적인 입장을 나타내고 있다. 그러나 종교문제가 내부의 갈등을 넘어 사회 문제로 번져갈 때, 국가는 질서유지 또는 공공복리 차원에서라도 개입하지 않을 수 없는 경우가 발생한다. 이와 같은 경우 종교 문제가 순조롭게 해소되기도 하지만, 때로는 종교 갈등이 장기화 되거나 오히려 심화시키는 경우가 있을 수 있어 국가의 종교문제 개입은 보다 신중할 필요가 있다.

따라서 종교 갈등과 관련한 국가의 정책은 직접 개입하기보다는 화해의 장을 마련해 주는 간접적인 역할이 보다 중요하다. 먼저 각 종교계 지도자들이 서로 모여 대화할 수 있는 장을 마련하는 일, 그리고 여러 종교단체들이 함께 참여하여 공공사업을 실시하는 일 등이 그것이다. '대화의 장'과 '공공사업'은 종교화해를 위한 해외 사례와 국내 전문가들의 제언에서도 동일하게 거론되는 종교관련 정책 사업들이다.[10]

어느 갈등이나 그러하듯 종교 간의 갈등도 치유보다는 예방이 더 중요하다. 특히 종교계 내부는 물론 국가 사회에 미치는 종교지도자의 영향력을 고려할 때, 지도자들의 자세와 태도, 언행 등은 매우 중요하다. 종교계 지도자들이 한자리에 모여 화합을 다짐하고 사회통합을 위해 노력하는 자세라든가, 다른 종교 축일과 주요 행사에 직접 참석하거나 진심으로 축하를 보내는 태도 등은 종교 간의 갈등을 예방하는데 중요한 기능과 역할을 담당한다. 또한 종교계 수장들이 타 종교의 성지를 직접 방문하거나 대통령과 종교계 수장들이 자리를 같이하여 국가 발전을 위해

10. 한국문화정책개발원, 「다종교사회에서의 종교 간 화합방안」, 2000, p.125

논의하는 모습 등은 각 종교계는 물론 국민들의 마음을 흐뭇하게 한다. 이와 같은 종교지도자 모임이 활성화된 것은 민주화정부 이후, 특히 김대중 정부 부터 현재까지 날이 갈수록 더욱 활발한 모습을 보이고 있어 매우 고무적이다.

문화부에서 지원하는 종교계 문화활동 중 우선순위가 높은 프로그램 중의 하나는 종교계 연합활동 분야와 종교 간 이해 및 화합 활동 분야로써 종교 간의 갈등을 미연에 방지하고 종교를 통한 사회통합 실현에 기여하는데 많은 성과를 보이고 있다. 현재 활발히 활동 중인 종교연합단체는 주요종단 모임인 (사)한국종교지도자협의회[11]인데, 1997년 결성 이래 각 종교계 수장들이 대한민국 종교예술제, 종교지도자포럼, 이웃종교체험 성지순례, 대통령과의 대화 등을 주도해 왔다. 한국종교인평화회의(KCRP)[12]는 1965년부터 이웃종교 문화캠프, 전국종교인 교류대회, 종교유적지 대화순례, 종교청년 평화캠프 등을 적극 추진 중에 있다. 이와 같은 연합종교단체 활동도 종교지도자 모임의 역사와 궤를 같이하며 발전을 거듭하고 있는데, 다만 개신교의 경우 보수와 진보 성격을 띠고 있는 두 개의 단체가 별도로 양 연합단체에 가입·활동하고 있어 아쉬움을 남기고 있다. 이외에도 군소 종교연합단체인 한국종교연합(URI-KOREA)에 의해 진행되는 '한국종교연합 평화포럼'과 '종교평화 한마당' 등이 있다.

특히 종교문화축제는 1990년 불교, 개신교, 천주교 등 주요 종단이 참여하는 '대한민국 종교음악제'롤 시작하여 1997년 미술제, 영화제, 음악제, 학술세미나를 포함하는 종합예술제로 발전하여 현재까지 매년 개최되고 있다. 2006년부터는 시민과 함께하는 종교문화축제로, 2009년부

---

11. (사)한국종교지도자협의회 가입 종교단체 : 불교, 개신교(한국기독교총연합회), 가톨릭, 원불교, 유교, 천도교, 민족종교협의회 등 7개 단체
12. KCRP 가입 종교단체 : 불교, 개신교(한국기독교교회협의회), 가톨릭, 원불교, 유교, 천도교, 민족종교협의회 등 7개 단체

터는 소외계층이 참여하고 지역 종교문화행사로 확대됨으로써 종교 간 이해·협력을 통한 사회통합 실현 기능을 담당하는 대표적인 프로그램으로 자리 잡아 가고 있다. 2010년부터 7대 종단 수장들이 참여하는 '대한민국 종교지도자 이웃종교 체험 성지순례'는 국내는 물론 해외의 종교 성지를 각 수장들이 종교별 전통복식을 갖추고 함께 방문·체험함으로써 종교 간 이해와 협력을 도모하는 한편, 각 종교계 신자는 물론 일반 국민들과 해외의 종교계에 신선한 충격을 주고 있다.

1999년 7대 종단 성직자와 대학생들이 주요 종단의 종교 유적지를 순회하면서 대화와 토론을 나누는 것으로 시작된 것이 '종교문화 유적지 대화 순례'이다. 전국 각 지역의 종교 유적지를 돌며 관련 종교에 대한 이해의 폭을 넓히고 각 종단의 의식 등을 체험하는 기회를 가짐으로써 종교 간 상호 이해와 화합을 증진하는 데 기여하고 있다. 이와 관련하여 2013년부터 각 종교계의 성직자와 신도 그리고 일반국민과 해외 인사들이 참여하는 '종교 간 화합을 위한 세계순례대회' 가 매년 성황리에 개최되고 있다. 또한 2001년부터 종교 간 이해와 협력을 위한 노력의 일환으로 각 종단을 이끄는 교역자들이 참여하는 '종단 교역자 대화 캠프' 진행되고 있다.

2013년 11월 부산에서 개최된 '세계교회협의회 제10차 총회'는 일부 개신교계의 반대가 있었으나 우리나라 주요 종교계 지도자들이 총회에 참석·축하함으로서 우리나라 종교계의 화합을 전 세계 개신교지도자들에게 과시한 바 있다.

Ⅳ. 종교재산관리와 과세

1. 종교재산의 법적 성격

우리나라 종교단체는 종교활동을 주목적으로 하는 종교단체 또는 종교관련 단체를 가리키는데, 이는 민법 제32조에 의거하여 문화부 또는 지방자치단체로부터 설립허가를 받은 종교관계 법인과 법인설립허가를 받지 않은 단체로 크게 나눌 수 있다. 종교단체(이하 '종교관련 단체'를 포함한다)가 인적 요소 또는 물적 요소 중 어느 것에 더 치중하느냐에 따라 사단법인 또는 재단법인으로 설립허가를 받게 된다. 설립허가를 받지 않은 종교단체는 인적요소에 치중하게 되면 비법인 사단으로, 물적 요소에 치중하게 되면 비법인 재단의 성격을 띠게 된다. 우리나라 민사소송법, 부동산 등기법 등은 이와 같은 비법인 사단 또는 비법인 재단에게도 소송상 당사자 능력, 부동산등기 능력 등을 부여하고 있어, 10만 여개 정도로 추산되는 종교단체 및 종교관련 단체 중 불과 700여개 정도가 사단법인 또는 재단법인으로 설립허가를 받은 실정이다.[13]

성직자와 신도 등 구성원의 자율성이 보장되는 개신교의 교회는 인적 요소에 치중된 비법인 사단에 가까우며, 예로부터 전해 내려오는 전통사찰의 경우에는 물적 요소에 치중된 비법인 재단에 가깝다. 그러나 사찰이라 할지라도 도심포교당 등 인적 요소에 치중된 경우에는 비법인 재단보다는 비법인 사단으로 보는 것이 일반적이다. 따라서 비법인 사단의 재산은 민법 제275조에 의한 '총유'로 보며, 재산의 관리·처분 등의 권

13. 2011년 12월 현재 705개(행정안전부 법인통계 자료)이며, 사찰·교회·성당 등 개별 종교단체가 종단, 교단, 교구 등 포괄 종교단체의 법인체에 포함된 경우도 있다.

리가 구성원의 총체인 사단 자체에 속하게 된다. 그러나 비법인 재단의 재산의 관리·처분 등의 권리는 재단법인의 이사회 성격을 띤 일부 구성원이 가지고 있다고 할 수 있다.

우리나라 국세와 지방세를 정하고 있는 각종 세법은 종교단체에 대한 비과세와 특례 제도를 채택하고 있는데, 그 논거는 종교단체가 국가나 지방자치단체를 대신하여 공익적 활동을 행하므로 조장행정 또는 보상 차원에서 조세 우대조치를 하는 것으로 보고 있다. 그러나 이와 같은 조치가 초기정부부터 현재까지 점차 확대해온 경향을 보이고 있으며, 비영리법인의 비과세나 특례 제도가 조세회피 수단으로 악용되거나 헌법에서 정하고 있는 조세평등주의에 반한다는 법조계 일부의 주장도 있다.

2. 전통문화유산 보호와 종교재산에 대한 제한

우리나라 헌법은 종교의 자유를 보장하고 있으며, 종교의 자유를 실현하고 보호해야할 의무를 국가에 부여한다는 점에서 보다 적극적인 의미를 지닌다. 종교의 자유는 신앙의 자유를 비롯하여 종교교육의 자유에 이르기까지 폭넓게 보장되고 있으며, 헌법질서와 타인의 기본권을 침해하지 않는 범위 내에서, 사회공동체의 질서유지를 위해 제정된 실정법을 어기지 않는 범위 내에서 주장할 수 있다. 그동안 종교와 관련된 실정법상 제한은 다른 분야와 달리 최소한도의 범위에서 소극적으로 해석·적용되어 온 점을 부정할 수 없으며, 또한 종교재산을 포함한 각종 종교 활동과 관련된 조세나 부동산 법규 등에 여러 가지 특례형태로 반영되어 있다.

종교단체의 합법적 지위를 보장하고 재산처분 등의 기준을 담고 있는 일본의 <종교법인법>이나 종교관련 특별법[14] 등 종교관련 별도법이 우리나라에는 없는 실정이다. 민주화정부 이후 현재까지도 <전통사찰의 보존 및 지원에 관한 법률[15]>과 <향교재산법[16]>을 제정·시행하고 있어 특정 종교에 대한 차별적 규제라는 논란이 관련 종교계 일부에서 지속적으로 제기하여 왔다. '전통사찰 또는 향교의 재산의 양도, 대여, 담보제공 등의 경우 문화부장관 또는 시·도지사의 허가'를 받도록 관련법에 규정되어 있는 것은 전통문화유산을 보존하기 위한 정부의 노력이 반영된 것으로 보인다. 그러나 그 내용과 범위가 <문화재보호법>에 의해 지정된 문화재에도 적용되지 않는 강한 규제라는 점에서 전통사찰 및 향교의 재산권에 대한 과도한 침해와 평등의 원칙에 위배된다는 논란이 여전히 남아 있다. 또한, 관련법에 문화유산을 효과적으로 보존·관리·활용하기 위해 국가 또는 지방자치단체서 보조금을 지급할 수 있도록 규정하고 있어 특정 종교에 대한 특혜라는 또 다른 논란을 불러일으킬 수 있다.

3. 성직자에 대한 비과세 논란

신부나 목사, 승려 등 성직자들의 소득은 크게 근로소득과 사업소득, 기타 소득의 성격으로 나누어 볼 수 있다. 이와 같은 성직자들의 소득에 대해서는 소득세법상 아무런 특례규정이 없음에도 불구하고 관행상 세금을 부과하지 않았다. 성직자들에 대한 과세 문제는 지난 1968년 종교인 과세에 대한 문제가 제기 된 이래, 민주화정부 이후 1992년 '종교인 과세 논쟁'을 거쳐 2012년 이명박 정부 당시 기획재정부장관이 종교인

14. 종교법인법(일본), 종교단체법(프랑스, 캐나다), 교회·종교단체기본법(그리스), 종교조화유지법(싱가폴) 등
15. 일제강점기의 불교통제 수단이었던 '사찰령'이 불교재산관리법, 전통사찰보존법을 거쳐 2009년부터 현재의 법으로 개정
16. 일제강점기의 '서당규칙'과 미군정법령 '향교재산관리에 관한 건'이 1962년 현재의 법으로 제정·시행

과세에 대한 찬성 의견을 제시하여 재 점화되는 등 많은 논란과 국민의 관심을 집중시키는 뜨거운 감자였다. 2013년 박근혜 정부 들어서도 관계 법령의 개정 추진과 연기가 2015년 현재까지 계속 반복되고 있다.

먼저 과세를 반대하는 측의 입장은 성직자는 월급을 받고 일하는 근로자가 아니며, 성직자의 활동은 개인의 이익 추구를 위한 것이 아니라 공익을 위한다는 점 등을 들어 비과세 되어야 한다는 것이다. 그러나 과세를 찬성하는 측의 입장은 성직자의 비과세에 대한 법적 근거가 없는 상황에서 비과세 특례를 인정하는 것은 공평과세 원칙에 어긋나고, 공익을 위한 공무원 등과 비교하여 성직자에게만 비과세한다는 것은 부당하다는 점 등을 들어 예외 없이 과세되어야 한다는 것이다.

이와 같은 논쟁 결과, <소득세법> 개정 대신 2013년 11월 <소득세법 시행령 제41조 제10항 사례금>에 “종교 관련 종사자가 종교예식이나 종교의식을 집행하거나 관장하는 등 종교 관련 종사자로서의 활동과 관련하여 그가 소속된 종교단체 등으로부터 받는 금품을 포함”함으로써 2015년 1월 1일부터 과세 예정이었으나, 결국은 일부 종교계의 반발로 시행이 1년 뒤로 유예된 상태에 있다.

V. 종교활동 지원

1. 정교분리와 정부지원 타당성

우리나라는 헌법은 국교 부인 및 정교 분리를 명백히 하고 있다는 점에서 국가의 종교활동 지원 문제는 결코 쉽지 않은 과제이다. 특히 다종교사회인 우리나라 종교상황을 고려할 때, 종교활동의 범위에 대한 충분한 종교적·사회적 합의가 없는 가운데 현재 이루어지고 있는 국가 및 지방자치단체 등 공공영역에서의 행정적·재정적 지원은 많은 논란이 있어왔다. 또한 종교계의 문화·사회활동 지원에 대한 정부지원의 타당성을 놓고 회의론과 긍정론이 병존하고 있는 것도 사실이다. 우선 회의론을 살펴보면, 종교시설에서 이루어지는 공연, 전시 등 문화활동은 그 종교적 색체를 완전히 배제할 수 없으며, 그 근본에 해당 종교의 선·포교의 성격이 내재되어 있다고 한다. 따라서 이를 정부 또는 지방자치단체, 공공기관에서 지원 시, 특정 종교에 대한 지원으로 볼 수밖에 없다는 의견이다. 또한, 공공부문의 지원 특히 재정지원이 이루어지고 나면 공공재원에 대한 관리·감독 차원 등 어떤 형식으로든지 수혜 종교단체에 대한 간섭을 배제할 수 없다는 현실적 한계를 들 수 있다. 정부보조금의 현실적인 통제력이나 규제력을 '보조금 획득을 둘러싼 경쟁이 치열할수록, 보조금의 규모와 기여도가 클수록, 사후평가 시스템이 사실상 부재하거나 형식적인 것에 그칠수록, 지원의 지속기간이 길수록, 제도화 정도가 낮거나 부실할수록', 정부보조금의 규제효과는 더욱 크다고 할 수 있다.[17]

정부지원에 대한 긍정론으로는 종교단체 및 종교시설을 활용한 문화·사회 활동은 국민의 문화향수 기회와 문화예술 활동의 저변 확대라는 측면에서, 또한 문화와 사회복지가 포함된 국민복지의 확대라는 점에서 정부지원은 필요하다는 의견이다. 아울러 우리나라의 전통문화유산의 보존과 계승에 도움이 되고 주민의 삶의 한 영역인 종교를 통해 지역의 정체성과 문화발전에 기여할 뿐만 아니라, 전국적으로 분포되어 있는 종교시설을 적극 활용함으로써 국가 재정의 절감을 가져올 수 있다는 잇점도 있다.[18] 정부가 종교에 대한 보조금 제공을 정당화하는 이유로 ① 전통문화(문화재) 보존, ② 공익 증진, ③ 관광 진흥, ④ 국익 증진의 네 가

17. 강인철, 「종교정치의 새로운 쟁점들」 한신대학교출판부, 2012, p.28
18. 정정숙, 「종교시설의 문화적 활용방안」 한국문화관광연구원, 2008, p.63

지를 들기도 한다. 군사정부 이후, 전통문화의 보존 논리는 1960~1970년대부터 등장하여 현재까지 가장 큰 규모의 재정지원이 이루어지고 있으며, 공익증진 논리는 1980년대부터 종교계의 학교와 사회복지기관에 대한 재정지원을, 관광진흥 논리는 2002년 월드컵 계기로 시작된 템플스테이 지원 등으로 시작하여 현재는 주로 지자체들의 지역관광 진흥 차원에서 이루어지고 있으며, 국익증진 논리는 2000년대부터 해외선·포교사 대상 우리 문화 소개와 종교계 대형 국제행사 등에 대한 지원에 적용되고 있다.[19]

종교 활동에 대한 공공분야 지원이 비약적으로 늘어나기 시작한 것은 민주화정부 초기인 1990년대 이후이다. 본격적인 지방자치시대에 접어들면서부터 자치단체별로 지역 내 종교단체에 대한 지원이 대폭 증가하기 시작했으나, 아쉽게도 그 범위나 규모 등이 제대로 파악되지 않고 있다. 특히, 문화부의 종교계 문화활동 지원은 김대중 정부 이후부터 지난 이명박 정부까지 계속 증가되어 왔으나, 박근혜 정부 들어 다소 증가세가 둔화되고 있는 것으로 보인다.[20]

2. 종교의 문화활동 지원

1) 종교계의 사회복지 및 문화 활동 지원

경제의 양극화와 문화적 소외로 어려움을 겪고 있는 소외계층이나 불우 이웃, 청소년을 대상으로 다양한 사회복지 활동이나 문화활동을 통해 종교가 사회통합과 국민통합에 기여토록 정부에서 관심을 갖고 지원하

19. 강인철, 「종교정치의 새로운 쟁점들」 한신대학교출판부, 2012, p.27
20. 문화부 종무실 예산현황(1999년 27억/ 2002년 160억/ 2008년 276억/ 2012년 550억/ 2013년 611억/ 2014년 611억/ 2015년 588억)

는 일은 민주화 정부 이후 급격히 증가되었다. 저소득층이나 불우이웃, 노숙자, 상이용사 등 경제적으로나 사회적으로 어려운 사람들을 위해 밥, 김치, 옷 등의 생필품을 중심으로 한 물질적 지원이나, '자선공연 및 장기기증운동', '마음치유 프로그램 운영', '희망나눔, 사랑나눔, 문화나눔 콘서트' 등이 그것이다.

늘어나는 다문화가정, 이주노동자, 새터민(북한이탈주민) 등을 위한 각종 프로그램 즉, '외국인노동자부활대축제, 외국인근로자, 다문화가정 기독문화체험 한마당', '새터민과 함께하는 종교문화 체험' 등 수많은 활동들이 종교계를 통해 이루어지고 있다. 건강한 내면세계를 유지하고 올바른 가치관 현성을 통해 조화로운 삶을 영위하기 위한 종교계의 정신문화 활동은 종교수행체험, 청소년들의 건강한 의식형성, 건전한 가치관 확립 등이 있다. 특히, 청소년 대상 프로그램으로 '청소년 인성교육 현장교실', '겨레얼살리기 정신문화사업', '4대종교 청소년 화합 한마당 잔치' 등이 활발히 추진되고 있으며, '수도원 체험', '희망나눔 제전', '개천절맞이 겨레얼살리기' 등을 문화부에서 지원(2015년/59억 원)하고 있다.

종교계가, 특히 개신교와 가톨릭이 우리나라 사회복지 분야에서 선구적인 역할을 담당해 왔으며, 지금도 이 분야에서 매우 큰 역할을 하고 있는 것은 주지의 사실이다. 정부나 자치단체에서 설립한 사회복지시설을 종교계가 맡아서 운영하는 것과 종교계가 설립·운영해오던 기존 사회복지시설과 종교계가 참여하는 사회복지 프로그램에 정부가 재정적으로 지원하고 있는 보조금에 수반되는 '통제적·규제적 효과'가 거론되기도 한다.[21] 그러나 이와 같은 지원은 비단 종교계뿐만 아니라 모든 비영리단체의 사회 복지 관련 시설 및 프로그램에도 같이 적용되고 있다는 점에서 볼 때, 부정적 측면 보다는 종교계의 본연의 기능을 통한 적극적인

21. 강인철, 「종교정치의 새로운 쟁점들」, 한신대학교출판부, 2012, p.127

사회참여라는 점에서 필요하다고 보여 지며, 종교계의 문화활동도 같은 맥락에서 이해될 수 있을 것이다. 다만 보조금의 관리나 감독 등은 보조금 관련법에 의해 종교계든 기타 비영리단체든 동일하게 이루어져야 하는 것은 두말할 필요가 없다.

2) 전통 종교문화체험 지원

종교시설의 문화적 활용을 통한 국민의 문화향수기회 확대 차원에서 시작된 템플스테이는 전통사찰에 머물면서 사찰의 일상생활과 선 수행을 경험하고 아울러 한국불교의 다양한 모습을 직접 접할 수 있는 기회를 제공한다는 데 그 의의가 있다. 민주화정부 이후인 '2002년 월드컵' 때, 부족한 숙박시설을 해소하고 외국인들에게 한국의 전통문화 체험 기회를 제공하기 위해 '템플스테이'가 시범사업으로 시작되었다. 템플스테이는 해가 거듭할수록 내·외국인으로부터 호평을 받고 있으며, 2014년 말 현재 전국에 110개 사찰이 템플스테이를 운영하고 있다. 이를 위해 문화부는 2004년부터 정부예산으로 지원하다 2006년에 관광기금으로 이전하여 계속 지원(2015년/205억 원)하고 있다.

전국 각지에 산재한 향교와 서원은 유교문화는 물론 지역의 역사, 교육, 인물, 기록, 건축물 등 다양한 문화유산을 보유한 전통문화 공간이다. 문화부는 지역주민의 문화향수 기회를 확대하고 지역거점 전통문화 공간으로 활용하기 위해 '서원스테이, 명상힐링센타, 선문화센타' 등을 위해 관광기금을 지원(2015년/152억 원)한다.

템플스테이나 서원스테이 등은 종교단체의 포교활동의 일환이므로 국가가 이를 지원하는 것은 정교분리에 어긋난다는 일부 주장도 있으나, <관광진흥개발기금법 제5조>에 의한 전통관광자원의 개발 및 지원이라는 점을 감안하여 국가예산이 아닌 관광개발진흥기금에서 지원하고 있다. 이 사업의 목적은 특정한 종교 활동에 대한 지원이 아니라 한국의 전통문화인 불교와 유교를 관광자원으로 개발하여 우리나라의 대표적인 문화관광상품으로 정착시키기 위한 것으로서, 템플스테이 체험 및 서원·향교 체험 등 '전통문화'의 범위를 확대하고 있다. 그러나 전통문화 체험이라는 본래의 목적이 특정 종교의 포교활동 일환으로 변질된다면 정교분리 원칙 위배 논란과 함께 관련 종교에 대한 비판의 목소리가 높아질 우려가 있다.

3) 전통 종교문화유산 보존

한국문화의 정체성 확립이라는 차원에서 우리나라 전통사찰이 지니는 역사적 의의와 문화적 가치는 매우 중요한 위치를 가진다. 이를 위해 <전통사찰의 보존 및 지원에 관한 법률>에 의해 문화부장관은 전통사찰을 지정[22]하여 시·도시사가 특별 관리하고 있으며, 민주화정부 이후 전통사찰에 대한 규제보다는 지원에 중점을 두고 있다. 1997년부터 전통사찰로 지정된 사찰 중 법당 등 사찰 시설물의 노후와 퇴락이 심한 사찰에 대한 개·보수 등을 국고 : 지방비 : 자부담을 4 : 4 : 2의 비율로 지원(2015년/126억 원)하고 있으며, 전통사찰의 방재시스템 구축(2015년 105억 원) 등을 지원하고 있다. 일부에서 특정 종교시설에 대한 지원이라는 비판도 있으나, 국가에서 전통문화유산의 보존이라는 차원에서 관련법에 의한 지정·해제·관리가 이루어지고 있는 것으로 보인다.[23] 한국의 전통 종교문화 유산을 정보화·현대화하기 위해, 2001년부터 '한글대장경 개역 전산화' 사업을 지원하는 것을 필두로 '한국 전통사상서 번역·출판', '한국유경 정본화 DB 및 활용시스템 구축' 등을 지원하고 있으며, 아울러 '해설이 있는 문묘' 등 전통종교의 의식과 행사, 음식문화 등

22. <전통사찰 보존 및 지원에 관한 법률 제4조>에 의거, 사찰의 신청과 문화부장관의 지정·등록된 전통사찰은 2014년 현재 941개이다.
23. 법 제4조(지정), 제5조(해제), 제6조(행위제한), 제9조(재산의 양도허가) 등

비문헌 전통종교문화유산의 현대화 사업을 지원하고 있다.

우리나라의 지정(등록)문화재(2014년/4,240건) 중 종교문화재는 전체 문화재의 약 36%에 달하며, 문화재 보수비도 국고예산만 보면 전체 문화재보수정비 예산(2014년/2,338억 원)의 33% 정도가 투입되고 있다. 물론 문화재청은 지정(등록)된 국가지정(등록) 문화재의 원형보존 및 멸실 훼손을 방지하기 위해 <문화재보호법 제51조>에 따라 보수정비에 필요한 예산을 지원하고 있으며, 특별히 종교적 관점에서 접근하거나 다른 문화재와 특별히 구분하여 관리하고 있지는 않다. 다만 국가지정(등록)문화재 중 불교관련 문화재와 문화체육관광부의 <전통사찰의 보존 및 지원에 관한 법률 제4조>에 등록된 전통사찰이 일부 중복될 수 있으므로 국고보조금 지원 시 중복 지원되지 않도록 양 기관이 협의하여 지원하고 있다. 그러나 종교문화재의 경우, 불교 문화재가 거의 90% 이상을 차지하고 있다는 점에서 종교 간 형평성 및 차별 논란이 제기될 수 있어 지원 규모나 절차 등 보조금 집행과정의 투명하고 공정한 관리가 요구되고 있다. 아울러 시·도 지정(등록) 문화재 중 종교문화재의 경우에도 국가지정(등록) 문화재의 경우와 동일하게 적용되어야 함은 두말할 필요가 없다.

4) 종교 역사문화시설의 건립 지원

전통 종교문화 자원의 효과적인 보존과 전승 기반 마련을 위해 각 지역별·종교별로 구축되고 있는 종교 문화자원센터 사업을 정부가 지원하는 것은 필요한 일이다. 문화재 보존 차원에서 이루어진 문화재청의 '사찰 유물전시관 또는 성보전시관'의 지원과는 별개로 문화부가 종교계에 전통 문화시설 건립 지원을 본격적으로 시작한 것은 민주화정부 시기부터이다. '성균관 유도연수원 건립' 지원(2000년/20억 원) 이후 '한국불교역사문화기념관 건립', '한국선교역사기념관', '원불교 국제마음 수련원',

'충청 유교문화원', '레지오마리애 나눔봉사기념관' 등 종교문화시설의 건립에 매년 지원(2000~2015년/1,537억 원)되고 있다.

종교시설에 대한 국가나 지방자치단체에서 예산을 지원하는 것은 정교분리에 위배되고 더욱이 특정 종교에 대한 지원 편중에 대한 논란이 있을 수 있다. 서기 375년 고구려에 불교가 전래된 이래, 가톨릭 및 개신교 등 외래종교가 한반에 들어와 찬란한 종교문화의 꽃을 피우기도 하고 때로는 순교의 역사로 점철되기도 했다. 또한, 천도교 등 자생 민족종교는 우리 민족의 수난과 항쟁의 역사에 선봉에 서기도 했으며, 조선시대 이후 유교가 우리 역사와 생활에 차지하고 있는 비중과 국가 권력에 의해 피해를 본 종교단체의 명예회복 문제[24] 등을 고려할 때, 이미 종교가 우리 역사와 문화 속에 깊숙이 내재되고 체화되었다는 점에서 단순히 정교분리라는 기준만 가지고 종교시설에 대한 국가의 지원 여부를 판단하는 것은 신중할 필요가 있다.

물론 종교의 고유목적에 해당하는 활동을 위한 공간, 즉 종교의 의식, 성직자의 수행 및 생활과 신도의 교화를 주목적으로 하는 시설 등에 대한 국가의 지원은 정교분리 원칙에 위배된다고 할 수 있다. 그러나 역사문화의 보존과 전승 차원에서 이미 역사 속으로 들어 온 종교사를 보존하고 재조명하는 일 그리고 우리 문화 속에 체화된 종교문화를 보존하고 다시 꽃 피우는 일과 관련된 시설들이 단순히 특정 종교와 관련된다고 해서 이를 정교분리에 반한다고 단언하기는 어려울 것이다. 또한 우리 전통문화의 전승·보존·활용 차원에서 이루어지고 있는 문화재에 대한 정책이나 역사 공간 및 문화 시설에 대한 지원 정책과 함께 종교 역사문화시설 건립 지원 문제도 같은 맥락에서 바라보는 시각도 필요할 것이다. 다만 종교와 관련된 시설에 대한 국가의 지원 여부를 검토할 때는 일

24. <10.27법난 피해자의 명예회복 등에 관한 법률>에 의해 피해자 보상과 피해종교단체의 명예회복을 위한 기념관 건립 지원 등이 추진 중.

반 공공 또는 공익 목적의 시설보다 더욱 분명하고 엄격한 잣대가 요구된다. 정교분리 원칙에 어긋나지 않는지, 종교 간의 평등의 원칙에 합당하며 차별의 소지는 없는지, 원래 건립목적에서 벗어나 다른 용도로 사용될 우려는 없는지 등에 대한 객관적이고 공정한 판단이 선행되어야 하며, 그 집행절차도 투명하게 이루어져야 할 것이다.

Ⅵ. 종무행정 조직의 변화

1. 문교부 시기(제1공화국~제3공화국 중반)

1948년 정부수립 이후, 종무행정의 담당부서는 문교부(1948.11~1968.07)였다. 문교부 문화국 교도과(1948.11~)에서 종무행정 업무를 시작으로 사회교육과와 문화보존과 시기(1955.02~)를 거쳐 사회교육과에서 전담(1961.10~)하다가 문화공보부로 관련 업무가 이관되었다. 1948년 11월 당시 교도과의 종무행정은 성균관, 향교, 종교, 유도, 각종 유사종교, 유림단체, 전릉, 성원, 사우 등에 관한 것이었다. 제2공화국 초기에도 종무행정의 기존 임무는 지속되었으나, 1960년 4.19혁명과 5.16 군사정변 이후 1961년 10월 종무행정 담당부서가 문예국 사회교육과로 바뀌었다. 사회교육과 시기에는 종무행정 업무는 '유림단체와 종교단체'로 단순화 되었고, 일제강점기의 잔재인 '각종 유사종교'라는 표현이 정부조직을 정하고 있는 <직제>와 <시행규칙>에서 삭제되었다. 또한, 제3공회국 초기에도 종무행정은 종교단체와 유림단체에 대한 지도와 감독이었으며, 이는 1968년 7월 문화공보부로 종교업무가 이관될 때까지 계속되었다.

문교부 시기의 종무행정은 종교와 유사종교를 구분하는 양분법적 시각을 갖고 있었다. 종교에 대한 국가의 이러한 양분법적 시각은 '유사종교'에 대해서는 비우호적이면서 '종교'에 대해서는 우호적 태도를 전제하고 있었다. 이러한 시각은 1961년 종교단체의 사회단체 등록을 목적으로 제정된 <사회단체등록법>에서도 확인되고 있다.[25]

2. 문화공보부 시기(제3공화국 중반~제6공화국 초기)

종무행정 업무가 문교부에서 문화공보부로 이관된 후, 종무과와 문화과에서 담당(1968.07~)하다가 종무국(1979.04~) 및 종무실(1982.12)로 확대·개편되었으며, 1989년 12월 문화공보부가 문화부와 공보처로 분리되면서 종무행정은 문화부에서 담당하게 된다. 1968년 출범한 문화국 종무과는 종무계와 종무법인계를 둔 한국 최초의 종무행정 전담부서로서 종교단체·유림단체 등록, 법인허가 및 지도감독, 불교 및 향교 재산관리에 관한 사항을 담당하였다. 또한, 문교부에서 이관된 법인허가는 종교단체를 비영리 사단 또는 비영리 재단 법인으로 규정한 <민법 제32조>에 따라 종교단체가 법인으로 등록할 때 문화공보부가 주무관청으로서 법인허가를 내주는 업무였다. 1970년 4월부터 8개월 동안 종무과가 폐지된 적도 있었다. 이때 종무행정 업무는 문화과에서 담당하였으며 업무는 기존업무와 같았다. 다만, 1970년 불교 및 향교 관련 업무가 시도지사에게 일부 위임되었으며, 그 해 12월에는 다시 종무과가 설치되어 기존 업무를 수행하였다.

산업화 및 민주화 과정에서 폭발적인 한국종교의 성장과 사회적 활동

---

25. 「2009 종무행정백서」, 문화체육관광부, 2010, p.4

증가에 따른 행정 수요를 반영하기 위한 목적으로 1974년에는 문화국장의 보좌직인 종무담당관(부이사관/별정2급 을류)이 신설되었다. 1979년에는 종무과가 종무국으로 확대·개편되면서 종무1과, 종무2과, 종무담당관으로 늘어났다. 기존 종무담당관의 역할이 종교 활동에 대한 지원 및 협조사항에 관해 종무국장을 보좌하는 것으로 조정되었고, 종무1과는 불교 관련 업무를, 종무2과는 기독교와 유교 관련 업무를 담당하였다. 제5공화국 시기에도 종무행정 전담부서가 다시 확대·개편되었는데, 1981년에는 기타종교 담당(서기관/별정4급)이 신설되었다. 1982년에는 종무국이 종무실로, 종무1,2과가 각각 종무행정과와 각종 종교 활동을 지원하는 종무지원과로 개편되었다. 종무실 개편 시 종무실장(별정직 1급) 밑에 종교활동의 협조·지원에 대한 종합계획 수립과 관련 종무실장을 보좌하는 기획관(이사관/별정2급)이 신설되었으며, 종무관 밑에 기독교 담당, 불교와 기타종교 담당관이 문화부 설치 직전까지 유지되었다.

문화공보부가 출범했던 1968년에 설치된 최초의 종무행정 전담부서인 종무과는 제4, 5공화국을 거치면서 확대되었는데, 이는 당시의 민주화 운동 등 종교계의 사회참여 상황을 반영한 것으로 볼 수 있다. 또한 종교업무도 크게 확대되었는데, 이는 <전통사찰보존법> 제정과 관련된 전통사찰 지원업무와 종교계의 사회복지 활동 및 문화 활동 등을 지원하기 위한 것으로 여겨진다.

3. 문화(체육, 관광, 체육관광)부 시기(제6공화국 초기~현재까지)

제6공화국 출범 이후, 1990년 1월 문화공보부가 공보처와 문화부로 분리되면서 종무실의 종무행정과와 종무지원과가 다시 종무1,2과로 개

칭되고 담당인력이 축소되었다. 종무관도 4인에서 3인으로 줄어들었으며, 기존의 기획관 1인을 없애고 종무지원담당관을 신설하였다. 종무지원담당관 업무는 종교활동 실태 조사·연구, 북한 및 공산권과의 종교교류 지원, 해외 국제 종교단체와의 교류 지원, 해외 선교사 및 외국선교사의 활동지원 등으로 종교업무의 외연적인 확장이 있었다.

김영삼 정부 출범 이후, 1993년 3월 당시 체육청소년부가 문화부와 통폐합되면서 문화체육부가 된 시기에도 종무실은 다소 축소 경향을 보이다가 1996년 종무1,2과 외에 종무총괄과가 신설되면서 종무실 조직은 다시 확대되었다. 종무총괄과는 기존의 종무지원담당관 업무 외에 종무정책에 관한 종합계획 수립 및 추진 업무를 새로 담당했다. 즉, 종무행정을 단기적인 대증적 접근보다는 장기적인 종합계획에 따라 추진하겠다는 것을 시사하고 있다. 이때부터 종무실 <직제>에 '유교'와 '민족종교 단체'라는 표현이 등장하였으며, 기독교도 '개신교'와 '천주교'가 분리되어 명시되었는데, 이것은 당시 다양해진 우리 사회의 종교상황을 반영한 것으로 볼 수 있다.

김대중 정부 출범 이후, 1998년 2월 당시 건설교통부로부터 관광업무를 이관 받아 새롭게 문화관광부로 출범한 이후에도 종무실 체제는 유지되었지만, 종교활동에 대한 명시적인 업무 감소로 종무실 조직도 축소되었다. 1998년에는 종무관 3인과 종무총괄과, 종무1,2과 등 3과 체제로 되면서 종무총괄과는 '연합 종교단체 관련업무의 지원, 연합 종교관련 법인업무'가, 종무2과에는 개신교와 천주교 이외에 '이슬람교 관련 업무의 처리 및 지원'이 추가 되었다. 1999에는 종무관인 1인과 종무1,2과 등 2과체제로 변했으며, 노무현 정부 출범 이후에는 2004년에 종무관 폐지와 종무행정과로 축소되었다. 다만, 종무행정과 업무에 종교시설의 문화공간화 지원 사항이 신설되어 종교자원의 문화적 활용 방안이 모색되었다. 그 후 2005년에는 종무행정과가 종무담당관실로 변화되었으며 종무실장이 고위위공무원(가급)으로 보임되었다. 2007년 전후부터 종무실은 종교문화유산 콘텐츠 개발 보급, 종교문화 자원의 보존 전승 사업 확대에 관심을 보이기 시작했는데, 이는 당시 21세기 기간산업으로 문화산업을 강조하기 시작한 점과 궤를 같이 한다. 또한, 문화영역의 하나로서 종교를 새로 인식하는 계기가 싹트기 시작했으며, 종교 간 화합과 갈등 해소를 위해 연합종교 단체의 활동 지원이 대폭 증가되었다.

이명박 정부 출범 이후, 문화체육관광부로 개편되면서 2008년 종무실은 다시 조직이 확대되어 실장(고위공무원 가급), 종무실장을 보좌하는 종무관(고위공무원 나급/2015년 9월 현재 폐지)과 불교·개신교·가톨릭 담당 종무관 3인(계약직 가급), 불교 및 연합종교 업무를 담당하는 종무1과와 개신교와 가톨릭 그리고 그외 종교를 담당하는 종무2과로 2015년 2월 현재까지 유지되고 있다.

민주화 이후 종교계의 사회활동 참여는 축소되었으나, 다양한 종교들의 사회복지 및 문화활동, 해외활동 등 종교계의 활동범위와 규모가 커지면서 이를 반영하는 종무행정 조직의 변화가 뒤따른 것으로 파악된다. 또한 향교업무의 지방자치단체 위임(1993), 종교관련 법인의 지방자치단체 대폭 위임[26](2002)이 있었으며, 아울러 종교 간의 화합과 갈등해소, 종교차별 금지 등에 대한 행정 수요를 반영하는 등 탄력적으로 종무행정 조직이 운영되고 있는 것으로 보인다.

26. 2002년 1월 당시 총 600여 개 법인 중 연합단체 등 50여 개를 제외하고 시·도에 위임.

Ⅶ. 향후 과제와 전망

1. 종교 문제에 관한 사회적 공론의 활성화 필요

우리 사회에는 공개적으로 꺼내놓고 비판하기를 꺼려하거나 아예 토론하는데 금기처럼 여겨 온 단어들이나 영역들이 존재해 왔다. 예를 들어 '군대', '언론', '장애인', '광주', '종교' 등이 그것이라 할 수 있다. 과거 군사정부 시절에는 뭔가 알 수 없는 두려움 때문에 군대에 관한 이야기들을 회피했으며, 한 때는 되로 주고 말로 받지 않을까 하는 우려 때문에 언론에 대한 비판을 삼가기도 했었다. 아직도 장애인의 아픔에 대한 배려 차원에서, 그리고 광주의 깊은 상흔을 잊고 싶기에 더욱 거론하기 부담스러워 하는지도 모른다. 그러나 종교의 경우, 단순히 두려움과 우려 때문만도, 더욱이 아픔이나 상흔도 아닌데 이에 대한 공개적인 비판이나 토론이 활성화되지 않은 이유를 명확히 제시하는 것은 쉽지 않다.

독일의 신학자 루돌프 오토가 언급했듯이 성스러운 영역에 해당하는 종교를 세속에서 비판적으로 거론하는 것이 뭔가 부적절하고 또한 이로 인해 초래될지도 모르는 막연한 우려 때문인지도 모른다. 실제로 일부 지상파 방송에서 종교단체의 실태에 대해 비판적으로 보도하자 해당 종교단체의 신도가 방송국에 난입하여 방송중단 사태를 가져오는 등 사회적으로 크게 문제가 된 적이 있었다. 이에 대해서는 두 가지 관점이 존재한다. 하나는 종교단체나 종교지도자가 저지른 비리와 반사회적인 행위는 종교의 자유 이전에 이미 범법행위이며 종교의 자유로 보호받을 영역이 아니므로 언론의 감시와 견제는 물론 실정법에서 예외가 될 수 없다는 견해다. 다른 한편으로는 종교 또는 종교단체에 관한 언론보도 시 종교를 국민의 영적 영역의 일부로 보아 종교의 교리에 관한 부분은 어떠한 종교를 막론하고 과학과 이성의 잣대로 비판하기 보다는 성역으로 남겨둘 필요가 있으며, 선정적인 폭로기사보다는 종교집단들의 구조적이고 제도적인 비리를 표출하고 이에 대한 대안을 제시하는 것이 중요하다는 입장이다.

종교의 자유를 보장하고 종교단체의 활동을 지원하고 있는 국가나 공공영역에서 종교 문제를 공개적으로 거론하는 것은 매우 부담스러운 일일 수 있다. 정부수립 이후 지금까지 종교업무를 다루는 부서가 상존했음에도 불구하고 종합적인 종교정책이 수립되거나 발표된 적이 없었던 까닭도 그 원인 중의 하나라고 할 수 있다. 더욱이 종교의 자유를 보장하기 위한 구체적이고 체계적인 종교정책이 부재했던 사실도 이에 한몫 했으리라 짐작된다. 실제로 2008년 문화부에 '공직자종교차별신고센타'와 '종교차별심의위원회'가 설치·운영되고, 2009년 초부터 '공직자 종교차별 예방교육'이 실시되면서 비로소 공직자의 종교차별 문제를 국가에서 공개적으로 다루는 실질적인 종교정책이 마련되었다고 평가되고 있다. 이는 종교교육, 종교재산, 종교갈등, 종교활동 지원, 신흥종교 등 수많은 종교관련 과제들에 대해, 사회적인 공론의 장을 통해 도출된 사회적 합의의 바탕 위에서 정부가 실질적이고 제도적인 대책과 대안을 마련하여 정책화하는 노력이 필요하다는 것을 실증하고 있다.

2. 종교의 자유 보장을 위한 제도적 장치 마련

우리나라 헌법에 보장된 종교의 자유도 내심의 자유라 할 수 있는 신앙의 자유는 그 제한이 불가능하다고 볼 수 있으나, 신앙이 외부로 나타나는 종교 행위나 종교 활동 등은 <헌법 제37조>에 의한 법률유보원칙에 따라 최소한의 제한이 가능하다고 한다. 종교의례나 포교 등 종교행위나 종교활동이 외부로 나타나 다른 법익과 충돌되는 경우 이에 대한 제한이 불가피해진다고 한다. 만약 타종교를 비방하거나 타 종교의 행사를 방해한다든지, 또는 종교를 강요하는 행위 등을 한다면 타인의 기본권을 침해하는 것이며, 이런 경우에는 법률로서 제한될 수밖에 없을 것이다. 그러나 법률로서 종교행위나 활동을 제한하는 경우에도 최소한에 그쳐야 하며, 종교의 본질적인 자유에 해당하는 내용은 제한할 수 없다는 것이 통설이다.

종교의 자유를 제한하는 경우 대부분 특별법이 아닌 일반법에 의하게 되는데, 한때 사회문제가 되었던 양심적 병역거부와 종립학교의 종교교육 문제를 그 사례로 들 수 있다. 우리나라는 남북이 분단되어 대치하고 있는 세계에서 유일한 국가로 성인 남성에게는 강제적으로 병역의 의무를 부과하고 있다. 더욱이 모병제가 아닌 징병제를 채택하고 있는 상황에서 종교적인 신념을 이유로 병역을 거부하는 사람에게 국가가 예외적으로 이를 면제하기는 힘들 것이다. 헌법재판소는 2004년 양심적 병역거부자의 '병역법 제88조의 위헌 여부'에 대해 "양심의 자유는 양심상의 이유로 법적 의무의 이행을 거부하거나 법적 의무를 대신하는 대체의무의 제공을 요구할 수 있는 권리가 아니다."라고 판시하였다.[27] 또한 대법원도 양심적 병역거부자에게 병역의무 면제나 대체복무의 기회를 부여하지 않은 '병역법 제 88조 위반죄로 처벌'하는 것이 시민적 및 정치적 권리에 관한 국제규약에 반하는지 여부에 대해 소극적으로 판시하였다.[28] 그러나 <병역법 제5조>에 의하면 현역이외에도 보충역에 관한 규정을 두고 있는데 사회복무요원, 국제협력봉사요원, 예술·체육요원, 공중보건의사, 징병검사전담의사, 국제협력의사, 공익법무관, 공중방역

27. 헌재 2004.8.26, 2004헌가1
28. 대법원 2007.12.27, 선고 2007도7941

수의사, 전문연구요원, 산업기능요원 등이 그것이다. 실제로 종교적 신념에 의한 양심거부자가 많은 것도 아니고, 단순히 병역을 기피할 목적으로 양심거부자로 행세하는 것이 아니라면, 종교의 자유 보장이라는 측면에서 이에 대한 대체복무제도를 검토하는 것이 필요하다고 여겨진다. 물론 병역거부자가 병역법상 현역입영 근무보다 보충역 규정에 의한 대체복무요원으로 근무하는 것이 훨씬 쉽다고 생각하여 현역입영을 거부하는 것까지 수용하는 것은 바람직하지 않다. 그러나 과거 현역입영자중 대다수가 전투경찰로 분류되는 것을 꺼렸던 상황을 감안하고 지금도 현역입영 근무보다 대체복무제도를 선호하는 추세라면, 현재의 현역입영 근무와 대체복무제도가 어떻게 운영되는지, 종교적 신념에 의한 병역거부자를 구제할 수 있는 방안은 전혀 없는지 등에 대한 사려 깊은 검토가 요구된다.

정교분리 원칙에 따라 국·공립학교에서 특정 종교교육을 실시하는 것은 <교육기본법 제6조>에 의해 금지되지만, 종교계 사립학교에서 실시하는 종교교육은 당연히 보장되어야 한다. 대법원은 종립학교의 종교교육에 대하여 "종립학교가 공교육체계에 편입되어 있는 이상 원칙적으로 학생의 종교의 자유, 교육을 받을 권리를 고려한 대책을 마련하는 등의 조치를 취하는 속에서 그러한 종교의 자유를 누린다고 해석하여야 한다"[29]고 판시 하였다. 그러나 종립대학의 경우에는 학생들이 성인인 점과 학교 선택이 자율적인 점을 들어 종립대학의 종교교육의 자유를 폭넓게 인정하고 있다. 초·중등 교육을 담당하고 있는 종립학교의 경우라도 그 설립목적과 교육이념이 해당 종교단체의 정신에 입각한 교육을 추구하고 있다면 이를 구현할 수 있는 교육제도가 마련되어야 한다고 본다. 학교 평준화 정책에 따라 강제로 배정된 학생들에게 특정 종교 교육을 강

29. 대법원 2010.4.22, 선고 2008다38288

제할 수 없다면, 특목고 제도와 같은 대체 방안이나 현재 운영 중인 '기독교소망교도소[30]'의 사례를 검토해 볼 만하다. 현재의 공교육 체제를 당장 바꿀 수 없다면 헌법상 종교의 자유가 교육받을 권리·의무와 충돌하지 않으면서 실질적으로 보장받을 수 있는 제도와 정책을 마련해야 하는 것도 정부의 의무라 할 수 있다.

또한 우리나라의 특수한 다종교 상황에서 정권의 교체 시 발생할 수 있는 특정종교에 대한 특혜 및 타 종교에 대한 차별시비를 미연에 방지할 수 있는 제도적·실체적 노력이 필요하다. 우리나라 종교정책이 공인교주의와 이중특혜격차를 근본으로 삼고 있는 한 종교 갈등의 개연성은 상존할 수밖에 없으며 지원 사업 위주의 종교정책은 필연적으로 제도권 위주로 이루어지는 한계가 있을 뿐만 아니라 선정기준의 객관성과 결과의 타당성을 확보하기 어렵다[31]는 지적에도 귀를 기울일 필요가 있다. 헌법을 비롯하여 공무원법, 교육기본법, 국가인권위원회법, 공무원 복부규정 등 종교차별을 금하는 수많은 법규들이 존재함에도 불구하고 실제적으로 공직자 종교차별 금지의 효과를 나타내고 있는 것은 문화체육관광부에서 운영하는 '공직자 종교차별신고센타'와 '공직자종교차별 업무편람 활용 및 예방교육'이라고 한다. 각종 어려운 법령보다는 훈령, 지침, 편람, 교육 등 실제적인 업무에 도움을 주는 정책들이 보다 효과적이며, 국민의 피부에 와 닫는 정책 수단이 되는 것이다. 따라서 종교의 자유와 관련된 구체적이고 실제적인 정책 개발이 필요하며, 국가인권위원회, 문화부, 법무부, 교육부, 행자부, 지방자치단체 등의 관련 정부기관과 산하 공공기관들과의 연계시스템을 구축하는 노력이 요청된다. 공직자 종교차별 업무편람에 소개되고 있는 사례와 같이, 종교차별과 관련된 주

30. <민영교도소 등의 설치·운영에 관한 법률>에 의한 국내 최초의 민영교도소로 2010.12.1. 개소
31. 김정수, 「우리나라 종교정책의 문제점과 개혁방향에 관한 고찰」 2013 문화정책논총 제27집 제2호, p.181

요 사례 및 판례, 유권해석 등 관련 자료를 DB화하여 '국가법령정보센터'처럼 누구나 이용가능하게 제공한다면 보다 효과적인 정책수단이 될 것이다.

3. 종교법인법 제정 검토

우리나라는 헌법에 종교의 자유를 보장하고 관련 법령으로 이를 뒷받침하고 있으므로 비교적 개인의 종교의 자유는 폭넓게 보장된다고 할 수 있다. 종교의 자유에는 개인뿐만 아니라 종교단체의 종교의 자유도 충분히 보장되어야 진정한 종교의 자유가 보장된다고 할 수 있다. 우리나라 종교단체는 민법에 의해 비영리법인으로 등록된 종교관련 법인 외에 대부분의 종교단체가 비법인으로서 관할세무서에 사업자등록과 관할 시·군·구청을 통해 부동산등기용 등록번호를 부여받아 활동하고 있다. 이와 같이 비법인 종교단체는 법인이 아닌 임의단체로 권리와 의무의 주체가 될 수 있는 공신력 있는 법인격이 없다보니 종교활동은 물론 재산관리나 과세 등 여러 측면에서 불이익을 감수하거나 불편을 겪고 있는 실정이다. 또한 종교와 관련된 행정을 수행하는 여러 부서에도 종교단체에 관한 미흡한 정보로 인해 여러 가지 불편과 비효율이 발생하기도 한다. 특히 우리나라의 특수한 다종교상황하에서 여러 종교가 공존할 수 있는 공평한 여건을 마련할 뿐만 아니라, 종교단체의 가치와 자율성이 최대한 보장되는 가운데 건전하고 합리적인 종교문화 발전을 위해서도 종교관련 법제를 체계적으로 정비해야 할 필요성이 존재한다. 오랫동안 폐지 및 개정이 논의돼 온 <전통사찰 보존 및 지원에 관한 법률>과 <향교재산법> 그리고 기독교계 일부에서 추진되었던 <기독교재산관리법> 등을 계기로 소위 <종교법인법> 제정 문제가 오래전부터 논의되어 왔다.

종교법인법에 관한 논의가 본격화 된 것은 1990년대 초반부터이다. 1994년에는 한국법제연구원에서 입법의견조사 형태로 종교법인법에 대한 자료를 발간한 바 있으며, 2007년에는 종교법인법 제정을 위한 시민단체인 '종교법인법제정추진연대'가 발족되어 세미나와 범국민추진운동을 전개하기도 했다. 이와 같은 의견들을 종합하고 현재 시행중인 일본의 종교법인법 등 해외 입법사례들을 참고하여 우리나라의 종교법인법의 입법방향을 제시하면 다음과 같다.

이 법의 목적은 종교단체의 자율성과 종교활동을 최대한 보장하면서, 법률행위에 필요한 권리·의무의 주체로서 법인격을 부여하는데 주목적이 주어져야 할 것이다. 또한 이 법은 종교단체의 특수성을 고려하여 민법의 비영리법인에 관한 규정을 보완하는 성격을 지니는 것이지 종교의 재산관리와 세제상의 혜택을 목적으로 해서는 안 될 것이다.[32] 다시 말하면 종교법인법은 종교관련 법제를 체계적으로 정비하고 법인격 없는 종교단체의 합리적인 운영과 건전한 활동 보장을 목적으로 하는 측면이 강하다고 할 수 있다.

이 법의 적용대상이 되는 종교단체의 정의 규정은 종교의 자유 보장이라는 헌법정신을 살려 광의의 종교개념을 택해야 할 것이다. 종교법인의 법적 성격을 비영리 재단 또는 사단으로 한정하기 보다는 이를 혼합한 비영리 특수법인 형태가 바람직하다. 종교법인의 설립·취소 절차, 법인의 이사 등 임원규정이나 기본재산 처분 등 재산관리 규정은 최대한 완화하여 종교단체의 자율적 규제에 맡기도록 하는 것이 현재 법인격 없이 임의단체로 존재하는 대부분의 종교단체를 법인화로 유도하는데 효과적일 것이다. 종교법인의 재산은 현재처럼 기본재산과 보통재산으로 나누되, 부동산 관련법 및 각종 세법 등 관련 법령의 명확한 적용을 위해서라

32. 이준우, 「종교법인법」, 한국법제연구원, 1994, p.31

도 법인고유목적에 사용되는 재산, 문화유산 재산, 부동산 이외 재산 등의 범위를 분명히 할 필요가 있다. 또한 종교단체의 조직의 특수성을 고려하여 개별 종교단체와 상위 포괄종교단체와의 관계, 즉 개별 사찰과 교회 등과 종단, 교단, 교구 등의 관계를 명확히 하고 이를 정관에 어떻게 규정할 것인지, 이 정관과 종교단체 자체의 내부규약과 이 법과의 관계를 어떻게 설정할 것인지가 매우 중요하다. 종교법인법에 실정법과 정관 해석 시 종교단체에 한하여 존중한다는 규정을 설치한다면 종교단체의 내부갈등 예방에도 많은 도움이 될 것이다. 아울러 종교의 자유 보장 원칙에 따라 법인의 임의성을 원칙으로 하기 때문에 법인격 없는 종교단체도 종교법인법을 준용하는 방안도 고려해 봄직하다. 부동산등기법상 단체명의 등기를 하지 않고 명의신탁 방법을 활용하는 많은 종교단체의 경우에 비법인 사단 성격의 단체는 총유로, 비법인 재단 성격의 단체는 신탁자 명의신탁 재산으로 보는 것이 대법원 판례인 점을 고려할 때 이와 같은 준용규정은 매우 효과적일 것이다. 마지막으로 종교계의 가치 및 자율 존중이라는 차원에서라도 현재 일본의 종교법인법에서 채택하고 있는 '종교법인심의위원회'를 우리 실정에 맞게 설치·운영하는 방안도 검토해 볼 만하다.

4. 종교재산관리의 공정성 확보와 종교인 과세제도 마련

우리나라 종교단체 자체 조사에 의하면 사찰, 교회, 성당 등 종교단체가 운영하는 종교교당수가 10만개가 넘는다고 한다. 이와 같은 종교단체의 재산 현황과 관리 실태를 정확히 파악하는 일은 가능하지도 않으며 바람직하지도 않다고 본다. 왜냐하면 10만여개의 종교단체 중 종교법인화 되어있지 않고 그냥 비법인 사단 또는 비법인 재단 형태로 존재하는 종교단체가 대다수인데다가 비록 법인화되어 있다고 할지라도 기본재산 외에 보통재산의 규모나 재산관리 실태를 파악한다는 것은 실제로 쉽지 않다. 더욱이 문화계, 예술계, 경제계, 교육계, 정치계, 노동계 등과 같은 수많은 그룹 가운데 유독 종교계만을 선택하여 재산현황을 파악한다고 하면 평등의 원칙과 차별 논란에 휩싸일 우려가 있다. 종교의 자유에는 종교단체의 자유가 포함됨으로 예기치 않게 종교의 자유를 억압하는 결과를 가져올 수 있기에 더욱 그러하다. 그러나 일반 국민의 눈으로 볼 때 대형건물과 수많은 신자들, 규모를 알 수 없는 헌금과 시주금, 문화재관람료를 받는 사찰, 초대형 교회 등에 적용되는 과세 특례가 잘 이해되지 않을 것이다. 또한 교회나 사찰 등에 봉직하고 있는 성직자가 해당 종교단체로부터 받는 일정 금액이 일반인의 눈에는 소득으로 인식될 수밖에 없고 여기에 소득세를 부과하지 않는 것이 과연 조세형평에 맞는지 의문을 제기할 수밖에 없을 것이다.

물론 종교단체에 대한 과세는 각종 조세관련 법률에 의해 감면, 면제되거나 비과세 조치가 이루어지고 있다. 법인세 감면, 고유목적사업 준비금의 손금산입 및 기부금의 손비 처리, 부가가치세 및 상속세 면제, 취득세 및 등록세 그리고 재산세와 종합토지세 비과세 등이 그것인데, 종교단체에 대한 특례조치의 기준은 고유목적사업에 직접 해당되는지의 여부가 될 것이다. 따라서 과세 관련 각종 법규에서 고유목적사업에 대한 구분을 보다 구체화·명확화 함은 물론 이에 대한 공정하고도 철저한 집행이 요구된다. 이는 종교단체의 재산관리에 대한 세간의 불필요한 오해와 이로 인한 행정의 낭비요소를 줄이고 또한 종교단체 재정의 투명화에 기여할 수 있을 것이다. 그러나 성직자에 대한 과세 문제는 종교단체별로 성직자에 대한 대우 등이 다르다는 점과 성직자와 신자와의 특수관계 등을 십분 감안한다면 <소득세법 시행령>에 사례금으로 포함시킨 현행의 제도는 개선의 여지가 있다. 즉 시행령으로 정할 것이 아니라

<소득세법 제2관 소득의 종류와 금액>에 별도의 조항으로 독립시키거나 <소득세법 제21조 기타소득>에 규정된 문예·학술·미술·음악 또는 사진에 속하는 창작품에 대한 원작자에 대한 조항이나 변호사, 공인회계사, 세무사, 건축사, 측량사, 변리사 등에 대한 조항을 원용하여 성직자에 대한 과세 문제를 해결하는 방안도 검토해 봄직하다. 소득세법 등 과세 관련 법령을 개정할 때에는 종교계뿐만 아니라 일반 국민들이 참여하는 사회적 공론의 장과 합의 도출 과정을 거쳐 이를 법제화하는 노력이 전제되어야 한다. 물론 시간과 노력이 많이 소요되어 불필요한 행정 낭비와 갈등 조장이라는 우려감도 없지는 않으나, 이와 같은 과정 자체가 크게 보아 사회적 불신 해소와 사회통합에 기여하고 종교계의 재정이 투명화 되는 계기가 될 뿐만 아니라, 향후 원활한 집행을 담보할 수 있다는 점에서 꼭 필요한 절차라 여겨진다.

5. 종교활동 지원의 공정성과 투명성 확보

민주화 정부 이후 국가와 종교계가 서로 간의 갈등을 해소하고 협력과 지원을 통해 국민통합에 앞장서는 모습은 우리 모두가 환영할 만한 일이고 바람직한 일이라 아니할 수 없다. 그러나 강인철 교수가 지적했듯이 국가 또는 지방자치단체 등 공공영역에서의 종교계에 대한 재정 지원이 ① 돈에 의한 종교통제, ② 보조금 획득 경쟁 및 돈의 유혹을 통한 종교 유착, ③ 보조금 배분을 둘러싼 종교차별 시비의 가능성 증가로 이어진다면 그야말로 큰 일이 아닐 수 없다. 특히 각종 선거가 많아질수록 종교계에 많은 관심을 표명하거나 기대는 일이 생긴다면, 공정한 선거문화의 질을 떨어뜨리고 나아가 종교계 명예와 위상에 먹칠을 하는 불미스러운 결과를 가져올 수 있다.

종교계에 대한 공공영역에서의 지원은 크게 종교관련 시설 건립 및 운영 지원, 종교단체의 사회복지·문화 활동의 지원, 종교재산과 성직자에 대한 과세특례, 종립학교 및 종교계 운영 사회복지시설에 대한 지원 등으로 나눠 볼 수 있다. 이 중 종립학교 및 종교계 운영 사회복지시설의 경우는 현재 거의 종교색이 없이 공공시설처럼 운영되고 있다. 최근 종교관련 시설의 건립 지원 문제를 놓고 정교분리 원칙 위배와 종교 간의 형평성 문제가 제기되고 있으며, 어느 종교를 막론하고 정부에 종교 시설의 건립 요청이 많아지는 추세로 선거철이 되면 더욱 심해진다고 한다. 따라서 종교시설 건립 지원 문제는 그 건립 목적과 용도 등에 대한 엄격하고 공정하며 투명한 심사 절차를 거쳐 이루어져야 한다. 또한, 종교관련 시설의 운영 지원도 그 건립 목적과 실제 사용되는 용도에 대한 정확한 실태조사를 거쳐 지원이 이루어져야 하며, 특히 이에 대한 감독과 사후 평가가 철저히 행해져야 함은 물론이다. 종교계의 본래 기능이기도 하지만 사회통합 차원에서 이루어지는 종교단체의 사회복지·문화 활동에 대한 지원도 공정한 심사와 집행절차 감독 그리고 철저한 정산과 사후 평가가 필요하다. 이는 국가의 예산과 공공 기금이 사용된다는 점에서 예외가 있어서는 안 될 뿐만 아니라, 의도치 않은 종교편향과 종교차별의 시비가 야기되는 것을 미연에 방지할 수 있기 때문이다.

그렇다고 이와 같은 법적 절차가 종교계의 특성을 무시한다거나 종교 간의 차별을 조장하는 결과를 가져와서는 안 될 것이다. 더욱이 이를 통해 종교의 자유 보장 정신에 반하는, 즉 종교단체나 종교 활동을 조정 또는 통제하는 수단으로 이용되어서는 더더욱 불가하다는 점은 다시 강조할 필요는 없을 것이다. 종교활동 지원을 위한 보조금 선정 및 집행 그리고 사후 평가를 통한 피드백 등에 대한 공정성과 형평성을 담보하기 위해서는 투명화와 개방화가 전제되어야 한다. 특히 이를 관계자와 일반국민에서 공개하는 것이 보다 효과적이며, 최근 문화체육관광부에서 실시하고 있는 '홈페이지와 문화포털의 「보조사업 알리미 코너」신설·운영 등의 사례를 적극 활용할 필요가 있다.

6. 종교문화정책에 관한 종합계획 수립 추진

문화정책영역에서의 종교업무 위치로 보나 종교의 자유 관련 업무가 제대로 정책화되지 못한 점 그리고 종교분야의 정책은 정부수립 후 지금까지 적극적인 종교정책이라기 보다는 소극적인 종무행정이란 차원에서 다루어왔다는 점 등은 부인할 수 없는 사실이다. 이젠 더 이상 이와 같은 방식으로 종교관련 정책을 방치하는 것은 헌법상 보장된 종교의 자유를 적극 구현하고자 하는 국가의 의지도 박약하게 보일 뿐만 아니라 국민에 대한 설득도 불가능할 것으로 보인다. 지금까지 '종교문화정책'이라는 측면보다 '종교단체 중심의 종무행정'에 치우쳤던 점도 있었으며, 종교단체들의 형평 논쟁 속에 휘말리기도 했던 것이 사실일 것이다. 국가와 공직자의 중립문제, 종교단체 지원 문제, 종교의 정치화 문제 등 종교관련 많은 문제들이 종교에 대한 사회 정치적 시각의 평가에서 기인된 것이라면 아무리 공정한 행정을 펼치려 해도 한계가 있을 수밖에 없다.

보다 바람직한 정책적 측면에서 본다면, 종교를 사회 제도적으로만 볼 것이 아니라 문화의 차원에서 다시 읽기가 필요하다. 종교가 생활문화의 핵심이라는 점을 인정하고 종교를 보다 넓은 문화개념인 삶의 방식으로 보는 것이다. 이와 같은 관점에서 우리나라의 종교정책의 중점은 '한국 종교문화의 진흥'에 두어져야 한다. 다시 말하면, 한국의 종교상황과 문화상황의 특수성을 고려한 한국의 종교문화정책이 필요한 것이다. 종교를 문화의 코드로 읽고, 종교단체는 시민단체로서의 지위와 역할을 활성화하고, 종교문화는 문화정책으로 수용되며, 종교정책은 종교문화 진흥을 위한 정책수단과 대안을 창출할 필요가 있다. 종무실의 명칭도 종교문화실로 바꾸는 등 우리나라 종교문화의 특성이나 문화 속의 종교를 고려한 종교문화정책에 관한 종합적인 접근이 요구된다. 또한, 앞서 제안한 <종교법인법> 검토 시, 종교에 대한 규제라는 이유로 종교계의 반발이 예상되는 경우에는 대안 입법으로 가칭 <종교문화 지원법>을 검토해 봄직하다. 그렇다고 종교문화에 대한 과도한 보호와 지원은 왜곡된 종교문화로 변질될 우려가 있으므로, 종교단체 간의 공정한 경쟁과 협력 그리고 종교단체 스스로의 자율규제를 통해 종교문화가 발전될 수 있도록 지원이 이루어져야 한다.

기존의 종무행정의 틀을 벗어나 종교정책의 범위를 획정하고 이를 구체적인 정책으로 수립하여 집행하는 것을 더 이상 미뤄서는 안 될 것이다. 일반 문화정책에 포함하거나 아니면 별도라도 '종교문화정책에 관한 중장기적인 종합계획'을 수립·집행하는 것을 지체 없이 추진하여야 한다. 이는 사회적 공론의 장을 통해 투명하게 이루어져야 하며, 밀실 작업이나 종교계 또는 정부의 특정한 목적을 위해 추진되어서는 더더욱 안 된다는 점을 다시금 강조할 필요는 없을 것이다. 이외에도 본고에서 거의 언급하지 못한 종교와 정치 특히 선거와의 분리 방안이나 대북 종교정책 및 해외선교 문제에 대한 보다 심도 있는 검토가 요구된다. 이를 위해서는 '문화관광연구원' 부설로 '종교문화연구소'를 운영하여 국가차원의 종교문화정책을 본격적으로 개발해 보는 것도 하나의 방안이 될 것이다.[33] 마지막으로 종교정책을 총괄하는 부서가 명확히 정해짐으로써 부처 간의 원활한 협력을 통한 책임행정을 구현하고 보다 질 높은 종교정책을 추진할 수 있으리라 믿어 의심치 않는다.

33. 윤승용, 「문화정책-역사적 변동과 전망」, 심포지움(2015.3/서울대 국가리더십 연구센터), '종무행정 변화와 향후과제 논평', p.4

참고 문헌

강인철(2012), 「종교정치의 새로운 쟁점들」,한신대출판부.

고병철(2011), 「한국종교정책의 진단과 과제」, 종교연구 제65호.

김백유(2011), 「종교의 자유」, 성균관법학 제23권 제2호.

김정수(2013), 「우리나라 종교정책의 문제점과 개혁방향 고찰」, 문화정책논총 제27집 제2호.

권영성(2010), 「헌법학원론」, 법문사.

문화체육관광부(2010), 「2009 종무행정백서」.

윤승용(2015), 「종무행정 변화와 향후과제 논평」, 문화정책-역사적 변동과 전망 심포지움, 서울대 국가리더십 연구센터.

이준우(1994), 「종교법인법」, 한국법제연구원.

인하대 산학협력단(2009), 「공직자 종교차별 예방교육 매뉴얼 및 교재개발 연구」.

정정숙(2008), 「종교시설의 문화적 활용방안」, 한국문화관광연구원.

한국문화정책개발원(2000), 「다종교사회에서의 종교간 화합방안」.

08

문화재 정책

한국전통문화대학교 교수

김 창 규

대한민국은 유구한 역사 속에서 동양적 정신세계를 존중하고 자연을 숭상하는 민족성을 바탕으로 찬란한 문화를 가꾸어온 국가이다. 1890년대 동양사회는 서구화와 제국주의의 팽창이라는 급물살에 휩싸이게 되었는데, 한국은 제대로 대처하지 못하고 식민지국가로 전락하였다. 그리고 일본의 강점기를 극복하고 광복을 맞았지만 재차 한국전쟁이라는 민족동란을 겪으며 폐허가 되었다. 그러나 1970년대 '잘살기 운동'으로 지칭되는 '새마을운동'과 경제개발사업의 성공을 바탕으로 지금 세계가 부러워하는 경제대국의 하나로 성장하였다. 그러나 서구화와 경제개발의 추진은 전통문화와 문화재의 파괴, 훼손, 소멸을 가속화하는 결과를 초래하기도 하였다. 이에 한국정부는 1961년 10월 문화재관리전담기구로서 문화재관리국을 발족시키고, 1962년 1월에는 그동안 경제적 여건의 불충분으로 독립국가로서 새로운 법령의 제정 없이 일제강점기부터 계속 적용된 '조선보물고적명승천연기념물보존령'을 폐지하고 '문화재보호법'을 제정·공포하였다. 이것은 한국인에 의한 문화재보호제도의 첫걸음이었다.[1]

한국의 문화재정책은 일본에 의한 문화재 약탈과 역사왜곡의 일제강점기를 지나 광복 이후 미군정기와 한국전쟁을 거치면서 자주적 문화재정책 기반조성과 문화재원형보존사업에 치중하였고, 1970년대부터 경제개발과 함께 민족중흥을 정책기조로 권역별 문화재정비사업을 추진하였으며, 1990년대부터는 문화부 출범과 더불어 민족문화창달을 정책기조로 문화재관리의 체계화를 도모하기 위한 다양한 정책들을 펼쳤다. 그리고 제도적으로는 문화재보호법 제정 초기 문화재보호제도의 운영경험이 일천하여 동일한 법제를 운영하는 일본의 제도를 많이 참고하였으나, 차츰 한국의 현실에 맞는 독자적인 제도를 창출함으로써 문화재에 대한

1. 김창규 외(2011), 경제발전경험모듈화사업 : 한국의 문화재보호제도 – 문화재수리·전수교육·보호활동, 문화재청·한국전통문화대학교(KDI국제정책대학원), 2012, 10면.

국민의 관심과 애호사상을 고취하고, 효율적이며 합리적인 문화재의 보존·관리 및 활용을 위한 제도를 발전시켜 왔다. 이하에서는 한국 문화재 정책의 역사적 변화상을 구체적으로 살펴보고, 이를 바탕으로 향후 미래상을 전망하기로 한다.

Ⅰ. 일제강점기의 문화재 약탈과 역사 왜곡

1. 일제강점기 문화재정책의 형성배경

1) 대한제국의 국권상실

1890년대부터 조선의 내정에 청(중국)·일본·러시아·프랑스·영국 등 열강의 간섭이 시작되었으나, 그 당시 열강들 사이에 세력균형이 이루어지고 있어서 직접적 간섭은 어려웠다. 이러한 상황하에서 국왕 고종은 국민의 자주독립에 대한 여망을 반영하여 1897년 10월 12일 황제 즉위식을 거행하고, 10월 13일에는 국호를 대한제국으로 정하여 선포함과 아울러 10월 14일에는 각국 공사관 및 영사관에 이를 통보하였다. 대한제국의 수립 이후, 1899년 대한제국의 헌법인 '대한국제'를 선포하고, 자주독립을 위한 국방력 강화 등의 개혁조치를 취하였다. 그러나 대한제국의 정부개혁은 그 개혁에 소요되는 재정적 뒷받침의 한계로 성과를 얻지 못하였다.

1902년 영일동맹의 성립과 러일전쟁의 발발로 1896년 이래로 유지되어 온 대한제국에 대한 열강 사이의 세력균형은 깨지게 되었고, 1904년 2월에는 대한제국에서 일본이 군사상 필요한 지점을 사용할 수 있다는 것 등을 내용으로 하는 한일의정서가 강압적으로 성립되었으며, 1904년

8월에는 일본이 추천하는 재정고문, 외교고문 각 1명을 초빙하는 한일협정서가 성립되었다. 이 당시 실제로는 재정고문, 외교고문 뿐만 아니라 군부, 경찰, 궁내부고문 및 학무참여관의 초빙까지 강요되어 정치의 실권이 일본인의 고문에게 들어가는 '고문정치'가 시작되었다. 러일전쟁에 승리한 일본은 1905년 11월 대한제국 정부의 외교권을 박탈하고, 일본인 통감을 대한제국의 황제 아래 두는 을사조약을 성립시켰다. 더 나아가 1907년 7월에는 고종 황제를 퇴위시켰으며, 한일신협약을 강요하여 통감이 대한제국의 내정 전반에 간섭할 수 있게 되었다. 동 협약에 따라 통감이 추천하는 일본인이 관리로 임명됨으로써 각 부의 차관 이하에 많은 일본인들이 임명되었다. 고문정치에 이어 차관정치가 실시된 것이다. 또한 동 협약의 체결 후 대한제국의 군대는 해산되었고, 1910년 8월 22일에는 한일합병조약을 강요하여 대한제국은 국권을 상실하게 되었다.

2) 문화재 약탈과 역사 왜곡을 위한 일본정부의 활동

일본정부는 1902년 도쿄제국대학의 세키노 다다시(關野貞)에게 우리나라 고건축을 조사하도록 하였다. 이것은 조선의 고건축 현황을 조사하여 보존 방책을 강구한다는 명분을 내세우고는 있지만, 실제로는 궁궐과 성곽을 비롯하여 관아와 서원, 탑과 불상, 서적과 그림 등 우리나라 문화재 전반에 대한 조사를 통해 체계적인 약탈을 준비하기 위한 목적에서 추진되었다.[2]

또한 일본정부는 1910년 9월 30일 조선총독부에 취조국을 설치하고 조선에 전해져 내려오는 관습과 제도에 대한 조사에 착수했다. 이러한 조사는 조선의 실상과 조선인의 생활양식을 정확히 파악함으로써 강제병합의 정당성과 필연성을 강조하기 위한 것이었다.[3] 더 나아가 이것은

2. 문화재청, 문화재청 50년사(본사편), 2011, 19면.
3. 문화재청, 전게서, 19면.

일본의 식민통치에 저해가 되는 수많은 사료에 대한 철저한 통제와 함께 이들 사료를 체계적으로 인멸하기 위한 목적도 있었다. 특히, 1911년 2월 조선총독부 취조국은 대한제국 황실이 관장하던 규장각 도서를 조선총독부 도서로 점유하기로 결정하고 6월에 곧바로 강제 인수하였는데, 이들 기록물들은 그 후 계속적으로 빼돌려지고 조작되기도 하였으며 적지 않은 분량이 분실되거나 파괴되었다.

조선왕조의 중요 기록물을 손에 넣은 일본정부는 다량의 문화재를 소유 또는 관리하고 있는 조선의 불교계를 장악하기 위한 작업에 착수하였다.[4] 1911년 6월 3일 조선총독부 제령 제7호로 제정된 '사찰령'은 불상 등 문화재와 사찰의 부속 재산을 보호한다는 명분을 내세우고 있으나, 실제로는 사찰의 재산권을 비롯한 모든 행위를 장악하기 위한 목적으로 제정된 것이었다.[5] 더 나아가 이것은 불교계를 철저히 통제함으로써 고려시대의 항몽투쟁이나 임진왜란 당시의 승병활동 같은 호국 및 독립운동을 사전에 차단하려는 의도를 가지고 있었다.

이와 함께 일본정부는 조선에 대한 장기 지배의 기반을 조성할 목적으로 1912년부터 조선황실의 권위를 격하하고 조선역사를 폄훼하고자 1910년 12월 30일 일본 궁내성 소속의 이왕직으로 격하되었던 대한제국 황실의 경복궁을 조선총독부로 이관함과 동시에 조선총독부 새 청사 건립을 위해 경복궁의 전각들을 하나하나 훼손하고 헐어내었으며, 1915

---

4. 대한제국의 국권이 상실되기 전의 시기인 1910년 4월 23일 학부령 제23호로 '향교재산관리규정'이 제정되었다. 이것은 향교재산의 관리주체, 향교재산의 방매·양도·교환 등의 금지, 향교재산에서 발생하는 수입의 사용, 향교 재산원부의 작성 등 총 8개 조항으로 구성되어 있지만, 이 당시 사실상 이미 국권이 일본정부에 넘어간 상태이고 조선시대 향교의 역할 및 향교 중심의 민간활동 영향력 등을 고려할 때에 일본정부의 통제 의도가 반영된 것으로 보인다.
5. 사찰령은 사찰을 병합·이전 또는 폐지하거나 사찰의 터 또는 명칭을 변경할 경우 조선총독의 허가를 받아야 하고(제1조), 사찰의 본말 관계나 승규와 법식, 기타 필요한 사법은 각 본사에서 정한 후 조선총독의 인가를 받아야 하며(제3조), 사찰에 속하는 토지·삼림·건물·불상·석물·고문서·고서화, 기타 귀중품을 조선총독의 허가 없이 처분할 수 없고(제5조), 사찰의 터와 가람은 지방장관의 허가를 받지 않고는 전법이나 포교, 법요 집행 및 승니 거주의 목적 이외에 사용할 수 없다(제2조)고 규정하였다.

년 9월 11일부터 조선물산공진회 기간 동안에는 경복궁의 전각들을 모두 상품 진열관으로 이용하기도 하였다. 또한 조선총독부는 새 청사의 신축공사와 함께 1916년부터 5개년 계획으로 조선 전역의 고적에 대한 발굴조사사업을 시작하였다. 이들 발굴조사는 우리나라 고대사회부터 고려시대까지의 유적을 대상으로 삼고 전국적으로 진행되었는데, 특히 한사군의 통치지역으로 알려진 평안도 일대의 낙랑군 지역과 이른바 남선경영설(南鮮經營說)의 중심인 가야 지역에 중점을 두고 추진되었다. 이것은 조선총독부가 낙랑시대의 유물을 발굴함으로써 조선의 역사가 낙랑군의 설치에서 비롯되었다는 물증을 보여주는 한편, 이들 유물의 존재를 통해 자신들의 식민통치의 정당성을 옹호하는 식민사관의 이데올로기를 개발하고 확립하고자 하는데 목적이 있었다.[6]

그러나 이들 발굴조사기간 동안 조선총독부는 조사 자체보다 유물의 수집과 약탈에 관심을 보이자, 일본에서 건너온 도굴꾼과 골동품상의 고분 도굴과 발굴된 부장품의 불법매매가 기승을 보이게 되었다.

2. '고적 및 유물보존규칙'의 제정과 운영

조선총독부는 1916년 7월 4일 조선총독부령 제52호 '고적 및 유물보존규칙'을 제정하고, 고적조사 및 발굴조사 현장을 통제하기 시작하였다. 일본인에 의하여 제정된 총 8개 조항의 '고적 및 유물보존규칙'[7]은 우리

6. 문화재청, 전게서, 23면

7. '고적 및 유물보존규칙'은 고적 또는 유물을 발견한 자는 그 현상을 변경함이 없이 3일 이내에 구두 또는 서면으로 그 지역 경찰서장(경찰서의 사무를 취급하는 헌병분대 또는 분견소의 장을 포함한다)에게 신고(屆出)하여야 하며 경찰서장이 그 신고를 받았을 때에는 즉시 이를 조사하여 조선총독에게 보고하여야 하고(제3조), 조선총독부에 고적 및 유물대장을 비치하며 고적 및 유물 중 보존의 가치가 있는 것을 조사하여 이를 등록하고(제2조), 고적 또는 유물에 대하여 조선총독부에서 이를 고적 또는 유물대장에 등록하였을 때는 즉시 그 내용을 당해 물건의 소유자 또는 관리자에게 통지하며 그 대장의 등본을 당해

나라에 있어서 최초의 근대적 문화재보호법령이라 할 수 있다.[8] 그러나 그 제정이유는 일본이 그동안 조사한 우리나라의 역사적 고적과 유물이 자국에 비하여 너무나도 고귀하고 현란한 것에 놀라서 우리의 고적과 유물을 마음대로 약탈하고 그들의 황국사관에 맞추어 변조하기 위함에 그 목적이 있었다.[9]

이와 함께 조선총독부는 '고적조사위원회규정'도 제정·공포하였다. '고적조사위원회규정'은 총 11개 조항으로 구성되어 있는데, 조선에서 고적과 금석문, 기타 유물 및 명승지 등의 조사 및 보존에 관한 사항을 심사하기 위하여 조선총독부에 고적조사위원회를 두도록 규정하였다. 고적조사위원회는 위원장 1명과 소수의 위원으로 구성하며, 위원장은 조선총독부의 2인자인 정무총감이 맡고, 위원은 조선총독부 고등관 중에서 임명하거나 학식 또는 경험이 있는 자를 위촉하도록 했다.[10] 그리고 고적조사위원회는 고적·유물·고문서의 조사 및 수집과 그 보존에 관한 일반계획을 작성하고, 각 연도에 실시할 실지조사에 대한 계획을 수립해 전년도 말일까지 조선총독에게 제출해야 하며, 실지조사를 명령받은 조사위원은 조선총독부 총무국장의 허가 없이는 조사 결과를 공표하지 못한다고 규정함으로써 조사결과와 관련하여 얼마든지 자료를 은폐 또는 조작하거나 자의적으로 해석할 수 있는 여지를 부여하고 있었다.[11] 또한 동 규칙이

경찰서장에게 송부하여야 하고(제4조), 대장의 등록사항에 변경이 생겼을 때에는 경찰서장은 신속히 이를 조선총독에게 보고하여야 하며(제6조), 고적 및 유물대장에 등록한 물건의 현상을 변경, 이전, 수선하거나 처분하려고 할 때 또는 그의 보존에 영향을 미칠 시설을 하려고 할 때에는 당해 물건의 소유자 또는 관리자는 경찰서장을 경유하여 미리 조선총독의 허가를 받아야 한다(제5조)고 규정하였다.

8. 김창규 외, 전게서, 27면.
9. 오세탁, 문화재보호법원론, 주류성, 2005, 86면.
10. '고적조사위원회규정' 공포 이전인 1916년 4월 26일에 이미 고적조사위원의 임명이 있었는데, 이 당시 임명된 위원 15명 중 실제 고적조사에 참여한 자는 5~6명에 불과하였고, 1917년 8월 25일까지 인원을 더 충원하여 총 27명이 되었으나 실제 고적조사에 참여한 자는 3분의 1에 불과하여 일본정부의 고적조사 방향은 행정중심으로 설정되었음을 알 수 있다(정규홍, 우리 문화재 수난사 – 일제기 문화재 약탈과 유린, 학연문화사, 2005, 66면).
11. 문화재청, 전게서, 25면.

시행되면서 기존의 고적조사사업은 조선총독부 산하의 박물관으로 일원화되었고, 박물관을 중심으로 고적의 보존과 조사 등 고적에 관한 모든 사무에 대한 관리가 이루어지게 되었다. 이 당시 조선총독부는 1916부터 1924년까지 매년 고적조사보고서 또는 특별보고서를 간행하고, 1933년에는 조선 각 시대의 유적·유물을 모아 '조선고적도보' 14책을 간행하였다. 그리고 1915년 12월에는 '조선총독부박물관'을 경복궁 내에 설치하고, 1926년 6월에는 경주에 박물관분관을 설치하였는데, 그곳에 전시된 진열품들은 고적조사에 의한 수집품, 유실물법에 의한 매장물로서 국고에 귀속한 물건 중에서 구입 또는 기탁된 물건이었다. 물론 기탁은 모두 무보수로 이루어졌다. 이 당시 식민지의 문화재수집절차가 경찰관서에 의하여 이루어졌다는 사실은 식민지국가에 대한 문화재 약탈의 가능성을 뒷받침하고 있다. 다시 말해서, 일본의 '고적 및 유물보존규칙' 제정은 우리나라 문화재의 보호 보다는 약탈의 일환으로서 조선총독부박물관의 유물을 효과적으로 수집하고자 함에 있었다고 할 수 있다.[12]

그러나 박물관이 박물관 자체 관리와 운영까지 책임져야 하는 상황에서 고적조사나 발굴사업을 제대로 수행하기는 어려운 일이었다. 이에 따라 고적조사사업이 해마다 축소되는 가운데 전국 각지에서는 개간과 경지정리사업 등이 활발하게 전개되면서 조선의 고적과 유물의 파괴와 도굴이 다시 활개를 치기 시작했다. 이러한 상황에서 1931년 8월 도쿄제국대학 교수인 구로이타 가쓰미(黑板勝美)가 조선고적연구회를 조직하였다. 조선총독부의 외곽단체로 조직된 조선고적연구회는 고적조사위원회의 분장사무 중 고적과 보물의 조사·연구 및 출판부분 등 현장중심의 업무를 담당했고, 출범과 함께 평양부립박물관 내에 평양연구소, 경주박물관 분관 내에 경주연구소, 부여진열관 내에 백제연구소를 각각 설치하

12. 유승훈, 현장 속의 문화재정책, 민속원, 2004, 28면.

여 각 지방의 고적과 유물에 대한 관리를 담당했다. 특히, 조선총독부박물관 내에 사무소를 설치한 조선고적연구회는 이사장으로 조선총독부 정무총감을 추대하고, 유적조사나 발굴사업 시행을 통해 수집한 유물은 법령에 의해 국고에 귀속하는 것을 제외하고는 평의원회의 결정에 따라 처분하기로 함으로써 불법적인 유물 발굴 및 국외반출의 가능성을 두고 있었다. 이러한 점에서 조선고적연구회는 일본의 식민통치에 활용하기 위한 각종 자료를 발굴하고 식민지배의 정당성을 옹호하는 이데올로기를 개발하는 어용단체에 지나지 않았다.[13]

3. '조선보물고적명승천연기념물보존령'의 제정과 운영

'조선보물고적명승천연기념물보존령'은 1933년 8월에 조선총독부 제령 제6호로 제정되었으며, 총 23개조로 구성되어 있다. 이 당시 일본은 자국의 종전 '고사사보존법'이 개인소유 또는 공유물건에 대한 보호조치를 취할 수 없음에 따라 개인소유의 고미술품 등이 무수히 전매되거나 해외로 유출하는 사태가 발생하자 1928년에 그 법률을 폐지하고 새로이 '국보보존법'을 제정함과 아울러 1933년에는 '중요미술품 등의 보존에 관한 법률'을 제정하였다.

이러한 시점에서 그 당시 우리나라에서 시행되고 있던 종전 '고적 및 유물보존규칙'의 미비점을 보완함과 아울러 일본 자국의 '사적명승천연기념물보존법'과 '국보보존법'의 내용에 대응할 수 있도록 하고, 식민지 정책의 규제강화를 도모하고자 하는 목적에서 동 보존령을 제정하였다.[14] 다시 말해서, 일제강점기의 일본은 한국어 및 문자사용의 금지, 창

13. 문화재청, 전게서, 28면.
14. '조선보물고적명승천연기념물보존령'은 문화재의 범위를 확장하고, 문화재 관리체계를 강화함과 동시에

씨개명의 강요, 한국역사의 왜곡 등 우리 민족문화의 말살을 문화정책의 기조로 삼았으므로 동 보존령은 우리 문화재의 보호보다는 우리 문화재의 수탈·왜곡과 일본에의 불법반출에 악용되는 수단으로 이용되었다.[15]

이와 함께 조선총독부는 1933년 8월 12일 '조선총독부보물고적명승천연기념물보존회관제'를 제정하고, 12월 5일에는 보존령의 시행규칙 및 보존회의 의사규칙을 제정·시행하였다. 이에 따라 종전 '고적 및 유물보존규칙'과 '고적조사위원회규정'은 모두 폐기되었다.

Ⅱ. 자주적 문화재정책기반의 조성

1. 광복 이후 문화재정책의 형성배경

광복이 되어 문화재의 보존 및 관리는 일본의 식민정책에서 벗어났으나, 정치적·사회적 불안정과 과도기적 미군정기의 혼란 속에서 큰 관심을 끌지 못하였다. 이러한 상황하에서 문화재의 보존·관리 및 활용을 위한 독립국가의 법령 제정은 지연된 채, 일제강점기의 식민지법제인 '조

문화재의 폭넓은 규제를 가능케 하였다. 예컨대, 종전 보존규칙이 문화재의 종별을 고적과 유물로 구분한 것에 대하여 동 보존령은 보물, 고적과 함께 명승, 천연기념물과 같은 자연유산을 문화재의 종별에 포함시켰다(제1조). 그리고 문화재의 관리체계 강화차원에서 고적으로 지정되지 않더라도 패총·고분사지 등 유적지로 인정되는 곳을 발굴하기 위해서는 사전에 조선총독의 허가를 받도록 하고(제18조), 소유자의 동의 없이도 국가가 보호할 필요가 있다고 인정될 때에는 보존회에 자문하여 문화재로 지정할 수 있으며(제1조 및 제2조), 보물은 조선총독의 허가를 받았을 때에만 수출과 이출이 가능하고(제4조), 보물의 소유자는 조선총독의 명령에 의하여 일정기간 그 보물을 박물관 등에 진시할 의무를 지녀(제9조), 가지정이란 제도를 두어 문화재의 훼손이나 급작스런 해외반출을 막을 수 있도록 하였다(제2조). 더 나아가 문화재의 현상변경허가와 관련하여 종전 보존규칙 제5조의 '보존에 영향을 미칠 시설'이 동 보존령에서는 '보존에 영향을 미칠 행위'로 변경됨으로써 문화재에 미치는 영향을 폭넓게 규제할 수 있게 되었다(제5조).

15. 김창규 외, 전게서, 31면.

선보물고적명승천연기념물보존령'이 제헌헌법 제100조의 규정에 의하여 그 효력을 유지하고 있었다. 그 후, 한국전쟁으로 국토전체가 전화에 휩싸이어 문화재의 파괴는 심각하였다. 그 와중에 처음으로 1952년 12월 19일 '국보고적명승천연기념물임시보존위원회'가 구성되어 한국전쟁시 파괴된 문화재의 보수대책이 강구되었고, 1955년 6월 28일에는 동 보존령 제2조에 근거한 '국보고적명승천연기념물보존회'가 발족하여 문화재의 조사연구 및 지정업무를 담당하게 되었다.[16]

그 당시 동 보존령의 모법이 되었던 일본 문화재관계법령의 대폭적인 개혁이 추진되고 있었다. 일본은 1950년 5월 1일 종전 문화재 종별로 다양한 법률로 규율하던 문화재관계법령체계를 '문화재'라는 단일용어로 통합하여 규율하는 문화재보호법을 제정·시행하게 되었다. 이에 우리나라에서도 문화재법령의 정비 내지 단일법의 제정요구가 높아졌고, 문화재라는 용어도 일반화되기 시작하였다. 1957년 5월 '국보고적명승천연기념물보존회' 제11차 총회에서 문화재보존에 대한 법률제정이 정부에 건의되고, 1958년 5월에는 문화재보호법안의 심의방안을 토론하기에 이르렀다. 그러나 제2공화국의 성립이라는 정권의 변동과 함께 문화재보호법의 성립은 이루어지지 못하게 되었다. 다만, 1960년 11월 10일 국무원령 제92호로 '문화재보존위원회규정'이 공포됨으로써 문화재보호법의 제정을 위한 새로운 장이 열리게 되었다.[17]

---

16. 김창규 외, 전게서, 31면.
17. 그 이유는 다음과 같다(오세탁, 전게서, 110~112면). 첫째, '문화재보존'이란 용어의 사용이다. 그 당시의 문화재법령은 식민지시대의 '보물고적명승천연기념물보존'과 광복 후 '국보고적명승천연기념물보존'이란 용어를 사용했고, '문화재보존'의 통합용어를 사용하지 않고 있었다. 둘째, '문화재보존위원회'의 설치 및 운영이다. 동 규정 제1조제1항은 문화재의 보존에 관한 조사연구 및 심의기관임과 동시에 관할장관(당시 문교부장관)의 자문기관으로서 문화재보존위원회를 두도록 규정하고 있었다. 셋째, 문화재의 정의이다. 동 규정 제1조제2항은 "문화재라 함은 국보, 고적, 명승, 천연기념물 기타 이에 준하는 것과 연극·음악·무용·미술·공예·민속 등 유형무형의 문화적 소산으로서 특히 보존의 필요가 있다고 인정되는 것을 말한다"고 규정함으로써 보존대상 문화재로 무형문화재와 국보·고적·명승·천연기념물 이외의 유형문화재까지 폭넓게 포함할 수 있게 되었다.

2. 문화재관리전담기구로서 문화재관리국의 출범

광복 이후 1950년대까지는 문화재관리를 위한 전담기구가 없었다. 다만, 1948년 정부수립과 함께 문교부가 발족되면서 문화국 교도과에서 문화재관리에 해당하는 업무를 분장하였으며, 그 후 1955년 2월 17일 문화보존과가 신설되어 문화재에 관한 사무를 취급하고 있었다. 일제강점기 '이왕직'에서 관장하던 고궁을 비롯한 왕실의 재산관리는 1945년 11월 8일 미군정법령 제26호에 의해 '구왕궁사무청'으로 명칭을 변경하여 담당하고 있었으며, 1955년 6월 8일에는 대통령령 제1035호로 '구황실재산사무총국'[18]을 설치하여 관장하고 있었다.

1961년 10월 2일에는 구황실재산사무총국의 조직과 문교부 문화보존과의 기능을 통합하여 문교부 소속의 외국으로 '문화재관리국'이 발족하였다.[19] 이것은 문화재관리행정의 효시를 이루는 중요한 의미를 가진다.[20] 1961년 10월 2일에 공포된 법률 제734호에 의하면, 문화재관리국은 문교부장관 소속 하에 외국으로 설치되어 있다. 문화재의 관리에 관한 사무는 일반 문교행정으로부터 분리시켜 어느 정도 독자적으로 처리하고, 전문성을 확보하기 위하여 문교부장관 소속의 외국으로 설치한 것이다. 따라서 문화재관리국은 그 명칭에 있어 보조기관인 '국'과 동일하나, 법적 지위는 국세청·산림청 등과 같은 중앙행정기관이며, 문화재관리국장은 문화재관리사무에 관하여 제1차적 중앙행정관청으로서의 지위를 가졌다. 문화재관리국의 하부조직으로는 서무과·문화재과·관리과

18. 구황실재산사무총국은 일제강점기 '이왕직'에서 관장하던 고궁을 비롯한 왕실의 재산관리를 담당하던 기구로서 1945년 '구왕궁사무청'에서 1955년 명칭이 변경된 것이다.
19. 1961년 당시의 박정희 군사정부는 경제성장정책과 함께 정권의 정통성 확보의 차원에서 민족적 자각과 민족주체성 확립을 위한 문화재 보존의 중요성을 강조하였다. 그 결과, 1960년대 문화재정책은 문화재 관리행정의 일원화, 자주적 법제도의 정비, 민족정기함양사업의 추진으로 나타났다.
20. 김창규 외, 전게서, 46면.

와 6개의 사무소(창경원사무소·창덕궁사무소·덕수궁사무소·경복궁사무소·종묘사무소)를 두고 있었다. 출범 당시 문화재관리국은 구황실재산사무총국의 직제를 그대로 승계하는 정도에 머물러 있었다. 이 가운데 문화재행정을 실제적으로 전담하는 부서는 '문화재과'였고, 나머지 2개 과는 지원부서, 6개 사무소는 관리소였다.[21] 그리고 이 당시 문교부는 1961년 11월 1일부터 11월 10일까지 10일간을 '문화재 애호 기간'으로 정하고 범국민적인 문화재 애호운동을 전개함과 동시에 시·군 단위로 문화재보존회 조직을 한층 강화하고 시 교육위원회 또는 교육구에서는 관내에 소재하는 문화재의 실태를 정확히 조사 파악하며 피해 상황이 극심하지 않은 문화재에 대하여는 지방에서 적절히 보수하도록 하였다.[22] 더 나아가 문화재관리국은 1961년 10월 22일부터 11월 30일까지 서울 종로구 궁정동에 있는 칠궁과 훈정동에 있는 종묘를 일반에 공개함과 동시에 창경궁·덕수궁 및 경복궁도 일반에게 공개하여 문화재 애호정신을 고취시키고자 노력하였다.

또한 문화재행정은 일반 행정과 달리 문화재에 대한 전문적인 식견을 필요로 한다. 문화재에 대한 역사적·학술적 가치를 알지 못하고서는 문화재를 지정할 수 없으며, 문화재에 대한 보존 및 관리방안이 나올 수 없기 때문이다. 이처럼 문화재위원회는 직접적인 행정기구는 아니지만, 문화재청이 행정업무를 제대로 수행할 수 있도록 지원하는 중요한 역할을 한다. 이에 광복 이후 1952년 12월 19일 문교부장관에 의하여 '국보고적명승천연기념물 임시보존회'가 최초로 구성되었다. 그 구성이유는 한국전쟁 중에 파괴된 문화재를 긴급히 보수하여야 했기 때문이다.[23] 동 보존회 제1부에 20명, 제2부에 13명의 위원이 위촉되었다. 그 후, 1955

21. 유승훈, 전게서, 59~60면.
22. 문화재청, 전게서, 49면.
23. 김창규 외, 전게서, 48면.

년 6월 28일 '국보고적명승천연기념물보존회'가 정식으로 발족하면서 임시위원회를 개최하였다. 그리고 1960년 11월 1일에는 국무원령 제92호로 '문화재보존위원회규정'이 공포되어 제1분과(국보·고적 담당), 제2분과(명승·천연기념물 담당) 외에도 연극·음악·무용·공예·기술·민속 등 무형문화재를 담당하는 제3분과가 새로이 설치되었지만, 1961년 5.16 군사쿠데타에 의하여 큰 성과 없이 끝나고 말았다. 그 후, 1962년 3월 27일 각령 제577호로 '문화재위원회규정'이 공포됨과 함께 국무원령 제92호는 폐지되고, 1962년 문화재보호법 제5조에 따라 유형문화재에 관한 사항을 분장하는 제1분과위원회, 무형문화재와 민속자료에 관한 사항을 분장하는 제2분과위원회, 기념물에 관한 사항을 분장하는 제3분과위원회가 설치·운영되었다.[24]

3. 자주적 문화재보호의 근거법으로서 문화재보호법의 제정

제3공화국이 들어서면서 1961년 10월 2일 정부기구를 개편하는 과정에서 구황실재산관리사무총국과 문교부의 문화보존과를 통합하여 문교부의 외국(外局)인 문화재관리국이 설치됨으로써 하나의 문화재보호행정기구 아래 종합적이고 효율적인 문화재보호업무의 수행이 가능하게 되었고, 그 업무수행을 위한 법적 근거로서 1962년 1월 10일 문화재보호에 관한 우리나라 최초의 통일적 입법인 문화재보호법이 제정되었다.[25]

---

24. 유승훈, 전게서, 61면.
25. 이 당시 문화재보호법은 문화재를 유형문화재, 무형문화재, 기념물 및 민속자료로 구분함과 동시에 문교부장관이 문화재위원회에 자문하여 지정문화재로 지정할 수 있도록 하고, 지정문화재로 인정하여야할 긴급한 필요가 있거나 문화재위원회의 자문을 거칠 시간적 여유가 없을 때에는 문교부장관이 문화재관리국장의 신청을 받아 지정문화재로 가지정할 수 있으며, 지정 또는 가지정된 문화재에 관한 일정한 행위에 대하여는 문교부장관의 허가를 받거나 신고하도록 하고, 문화재의 관리보호상 필요한 때에는 문교부장관이 그 소유자 및 점유자 또는 관리자에 대하여 일정한 행위를 금지 또는 제한할 수 있도록 규정하

이와 함께 1962년 3월 27일에는 각령 제577호로 문화재의 보존·관리 및 활용에 관한 사항을 조사·심의하는 '문화재위원회규정'을 제정하고, 1962년 4월 16일 최초의 문화재위원회를 구성하였으며, 1962년 6월 26일에는 문화재보호법의 시행에 필요한 후속조치로서 각령 제843호로 '문화재보호법시행령'을 제정하였다. 그리고 1962년 12월 20일에는 서울 남대문과 원각사지 삼층석탑 등 116건을 대한민국 최초로 국보로 지정하였다. 이에 앞서 11월 23일 문화재위원회는 일제가 지정했던 보물 572건을 대폭 정리하여 남한에 있는 505건 중 105건을 포함한 116건을 국보로 지정하기로 의결하였고, 국보로 지정되지 않은 400건의 구 보물은 보물로 지정하여 영구 보존하기로 했으며, 국보 최초 지정시 북한에 있는 구 보물 67건에 대한 국보 지정은 보류하기로 하였다.[26]

4. 문화재재원 확보를 위한 문화재관리특별회계법의 제정

문화재정책을 전담하는 중앙행정기구로서 문화재관리국이 출범하고 정부수립 후 최초로 문화재보호법이 제정되어 시행되었지만, 문화재행정을 집행하는 과정에서 가장 중요한 문제는 예산이었다. 당장 시급한 문화재보수 재원을 마련하기 위하여 구황실의 일반재산 매각을 추진하고 고궁 등의 개방시간을 연장하여 관람료 수입의 증대를 도모하기도 했지만, 문화재 보호와 기본정책의 수행에 필요한 지출에도 예산이 부족하였다.[27] 이에 1963년 2월 9일 문화재보호법에 문화재관리특별회계 설치

였다. 그 밖에 지정문화재 소유자 등의 일반 공개의무, 지정 또는 가지정문화재의 관리보전을 위한 국고보조, 소유자 등의 매장문화재 발견신고 및 문교부장관의 발굴허가, 문교부장관의 국유문화재 관리·총괄 및 처분제한, 지정 또는 가지정문화재 관리보호와 공개 등의 공적자에 대한 표창, 문화재위원회의 설치근거 및 벌칙조항을 규정하였다.

26. 문화재청, 전게서, 55면.
27. 문화재청, 전게서, 62면.

를 규정함과 동시에 1963년 10월 21일 법률 제1417호로 '문화재관리특별회계법'을 제정하였고 1963년 1월부터 소급하여 문화재관리특별회계를 편성·운영하였다.[28] 이러한 문화재관리특별회계는 1968년까지 문화재재정제도로서 단독으로 운영되다가 1969년부터 '경제개발특별회계'와 1977년 '일반회계'로부터 전입금을 받기 시작하였다. 그러나 문화재관리특별회계의 주세입원인 잡종재산(현행 일반재산)의 매각완료와 궁·능 입장료가 문화재관리예산에서 차지하는 비율이 높아짐에 따라 문화재관리특별회계는 1988년말 폐지되고, 1989년부터 일반회계예산으로 편성되게 되었다.[29]

5. 문화재 원형보존사업의 출발

문화재보호법 제정 이후부터 1969년까지는 문화재 원형보존사업의 출발계기를 마련하는 시기였다. 이 기간 중에 문화재관리국이 문화공보부의 외국으로 편입되고, 시·도 문화공보담당관실 및 시·군 문화공보실에서 문화재보호업무를 담당하는 기구개편이 단행되어 본격적인 민족문화재의 개발·전승의 계기를 마련하게 되었다.[30] 이 시기에 남대문 중수

28. 문화재관리특별회계법은 소속 재산을 문화재관리국 소관에 속하는 국유문화재, 구황실재산관리특별회계로부터 이 회계가 승계하는 재산, 기타 이 회계에 의하여 취득되거나 다른 법령에 의해 이 회계에 귀속되는 재산으로 형성하도록 규정함과 동시에 문화재관리특별회계의 운영을 위한 기금을 설치하고 구황실재산 중 특별회계에 전입된 잡종재산을 처분한 대금 7억원 이상을 적립하도록 규정하였다. 또한 문화재관리특별회계의 세입은 이 회계 소속 재산으로부터 수입되는 관람료, 사용료 및 임대료, 기금으로부터 생기는 이자, 이 회계에 귀속되는 수입 등으로 충당하고, 그 세출은 이 회계 소속 문화재 및 기타 재산의 보호·관리와 운영·유지에 필요한 경비, 문화재의 취득·조사·연구·공개·전시 또는 선전 등 활동에 필요한 경비, 문화재관리국과 그 소속기관의 유지·운영에 필요한 경비, 문화재보호법에 의한 국고부담금 또는 국고보조금, 구황족의 생계유지비, 일시 차입금 및 그 이자의 상환, 이 회계가 부담해야할 기타 경비 등으로 하였다.
29. 양현모·주재현·하연섭, 「문화재보존관리기금」 설립방안에 관한 연구, 한국행정연구원, 2002, 18면.
30. 김창규 외, 전게서, 22면.

공사, 석굴암 석굴 보수공사, 석가탑 보수공사, 아산 현충사 성역화사업 등과 함께 익산 미륵사지 발굴조사, 첨성대 등의 문화재정비·복원사업 등이 추진되었다.[31]

Ⅲ. 민족문화의 중흥과 문화재관리체계의 전환

1. 경제개발과 민주화시기 문화재정책의 특징

1970년대는 문화재정책의 획기적인 전환을 이룩한 시기였다고 할 수 있다.[32] 문화재관리국의 기구가 확대·개편되었고, 예산규모도 1960년대에 비하여 10배이상 증가되었으며, '문화재보호법'을 비롯한 각종 법규와 제도가 개정·보완되어 문화재의 모든 분야에 걸쳐 적극적이고 실질적인 보호·관리가 가능하게 된 시기였다.[33] 1970년 8월 10일 법률 제2233호

31. 1963년 문화재관리국은 남대문 중수공사를 착공 22개월만에 완공함으로써 민족의 자긍심을 고취시켰으며, 1964년 신라천년의 찬란한 예술을 상징하는 석굴암 석굴의 보수공사 준공은 문화재관리국이 광복 이후 처음으로 우리 정부기관의 자체 기획과 치밀한 사전조사 및 현장시공 관리를 통해 일제의 잔재를 말끔이 털어내고 1200여년만에 창건 당시의 원형에 가깝게 복원함으로써 자주적인 문화재 보존·관리행정의 새로운 전기를 마련했다. 1966년 6월 문화재관리국은 익산 미륵사지를 발굴한 후 일대를 사적으로 지정하고 10월에는 석가탑 보수공사를 하던 중 세계 최고의 목판인쇄본인 무구정광대다라니경을 발견하였으며, 1967년에는 1962년부터 추진된 현충사 성역화사업이 마무리단계에 접어들면서 국난 극복과 민족정기의 상징인 충무공 정신을 기리기 위하여 현충사 일대를 사적으로 지정하였다. 1968년에는 문화재보수를 위한 3단계 종합개발계획이 수립되어 전국에 걸친 문화재조사사업이 추진되었고, 1969년에는 유형문화재 보수 5개년계획이 수립되어 첨성대를 비롯한 보수가 시급한 문화재의 정비·복원에 착수함과 동시에 광복 이후 처음으로 종묘대제를 봉행함으로써 유구한 전통문화에 대한 자긍심을 고취하였다(문화재청, 전게서, 62~127면).
32. 이 시기는 정권의 변화 없이 국가의 주도로 문화재관리행정의 전문성이 대폭 신장된 때이다. 특히, 문화재보수사업에 있어서 그 내용이 근본적이고 종합적인 단계로 발전하고, 민족정기 함양 및 국민정신의 고양을 도모하는 차원으로까지 승화됨으로써 급성장하는 국력과 함께 문화재가 창조적으로 개발·전승된 시기라 할 수 있다.
33. 김창규, "우리나라의 문화재 정책", 문화유산의 이해(한국의 유산시리즈Ⅰ), 광주광역시립민속박물관, 2014, 38면.

로 문화재보호법이 일부 개정되어 9월 10일 시행에 들어가면서 문화재관리제도가 강화되었다. 즉, 중요무형문화재 보유자 인정, 지정문화재 지정 해제, 국보 등 중요문화재의 국가에 의한 관리, 문화재 국외반출 허가 및 문화재수출 금지, 지정되지 않은 문화재 중 동산인 유형문화재와 민속자료의 등록, 지방문화재의 지정, 문화재매매업자 등록, 문화재보호법 위반자에 대한 벌칙 강화 등 문화재관리의 범위와 적용대상이 확대되고 강화되어 문화재행정의 실효성이 높아졌다. 이에 따라 1971년 문화재관리국은 일반동산문화재의 등록을 추진하는 한편, 문화재 보존·관리정책의 기본자료를 확보하기 위해 광복 이후 처음으로 문화재 지표조사 5개년계획을 수립하고 각지에 조사반을 파견하여 실사작업을 진행했으며, 북한 소재 문화재 52점을 새로 지정함으로써 우리의 자유문화정책을 내외에 과시하였다. 또한 1972년에는 고도지역의 유적을 정비하고 사찰과 왕릉 및 명승의 보수·정비를 통해 관광자원개발에 기여하였으며, 무형문화재 기·예능보유자에 대한 처우와 지원을 대폭 개선하고 전수회관 건립을 추진하는 등 전승보호에 노력하였고, 향교와 서원 등 전국 각지에 흩어져 있는 중요 전적과 고문서들에 대한 종합조사 3개년계획을 수립하여 4단계로 나누어 조사를 실시했다. 1973년에는 경주 천마총발굴 후 경주사적관리사무소를 신설하고 문화공보부의 문예중흥 5개년계획에 따라 경주 등 고도의 문화재정비와 관광지 문화재개발 등 문화재관리 사업을 본격적으로 추진함과 동시에 매장문화재 발굴경비 부담과 발견신고 등에 관한 규정을 신설하고 문화재매매업을 허가제로 변경하며 매장문화재의 현상변경에 대한 벌칙 등 문화재 보존·관리에 필요한 조치를 대폭 강화하고, 제1회 전승공예대전을 개최하는 등 무형문하재의 전승·보존을 위한 다각적 노력을 경주하였다. 1974년에는 중요무형문화재 보유자 전승지원금과 전수장학금을 대폭 인상하고, 1975년에는 문화재수리업자 등록을 문화공보부에서 문화재관리국으로 전환하였으며, 1976년에는 경주관광종합개발계획에 따라 경주 일원의 유적과 유물을 종합 보수·정비함과 동시에 서울성곽보수 등 중요문화권의 문화재 정화사업을 추진하였다. 1977년에는 문화재수리업무를 효율적으로 수행하기 위하여 문화재보수과를 신설하여 지정문화재와 지방문화재의 보수·복원 등을 전담하게 하고, 1979년에는 국방유적과 위인 선현의 유적 등을 보수·정화하며 한국전쟁으로 폐허가 된 수원 화성의 복원·정비공사를 마무리하였다.[34]

그리고 1980년대의 경우, 그 초반은 문화재보수 및 유적지조성지역의 종합적인 점검을 실시한 문화재정책의 과도기였으나 제5공화국의 출범 후 유구한 역사를 통해 전승되어 온 우리 문화재의 원형보존과 정비를 통해 새로운 민족문화창조의 기틀을 마련하는 시기였다.[35] 1982년 12월 31일 법률 제3644호로 문화재보호법이 전부 개정됨으로써 국내외 문화재정책 환경변화에 부응하여 보다 현실에 맞게 정비되고, 문화재를 한층 효율적으로 관리할 수 있는 기반이 마련되었다. 예컨대, 문화재의 정의를 포함한 지정문화재의 구분, 가지정문화재의 대상 축소, 국가지정문화재의 허가사항, 문화재수리규정 개선, 중요무형문화재 보호 및 육성 근거마련, 매장문화재 발굴제한 강화, 외국문화재 보호규정 명시, 문화재보호법 위반자에 대한 벌칙 강화 등이 그것이다. 이에 따라 문화재관리국은 중요무형문화재 종목을 꾸준히 증가시키고 전수교육제도를 강화하였으며, 문화재수리제도에 대한 규정을 구체화하였고, 보존가치가 있는 단위 문화재 중심에서 벗어나 문화재 주변의 환경과 생태계까지 보존하는 '점에서 면으로'의 문화재정책의 기조를 전환했으며, 전통건조물보존

34. 1970년대 문화재관리국의 문화재보호활동에 관한 자세한 내용은 <문화재청, 전게서, 128~219면>을 참조.

35. 김창규, 전게논문, 38면. 1980년 우리나라 헌법에 '문화국가' 조항이 신설되었다. 그리고 전두환 정부는 취임사에서 문화창달과 함께 우리의 전통과 문화유산의 보존계승발전을 강조하였고, 1983년 및 1986년 경제사회발전 5개년계획의 문화부분 계획에서 전통문화유산의 개발과 문화적 주체성 확립을 강조하였으며, 더 나아가 1988년 서울올림픽을 문화올림픽으로 승화한다는 방침 아래 전통문화와 현대문화의 조화를 강조하였다.

법을 제정하여 전통건조물의 멸실과 훼손을 방지했고, 문화권유적정비 사업에 착수했으며, 문화재관리특별회계를 폐지하고 정부의 일반회계로 전환함으로써 문화재 보존·관리사업을 계획적이고도 안정적으로 추진할 수 있는 전기를 마련하였다.[36]

2. 문화재수리기술자제도의 도입과 운영

문화재는 그 원형대로 유지·보존될 때에 최고의 가치를 가진다. 그러나 문화재는 그 특성상 세월의 경과와 더불어 퇴락·훼손이 불가피하며, 그 원형이 항구적으로 유지되기는 어렵다. 따라서 문화재의 보수·복원 및 이를 위한 실측·설계와 손상방지를 위한 조치로서 수리가 필요하다. 이러한 문화재의 수리는 소유자가 경비를 부담·시행하는 것이 원칙이다. 그러나 문화재의 수리는 원형보존을 위한 철저한 고증과 고도의 기술을 요할 뿐만 아니라 대부분의 경우 많은 비용이 소요되므로 소유자의 책임 하에 시행하기 어렵다. 따라서 현실적으로 경상수리는 소유자의 부담으로 시행하고, 경상수리 이외의 것은 국가 또는 지방자치단체의 부담으로 시행할 수밖에 없다.[37] 또한 문화재의 수리는 새로운 건축물을 신축·증축·개축하는 일반 건설사업과 달리 과거의 전통기법에 따라 해당 문화재를 현재 또는 고증된 과거의 모습으로 보존하고, 그 내구연한을 연장하는 데 목적을 두고 있다. 문화재의 수리는 외형의 원형유지뿐만 아니라 전통기법의 보존도 중요하기 때문이다. 이러한 측면에서 문화재 수리는 일반 건설사업자가 아니라 전통기법을 갖춘 전문가에 의할 것이

36. 1980년대 문화재관리국의 문화재보호활동에 관한 자세한 내용은 <문화재청, 전게서, 220~329면>을 참조.
37. 김창규, 문화재수리에관한법령 제정방안연구, 문화재청, 2005.11, 17면.

요구되었는데, 그 제도화가 문화재수리기술자제도이다.

1970년대 이전의 문화재수리는 문화재수리품셈이나 문화재수리표준시방서가 구비되지 아니한 상태에서 문화재공사 유경험자의 개인적인 견적에 의하여 공사비가 산정되고, 수리공법도 장인들이 과거로부터 익힌 공사방법에 따라 시공되는 등 일정한 규범이 없었다. 또한 문화재를 수리할 수 있는 전문업체로 지정된 것도 없는 채, 국가회계에 관한 재무부령에 따라 문화재공사 유경험자들이 팀을 구성하여 문화재청의 문화재수리입찰에 참가하여 문화재수리공사를 시행하는 상태였다. 이 당시 문화재의 지정 수량도 적고, 국가의 문화재수리예산도 많지 않아 몇몇 장인과 국가감독관의 참여만으로 수리공사가 가능했다. 그러나 1970년대 급격한 경제개발과 더불어 민족문화의 보전과 창달이라는 국가정책 방향이 수립되면서 문화재보존예산이 대폭 증액되고, 문화재수리공사도 급증하게 되었다. 이러한 시대적 상황에 부응하여 국가의 공인을 받는 문화재수리기술자가 국가의 감독 하에 문화재수리를 전담하는 제도의 도입이 요구되었다.[38] 이에 문화재수리기술자제도가 1970년 8월 10일 우리나라에서 처음으로 도입되었다.[39] 이를 통하여 국가의 공인을 받은 문화재수리기술자, 문화재수리기능자 또는 문화재수리업자가 지정문화재의 수리를 전담하는 제도가 마련되게 되었다.

이후 문화재관리국은 1983년 8월 3일 문화재보호법시행령을 개정하여 수리의 정의, 문화재수리기술자의 업무·종류·자격조건·자격시험·수리기술자 등록 및 등록취소, 문화재수리기능자의 업무·종류·자격조

38. 김창규 외, 전게서, 59면.
39. 당시 문화재보호법은 "지정문화재의 수리는 대통령령이 정하는 바에 따라 소유자(관리단체가 지정되어 있을 때에는 그 관리단체)가 하여야 한다"(동법 제19조의3)고 규정하면서 동법시행령에서 "지정문화재의 소유자(관리단체)가 지정문화재를 수리하고자 할 때에는 미리 문화공보부장관의 지시를 받아야 하고, 지정문화재의 수리는 문화공보부령이 정하는 요건을 갖춘 기술자 및 기능자 또는 이들을 보유한 수리업체나 단체로서 문화공보부에 등록된 자로 하여금 하게 하여야 한다"고 규정하였다(동법시행령 제8조).

건·자격시험·수리기능자 등록 및 등록취소, 문화재수리업자의 종류·등록조건·수리업자 등록 및 등록취소 등 상세한 규정을 두었는데, 이것이 현행 문화재수리기술자제도의 뼈대를 구성하게 된다. 예컨대, 수리기술자는 보수기술자, 단청기술자, 실측·설계기술자, 조경기술자, 조각기술자, 표구기술자, 칠공기술자, 도금기술자, 모사기술자, 보존과학기술자 등의 10종으로 하고, 일정한 학력과 경력을 갖춘 자로서 서류심사와 필기시험에 합격하여야 될 수 있었다. 문화재수리기능자는 목공, 석공, 화공, 드잡이공, 번와와공, 제작와공, 미장공, 철물공, 조각공, 칠공, 도금공, 표구공, 조경공, 세척공, 보존과학공 등 15종으로 하고, 당해 기능분야에서 5년 이상의 실무 또는 연구경력이 있는 자와 국가기술자격법의 규정에 따라 당해 분야의 기술자격을 취득한 자로서 서류심사와 실기시험에 합격하여야 될 수 있었다. 그리고 문화재수리업자는 보수단청업자, 실측·설계업자, 조경업자, 조각업자, 표구업자, 칠공업자, 도금업자, 모사업자, 보존과학업자 등의 9종으로 하고, 일정 수의 수리기술자와 수리기능자를 보유하고 문화재청(당시 문화재관리국)에 등록하여야 될 수 있었다. 이러한 문화재수리기술자의 종류는 현행까지 법적으로 대체로 유지되고 있다. 그러나 실제로는 기술자의 종류 중 기능의 성격이 강한 조각기술자, 표구기술자, 칠공기술자, 도금기술자, 모사기술자 등과 같은 종류의 기술자는 지금까지 전혀 배출되지 못하여 그 업종은 개업되지 못한 채, 관련 문화재수리기능자에 의하여 수행되고 있었다. 그 후, 사찰 등의 소규모 수리공사 마저 기업형사업자인 문화재수리업자가 수행하기보다는 개인형사업자인 문화재수리기술자 또는 문화재수리기능자가 수행하는 것이 오히려 효과적이며, 지정문화재이 창호지를 바르는 행위 등 경미한 수리까지 문화재수리기술자 등이 수행하는 것은 비효율적이라는 비판에 따라 1982년 12월 31일 문화재보호법을 개정하여 지정문화재의 수리를 문화재청에 영업 또는 업무를 등록한 문화재수리업자, 문화재수리기술자 또는 문화재수리기능자가 할 수 있도록 함과 동시에 경미한 수리는 소유자가 직접 할 수 있도록 되었다.

3. 무형문화재 전수교육제도의 도입과 운영

중요무형문화재의 전승자를 교육하고 후계자를 양성하는 전수교육은 무형문화재를 후대에 계승하는 중요한 사업이다.[40] 그리고 무형문화재 전수교육은 전통적으로 스승과 제자 사이에 도제식교육을 통하여 장구한 세월동안 이어져 전승되어 왔는데, 이것은 생업이나 특별한 취미를 목적으로 하는 사제지간의 자발적인 교육이었다. 이러한 도제식교육은 근대 서구식의 학교교육제도가 보급되면서 급속히 단절되었으나, 장인정신이 중요하게 부각되는 무형문화재 전수교육 분야에서는 여전히 가장 효과적인 방법으로 활용되고 있다.[41] 그러나 1970년대에 접어들어 제1세대에 속하는 무형문화재 보유자들의 고령화에 따른 사망 등은 자발적 전수교육의 한계를 노출하게 되었고, 국가주도에 의한 무형문화재 전수교육의 필요성이 제기되게 되었다. 이러한 시대적 요구에 부응하여 도입된 것이 무형문화재 전수교육제도이다. 이러한 무형문화재 전수교육제도가 문화재보호법에 처음 도입된 것은 1982년 12월 31일이다.

문화재보호법은 "문화재청장(당시 문화공보부장관)은 중요무형문화재의 전승·보존을 위하여 당해 중요무형문화재의 보유자로 하여금 그 보유 기·예능의 전수교육을 실시하게 할 수 있고, 그 전수교육에 필요한 경비는 예산의 범위 안에서 국가가 부담하며, 전수교육을 받는 자에게

40. 이장열, 한국무형문화재 정책, 관동출판, 2006, 78면.
41. 안주영, "무형문화재의 도제제도에서 나타난 상황 학습에 대한 고찰", 중앙민속학, 중앙대학교 한국문화유산연구소, 2009, 127면.

장학금을 지급할 수 있다”(동법 제24조)고 규정함과 아울러 동법시행령에서 전수교육, 전수교육보조자, 전수장학생에 관한 규정을 두었다. 예컨대, 문화재청장(당시 문화공보부장관)은 중요무형문화재의 전수교육 실시상황을 지도·감독하고, 전수교육을 받은 자와 받고 있는 자를 심사하여 그 기능 또는 예능이 상당한 수준에 이른 자에게 이수증을 교부하며, 그 심사를 문화재위원회 위원과 전문위원 및 관계전문가로 하여금 하게 할 수 있다(동법시행령 제18조). 그리고 문화재청장은 중요무형문화재 보유자·보유단체의 전수교육을 보조하기 위하여 이수증을 교부받은 자 또는 당해분야 악기를 잘 다룰 수 있는 자를 중요무형문화재 보유자후보·전수교육조교 또는 악사로 선정하고, 그들에 대하여는 예산의 범위 안에서 전수교육을 보조하는데 소요되는 경비를 지급할 수 있다(동법시행령 제19조). 또한 문화재청장은 중요무형문화재의 전수교육을 받는 자 중에서 그 중요무형문화재의 보유자 또는 보호·육성단체(보유자 등)의 추천을 받아 전수장학생을 선정할 수 있는데, 그 전수장학생이 신체·정신상의 장애 또는 기타의 사유로 중요무형문화재의 전수교육을 받을 수 없게 되거나 전수실적이 불량한 때에는 보유자 등이 지체 없이 문화재청장에게 보고하도록 함과 아울러 이 경우 장학금의 지급을 중지하도록 하였다(동법시행령 제20조). 이를 통하여 국가주도의 무형문화재 전승을 위한 무형문화재 전수교육제도가 마련되게 되었다.

4. 전통건조물 및 전통건조물보존지구의 보존

우리나라의 서구화과정에서 주거양식·건축양식 등의 변화에 따라 점차 사라져가는 우리의 전통적 건조물의 원형을 유지·보존함과 동시에 이를 후세에 전승할 수 있도록 보존대상 전통건조물 및 보존지구를 지정하고, 그 보존에 필요한 조치를 강구하고자 하는 목적 하에 1984년 12월 31일 '전통건조물보존법'이 제정되었다.[42] 그리고 동 법률은 총 15개조로 구성되었는데, 건립·축조된 지 50년 이상이 되는 민가·사찰·향교·서원·사우·정자 등 건조물로서 역사적 의의를 가진 것 중에서 지정문화재가 아닌 것을 전통건조물로 함과 동시에 전통건조물 중에서 특히 보존·관리할 필요가 있는 건축물을 보존대상전통건축물로, 전통건축물의 밀집지역 등으로서 그 지역전체를 특히 보존·관리할 필요가 있을 때에는 전통건조물보존지구로 각각 지정할 수 있도록 하고, 국가는 이들 보존대상전통건조물 등의 보존·관리를 위하여 필요한 조치를 강구하며, 문화공보부장관은 보존계획을 수립·공고하여야 하고, 보존대상전통건조물 등의 현상변경 등의 행위는 허가를 받도록 하며, 국가 또는 지방자치단체는 보존대상전통건조물 등의 보존·관리에 필요한 경비를 보조할 수 있고, 보존대상전통건조물 등의 소유자나 관리자는 관람료를 징수할 수 있도록 규정하였다. 그러나 소유자의 지정기피 등으로 그 실효성이 상실되어 동 법률은 1999년 1월 21일 폐지되었다.

5. 문화권유적정비사업의 착수

문화권유적정비사업은 역사적, 학술적 또는 지정학적 공통의 문화적 특성을 지니고 있는 대표적 권역을 하나의 문화권으로 설정하여 문화권 내 주요 유적을 체계적·집중적으로 정비함으로써 문화재의 효율적 보존과 관리를 도모하고, 문화재의 역사교육장화 및 문화관광자원으로 확충하기 위한 사업을 말한다. 이러한 문화권유적정비사업은 유적의 가치개념과 지역개념을 결합하여 정비효과를 높이고, 기존의 단위문화재 보존

42. 김창규 외, 전게서, 34면.

과 관리의 차원에서 벗어나 주변의 역사문화환경과 활용측면까지 포함하는 문화재의 보존과 관리 개념의 변화에 부응함에 있어서도 그 의의가 크다.[43] 문화재청은 1988년부터 1997년까지 10개년에 걸쳐 백제, 신라, 가야의 고대국가 유적과 삼국교류지역인 중원지방, 영산강유역을 중심으로 형성된 유적을 대상으로 하는 5대 문화권을 설정, 총사업비 1,659억 원(국비 1,068억 원)을 투입하여 퇴락·훼손된 135건의 유적을 정비토록 계획을 수립·추진하였다. 이러한 정비사업으로 몽촌토성, 암사동 선사주거지, 석촌동 고분군, 황룡사지, 경주 월성, 청주 흥덕사지, 광주 무진고성지 등 123건의 유적을 정비하였으며, 단위문화재 위주의 점단위 보수정비에서 면단위 개념의 보수정비로 전환되는 계기가 마련되었다. 또한 고도 문화권유적에 대한 집중적인 정비로 국민들의 문화유적에 대한 관심과 애호정신 함양에 기여하였다.

Ⅳ. 민족문화의 창달과 문화재관리체계의 발전

1. 문화부 출범 이후 문화재정책의 특징

1980년대 중반부터 1990년대까지는 종래의 단일건축물 또는 유적만을 중점적으로 보존하던 협의의 문화재 개념에서 탈피하여 단일문화재 주변의 일정지역을 보존대상에 포함하여 건물과 그 주변을 총괄적으로 보존하는 방향과 개개 건물이 지니는 건축적·역사적 중요성은 떨어지나 그 건물이 군집되어 나타나는 전체경관의 가치를 인정하여 건물과 주변환경을 종합적으로 보존하는 방향으로 나아가기 시작하였다.[44] 이러한

43. 김창규, 문화재관리의 이론과 실제, 동방문화사, 2012, 142면.

차원에서 정부는 전통사찰 부근의 문화재보호구역의 확대지정, 민속마을지정, 전통건조물보존지구의 지정 등의 후속조치를 취해 왔는데,[45] 이것은 산업화와 도시화의 피해로부터 전통적인 유적지 환경과 주변의 자연을 보존하자는 취지에서 나온 것이었다.

그 후, 1998년 문화관광부 외국으로 개편된 문화재관리국은 각종 행정규제개혁의 일환으로 과도한 규제로 인한 국민의 부담을 경감시키기 위하여 문화재관련 규제개혁을 추진하였다. 그리고 2000년대에는 국내외 문화환경의 변화에 발맞추어 문화재관리국이 '문화재청'으로 승격함과 동시에 문화재 보존·관리 및 활용에 관한 기본계획을 수립하여 체계적인 문화재보호정책을 집행하였다.[46] 특히, 2001년에는 근대문화유산의 보호를 위한 등록문화재제도의 도입, 문화재보호방법의 다양화를 도모하였다.[47] 그리고 2007년부터는 문화재에 내재된 가치를 적극 발굴하고 이를 현대적 관점에서 재창조하기 위한 다양한 시책을 펼쳐 우리의 문화재가 국민과 친숙하고 생명력이 살아 숨쉬며 핵심적인 문화관광자

44. 김창규 외, 전게서, 38~39면.
45. 도중필, 문화재정책개론, 민속원, 2009, 408면.
46. 문화재청은 각 단위사업별로 추진되어 오던 문화재보수정비 사업들을 보다 장기적 관점에서 체계적으로 보존관리하여 정책의 예측가능성과 신뢰도 제고를 위하여 10개년 단위의 중장기기본계획 수립을 추진하였다. 이를 위하여 1999년 1월 문화재보호법에 법적 근거를 마련하고, 전문연구기관의 연구용역(2000.9~2000.12), 문화재위원 등 관계전문가 의견수렴(2001.3~2001.5), 전문가와 직원이 함께 하는 문화재정책발전연찬회(2001.8) 등을 거쳐 기본구상을 마련하고, 반년여의 실무적 검토와 체계화 작업 등을 거쳐 2002년 4월 '문화재 보존관리 및 활용에 관한 기본계획'을 수립하였다(문화재청, 문화재 보존관리 및 활용에 관한 기본계획, 2002, 6면). 동 계획은 원형보존을 통한 문화정체성 확립, 개발과 보존의 조화, 문화재 향유권 신장을 목표로 설정하고, 문화재의 원형보존, 체계적 관리, 효율적 활용 등 3개의 핵심 대과제와 18개 정책과제로 구성하였다. 원형보존의 정책과제로 건조물문화재 보존, 동산문화재 보존관리, 사적 보존관리, 천연기념물·명승 보호, 무형문화재 보존·전승, 중요민속자료 보존, 근대문화유산 보존·활용, 매장문화재 보호 등의 8개를, 체계적 관리의 정책과제로 문화재 정책기능 및 재정기반 강화, 문화재 보존협력네트워크 강화, 기록화·정보화기반 구축, 문화재 수리공사 품질 향상, 문화재 보호구역의 합리적 관리, 문화재의 과학적 조사연구, 국제교류 활성화, 전통문화 전문인력 양성 등의 8개를, 효율적 활용의 정책과제로 문화유산의 관광자원화, 문화재 향유기회 확대 등의 2개를 설정하였다.
47. 등록문화재제도에 관하여는 <김창규, "등록문화재제도의 활성화와 법제개선", 문화재학 통권 제2호, 한국전통문화학교 문화재관리학과, 2005; 김창규, "근대유산보호를 위한 등록제도의 법제개선방안", 토지공법연구 제34집, 한국토지공법학회, 2006> 등을 참조.

원으로서 새롭게 자리매김할 수 있는 계기를 마련하였다.[48] 특히, 2008년 국보 제1호 숭례문 방화사건을 계기로 문화재청은 문화재방재사업을 적극 추진함과 동시에 세계유산보호 및 무형문화재 보호사업에도 관심을 집중하였다.[49] 더 나아가 2012년부터는 문화재에 대한 국가와 시민사회의 이해와 관심이 높아지면서 지속가능한 문화재보호정책의 추진에 힘쓰고 있다. 특히, 2012년 문화재보호법의 개정에 따라 문화재 보존·관리·활용에 관한 기본계획이 5개년 단위로 전환되고, 이에 기초한 문화재청과 광역지방자치단체의 연도별 문화재 보존·관리·활용에 관한 시행계획 수립이 의무화됨과 동시에 종전 기본계획이 종료함에 따라 '문화재 보존·관리·활용 5개년 기본계획을 새로이 수립하였다.[50] 동 기본계획은 문화유산의 보존과 가치창출로 민족문화 발전에 기여라는 미션 아래 소통과 융합, 수요자중심 정책, 세계화·정보화, 특성화와 지역화, 가치창출과 확산을 핵심전략으로 설정하고, 국민의 문화향유권 신장, 보존관리 강화 및 활용 활성화, 개발과 보존의 조화를 통한 지속가능한 발전, 합리적 규제와 사유재산권 보호기반 확대, 우리 문화유산의 국제적 위상 강화를 정책목표로, 문화재 역사문화환경 보호, 문화재안전관리 및 보존역량 강화, 문화재보존정비 체계화, 문화재첨단기록정보화, 문화재

---

48. 문화재청은 2007년 그동안의 문화재정책 전반에 걸쳐 얻은 혁신적 성과를 행정시스템에 정착·제도화하여 보다 더 합리적이고 미래지향적인 방향으로 문화재정책이 나아갈 수 있도록 종전 2002년의 기본계획을 수정하여 5개년의 '문화재정책 중장기비전 문화유산 2011'을 수립하였다(문화재청, 문화재정책 중장기비전 문화유산 2011, 2007, 3면). 동 계획은 문화유산의 보존과 가치창출로 민족문화 발전에 기여를 미션으로 설정하고, 핵심역량 강화, 합리적 보존, 협력적 관리정착, 가치활용 활성화 등 4개의 핵심 대과제와 12개 정책과제로 구성하였다. 핵심역량 강화의 정책과제로 조사·연구 품질 향상, 전문인력 양성, 행정역량 확충을, 합리적 보존의 정책과제로 문화재 보존관리시스템 개선·정비, 유형별 보존관리 특성화·고도화, 개발과 보존의 조화를, 협력적 관리정착의 정책과제로 민·관협력 내실화, 국제교류협력 강화, 남북한협력 안정화를, 가치활용 활성화의 정책과제로 현재적 가치 재창출, 국민 문화향유권 신장, 교육 및 홍보 강화를 설정하였다.
49. 1972년 11월 16일 제17차 유네스코총회에서 "세계 문화 및 자연유산의 보호에 관한 협약(세계유산협약)"이 채택되고 2003년 11월 3일 제32차 유네스코총회에서 "무형문화유산협약"이 채택되었는데, 우리나라의 경우 세계유산협약은 1989년 9월, 무형문화유산협약은 2005년 2월에 가입하였다.
50. 문화재청, 문화재 보존·관리·활용 5개년 기본계획, 2012, 3면.

가치활용 및 산업화, 문화재연구교육 역량강화, 문화재국제교류 활성화, 세계유산등재 및 보존관리를 주요 추진과제로 제시하고 있다.

2. 조선왕궁 복원정비사업의 추진

1) 경복궁 복원·정비 10개년계획 수립과 복원정비사업

문화재관리국은 일제가 훼손하고 변형시킨 경복궁을 조선왕궁의 기본 궁제대로 복원하는 경복궁 복원·정비 10개년계획을 수립하고 1990년부터 복원공사에 착수하였다. 이것은 조선왕조의 정궁인 경복궁의 위엄을 되살림으로써 민족정기를 회복하고 전통문화의 명소 및 역사교육의 장으로 조성·활용하며 국민에게 문화민족으로서의 자긍심을 고취하기 위한 것이었다. 총사업비 1,789억 원이 투입된 경복궁 복원정비사업은 1990년부터 2011년까지 21개년사업으로 추진되었다.

제1단계 사업은 침전권역 복원으로 1990년부터 1995년까지 6개년에 걸쳐 207억 원을 투입하여 강녕전(임금의 처소), 교태전(왕비의 처소) 등 고건축 12동 복원과 아미산 등의 시설물 정비를 완료하여 관람객에게 공개하였으며, 과학문화재 중 혼상(관측기구)을 복원 완료하였고, 간의(물시계) 및 혼의(해시계)의 설계도를 작성·완료하였다. 제2단계 사업인 동궁권역 복원은 1994년부터 1999년까지 171억 원을 투입하여 자선당, 비현각, 행각, 협문 등 18동을 복원하였고, 건춘문의 육축과 지붕 보수, 자경전 및 자경전 행각 보수, 구 조선총독부 박물관(전통공예관) 철거, 경회루 보수 및 연지 준설, 신무문 보수 등을 시행하였다. 제3단계 사업인 흥례문권역 복원은 1996년부터 2001년까지 208억 원을 투입하여 흥례문, 유화문, 기별청, 행각 등 건물 6동과 영제교, 어구 복원 등을 완료하였으며, 2001년에는 근정전 보수 단청과 흥례문권역 복원을 마무리하여 일반에 공개하였다. 제4단계 사업인 태원전권역 복원은 1997년부터 2000년까지 발굴조사와 복원설계를 완료하고, 2001년부터 복원공사에 본격 착수하여 태원전 등 25동 복원 및 지형 복구 등을 2005년까지 완료하였다. 그리고 제5단계 사업인 광화문 및 기타 권역 복원은 2001년부터 2010년까지의 사업으로 2002년 12월에 광화문 및 서십자각 이전복원을 위한 기술용역을 완료하였으며, 2010년 건천궁 등 30동 복원을 완료하였다.

2) 창덕궁 복원·정비사업계획 수립과 복원정비사업

문화재관리국은 일제에 의해 변형·훼손된 창덕궁을 전통 궁궐 본래의 양식으로 복원하여 세계적 명원의 하나인 후원과 함께 세계문화유산으로 등록된 조선시대 왕궁의 위상을 높이고 이를 대내외에 보여줄 수 있도록 하기 위하여 복원사업을 추진하였다. 1991년부터 2003년까지 13개년 동안 총사업비 470억 원이 투입되었다.[51]

제1단계 사업인 인정전 내행각권역 복원은 1991년부터 1995년까지 사업비 83억 원을 투입하여 변형된 행각 600평을 철거하고 내행각 등 11동 380평을 복원하였으며, 어도 및 내정박석 1,150평 포장 등을 시행하였다. 제2단계 사업인 인정전 외행각권역 복원은 1996년부터 1999년까지 111억 원을 투입하여 진선문, 숙장문 등 외행각 15동 384평에 대한 복원과 인정전 132평 보수, 어도 및 배수로 정비 등을 완료하여 인정전 일곽 복원사업을 완료하였다. 제3단계 사업인 규장각·구선원전권역은 1999년부터 2001년까지 150억 원을 투입하여 옥당, 약방 등 17동을 복원(목공사, 단청공사)하였고, 2002년에는 72억 원을 투입하여 규장각, 검서청 등 10동을 복원(목공사, 단청공사)하였으며, 2003년에는 60

51. 김창규, 전게서, 146면.

억 원을 투입하여 규장각 등 건물 27동과 어구 300m 등을 복원함과 아울러 상방구역의 건물 5동을 복원(기초, 목재치목)하였다.

3. 문화권유적정비사업의 지속적 추진

문화재관리국은 1990년 문화권유적정비사업을 비롯하여 전국에 산재한 국가지정문화재 및 시·도 지정문화재 등 단위 문화재를 대상으로 문화재의 원형보존을 위한 보수·정비사업을 지속적으로 시행하였다.[52] 문화권유적정비사업은 1988년부터 10개년간 진행된 제1차 문화권유적정비사업 이후 지속적으로 추진되었는데, 제2차 문화권유적 정비사업은 제1차 사업 시의 백제, 신라, 가야, 중원 및 영산강 유역 문화권 중에서 영산강 유역을 제외하고, 다도해, 강화, 안동·영주문화권을 추가하여 7대 문화권을 설정하였다. 이 정비사업은 1998년부터 2002년까지 5개년에 걸쳐 총사업비 2,195억 원(국비 1,293억 원)을 투입하여 52건의 유적을 정비토록 계획하였다. 이러한 정비사업으로 경주 포석정지, 진천 삼용리 백제토기요지, 익산 왕궁리유적, 경주 남산일원 등 43개의 사업을 완료하였고, 9건의 유적은 사업의 효율을 기하기 위하여 다른 사업(유교문화관광자원화사업)으로 이관하여 추진되었다. 이 과정에서 유적정비사업은 원형보존의 정비원칙을 기본으로 하여 문헌자료와 관계전문가의 자문을 거치고, 주변의 자연경관과 조화를 이루는 데 역점을 두어 추진되었고, 유적의 정확한 성격과 역사적 의의를 규명하기 위한 발굴조사 등 연구·조사활동, 일반인의 문화유적 향유기회 확대를 위한 전시관 확충과 편의시설 조성사업도 함께 추진되었다.

52. 김창규, 전게서, 143~144면.

또한 제3차 문화권유적 정비사업은 제2차 사업에서 마무리되지 아니한 주요 유적과 영산강유역 및 경기·강원북부지역의 고구려·고려시대 문화유적을 포함하고 있다. 다시 말해서, 제3차 문화권유적 정비사업은 2003년부터 2007년까지 백제, 신라, 가야, 중원, 강화, 영산강·다도해, 고구려·고려문화권 등 7개의 문화권을 설정, 총사업비 3,064억 원(국비 2,023억 원)을 투입하여 53건의 역사문화유적을 보수·정비하였다. 이러한 정비사업으로 공주 공산성, 경주 남고루, 고령 지산동고분군, 고성 내산리고분군, 원주 강원감영지, 상당산성, 광주 신창동유적, 고창 지석묘군, 파주 용미리혜음원지, 연천 호로고루, 강화지석묘, 강화산성 등 53건의 사업을 추진하였다. 그리고 제4차 문화권유적 정비사업은 제3차 문화권유적 정비대상 중 미완료사업으로서 지속적 정비가 필요한 중요사업, 역사적·학술적 보존가치가 높으며 시급히 정비를 요하는 유적, 문화사적 실체를 규명해주는 주요 유적으로 체계적 정비가 필요한 유적, 선현들의 호국정신을 대내외에 선양할 수 있는 유적, 문화사적 규명 또는 역사교육 관광자원으로 연계활용성이 높은 유적을 중심으로 백제, 신라, 가야, 중원, 고구려, 영산강·다도해, 강화문화권 등 7개의 문화권을 설정, 53개의 유적을 대상으로 5개년간 총사업비 3,309억 원(국비 2,290억 원)을 투입하여 정비해 나가는 것을 계획하였다. 이러한 정비사업으로 부여 왕흥사지, 공주 수촌리고분군, 부여나성, 명활산성, 경주읍성, 경주나정, 창녕 교동·송현동고분군, 함안 도항리·말산리고분군, 원주 법천사지, 삼년산성, 전라병영성지, 나주덕산리고분군, 아차산일대보루군, 단양온달산성, 충주 장미산성, 삼랑성, 강화외성 등을 보수·정비하였다.

4. 등록문화재제도의 도입과 운영

2000년대에 들어 현대인의 문화적 정체성을 형성해온 근대화과정에서 파생된 경제적·사회적·문화적 증거물(근대문화유산)의 보존과 역사적 의미의 재해석작업이 진행되면서 산업 및 공업시설과 생산물, 모더니즘예술, 대중문화 등 전통사회에 기반하여 문화재를 바라보던 관점에서 보면 문화재로 인식하지 못했던 것들이 문화재로 인식되게 되고, 이들 문화재의 보호제도로서 종전 지정제도는 한계에 봉착하게 됨에 따라 문화재보호방법에 대한 다양화의 도모가 요구되게 되었다.[53] 이러한 상황을 반영하여 문화재청은 2001년 3월 28일 문화재보호법을 개정하여 신고제도와 지도·조언·권고를 기본으로 하는 완만한 보호조치를 취하는 근대문화유산의 등록제도를 지정제도의 보완제도로서 도입하였다. 이 당시 등록문화재의 등록대상을 근대문화유산 중 건조물 또는 시설물에 한정한 것은 근대건조물의 경우 근대화의 과정을 거치면서 전래의 역사와 관련되는 문화유산이 전승된 것도 있는 반면, 외래문화가 이입되어 이루어진 것도 있고, 심지어 근대사회로 들어서면서 그 이전시대에 존재하지 않던 과학기술이 접목되어 이루어진 것도 있어서 그동안 그 가치를 충분히 조명 받지 못하여 극히 일부분만이 보호되고 있을 뿐, 대부분은 사회변동과 생활양식의 변화, 기술혁신, 경제의 효율성 등으로 이미 멸실되거나 사라질 위기에 처하여서 이들의 보호가 시급하였기 때문이다. 그리고 문화재청은 등록문화재제도의 도입과 함께 2001년 5월부터 근대문화유산조사 및 목록화사업을 추진함과 동시에 2001년 6월부터 건축물 등 근대문화유산 현지조사 및 등록추진사업에 착수하여 총 200여 건의 건조물문화재를 등록하였다.

53. 김창규, 문화재법학(Ⅰ) －문화재보호법－, 동방문화사, 2015, 234면.

그러나 새로이 도입된 등록문화재제도의 운영과정에서 다양한 문제점이 나타났다. 등록문화재의 인식부족에 따른 소유자의 등록신청기피 및 등록문화재활용실적의 저조, 등록문화재 수리비지원기준의 부재와 등록문화재 현상변경에 따른 보호조치의 미흡 등이 그것이었다. 이에 문화재청은 2005년 1월 27일 문화재보호법을 개정하여 등록문화재의 등록대상을 건조물 및 시설물 이외에 미술공예품 등의 동산문화재도 가능하게 확대하고, 건조물등록문화재의 경우 건축물의 건폐율 및 용적률 특례규정을 통한 인센티브를 부여함과 동시에 건폐율 및 용적률 특례규정을 적용받거나 국가로부터 보조금을 지원받는 등록문화재의 현상변경에 대하여 허가제를 채택하는 등 규제를 강화하였다.[54] 이와 아울러 문화재청은 등록문화재의 등록대상을 돌담, 옛길, 염전 등 다양화함과 동시에 면적단위의 보호에도 노력하고 있다.[55]

5. 문화재보호법으로부터 문화재수리와 매장문화재보호제도의 분리

문화재청은 급변하는 문화재 환경변화에 적극 대처하기 위하여 2005년부터 문화재의 보존 및 활용의 통합법전인 문화재보호법의 분법을 추진하였다. 그 일환으로 2010년 문화재보호법으로부터 '문화재수리 등에 관한 법률'과 '매장문화재 보호 및 조사에 관한 법률'을 분리하였다.[56]

---

54. 김창규, 문화재보호법총론, 동방문화사, 2011, 181-182면.
55. 김창규, 문화재법학(Ⅰ) – 문화재보호법 –, 동방문화사, 2015, 235면.
56. 현행 문화재보호법령은 종전 문화재보호법이 '문화재보호법', '문화재수리 등에 관한 법률', '매장문화재 보호 및 조사에 관한 법률'로 분리되고, 별도의 특별법으로서 '고도 보존 및 육성에 관한 특별법', '문화유산과 자연환경자산에 관한 국민신탁법', '문화재보호기금법'이 제정되어 하나의 법령체계를 이루며 문화재정책을 지원하고 있다(김창규, "문화융성 및 창조경제의 활성화를 위한 문화재 법정책 방안", 법과정책연구 제14집제2호, 한국법정책학회, 2014, 565면).

1) 문화재수리의 품질 향상과 전문성 제고

문화재수리분야는 1990년대와 2000년대를 거치면서 문화재수리의 품질 향상과 전문성 확보를 위하여 대폭적인 변화를 거쳤다. 1994년 10월 7일에는 문화재보호법시행령을 개정하여 문화재수리기술자의 종류로 식물보호기술자를, 문화재수리기능자의 종류로 식물보호공을, 문화재수리업자의 종류로 식물보호업자를 추가하였고, 1996년 6월 29일에는 문화재수리기능자의 종류로 실측·설계사보, 문화재수리업자의 종류로 실측·감리업자를 추가함과 동시에 문화재수리기술자가 실측·감리업자에 소속되어 해당 분야의 문화재수리에 관한 감리를 할 수 있도록 되었다. 그리고 1999년 1월 29일 전 세계적인 규제완화의 흐름 속에서 국민에게 불편을 주는 행정규제완화를 위하여 문화재보호법을 개정하여 문화재수리기술자의 보수교육의무제도가 폐지되게 되었고, 2000년 1월 12일에는 문화재수리기술자 자격시험의 응시요건인 일정한 학력 및 경력의 요구를 폐지하여 누구나 자격시험에 합격하면 문화재수리기술자가 될 수 있도록 함과 동시에 한국의 문화재교육전문기관으로서 문화재청이 설립한 한국전통문화학교가 개교함에 따라 그 대학의 졸업자 및 졸업예정자에게 보수기술자, 조경기술자, 식물보호기술자, 보존과학기술자의 필기시험 면제혜택을 부여하였다. 또한 천연기념물 동물의 수리와 관련하여 다른 법률에 의한 수의사제도와 조화를 위하여 문화재수리기술자가 아니라 수의사가 개업한 동물병원, 수의사를 고용한 지방자치단체 축산관련기관, 수의사를 회원으로 하는 단체 등이 치료할 수 있는 동물치료소 지정제도가 도입되었다.

이와 함께 2001년 3월 28일에는 문화재수리공사에 있어서 기술수준의 향상과 품질확보를 위하여 문화재보호법을 개정하여 문화재수리공사를 발주한 문화재청 또는 지방자치단체의 장은 그가 발주한 문화재수리공사에 대하여 평가를 할 수 있도록 하고, 우수한 평가를 받은 문화재수리업자에 대하여는 문화재수리공사의 발주에 있어서 우대할 수 있는 제도가 도입되었다. 예컨대, 평가대상에 사업계약금액이 3천만 원 이상인 용역사업, 공사계약금액이 10억 원 이상인 수리공사와 예외적으로 국보 또는 보물로 지정된 문화재로서 역사적·학술적·건축적 가치가 큰 경우 공사계약금액 10억 원 미만인 수리공사도 포함시키고, 그 평가의 공정성 및 전문성 확보를 위하여 문화재청장과 시·도지사 소속 하에 문화재기술위원회를 설치·운영하도록 하였다. 그리고 2002년 12월 30일에는 문화재수리공사의 품질향상을 도모하기 위하여 문화재수리기술자 등의 업무처리기준을 마련하고, 문화재수리공사에 대한 하자담보책임에 관한 규정이 신설되었다.

또한 2005년 1월 27일 문화재보호법을 개정하여 종전 문화재청 및 시·도로 이원화되어 있는 문화재수리기술자·문화재수리기능자와 문화재수리업자의 관리를 시·도로 일원화함으로써 문화재수리기술자·문화재수리기능자·문화재수리업자의 효율적 관리와 민원인의 편의를 제고하기 위하여 문화재수리기술자·문화재수리기능자 등록사무를 시·도로 이양하고, 자격증 교부제도의 도입을 신설하였다. 이와 아울러 2007년 8월 17일에는 문화재보호법시행령을 개정하여 문화재수리기술자 및 문화재수리기능자의 자격시험 및 자격증 관리를 한국산업인력공단법에 따른 한국산업인력공단에 위탁하였다. 그러나 문화재청은 2008년 9월 26일 문화재수리기술자 및 문화재수리기능자의 자격증 관리제도가 정착되지 못한 상태에서 한국산업인력공단이 자격증의 관리를 수행하기는 곤란하다고 판단하여 문화재보호법시행령 개정을 통하여 다시 그 권한을 환원하였다. 더 나아가 2008년 6월 13일에는 문화재수리의 특례조항으로 존재하던 천연기념물 동물치료소의 지정·해제 권한을 문화재보호법 개정을 통하여 시·도지사에게 위임함과 아울러 그 지정·해제를 할 때에는 문화재청장에게 보고하도록 하고, 천연기념물 동물치료 경비의 지급사무를 수의사법에 의한 수의사회가 담당하도록 위탁하였다.

그러나 문화재수리에 관한 사항을 통합적으로 문화재보호법에 규정하여 운영하던 당시 문화재수리에 필요한 세부 관련규정이 미비하여 현대 건설산업의 기본법적 지위를 가지는 건설산업기본법이 문화재수리에 원용되고 있었다. 하지만 건설산업기본법은 문화재수리공사에 관하여 그 적용을 배제하고 있어 문화재수리공사 수행과정에서 많은 혼선과 이해관계자 상호 간의 분쟁이 끊임없이 발생하고 있었다. 이러한 문화재수리제도의 문제점을 해결하기 위하여 문화재수리 등에 관한 사항을 별도 법률로서 제정하여 문화재수리의 전문성을 확보하고, 문화재수리의 품질을 높이며, 문화재수리에 있어 의무감리제도를 도입하고, 과도한 하도급을 제한하는 등의 제도적 개선을 도모하고자 하는 배경 하에 '문화재수리 등에 관한 법률'이 제정되었다. 동법은 문화재를 원형으로 보존·계승하기 위하여 문화재수리·실측설계·감리와 문화재수리업의 등록 및 기술관리 등에 필요한 사항을 정함으로써 문화재수리의 품질향상과 문화재수리업의 건전한 발전을 도모한다는 입법목적 하에 2010년 2월 4일 제정·공포되어 2011년 2월 5일부터 시행되고 있으며, 문화재수리 등의 정의, 문화재수리기술자와 문화재수리기능자의 자격시험 및 자격관리, 문화재수리업 등의 등록, 도급 및 하도급, 문화재수리 등의 규제, 문화재수리협회의 설립 및 공제조합의 운영, 국가 및 지방자치단체의 감독, 벌칙 등 총 7장 62개조로 구성되어 운영되고 있다.[57]

2) 매장문화재 보호와 조사의 전문성 제고

매장문화재의 보호 및 조사의 전문성과 효율성을 확보함과 아울러 매장문화재의 조사·발굴은 공신력 있는 전문기관만이 할 수 있도록 하는

57. 김창규, 문화재보호법각론, 동방문화사, 2013, 3면.

등 매장문화재의 보호·조사 및 관리와 관련된 행정적·제도적 기반을 마련하고자 하는 배경 하에 종전 문화재보호법에 규정된 매장문화재의 보호 및 조사에 관련된 사항에 수중문화재의 정의, 매장문화재조사기관의 등록 등의 규정을 추가·보완하여 독립된 별도의 법률로서 '매장문화재 보호 및 조사에 관한 법률'이 제정되었다.[58] 동법은 매장문화재를 보존하여 민족문화의 원형을 유지·계승하고, 매장문화재를 효율적으로 보호·조사 및 관리한다는 입법목적 하에 2010년 2월 4일 제정·공포되어 2011년 2월 5일부터 시행되고 있으며, 매장문화재의 정의, 매장문화재의 보호조치, 매장문화재 지표조사, 매장문화재 발굴 및 조사, 발견신고된 매장문화재의 처리, 매장문화재의 국가귀속, 매장문화재 조사기관의 등록, 벌칙 등 총 7장 38개조로 구성되어 운영되고 있다.[59]

6. 무형문화재 전수교육제도의 개혁

1990년대에 들어서면서 무형문화재 전수교육의 내적·외적 환경이 급변하면서 무형문화재정책의 전환이 요구되었다. 예컨대, 제1세대 무형문화재 보유자들이 대부분 타계하여 그 자리를 제2세대들이 승계하면서 전승활동공간이 변하거나 사라지고, 전승 분위기도 달라졌다. 즉, 전통적으로 폐쇄된 특정지역에서 한 스승으로부터 도제식으로 전승받던 무형

58. 김창규, 전게서, 105면.

59. 우리나라의 매장문화재 발굴조사제도는 1970년대 구제발굴 비용의 원인자부담원칙 채택, 1980년대 발굴조사보고서 제출의 의무화, 1990년대 발굴전문 비영리법인의 설립 허용 및 지표조사 의무화 등의 정책 및 제도화를 통해 개발에 따른 무분별한 매장문화재의 멸실과 훼손을 방지할 수 있었다. 그러나 2000년대 접어들어 구제발굴의 수요가 급증하면서 매장문화재 발굴조사제도가 개발의 장애물이라는 사회적 인식이 확산됨에 따라 소규모발굴조사비용의 지원, 행정절차의 간소화와 투명화, 지표조사기관과 발굴조사기관의 기준 및 세부적 발굴조사지침 마련 등을 통해 국토개발과 매장문화재보호 사이의 갈등을 조정하고자 노력하고 있다.

문화재가 전국적인 교통망과 운송수단의 발달로 전국의 여러 스승으로부터 다양한 기·예능을 습득할 수 있는 여건이 조성되고, 각종 녹음·녹화기술의 발달로 전승방법도 다양해졌으며, 산업자본주의 사회로 진입하면서 인정과 윤리를 중시하던 전통적인 전승모습과 장인정신은 퇴색되어 갔다. 또한 임권택 감독의 국악영화 '서편제'가 열풍을 일으키면서 무형문화재에 대한 국민적 관심이 고조되게 되었다. 이러한 무형문화재 전수교육이 환경변화에 부응하여 정부는 1993년 5월 '중요무형문화재 관리개선계획'을 발표하였다.[60] 그 주요내용은 무형문화재 보유자 인정 연령을 50세 이상으로 하고, 무형문화재 보유자후보의 선정에 있어서 보유자가 3배수의 범위 내에서 추천하며 국가가 기·예능 형성과정을 중점 조사하고, 무형문화재 보유자후보의 추천권자에 문화재청장을 포함시킨다는 것이었다. 이와 함께 동 관리계획에서는 무형문화재 보유자의 승계에 대해서 ① 보유자가 사망할 때에는 보유자후보, 조교 중에서 보유자로 승격 인정하되 선정기준상 기·예능 수준, 연령, 경력, 품위 등이 보유자의 수준에 이르지 못하면 보류하고, ② 보유자후보가 전수교육을 승계하여 실시하되 보유자후보가 승계할 수 없는 경우 전수생의 기·예능을 평가하여 우수자는 이수증을 교부하고 미달자는 제적하며, ③ 개인종목의 경우에는 일반인 중에서 당해 종목의 기·예능이 보유자의 수준에 이른 자가 있는 때에는 이를 조사·발굴하여 보유자로 인정할 수 있다. 이 경우 보유자가 사망할 때에는 보유자후보, 조교 중에서 보유자로 승격 인정하되 당국에서 보류할 수도 있고 일반인 중에서 기·예능 우수자를 발탁하여 보유자로 인정할 수 있다고 명시하였다. 이것은 그 당시 점차 고착화되어가는 보유자의 문화권력화를 견제하고자 하는 의도에서 중요무형문화재의 보호방법에 대한 행정권의 관여를 강화한 내용이었다.[61]

60. 김창규 외, 전게서, 72면.
61. 김창규 외, 전게서, 2013, 72면.

정부는 곧 바로 동 관리계획의 실행에 착수하였다. 1993년 6월 30일에 개최된 문화재위원회 제4분과위원회 제2차 회의에서 1993년도 중요무형문화재 전승자 선정 및 전수교육 관리방침'이라는 제목으로 보유자후보 없는 종목 및 대상자 명단이 함께 보고되었다. 그리고 1993년 7월 28일에 개최된 문화재위원회에서 판소리 등 7종목의 조교 또는 이수자 중에서 당해 종목의 보유자와는 상의 없이 신규로 보유자후보가 선정되었으며, 보유자가 사망하고 없는 종목에도 전수교육조교가 선정되었다. 이에 해당 종목의 보유자는 강력한 항의와 함께 언론매체를 통한 여론 확산, 이의신청, 탄원서, 국회의원의 국정감사 질의 등을 통한 시정을 줄기차게 요구하였다. 이러한 비판에 직면한 정부는 결국 1994년 10월 7일 문화재보호법시행령 개정을 통하여 무형문화재 보유자의 권한을 대폭 강화하는 방향으로 나아갔다.[62] 그 내용은 다음과 같다. 첫째, 전수교육과 이수제도의 자율화였다. 종전까지는 보유자(보유단체)가 전수교육을 실시하고 정부가 이수평가와 이수증을 발급하던 이원화된 제도였는데, 전수교육과 관련한 일체의 권한을 보유자(보유단체)의 자율에 맡기게 되었다. 둘째, 전수교육 관련 보고서의 간소화 내지 폐지이다. 매 분기별로 연 4회 제출하도록 되어있던 전수교육계획서 및 실적보고서의 보고 횟수는 연 1회 제출로 간소화되고, 학습소감서는 폐지되었다. 셋째, 이전까지 보유자후보, 전수교육조교, 악사 등으로 구분되던 전수조교가 '전수교육보조자'로 명칭이 통일되고 선발방법이 명문화되었다. 넷째, 보유자가 전수조교를 추천할 때에는 2배수 이상 하도록 하고, 문화재위원·전문위원·관계전문가의 합동 실기평가를 거친 후 문화재위원회 심의를 받아 선정하도록 규정이 신설되었다.

그 후, 전수교육의 자율화 조치에 따른 보유자의 문화권력 강화에 대

62. 김창규 외, 전게서, 2013, 73면.

한 비판과 개혁의 목소리가 컸다. 이에 정부는 대국민 여론조사와 공청회를 거쳐 1999년 12월 10일 '중요무형문화재 보존·전승제도 개선계획 -생계 곤란한 보유자에게 특별지원 우선 실시-'라는 제목의 제도개선안을 발표하였다.[63] 그 주요내용은 종목지정 및 보유자 인정 확대, 보유자 복수 인정 및 인정 연령제한의 폐지, 명예보유자 제도의 시행, 단체종목의 전승지원금을 단체에게 지급, 생활보호대상 보유자 특별지원, 유사종목의 통합조정, 지방문화재의 지정 확대, 신규보유자는 명예만 부여 등이 그것이다. 이에 따라 2001년 3월 28일 문화재보호법의 개정을 통하여 중요무형문화재 명예보유자제도가 도입되었고, 2003년 6월 27일에는 전수교육이수증을 발급한 보유자(보유단체)는 1월 이내에 그 사실을 문화재청장에게 보고하도록 되었고, 2005년 7월 27일에는 무형문화재 보유자(보유단체)가 전수교육이수증 교부를 위한 기능 또는 예능심사를 하는 경우 당해 보유자 및 당해 무형문화재에 관한 학식과 경험이 풍부한 전문가 등 3인 이상이 참여하여 실시하고, 당해 기능 또는 예능 심사평가 기록을 5년간 보존·관리하게 되었으며, 2008년 3월 28일에는 보유자 본인의 질병 또는 그 밖의 사고로 전수교육이 불가능하거나 국외의 대학 또는 연구기관에서 1년 이상 연구·연수하게 된 경우를 제외하고는 반드시 전수교육을 실시하도록 의무화되었고, 2010년 12월 29일에는 문화재청장이 전승능력·전수활동 기여도 등을 고려하여 전수교육이수증 발급을 위한 심사 항목·지표 등 세부적인 심사기준을 정하여 고시하여야 하며, 전수교육조교는 전수교육이수증을 발급받고 5년 이상 전승활동을 한 사람 중에서 선정하도록 그 기준이 엄격화되는 등 무형문화재 전수교육에 대한 국가규제가 재차 강화되게 되었다. 이와 함께 무형문화재 전승교육의 대학교육 연계와 관련하여 2001년 3월 28일 '학점인

63. 김창규 외, 전게서, 2013, 73면.

정 등에 관한 법률'의 개정을 통하여 무형문화재 보유자에게는 대학교 학사학위가 가능한 140학점, 전수조교에게는 50학점, 이수자에게는 30학점을 인정하여 학점은행제하에서 대학졸업자격을 취득할 수 있는 길이 개방되었고, 2005년 1월 27일에는 문화재보호법 개정을 통하여 국가 또는 지방자치단체는 전수교육을 목적으로 설립된 국·공유재산인 시설을 무상으로 사용할 수 있게 되었다.

이러한 국가주도의 무형문화재 전수교육제도는 그동안 전수교육관의 건립, 전수교재의 제작지원, 전승지원금 및 전수생장학금의 지급, 전승자 대학학력 인증혜택의 부여 등을 통하여 많은 무형문화재 이수자 및 전수조교의 배출과 더불어 무형문화재 전승의 대가 끊기는 것을 예방하고 무형문화재 보존에 대한 국민적 관심을 이끌어내는 역할을 성공적으로 수행하는데, 큰 원동력이 되었다.

7. 고도의 보존과 육성

지정제도를 중심으로 하는 문화재보호법하에서는 해당 문화재가 사유물일지라도 그것이 지정되면 그 목적달성에 필요한 한도에서 소유자는 자신의 재산권 행사에 있어 일정한 규제와 제한을 받게 된다. 특히, 문화재분포지역이 넓고, 문화재매장가능성이 높은 옛 수도지역(고도)에 살고 있는 주민의 경우는 장기간 다른 지역의 주민에 비하여 사유재산권의 행사에 있어 훨씬 강한 규제와 제한을 받을 수밖에 없었다. 다시 말해서, 고도지역의 장기간 사유권행사의 제한 및 국가의 예산부족에 따른 사적지 등의 정비지연은 지역주민의 생활불편과 지역경제발전의 저해를 초래하고, 고도의 역사문화환경보존과 정체성 회복의 기회를 상실한 채 무분별한 난개발로 이끄는 결과를 내놓게 되었다. 더구나 문화재를 단순

돈벌이의 수단으로 생각하거나 문화재가 아닌 것은 모두 개발할 수 있다는 지역민의 의식은 문화재주변의 난개발을 촉진시키는 원인이 되기도 하였다. 이러한 상황하에서 2000년대 접어들면서 문화재뿐만 아니라 문화재 주변을 둘러싼 광역적 문화재의 보존과 함께 종전 문화재보호정책에서 배제되었던 주민의 재산권 보장, 즉 문화재보존관련 규제로 인한 손실보상의 필요성이 대단히 강하게 제기되었는데, 그 논의의 중심에 고도의 보존이 핵심을 이루었다.[64] 그 결과, 2004년 3월 5일 우리 문화적 민족의 자산인 고도의 역사적 문화환경을 효율적으로 보존하는 데 필요한 사항을 규정함으로써 전통문화유산을 전승한다는 입법목적 하에 '고도보존에 관한 특별법'이 제정·공포되었고, 2005년 3월 6일부터 시행되었다. 동법은 고도의 정의, 고도의 지정 및 규제, 보존사업의 시행, 벌칙 등 총 5장 28개조로 구성되어 있다. 여기에서 '고도'란 과거 우리 민족의 정치·문화의 중심지로서 역사상 중요한 의미를 지닌 경주·부여·공주·익산, 그 밖에 대통령령으로 정하는 지역을 말하는데(동법 제2조제1호), 고도 개념의 정의에 있어서 그 '중심지'를 좁은 의미의 '도읍지'로 볼 것인지, 넓은 의미의 '역사도시'로 볼 것인지에 대하여는 논란이 있지만, 현재까지 지정된 고도의 경우를 고려할 때에 '도읍지'로 보는 것이 일반적이다.

그 후, '고도보존에 관한 특별법'은 몇 차례의 개정을 거쳤으나, 보존 및 규제 중심의 문화재보호법 개념을 벗어나지 못하여 육성 및 지원이라는 그 본래 취지를 살리지 못하고 있다는 비판이 지적되었다. 예컨대, 지구지정 등의 절차에 있어서 중앙정부 중심이라 지방자치단체의 역할 강화에 따른 지역밀착형 행정을 기대하기 어렵고, 지구내의 엄격한 규제로 지역주민의 생활불편은 여전하며, 주민보상체제의 불충분으로 주민갈등

---

64. 김창규, 전게서, 2013, 171면.

의 가능성이 상존한다는 것이다. 그럼에도 불구하고 '고도보존에 관한 특별법'은 종전 문화재의 점적 보호로부터 면적 보호로의 전환, 고도보존계획의 수립 및 고도보존사업의 시행, 주민지원의 법적 근거 등을 규정하고 있다는 점에서 그동안 고도가 안고 있던 역사적 정체성의 부재, 지역주민의 재산권제한에 대한 불만, 지역의 문화적·경제적 낙후성 등을 해소할 수 있는 기회를 부여하였다. 지역주민의 협력과 동의 하에 체계적인 고도보존사업을 수행함으로써 고도의 역사적 환경을 보존·정비하고, 고도의 진정성을 확립하며, 도시의 경쟁력을 높이고, 주민지원사업을 강화하여 주민의 삶의 질을 제고할 수 있기 때문이다. 이러한 '고도보존에 관한 특별법'의 시행과 더불어 경주, 부여, 공주, 익산이 고도로 지정되었다. 그리고 이들 지역의 지방자치단체들은 국가의 지원 아래 역사적 문화환경을 보존하고, 활성화시키고자 하는 노력을 경주하고 있다. 더 나아가 2011년 7월 21일에는 '고도보존에 관한 특별법'이 개정되어 종전 고도의 보존 및 규제중심에서 한층 고도의 육성 및 지원을 지향하는 방향으로 나아갔고, 그 명칭도 '고도 보존 및 육성에 관한 특별법'으로 변경되어 운영되고 있다.

8. 문화유산국민신탁의 설립과 운영

문화재보호의 책무는 국가만의 몫이 아니라, 국민 모두의 책임이라는 인식하에 민간부문의 참여활성화가 요구된다. 이러한 시민참가방법 중 하나가 국민신탁운동(National Trust)이다. 이것은 1895년 영국에서 무분별한 개발대상지가 된 성·성곽·정원·사적지 등 역사적인 건물이나 유적 또는 해안, 자연보호지 등의 경관지역을 시민들이 성금을 모아 구입하고, 이를 '국민신탁(NT)'에 공공신탁하여 보전하던 운동이 그 모태가 되었다. 우리나라의 경우, 1990년대 초반부터 태동되었으며, 문화유산분야의 국민신탁운동보다는 자연환경자산분야의 국민신탁운동이 활발히 전개되었다. 예컨대, '환경정의시민연대'가 벌인 용인의 대지산 살리기 운동, '녹색연합'이 추진한 태백의 변전소부지 매입운동, '오정골을 지키는 시민의 모임'이 추진했던 대전의 오정동 선교사 집 및 부지매입운동, '무등산공유화재단'이 시도하였던 광주의 무등산주변 토지공유화운동, '(사)한국내셔널트러스트'가 전개하였던 동강보전운동과 최순우 옛집보전운동, '해운대 달맞이 트러스트'가 추진하였던 부산 해운대의 달맞이동산 보전운동 등이 그것이다. 특히, (사)한국내셔널트러스트의 활동에 힘입어 (재)아름지기, (재)예올 등의 창립으로 전국단위의 문화유산 보전을 위한 국민신탁운동이 본격화되었다.[65] 그러나 당시 우리나라의 문화적 및 자연환경적 가치가 높은 지역들은 문화재보호법, 자연환경보전법, 습지보전법, 야생생물보호및관리에관한법률의 규정에 의한 문화재, 문화재보호구역 또는 자연환경보호구역 등으로 지정·관리되고 있었다. 이로 말미암아 문화재보호와 관련한 사유재산권 침해에 대한 지역주민의 반발, 사유지매입을 위한 예산부족 등으로 새로운 보호구역의 지정·관리는 상당한 어려움에 봉착하고 있었다. 이러한 시대적 상황하에서 2000년대에 접어들어 문화유산 및 자연환경자산을 시민의 힘으로 보존하자는 분위기가 사회 전반에 확산되고, 이를 효과적으로 수행하기 위한 특별법 제정노력이 전개되게 되었다. 그 결과, 수차례의 워크숍과 공청회를 거쳐 문화재청과 환경부 공동발의의 '문화유산과 자연환경자산에 관한 국민신탁법'이 2006년 3월 24일 제정·공포되어 2007년 3월 25일부터 시행되게 되었다. '문화유산과 자연환경자산에 관한 국민신탁법'은 문화유산 및 자연환경자산에 대한 민간의 자발적인 보전·관리 활동을

65. 김창규, 전게서, 222~223면.

촉진하기 위하여 문화유산국민신탁 및 자연환경국민신탁의 설립 및 운영 등에 관한 사항과 이에 대한 국가 및 지방자치단체의 지원에 관한 사항을 규정한다는 입법목적 아래 국민신탁의 정의, 국민신탁법인의 설립, 국민신탁법인의 재산, 국민신탁법인의 기관, 보전협약 및 벌칙 등 총 7장 23개조로 구성되어 있다. 이러한 '문화유산과 자연환경자산에 관한 국민신탁법'의 제정과 더불어 국가의 제도적 뒷받침을 받는 문화유산국민신탁이 설립됨에 따라 장면총리가옥, 울릉도 이영관가옥 등의 보존을 비롯한 다양한 문화유산보전 국민신탁운동이 활발하게 전개되고 있다.

9. 문화재보호기금의 설치와 운영

오늘날 지정문화재의 건수가 매년 증가하고, 문화재의 지속적 관리를 위한 보수·정비 예산수요가 급증하고 있으며, 각종 개발로 인한 발굴증가로 주변경관의 정비 및 사유지 매입에 따른 보상조치, 그 출토유물의 보존처리 비용과 적정 전문인력이 요구됨에도 불구하고 국가예산의 부족으로 적기에 지원되지 못하여 민원이 증가하고 문화재 훼손의 위험이 상존함과 아울러 개발이익에 따른 토지가격의 상승은 예산낭비, 문화재 보존사업 수행의 불가능이라는 결과를 초래하였다. 더 나아가 미래의 문화자원인 비지정문화재는 그 가치를 충분히 조명받지도 못한 채 대부분 멸실되거나 사라질 위기에 처해 있는 바, 그 예방적 보호를 위한 안정적 재원의 조달이 요구되었다.[66] 이에 2005년 11월 1일 제17대 국회에 문화재보호기금법안이 제안되었지만, 그 회기 내에 처리되지 못하였다. 그 후, 제18대 국회의 개원과 더불어 문화재보호기금법안은 재차 제안되었

66. 김창규, 전게서, 253면.

고, 다양한 논의를 거쳐 2009년 6월 9일 제정·공포되어 2009년 12월 10일부터 시행되고 있다.

현행 문화재보호기금법은 문화재를 효율적으로 보존·관리하는 데 필요한 자금을 조성하기 위하여 문화재보호기금을 설치하고, 그 관리·운용에 관하여 필요한 사항을 규정한다는 입법목적하에 문화재보호기금의 설치와 문화재보호기금심의회의 운영, 문화재보호기금의 조성 및 운영 등의 총 13개 규정으로 구성되어 있다. 이러한 문화재보호기금은 문화재정책기반 구축, 문화유산교육연구, 문화재보호 등에 사용되고 있다.[67]

V. 문화재정책의 전망과 과제

오늘날의 세계는 문화의 세기라 불리고 있다. 박근혜 정부도 출범과 함께 문화융성을 국가기조의 하나로 제시함과 아울러 창조산업을 미래 신성장동력으로 삼는 창조경제를 제창하고 있다. 이러한 문화융성 및 창조경제를 실현하기 위해서는 전통문화의 전승과 발전이 무엇보다 중요하다. 전통문화는 우리 문화의 뿌리이며, 근원이고, 바탕을 이루며 전통문화의 대중화, 현대화, 세계화를 통한 영속적 전승과 계승이 곧 우리 문화의 발전이고, 문화융성 및 창조경제의 원동력이기 때문이다.

이러한 시대적 상황을 반영하여 한국의 문화재정책은 향후 문화재의 보존·관리제도의 합리화 및 체계화를 넘어 예비문화재·생활문화 등의 한국적 새로운 문화자원의 발굴, 문화재정보의 통합관리와 활용촉진, 문화재활용산업의 진흥, 세계유산·문화재 ODA 사업 등의 문화재국제협력 및 세계화에 집중될 것으로 전망된다. 이와 함께 한국의 문화재정책은 국

67. 문화재청, 주요업무 통계자료집, 2014.12.31, 4면.

민들의 여가시간 확장과 문화재 관심 증대에 따른 국민의 문화재향유권 신장 및 우리 문화재의 국제적 위상 강화라는 측면에서 지속가능한 발전을 도모하는 방향으로 나아갈 것이다. 이러한 관점에서 기존 문화재정책의 심화로서 '문화재 보존체계 합리화와 보존역량 강화'를 위하여 문화재 안전 및 관리체계 개선, 문화재 보수정비체계 강화, 문화재 규제의 합리화와 사유재산권 보호기반 확대, 문화유산관리역량 강화, 문화정체성 정립을 위한 전통문화산업기반 구축 등이, '문화재 가치창출과 문화유산향유권 신장'을 위하여 전통문화자원의 발굴과 전승, 고부가가치 전통문화 활용사업 개발 및 지원, 문화재콘텐츠 개발 및 보급, 문화재 재해석을 통한 신한류 창출, 문화재체험 프로그램 확대 및 관람환경 개선, 문화재 향유기회 확대 및 문화격차 해소 등이, '문화재 국제교류활성화와 국제적 위상 강화'를 위하여 문화재 국제협력사업과 전통문화 홍보 강화, 남북문화재교류 활성화, 세계유산 등재 및 보존·관리, 국외소재 문화재환수활용 기반조성 및 활동단체 지원 등이 전개될 것으로 기대된다.

참고 문헌

김창규 외(2012), 2011 경제발전경험모듈화사업 : 한국의 문화재보호제도 - 문화재 수리·전수교육·보호활동, 문화재청·한국전통문화대학교(KDI국제정책대학원).

김창규(2006), "근대유산보호를 위한 등록제도의 법제개선방안", 토지공법연구 제34집, 한국토지공법학회.

김창규(2005), "등록문화재제도의 활성화와 법제개선", 문화재학 통권 제2호, 한국전통문화학교 문화재관리학과.

김창규(2014), "문화융성 및 창조경제의 활성화를 위한 문화재 법정책 방안", 법과정책연구 제14집제2호, 한국법정책학회.

김창규(2014), "우리나라의 문화재 정책", 문화유산의 이해(한국의 유산시리즈Ⅰ), 광주광역시립민속박물관.

김창규(2012), 문화재관리의 이론과 실제, 동방문화사.

김창규(2015), 문화재법학(Ⅰ) - 문화재보호법 -, 동방문화사.

김창규(2013), 문화재보호법각론, 동방문화사.

김창규(2011), 문화재보호법총론, 동방문화사.

김창규(2005), 문화재수리에관한법령 제정방안연구, 문화재청.

도중필(2009), 문화재정책개론, 민속원.

문화재청(2012), 문화재 보존·관리·활용 5개년 기본계획.

문화재청(2002), 문화재 보존관리 및 활용에 관한 기본계획.

문화재청(2007), 문화재정책 중장기비전 문화유산 2011.

문화재청(2011), 문화재청 50년사(본사편).

문화재청(2014), 주요업무 통계자료집, 2014.12.31.

안주영(2009), "무형문화재의 도제제도에서 나타난 상황 학습에 대한 고찰", 중앙민속학, 중앙대학교 한국문화유산연구소.

양현모·주재현·하연섭(2002), 「문화재보존관리기금」 설립방안에 관한 연구, 한국행정연구원.

오세탁(2005), 문화재보호법원론, 주류성.

유승훈(2004), 현장속의 문화재정책, 민속원.

이장열(2006), 한국무형문화재 정책, 관동출판.

정규홍(2005), 우리 문화재 수난사-일제기 문화재 약탈과 유린, 학연문화사.

찾아보기

(ABC)

저자 약력

박 광 무

성균관대 행정학과를 졸업하고 행정고등고시합격, 서울대 행정대학원에서 행정학 석사 학위를, 성균관대 국정관리대학원에서 행정학 박사 학위를 받았다. 현재 KMN(Korea Maestro Network)의 대표로 있으며, 문화체육관광부 문화예술국 국장, 새누리당 정책위 문체방송통신 수석전문위원, 한국문화관광연구원 원장을 역임하였다. 저서로는 『한국문화정책론』(2010, 2013 증보), 『가출 아빠의 사랑스케치』(2007), 『문화대국으로 가는 길』(공저 1995) 등이 있다.

김 창 규

한양대 법학과를 졸업하고 같은 대학원 법학과에서 행정법 전공으로 석사와 박사 학위를 받았다. 현재 한국전통문화대 문화재관리학과 교수로 재직하고 있으며, 한국법제연구원 연구실장, 한국문화재정책연구원 이사, 한국전통문화대 대학원장 등을 역임하였다. 저서로는 『문화재보호법개론』(2004), 『문화재관리의 이론과 실제』(2012), 『문화재법학(I)-문화재보호법』(2015) 등이 있다.

심 장 섭

육군사관학교 건축공학과를 졸업하고 동국대 불교대학원에서 석사(불교학 전공) 학위를 받았으며, 상명대 대학원에서 박사과정(디지털이미지학 전공)을 수료하였다. 현재 백석대 문화예술학부 조빙교수로 재직 중이며, 문화체육관광부 미디어정책국장, 문화체육관광부 종무실장, 국립중앙도서관장 등을 역임하였다.

오 양 열

성균관대 행정학과를 졸업하고 서울대 행정대학원에서 행정학 석사 학위를, 성균관대 대학원에서 행정학 박사(정책학 전공) 학위를 받았다. 현재 한국문화관광연구원 초빙연구위원과 북한대학원대학교 겸임교수로 있으며, 한국문화예술위원회 정책연구실장 등을 역임하였다. 저서로는 『북한주민의 일상생활과 대중문화』(공저 2002), 『북한 문화, 둘이면서 하나인 문화』(공저 2006), 『김정은 시대의 북한 문학예술』(공저 2014) 등이 있다.

오 형 일

서강대 신문방송학과를 졸업하고 서울대 대학원에서 언론정보학 전공으로 석사와 박사 학위를 받았다. 현재 KBS 편성본부 연구위원으로 재직 중이며, KBS 편성전문PD를 역임하였다. 저서로는 『2.0세대를 위한 상상, 나는 미디어다』(2009)가 있다.

윤 석 민

서울대 신문학과(현 언론정보학과)를 졸업하고 같은 대학원에서 석사(언론정보학 전공) 학위를, 미국 미시건주립대에서 박사(Telecommunication 전공) 학위를 받았다. 현재 서울대 언론정보학과 교수로 재직 중이며, 통신개발연구원(현 정보통신정책연구원) 연구원, 방송개발원(현 콘텐츠진흥원) 선임연구원, 경원대 신문방송학과 교수를 역임하였다. 저서로는 『커뮤니케이션의 이해』(2007), 『한국사회 소통위기와 미디어』(2011), 『미디어 공정성 연구』(2015년 11월 출간 예정) 등이 있다.

이 용 식

서울대 체육교육과를 졸업하고 같은 대학원 체육교육과에서 체육행정 전공으로 석사와 박사 학위를 받았다. 현재 가톨릭관동대 스포츠레저학과 조교수로 재직 중이며, 대통령 자문 저출산 및 고령사회위원회 연구위원, 체육과학연구원 정책개발연구실장을 역임하였고, 한국체육정책학회 부회장을 지냈다. 저서로는 『코치를 위한 스포츠관리』(역서 2002), 『스포츠정책론』(역서 2012) 등이 있다.

장 병 권

한양대 관광학과를 졸업하고 같은 대학원에서 관광학 전공으로 석사 학위를, 관광정책 전공으로 박사 학위를 받았다. 현재 호원대 호텔관광학부 교수와 같은 대학 새만금관광연구센터 소장으로 재직하고 있으며, 한국국제관광개발연구원 원장, 한국관광학회 부회장 겸 관광자원개발분과학회 회장을 역임하였다. 저서로는 『한국관광행정론』(1993), 『현대관광론』(2000), 『관광과 공공정책』(2002), 『관광학총론』(2009) 등이 있다.

정 상 철

경북대 경제학과를 졸업하고 같은 대학원에서 경제학 석사 학위를, 미국 클레어먼트대에서 경제학 박사 학위를 받았다. 현재 한국전통문화대 문화재관리학과 교수로 재직 중이며, 한국문화관광연구원 책임연구원을 지냈다. 저서로는 『문화경제의 창의성과 혁신』(공역, 2010), 『대중예술의 이해』(공저, 2002) 등이 있다.

문화정책의
역사적 변동과 전망

2015년 10월 23일 초판 인쇄
2015년 10월 30일 초판 발행

저 자 박 광 무 외
발 행 인 김 영 훈
기획 영업 전 영 완
편 집 김 병 성
발 행 처 도서출판 문우사 MoonWoo

주 소 경기도 고양시 일산동구 정발산로 24
(장항동 웨스턴돔타워 2동 814호)
전 화 031) 901-6542 / 070) 4200-6542
팩 스 031) 906-6542
이 메 일 moonwoosa@hanmail.net
홈페이지 www.munu.co.kr

출판신고번호 제396-2013-000113호

정 가 30,000원 ISBN 979-11-85994-16-1

이 책의 무단전재 또는 복제행위는 저작권법 제136조 제1항에 의거, 5년 이하의 징역 또는 5,000만 원 이하의 벌금에 처하게 됩니다.

※ 저자와의 협의하에 인지는 생략합니다.